»Im weißen Rößl«

Waxmann Verlag GmbH
Steinfurter Straße 555, 48159 Münster
info@waxmann.com

Populäre Kultur und Musik

Herausgegeben von Michael Fischer
im Auftrag des Zentrums für Populäre Kultur und Musik
der Universität Freiburg
und Nils Grosch im Auftrag der Universität Salzburg

Band 19

Nils Grosch
Carolin Stahrenberg
(Hrsg.)

»Im weißen Rößl«

Kulturgeschichtliche Perspektiven

Waxmann 2016

Münster • New York

Die Drucklegung des Bandes wurde gefördert durch Frau Helga Benatzky, die Stadt Salzburg sowie die Stiftungs- und Förderungsgesellschaft der Universität Salzburg.

Bibliografische Informationen der Deutschen Nationalbibliothek

Die Deutsche Nationalbibliothek verzeichnet diese Publikation in der Deutschen Nationalbibliografie; detaillierte bibliografische Daten sind im Internet über http://dnb.d-nb.de abrufbar.

Populäre Kultur und Musik, Bd. 19

Print-ISBN 978-3-8309-3355-7
E-Book-ISBN 978-3-8309-8355-2
ISSN 1869-8417

© Waxmann Verlag GmbH, Münster 2016

www.waxmann.com
info@waxmann.com

Umschlaggestaltung: Pleßmann Design, Ascheberg
Umschlagabbildung: Fotopostkarte zur Produktion von »White Horse Inn« im Center Theatre, New York City.
Gedruckt auf alterungsbeständigem Papier, säurefrei gemäß ISO 9706

Inhalt

Abbildung 1: Die Titelseite der bei Charivari 1930 erschienenen Sheet-Music-Ausgabe von sieben Songs aus *Charell's Im Weißen Rößl* nennt zwei Textautoren, drei Komponisten und enthält den Namen des Initiators und Produzenten im Titel.

Nils Grosch und Carolin Stahrenberg

»to make out of a small, plain comedy this great musical«
Anstelle einer Einleitung

Mit dem Erscheinen der Rekonstruktion einer musikalischen Erstfassung trat das Singspiel *Im weißen Rößl*[1] 2009 in eine neue Phase seiner Aufführungs- und Rezeptionsgeschichte ein.[2] Nach ihrer Premiere in der Staatsoperette Dresden wurde diese »Bühnenpraktische Rekonstruktion der Originalfassung« – neben der so genannten kleinen Fassung sowie der von Bruno Uher eingerichteten Version von 1951 – den Theatern vom Berliner Theaterverlag Felix Bloch Erben neu angeboten. Eine Chance, die viele Theater ergriffen, um das *Rößl* quasi ›neu im alten Gewand‹ auf die Bühne zu bringen. Anlass genug auch für die Forschung, einen neuen Blick auf das Stück zu werfen, dessen Geschichte in vielfältiger Weise exemplarischen Einblick in Produktionsbedingungen, Rezeptionskontexte und Geschichtsschreibung populärer (Theater-)Kultur gibt.

Die Fassung des *Rößls*, die am 8. November 1930 bei der gefeierten Erstproduktion des Berliner Großen Schauspielhauses, des einstmals von Max Reinhardt als »Theater der Fünftausend« konzipierten Baus, erklungen war und deren Orchestration wohl überwiegend von Eduard Künneke erledigt wurde,[3] galt bis 2008 als verschollen. Zu diesem Zeitpunkt ging man davon aus, dass das Aufführungsmaterial von 1930 bei der Bombardierung Berlins verloren gegangen war – wie es

---

1   Die Schreibung des Titels variiert bereits zur Zeit der Uraufführung, da das *ß* besonders in Titeleien häufig in ein Doppel-*s* aufgelöst wird. Wir haben uns für eine tendenziell einheitliche Schreibweise des Werktitels entschieden, sofern von Theaterversionen die Rede ist: *Im weißen Rößl*, als flektierte oder Kurzform auch *Rößl* oder *Weißes Rößl*, wenn das Werk, der Stoff oder das Hotel gemeint sind. Wolfgang Jansens Einwand gegen diese Schreibweise erscheint berechtigt, doch wollten wir dem Originaltitel folgen. In Jansens eigenem Text haben wir den Wunsch nach sinngemäßer Schreibung respektiert und nicht eingegriffen. Bei den Filmen übernehmen wir die Schreibung des Titels, wie er in der Titelsequenz des jeweiligen Films genannt wird, in Susanne Korbels Text folgen wir der Titelschreibung des Café Vienna. Im Verlauf dieses Textes wird das Stück kurz *Rößl* genannt.

2   Vgl. hierzu Grimminger, Matthias: *Aspekte und Erkenntnisse aus der historischen Aufführungspraxis der Operette* Im weißen Rößl *von 1930*, in diesem Band.

3   Vgl. die späteren Anmerkungen hierzu.

Abbildung 2: Dejan Dubajić als Sigismund und Margita Dubajić als Klärchen in der Produktion des Kroatischen Nationaltheaters Zagreb, 1932.

der Operettenforscher Kevin Clarke 2006 in einem Aufsatz, ausgehend von einer Aussage von Christiane Niklew, einer Mitarbeitern des Archivs der Akademie der Künste in Berlin, ausführt. Diese wiederum bezieht sich auf eine Auskunft des Verlags Felix Bloch Erben – Niklew selbst meldete damals bereits Zweifel an der Information an, weil das *Rößl* noch im Jahr 1951 in der ›Neuen Scala‹ in Berlin aufgeführt worden war. Sie fügte an: »Ich wünschte mir sehr, dass in irgendeinem deutschen Theater im Keller noch ein Satz Orchesterstimmen der alten Fassung herumliegt und jemand diesen findet.«[4]

Fast wie eine Erfüllung dieses Wunsches erschien dann jener Vorgang, den die *Welt* am 24.3.2009 reißerisch betitelte: *In Zagreb gefunden: Originalpartitur des ›Weißen Rössl‹*.[5] Am Opernhaus Zagreb, wo das Werk kurz nach der Premiere

---

4   Clarke, Kevin: »Zurück in die Zukunft: Aspekte der Aufführungspraxis des *Weißen Rößl*«. In: *Im weißen Rößl: Zwischen Kunst und Kommerz*. Hg. von Ulrich Tadday. München 2006. S. 101–126, hier: S. 108 und 110.

5   bru: *In Zagreb gefunden: Originalpartitur des ›Weißen Rössl‹*. In: *Die Welt*, 24.3.2016, www.welt.de/welt_print/article3432319/In-Zagreb-gefunden-Originalpartitur-des-Weissen-Roessl.html (letzter Abruf am 1.2.2016). Im Programmheft der erwähnten *Rößl*-Produktion an der Staatsoperette Dresden hieß es, dass »im Dezember 2008 die gedruckten originalen Orchesterstimmen zur Uraufführungsfassung in Zagreb gefunden wurden« (André Meyer:

1930 gespielt worden sei, sei nun »das seit langem auf der ganzen Welt gesuchte originale Orchestermaterial« wieder ans Tageslicht gekommen, so hieß es dort.

Zwar lässt sich das Material aufgrund der Stempelung als jenes identifizieren, das 1932 für die Produktion am Kroatischen Nationaltheater Zagreb unter Regie von Aleksandar Biniči in der Ausstattung von Sergija Glumca[6] verwendet wurde. Doch nicht dort wurde es 2008 wiederentdeckt, sondern im Archiv der ›Musikverlag und Bühnenvertrieb Zürich AG.‹, wohin es möglicherweise schon Jahre vorher (aus Zagreb oder von einem anderen Ort) gelangt war.[7] Der 1934 durch Armin Robinson gegründete Zürcher Verlag übernahm während des ›Dritten Reichs‹, wohl auch zum Zweck der Verwertung des nunmehr verbotenen *Rößls*, die Auslandsrechte an dem Werk (und vertritt diese bis heute). Spekulationen, ob das fragliche Zagreber Material dort vielleicht vergessen oder gar absichtlich zurückgehalten worden sei, erscheinen indes obsolet – ist doch das Procedere, eine frühere Fassung nach der Premiere einer aktuelleren aus dem Programm zu nehmen, ein durchaus gängiges im Bereich von Operette und Musical. Bis 2009 war die aktualisierte Fassung Uhers von 1950/51 diejenige, die für Produktionen mit großem Orchester[8] vom Verlag lizenziert wurde, so dass für umfangreiches

---

Ein Werk der Superlative, S. 6–8). Im Vorwort zur Partitur der Rekonstruktionsfassung heißt es: »Grundlage dieser Neuedition ist das Ende 2008 in Zagreb aufgefunde gedruckte Orchestermaterial von 1930 [...] und der zugehörige Klavierauszug«, *Im weissen Rössl. Singspiel in drei Akten (frei nach dem Lustspiel von Blumenthal und Kadelburg) von Hans Müller und Erik Charell, Musik von Ralph Benatzky, Texte der Gesänge von Robert Gilbert. Bühnenpraktische Rekonstruktion der Originalfassung von 1930 erstellt in Zusammenarbeit mit der Staatsoperette Dresden durch Matthias Grimminger und Henning Hagedorn unter Mitarbeit von Winfried Fechner.* Partitur (Originalfassung). Berlin: Felix Bloch Erben [2010].

6   Premiere am 22.9.1932 in Zagreb. Vgl. www.matica.hr/kolo/284/Avangardna%20oprema% 20scene%20Sergija%20Glumca/ (letzter Abruf am 1.2.2016 sowie die uns dankenswerterweise vom Institut für Geschichte der kroatischen Theater zur Verfügung gestellten Unterlagen.

7   Auf den Fundort wies uns Frau Helga Benatzky hin, mit der wir am 5.2.2016 ein ausführliches Oral-History-Interview führten. Stephan Kopf, der 2008, also während der Wiederentdeckung, als für das Werk zuständiger Dramaturg beim Verlag Bloch Erben tätig war, bestätigte uns diesen Umstand in einem Telefoninterview am 23.2.2016. Beiden sei für ihre freundliche Auskunft herzlich gedankt.

Immerhin wäre schwer nachvollziehbar, warum das Kroatische Nationaltheater nach Spielzeitende 1933/34 – es wurde das *Rößl* selbst in Deutschland (z.B. Oktober/November 1934 an der Schiller-Oper in Hamburg) noch einige Jahre nach der »Machtergreifung« gespielt und durch den Berliner Verlag lizenziert und abgerechnet – das Orchestermaterial nicht an den Verlag zurückgesandt haben sollte, zumal es damit vermutlich Leihgebühren hätte in Kauf nehmen müssen.

8   Seit 1994 neben der ›Kleinen Fassung‹, die der Produktion der Berliner ›Bar jeder Vernunft‹ folgt. Vgl. zur ›Kleinen Fassung‹ die Ausführungen von Stefan Wieduwilt, Leopold Kern und Herbert Wolfgang in diesem Band.

Abbildung 3: Aleksandar (Aca) Biniĉki als Giesecke und M. Popoviĉ-Mosinger als Josepha in der Produktion des Kroatischen Nationaltheaters Zagreb, 1932. Legte Biniĉki, der selbst Kabaretterfahrungen hatte und die Produktion auch inszenierte, die Rolle als Hitler-Parodie an?

Stimmmaterial der früheren Fassung kein Bedarf mehr bestand. Es gab also keinen Grund, das Material hervorzuholen, bis dann im frühen 21. Jahrhundert, mit einem wieder erwachenden Interesse an den 1920er-Jahren und der besseren Zugänglichkeit der damals auf Grammophonplatte eingespielten Tonaufnahmen, das Interesse an der ersten Version aufflammte – nicht nur bei der Forschung, sondern auch in den Theatern.

Sicher ist, dass nach Kriegsende, trotz der Schäden am Berliner Verlagshaus Felix Bloch Erben, mehrere Sätze von Orchesterstimmen existiert haben müssen. Denn in der zweiten Hälfte der 1940er-Jahre erfreute sich das Stück – noch in der Orchestration von 1930 – einer lebhaften Aufführungsgeschichte: Allein in der Schweiz, für die durch die Theaterdatenbank der Schweizerischen Theatersammlung der Sachstand hervorragend dokumentiert ist, lässt sich in dieser Phase ein regelrechter *Rößl*-Boom ausmachen. Dort wurde es in den Spielzeiten 1944/45 und 1950/51 im Stadttheater Luzern (Premiere jeweils am 3.11.1944 und 3.2.1951); 1944/45 im Stadttheater Olten (Premiere am 5.5.1945); 1945/46 am Stadttheater Bern (Premiere am 16.2.1946); 1946/47 und 1951/52 am Stadttheater Basel (Premiere jeweils am 7.9.1946 und am 6.10.1951) sowie 1946/47 am Stadttheater Zürich (Premiere 16.11.1946) in jeweils eigenen Produktionen gezeigt.

Dabei handelte es sich mit Ausnahme des Stadttheaters Luzern um Häuser, die das Stück bereits unmittelbar nach der Uraufführungsspielzeit produziert hatten: 1931/32 Basel, Bern, Olten und 1932/33 Zürich.[9]

Auch in Deutschland und Österreich wurde das *Rößl* bereits kurz nach Ende des Zweiten Weltkriegs wieder in die Spielpläne aufgenommen. Stichproben ergaben Neuinszenierungen der Fassung mit Ballett und Orchester in den Spielzeiten 1947/48 am Salzburger Landestheater (Premiere am 14.8.1947), an den Städtischen Bühnen Graz (Premiere 3.2.1948), in der Spielzeit 1948/49 in Freiburg i.Br. (Premiere am 2.3.1949) sowie 1947/1948 in Oldenburg.[10]

Die Motive dafür, dass 1950 der österreichische Komponist und Theaterdirigent Bruno Wilhelm Franz Uher mit der Erstellung einer Neufassung, die dann am 26.10.1951 am Staatstheater am Gärtnerplatz in München Premiere hatte[11], beauftragt wurde, sind nicht belegt. Not oder Mangel an einer aufführbaren Fassung kann aber, wie gezeigt, nicht der Grund gewesen sein. Viel näher liegt die Vermutung, dass gerade umgekehrt wegen der großen Nachfrage auch Bedarf an einer stilistisch aktualisierten Version gesehen wurde – in der Musical-Produktion nichts Ungewöhnliches, und auch andere Operetten erfuhren in diesen Jahren eine Neubearbeitung durch Uher, insbesondere für den Film.[12] Auf dem aktuellen Stand war dessen Orchestrierung angesichts der Entwicklung der Popular- und Tanzmusik um 1950 allemal. Zudem wurde die klangliche Textur durch Aufheben stilistischer Gegensätze, die 1930 noch ganz bewusst angelegt waren, homogenisiert.[13] Auch ging eine Abkehr von der Inszenierungsästhetik der Revue, wie man sie noch um 1930 auch bei Produktionen des Stücks außerhalb von Berlin wahrgenommen hatte, jener Neubearbeitung des Stücks voraus, wie die Entscheidungen bei der Zürcher Produktion 1946 und deren Bewertung in der Presse verdeutlichen.[14]

---

9   Die Aufführungsdaten entnehmen wir der Theaterdatenbank der Schweizerischen Theatersammlung Bern (www.theatersammlung.ch). Unser Dank für die Datenbankauszüge geht an Christian Schneeberger.

10 Dank für die Informationen zu diesen Aufführungsdaten an Ulrich Winkler, Oper Graz, Regina Öschlberger, Archivarin des Salzburger Landestheaters, Ulrich Ecker, Stadtarchiv Freiburg i.Br., Martina Poelmann, Oldenburgisches Staatstheater.

11 Frey, Stefan und Deutsches Theatermuseum München (Hg.): *Dem Volk zur Lust und zum Gedeihen. 150 Jahre Gärtnerplatztheater.* Leipzig: Henschel, 2015, S. 241 (Aufführungschronik).

12 Vgl. dazu den Nachlass Willy und Bruno Uher, Wienbibliothek im Rathaus, ZPH 1477/3 (Verträge, Abrechnungen).

13 Siehe hierzu die vergleichenden Beobachtungen bei Grimminger, *Aspekte und Erkenntnisse.*

14 Siehe hierzu in diesem Band: Nils Grosch: *Im weißen Rößl: Gattungen und Subgattungen im populären Musiktheater.*

Abbildung 4: Das Morgenständchen im dritten Akt von *Im weißen Rößl* als komische Parodie inszeniert. Produktion des Stadttheaters Zürich der Spielzeit 1931/32 (Premiere am 24. Oktober 1931).

Mit der neuen Fassung änderte sich zugleich die Balance der ohnehin komplizierten Konstellation der Autorschaft des Stücks (und damit möglicherweise auch des Gewinn-Verteilungsschlüssels), wurde doch von nun an Erik Charell als Mitautor des Librettos geführt, obwohl dieses kaum verändert worden war. Das bedeutete faktisch eine scheinbare Reduktion des Anteils des bisher als alleiniger Librettist geführten Hans Müller zugunsten des 1930 an der Berliner Erstproduktion mitbeteiligten Charell an der Autorschaft. Charells Anteil war seinerzeit schon durch eine vertraglich festgelegte Titelformulierung als *Erik Charells Im weißen Rößl* markiert worden, die sich jedoch in der Praxis schnell verlor.[15] Müller war am 8.3.1950 verstorben und konnte keinen Einspruch mehr erheben.

---

15 »diese Produktion hatte immer angekuendigt zu werden als ›Erik Charell's Weisse Roessl‹«, Erik Charell in einem Brief an Felix Bloch Erben, 5. Juli 1947, Österreichisches Theatermuseum Wien (im Folgenden: ÖTM), Nachlass Hans Müller, Box 2 (Korrespondenzen). Vgl. auch den Brief von Ludwig Charell an International Copyright Bureau London (Dr. W. Czech) vom 3.7.1947; ebd. Noch die ersten populären Text-, Klavier- und Tanzmusikausgaben des Verlagshauses Charivari hielten sich an diese Kennzeichnung, indem sie auf dem Außen-

Ob nun für die Neubearbeitung pekuniäre oder ästhetische Motive den Ausschlag gaben (oder beides), lässt sich heute nicht mehr nachvollziehen. Vorausgegangen war unmittelbar nach Ende des Zweiten Weltkrieges ein Ringen um Teilhabe, Autorschaft und den Beteiligungsschlüssel an den Tantiemen, wie fragmentarisch im Nachlass Müllers erhaltene Korrespondenzen von Erik und Ludwig Charell mit Müller, Bloch Erben und anderen Briefpartnern zeigen.[16] Das künstlerische Team, das 1930 im Großen Schauspielhaus in Berlin das *Rößl* auf die Bühne gebracht hatte, war inzwischen durch Vertreibung und Verfolgung an verschiedenen Orten des europäischen und amerikanischen Kontinents ansässig und hatte sich teilweise aus den Augen verloren. In der Zwischenzeit hatte das *Rößl* in wichtigen Theaterzentren, in London, Paris und New York, Aufführungen und sogar während der nationalsozialistischen Regierungszeit eine deutsch-österreichische Filmproduktion erlebt, bei der allerdings die Anteile der jüdischen Mitarbeiter getilgt oder unkenntlich gemacht wurden.

Anlässlich einer Zürcher Produktion, vermutlich der oben genannten der Spielzeit 1946/47, kam es zu einem in freundschaftlichem Ton geführten, wenngleich konfliktiven Briefwechsel zwischen Müller und Charell. Müller, der 1930 die Bearbeitung der Dialoge auf Grundlage des gleichnamigen Lustspiels von Oskar Blumenthal und Gustav Kadelburg aus dem Jahr 1896 vorgenommen hatte, soll laut einem Schreiben des Rechtsanwalts Dr. Berthold Dukas[17] geäußert haben,

> [...] dass er, um ueberhaupt eine schweizer Auffuehrung, wo immer sie stattfinde, zu ermoeglichen das Werk einer vollkommenen Umarbeitung unterziehen musste, indem alle deutschen Figuren durch andere ersetzt werden und auch die Handlung entsprechend umgehandelt [sic] werden musste. Nach seiner [Müllers] Ausgabe [recte: Angabe] war das Werk in der frueheren Bearbeitung, an welcher Herr Erik Charell Mit-Autor gewesen sei fuer die Schweiz nicht mehr verwendbar und brauchbar und haette nie mehr aufgeführt werden können, wenn es nicht durch ihn [Müller] einer voelligen Neubearbeitung unterzogen worden waere. Diese Umarbeit sei für ihn eine Arbeit von vielen Wochen gewesen und auch in der Folge mit ausserordentlich vielen Umtrieben und Aerger verbunden.[18]

---

16   ÖTM, ebd.

17   Laut Zeitungsinserat in *C. Regenhardts Geschäftskalender für den Weltverkehr: Vermittler der direkten Auskunft*, Band 62 (1937): Rechtsanwalt Dr. Berthold Dukas, ansässig in der Bahnhofstraße in Zürich. Dieser ist vermutlich identisch mit dem im Brief (s. folgende Fußnote) genannten Dr. Dukas, Bahnhofstraße 74 in Zürich.

18   So eine Mitteilung von Dr. Dukas (Zürich) an Erik Charell vom 12.9.1946, in einem von Charell an Hans Müller am 23.5.1947 gesandten Brief-Exzerpt bezüglich einer Neubearbeitung für eine Schweizer Produktion. ÖTM, Nachlass Hans Müller, Box 2.

umschlag *Erik Charells Im weißen Rößl* titelten; vgl. Abbildung 1 sowie die Ausgaben im Archiv der Akademie der Künste (AdK), Nachlass Benatzky, Nr. 90 und 97.

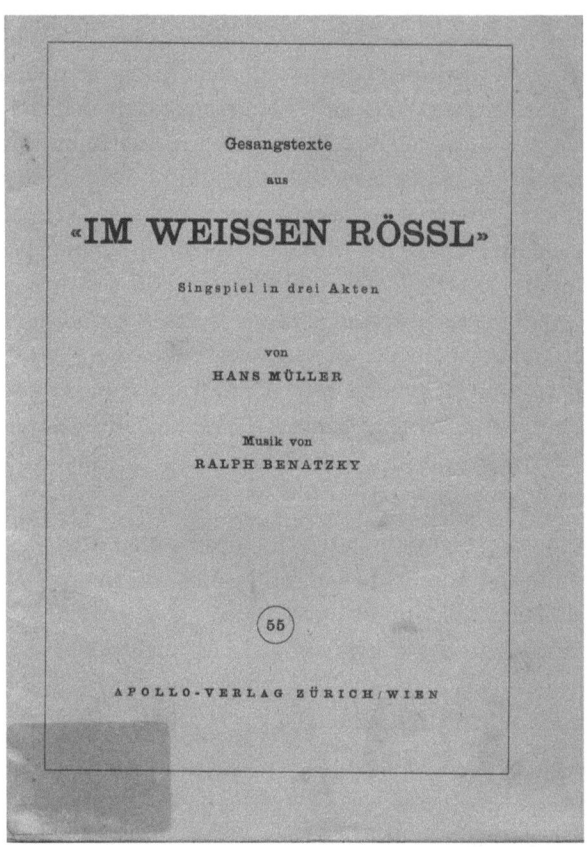

Abbildung 5: Die Titelseite der bei Apollo in Zürich 1946 erschienenen *Gesangstexte* von insgesamt neunzehn Nummern aus *Im weißen Rößl* nennt nur noch einen Textautoren und einen Komponisten.

Müller stehe deswegen auf dem Standpunkt, dass »der urspruenglich vertraglich vorgesehene Ansatz« – gemeint ist wohl der vertraglich geregelte Verteilungsschlüssel, der Charell mit einer Beteiligung von 20% der Tantiemen »an den Erträgnissen der Verwertung« einschloss[19] – »fuer diese umgearbeiteten schweizer Auffuehrungen nicht mehr zu Recht bestehen koenne«. Allerdings wolle Müller diesbezüglich noch mit Benatzky als dem Komponisten des Werkes Rücksprache halten[20] – nicht aber mit Charell.

Die am 16. November 1946 herausgekommene Zürcher Produktion kannte indes durchaus den »Berliner Trikotagefabrikanten Gieseke« sowie den »mit Virtuosi-

---

19 Zit. nach Hennenberg, Fritz: *Ralph Benatzky. Operette auf dem Weg zum Musical.* Wien 2009, S. 113. Hennenberg lag der ansonsten schwer zugängliche Vertrag zwischen Bloch Erben, Müller und Charell vom 23.7.1930 vor (vgl. Hennenberg, S. 112 und S. 198). Dieser ursprüngliche Vertrag sowie alle weiteren Vereinbarungen sind vertrauliche Dokumente beim Verlag Felix Bloch Erben, Berlin (Auskunft von Boris Priebe).
20 Brief von Dukas an Charell vom 12.9.1946, vgl. Fußnote 18.

tät sächselnden Karl Pistorius als schöner Sigismund«, wie zwei Tage später der Rezensent der Neuen Zürcher Zeitung schrieb,[21] so dass es wohl zu der von Müller ins Feld geführten Umarbeitung entweder nicht gekommen oder diese für die Produktion nicht in Verwendung gebracht worden war. In der Basler Aufführungsserie von 1946, Premiere am 7. September, heißen die Figuren Giesecke und Ottilie allerdings Felix Grauwiller und Tochter Tilly.[22] Sollte hier tatsächlich ein von Müller verändertes Textbuch verwendet worden sein, so wurde dieses für die wenig später gezeigte Zürcher Fassung offenbar schon wieder verworfen.

Charell wiederum, von Benatzky informiert, hakte durch Anfragen beim Theater in Zürich nach und intervenierte. Er versuchte, sich selbst als »Schöpfer« des »Werkes«[23] zu behaupten, und argumentierte Felix Bloch Erben sowie dem International Copyright Bureau in London und nicht zuletzt seinem (Co-)Librettisten Müller gegenüber: »Mit einem persönlichen Risiko von mehr als $100.000.-« habe er das Stück »produziert«, ihm seien die Rechte »für London, Paris und New York« sowie »die Rechte für die Regie der Film Version vorbehalten« gewesen[24], die dann jedoch 1935 ohne seine Beteiligung und Namensnennung gedreht wurde. Streng konstatierte Ludwig Charell, der seinen Bruder oft in rechtlichen Dingen vertrat:

> It was his [Erik Charells] original idea and conception to make out of a small, plain comedy […] this great musical. Everything from the scenery to the dances, the shooplattler, the adaptation of the whole house and theater and scenery are my brother's ideas and invention, and the written agreement provides that it always has to be shown as ›Erik Charell's White Horse Inn‹.[25]

Zugleich bemühte sich Charell, den kreativen Anteil Benatzkys an der Komposition zu relativieren. Da »Herr Benatzky während der ganzen Vorbereitung des *Weissen Rössl* durch persönliche Angelegenheiten verhindert war«, habe Eduard Künneke die gesamte Orchestrierung »geliefert«.[26] Künneke, dessen Mitarbeit an

---

21 *Im weißen Rößl: Stadttheater, 16. November.* In: Neue Zücher Zeitung vom 18.11.1946, S. b5.

22 Programmauszug Basler Stadttheater, Donnerstag, 19. September 1946, Schweizerische Theatersammlung Bern.

23 Brief von Charell an Felix Bloch Erben vom 5.7.1947. ÖTM, Nachlass Hans Müller, Box 2 (Korrespondenzen), vgl. Fußnote 18. Charells Intervention datiert deutlich nach der Zürcher Premiere, kann also auf die Entscheidung bezüglich der Verwendung oder Verwerfung einer möglichen Neufassung des Librettos keinen Einfluss gehabt haben.

24 Ebd.

25 Brief von Ludwig Charell an International Copyright Bureau London (Dr. W. Czech) vom 3.7.1947. ÖTM, Nachlass Hans Müller, Box 2 (Korrespondenzen), vgl. Fußnote 18.

26 Charell an Felix Bloch Erben (vgl. Fußnote 23). Laut Angaben Ludwig Charells (3.7.1947, vgl. Fußnote 25) hat Künneke auch an der Komposition mitgewirkt.

der Produktion überhaupt erst 1998 bekannt wurde[27], war 1930 – wie ja auch Robert Stolz für seine Kompositionen *Die ganze Welt ist himmelblau* und *Mein Liebeslied muss ein Walzer sein*[28] – auf Honorarbasis entlohnt worden, das heißt ohne eine Beteiligung an den Gewinnen aus der Produktion (Künneke soll 10.000–12.000 Goldmark von Charell erhalten haben[29], Stolz 500).[30] Eine solche Einmalzahlung erschien Charell nun auch für Müllers angebliche spätere Librettobearbeitung für angemessen, was zugleich keine Änderung des – auch ihn, Charell betreffenden – Verteilungsschlüssels bedeutet hätte.[31]

Bezugnehmend auf die Aussage Charells ging 1998 Fritz Hennenberg in seiner Benatzky-Biographie von einer Urheberschaft Künnekes an der Orchestration aus, bezweifelte aber dessen von Charell behauptete Mitarbeit an der musikalischen Komposition der »Chöre«. Er begründete dies mit einem Hinweis auf »Benatzkys Skizzen«.[32] In einer späteren Fassung der Biographie differenziert Hennenberg den Befund, nun auch die autographen Kompositionsskizzen im Nachlass Künnekes berücksichtigend.[33] In der Tat handelt es sich im Falle Benatzkys um das Fragment eines autographen Particells. Im Gegensatz dazu stellen die Quellen im Nachlass Künnekes zweifellos keine Orchestrations-, sondern Kompositionsskizzen dar, welche im Fall der Nr. 4 (*Ankunft des Dampfers/Zauber der Saison*) sogar mehrere Konzeptionsstufen dokumentieren und somit als deutlicher Fingerzeig auf eine Mitarbeit an der Komposition zu verstehen sind.

Für die letztliche kompositorische (Mit-)Autorschaft Künnekes stellen diese Skizzen zwar nur Indizien dar, die aber – gerade im Vergleich zu Benatzkys Particellfragment – doch zu bestimmten Thesen Anlass geben. So zeigt sich, dass Künneke gerade zu den Tableaunummern substanziell komponierend beitrug, und zwar insbesondere bei den Nummern 2 (*Ankunft der Gäste*), 4 (*Ankunft des Dampfers*), 9 (*Introduktion II*) und vermutlich auch 8 (*Finale I*).

Für eine Beteiligung Künnekes an der Orchestration geben die in seinem Nachlass vorhandenen Skizzen keine Hinweise (und ein Autograph der Partitur exis-

---

27 Hennenberg weist, dem oben (vgl. Fußnote 25) zitierten, aber von ihm nicht nachgewiesenen Brief Ludwig Charells folgend, darauf hin, vgl. Hennenberg, Fritz: *Es muß was Wunderbares sein: Ralph Benatzky – zwischen ›Weißem Rößl‹ und Hollywood*. Wien 1998, S. 168f.

28 Robert Stolz verlor 1960 einen diesbezüglichen Prozess, über den die Presse berichtete. Vgl. Der Spiegel, 10.02.1960, S. 63, online unter: www.spiegel.de/spiegel/print/d-43063285.html (letzter Abruf am 1.12.2015).

29 Charell an Felix Bloch Erben (vgl. Fußnote 23).

30 Siehe hierzu auch Frédéric Döhl: *Zur Figur des Produzenten im Spiegel von Urheberrecht und Musiktheatergeschichtsschreibung: Erik Charell und das Weiße Rößl* in diesem Band.

31 Charell an Felix Bloch Erben (vgl. Fußnote 23).

32 Hennenberg: *Es muß was Wunderbares*, S. 168f. Gemeint ist das fragmentarisch überlieferte Particell, Archiv der Akademie der Künste (AdK), Nachlass Benatzky, Nr. 88.

33 Vgl. Hennenberg, *Benatzky*, S. 115.

tiert bekanntlich nicht). Sie wird aber doch nahe gelegt durch die Tatsache, dass er gerade bei jenen Teilen des Stücks beteiligt war, bei denen noch in der Phase der Ausarbeitung von Inszenierung und Choreografie in die musikalische Textur eingegriffen werden musste. Offenbar war hier ein Komponist in Vertretung des nicht anwesenden Benatzky vonnöten.[34] Geht man davon aus, dass in dieser späten, dichten Arbeitsphase Komponieren und Orchestrieren ineinanderflossen, würde dies wiederum plausibel machen, dass Künneke zudem, wie schon von Hennenberg vermutet, die Orchestration des Stücks vorgenommen hat.

Auch der Jazz-Pianist und Song-Komponist Adam Gelbtrunk dürfte in seiner Funktion als fester Korrepetitor des Großen Schauspielhauses bei den Probenarbeiten anwesend gewesen sein. Das Programmheft nennt ihn zudem als Arrangeur der Tänze – eine Aufgabe, die er schon bei den Charell-Produktionen *Die Drei Musketiere* (Premiere 31.8.1929) und *Die lustige Witwe* (Premiere 1.5.1930) übernommen hatte. Noch bei der *Rößl*-Produktion am Broadway 1936 wirkte Gelbtrunk als Korrepetitor sowie als Komponist musikalischer Einlagen mit.[35]

Im Detail ergeben sich beim Vergleich der im Archiv der Akademie der Künste aufbewahrten Manuskripte von Künneke und Benatzky einige überraschende Beobachtungen: Für den ersten Teil der Nr. 2, *Ankunft der Gäste*, existiert sowohl eine Kompositionsskizze Künnekes als auch eine wiederum verworfene Version Benatzkys in dessen Particellfragment.[36] Offenbar ersetzte man diese vom Chor dominierte Passage durch eine neue Komposition Künnekes, schloss aber gleich

---

34 Aus Benatzkys Tagebüchern geht die Mitwirkung an nur einer Probe zum *Rößl* am 17. September hervor. Ein Schlaganfall des Vaters Mitte Oktober, dessen Tod am 24. und Begräbnis am 26. Oktober dürften seine Absenz ebenso erklären wie vorbereitende Arbeiten an der Komposition und Produktion anderer Bühnenwerke (insbesondere *Cocktail*), aber auch seine seinerzeit distanzierte Haltung zum *Rößl*; vgl. Benatzky, Ralph: *Triumph und Tristesse: Aus den Tagebüchern von 1919 bis 1946*. Hg. von Inge Jens und Christiane Niklew. Berlin 2002, S. 86–91.

35 Zu Gelbtrunks Mitarbeit vgl. das Programmheft im Bildteil dieses Bandes sowie den Beitrag von Wolfgang Jansen in diesem Band. Zu Gelbtrunks Mitarbeit bei den anderen genannten Charell-Produktionen vgl. Siedhoff, Thomas: *Deutsch(sprachig)es Musical*; www.deutsches-musicalarchiv.de/forschung-publikationen/deutsches-musical-siedhoff-mai-2015.pdf (letzter Abruf am 3.6.2016) sowie Jansen, Wolfgang: *Auf der Suche nach Zukunft: Zur Situation der Operette in den ausgehenden Zwanziger Jahren*. In: *Aspekte des modernen Musiktheaters in der Weimarer Republik*. Hg. von Nils Grosch. Münster 2004, S. 27–72, hier: S. 68. Das Deutsche Bühnenjahrbuch 41 (1930), S. 284, weist Gelbtrunk als Korrepetitor des Großen Schauspielhauses aus. Zu seiner Mitwirkung bei der Produktion von 1936 vgl. Norton, Robert: *Cast List and Musical Numbers of the Broadway Production 1936*, www.ralph-benatzky.com/main.php?cat=6&sub_cat=16&task=3&art_id=000170 (letzter Abruf am 1.3.2016); den Beitrag von Olaf Jubin in diesem Band; sowie Lotz, Rainer E.: *Wilbur ›Wib‹ Kurz – His early career in Europe*. In: *Storyville* 77 (June/July 1978), S. 170–176, hier: S. 176.

36 AdK, Nachlass Eduard Künneke, Nr. 280 (Mappe 3) und Nachlass Benatzky, Nr. 88 (Foto 6–9).

anschließend daran Benatzkys Arbeit für den zweiten Teil der Nummer, Leopolds Auftrittslied, an.

Zur Nr. 4, *Ankunft des Dampfers*, gibt es Skizzen Künnekes in mehreren Arbeitsstufen. Sie beinhalten motivische Aufzeichnungen zu unterschiedlichen Elementen der letzthin verwendeten Nummern, u.a. das melodische Material zu Stubenmädchen, Bergführern etc. sowie das schlagerhafte Chor-Tableau *Zauber der Saison*. Somit ist hier davon auszugehen, dass diese Nummer vollständig von Künneke komponiert wurde. In Benatzkys Particellfragment fehlt sie nicht nur, sondern sie gehört auch zu den wenigen, die in der am Anfang stehenden Disposition Benatzkys (also der Aufstellung der Musiknummern) nicht vom Komponisten mit einem Häkchen versehen wurden. Offenbar hatte Benatzky sie beim Probenbeginn also noch gar nicht komponiert, und Künneke sprang ein.

Da das Finale des ersten Aktes mit der großen Regenszene, das sich musikalisch im Wesentlichen aus Reminiszenzen zusammensetzt (mit Ausnahme des Regenchors *Wenn es hier mal richtig regnet*), Reprisen sowohl Künnekes (*Leopold zahlen* aus dem ersten Teil von Nr. 2 und *Zauber der Saison*) als auch Benatzkys (*Es muß was Wunderbares sein, Aber meine Herrschaften*) enthält, liegt die Vermutung nahe, dass Künneke diese Nummer, unter Rückgriff auf vorliegendes Material, ebenfalls gestaltet hat.

Auch die kompositorische Ausarbeitung der Nr. 9 (*Introduktion* von Akt II) dürfte von Künneke stammen. Einige fragmentarisch überlieferte Passagen, darunter das Duett Josepha – Leopold (»Dies Sträußchen hier [...]«)[37] legen das nahe. Ein weiteres Indiz stellt die von der Endversion dieser Nummer ganz abweichende Komposition in Benatzkys Fragment dar.[38]

Verschwimmen also bei der Frage der musikalischen Autorschaft innerhalb des Produktionsprozesses die Grenzen, so gilt dies auch auf anderen Ebenen des Stückes wie der Text- und Bildebene, handelt es sich doch bei der Ausarbeitung eines Theaterstückes in den Proben um einen in vielerlei Hinsicht hochgradig kollaborativen Vorgang. Umso stärker werden solche Grenzen oftmals später narrativ konstruiert oder perpetuiert, auch um ein Werk den Erwartungshaltungen und Gepflogenheiten von Vermarktungsprozessen anzupassen. Solche Zuschreibungen lassen sich, wie oben bereits am Beispiel Charells gezeigt, auch beim *Rößl* beobachten.

So versuchte auch Müller sich narrativ näher an den Kern der Autorschaft des Werkes zu bringen. In einem kleinen Einführungstext, der 1947 im Programmheft der Salzburger Produktion abgedruckt wurde, schrieb er:

---

37 Ebd., Nachlass Künneke, Nr. 280 (Mappe 2, 2. Bogen).
38 Ebd., Nachlass Benatzky, Nr. 88.

Je mehr ich aber über die Sache nachdachte, desto mehr fand ich, daß das *Weiße Rößl* die Grundlage zu einem großen Revuestück zu bilden geeignet sei. Ich teilte Charell diese Meinung mit, doch er zuckte die Achseln und fragte: ›Wo sind die beiden Finali, die ich brauche?‹ Ich klopfte ihm auf die Schulter und meinte: ›Das erste Finale bildet die Regenszene …‹ und Charell: ›Wo ist das zweite?‹ – ›Ja, das ist es eben,‹ sagte ich, ›hier muß die Gestalt des Kaisers Franz Josef auf die Bühne…‹ Da sprang Charell auf und schrie förmlich: ›Ja, das ist die Sache, die ich suche, jetzt wird es ganz groß gemacht und sogar im Schauspielhaus aufgeführt!‹ [39]

Damit fügte er den Legenden um die Urheberschaft an der Adaption des Stoffs – Charell und Benatzky nahmen das jeweils für sich in Anspruch [40] – seine eigene Version hinzu. Dass Müller, folgen wir Hennenbergs Argumentation, für Charell nur die zweite Wahl als Librettist in einem schon vor dessen Einsteigen konzipierten Projekt war, [41] zeigt, dass es Müller hier nicht um eine wahrheitgemäße Schilderung ging – dagegen spricht auch der Charell in den Mund gelegte Ausspruch am Ende der zitierten Passage, waren doch zu jenem Zeitpunkt alle Charell-Produktionen im Großen Schauspielhaus aufgeführt worden und »ganz groß gemacht« gewesen –, sondern um eine im Nachhinein vorgenommene, narrative Inanspruchnahme der konzeptionellen Adaptionsidee.

Es wird deutlich, dass nun, ex post, die Frage um die Autorschaft eine neue Bedeutung und die Auseinandersetzung darum eine neue Dynamik gewonnen hatte, der vermutlich erst mit Müllers Tod, der Neufassung Uhers und der Nennung Charells als Mitautor ein Ende gesetzt wurde.

Die Bedingungen, unter denen das *Rößl* 1930 entstanden war, hatten sich bis 1945 in vielerlei Hinsicht verändert: Die Infrastruktur des auf geschäftlicher Basis arbeitenden Theatersystems, die die Friedrichstadt in den 1920er-Jahren zu Broadway-ähnlichen Strukturen geleitet und auch vergleichbare Gattungs- und Produktionsmodelle hervorgebracht hatte, war durch die Theater-Gesetzgebung des ›Dritten Reichs‹ definitiv zerstört worden; Ansätze, sie nach Kriegsende wieder aufzubauen, gab es nicht. [42] Charell, der inzwischen durch seine Erfahrungen am Broadway und West End mit den Produktionsbedingungen des Musicals ver-

---

39 Müller, Hans: *Im Weißen Rößl. Wie ich zur Bearbeitung des alten Lustspiels von Blumenthal-Kadelburg kam.* In: *Im weißen Rößl* [Programmheft]. *Landestheater Salzburg. August 1947.* Archiv des Salzburger Landestheaters.

40 Hennenberg (*Benatzky*, S. 107f.) setzt sich mit diesen beiden widersprüchlichen Erzählungen auseinander und kommt überzeugend zu dem Schluss, die von Benatzky sei »frei erfunden« (vgl. Hennenberg, *Benatzky*, S. 107f.).

41 Ebd., S. 108.

42 Siehe zu diesem Kontext: Jansen, Wolfgang: »Kein Ort – nirgends. Die erfolgreiche Zerstörung einer Infrastruktur«. In: *Zwischen den Stühlen. Remigration und unterhaltendes Musiktheater in den 1950er Jahren.* Hg. von Wolfgang Jansen und Nils Grosch. Münster 2012, S. 47–60.

traut war, dem aber auf der anderen Seite die Entwicklung des Theatersystems in Mitteleuropa nach 1933 eher fremd war, bezog die Musical-Terminologie nun auf das *Rößl* – historisch mit gewissem Recht, im Hinblick auf das Theatersystem der 1950er-Jahre sicher weniger zutreffend. So wies er Müller bezüglich der Schweizer Produktion darauf hin, dass es Sache des Theaterdirektors gewesen wäre, ihn für seine angebliche Überarbeitung des Textbuchs zu entlohnen:

> so wie es überall in der Welt gehandhabt wird und Usance ist: Wenn ein Producer eine Revival vorbereitet und er aus irgendwelchen Gruenden zeitgemaesse Aenderungen wuenscht, wird er fuer diese Aenderungen ein extra Honorar zahlen.[43]

Die unterschiedlichen Strategien hatten mit der Kennzeichnung von Autorschaft und Gewinnbeteiligungen zu tun, aber damit kamen auch Konkurrenzen um Deutungshoheiten ins Spiel. Als Operette wären in der Wahrnehmung Benatzky als Komponist und Müller als Librettist, Charell allenfalls noch als Mitautor die wichtigsten produktiven Akteure gewesen. Die Leistung eines Spiritus rector, durch Copyright-Kennzeichnung ohnehin schwer zu markieren[44], wollte indes Charell für sich gewürdigt wissen.

*

Als die ›Bar jeder Vernunft‹ 1994 eine Produktion des *Rößls* in kleinem Format präsentierte, wurde diese häufig als Gegenmodell zu einer Spieltradition aufgefasst, die durch die Verfilmungen der 1950er- und 1960er-Jahre, die Fassung Uhers sowie Tonaufnahmen wie etwa diejenige mit Anneliese Rothenberger von 1959 repräsentiert wurde. In dieser Opposition verbindet sich, schon in der diskursiven Einfassung der Berliner Interpretation von 1994, die damalige Abwendung von einer, stereotyp aufgefassten, Operettenästhetik der 1950er-Jahre mit einer (idealisierten) Hinwendung zur Ästhetik der 1920er-Jahre, die in der Vorstellung von einer 1930er »Urfassung« des *Rößls* inkarniert. Es ergibt sich eine wertende Haltung, die binär die 1950er-/1960er-Jahre mit den 1990er- und zugleich den 1920er-Jahren kontrastiert. Das vermeintlich Unhistorische und das historisch Informierte, das Glatte und das Doppelbödige, (schlechter) Kitsch und (guter) Camp werden gegeneinander ausgespielt. Um eine solche Lesart herum gruppieren sich auch die meisten Beiträge des Musik-Konzepte-Sammelbandes von 2006 und markieren so einen historischen Stand, der nicht nur das Bedürfnis nach einer Neuinterpretation, wie sie die Geschwister Pfister in der ›Bar jeder Vernunft‹ wagten, plausibel macht, sondern auch den Wunsch nach einem historisch abgesicherten Aufführungsmaterial. Und so mag es nicht wenig überraschen, dass mit der Rekonstruktionsfassung arbeitende Produktionen wie dieje-

---

43 Erik Charell, Brief an Hans Müller vom 23.5.1947. ÖTM, Nachlass Hans Müller, Box 2 (Korrespondenzen), vgl. Fußnote 18. Auch die Pariser Produktion bezeichnet Charell hier – nach Broadway-Terminologie zutreffend – als »Revival«.

44 Vgl. Döhl, *Zur Figur des Produzenten*, in diesem Band.

nigen des Gärtnerplatztheaters (Premiere 11.10.2012) oder des Salzburger Landestheaters (Premiere 7.12.2014) in vielen Aspekten der Inszenierung der brüchigen, doppelbödigen Auffassung der ›Bar jeder Vernunft‹ folgen, was ja, wie die Produktion der Staatsoper Hannover (Premiere 20.10.2007) zeigt, mit der 1951er-Fassung durchaus nicht prinzipiell ausgeschlossen war.

Ebenfalls deutlich die Pfistersche Inszenierung vor Augen, kam dann 2013, initiiert durch Stefan Wieduwilt, eine Neuverfilmung in der Regie von Christian Theede in die Kinos, die zugleich die Lesart und Rezeptionsgeschichte der Nachkriegszeit (Peter Alexander wird hier nicht nur durch ein eigens für den Film gemaltes Portrait gehuldigt) mehrschichtig einbezog.

*

Vor diesem Hintergrund konzipierten wir, angeregt duch die Salzburger Produktion und die Neuverfilmung, ein interdisziplinäres wissenschaftliches Symposium zum Thema. Dem Call for Papers folgten im April 2015 VertreterInnen[45] von Musik-, Theater-, Tanz-, Medien-, Kultur-, Politik-, deutscher und amerikanischer Literaturwissenschaft sowie der Jewish Studies aus Deutschland, Österreich und Großbritannien nach Sankt Wolfgang ins Salzkammergut. Keine Vorschläge hatten wir leider für Referate, die die Aufführungsgeschichte des *Rößls* im osteuropäischen Raum, in Russland, Italien, Spanien, Frankreich oder auch Lateinamerika beleuchtet hätten. Auch muss, dies zeigte sich insbesondere nach Sichtung der zahlreichen Belege für Produktionen in der unmittelbaren Nachkriegszeit, eine analytische Aufführungsgeschichte der 1950er-Jahre, die häufig eher klischeehaft (aufgrund des oben beschriebenen Abstoßungsimpulses) geschildert wird, Desiderat der Forschung bleiben. Während der Diskussionen der Tagung zeigte sich immer wieder, dass hier gerade im Hinblick auf eine transnationale und transkulturelle Theatergeschichte noch Forschungslücken bestehen. Auch eine kunsthistorische und theaterwissenschaftliche Ansätze verbindende Thematisierung der Ausstattung, hier insbesondere unter Einbeziehung der zentralen Figur Ernst Stern, steht weiterhin aus.

Die ausgearbeiteten Beiträge dieses Symposiums sind in vorliegendem Band zusammengetragen. Anstelle einer Podiumsdiskussion mit Theaterschaffenden, die ebenfalls im Rahmen des Symposiums stattfand, haben wir uns entschieden, eigene Gespräche mit Matthias Davids, Leopold Kern, Herbert Wolfgang und Andreas Gergen zu führen, Künstlern also, die in der jüngeren Zeit je eine der drei Fassungen auf die Bühne gebracht haben, sowie mit Stefan Wieduwilt, einem der entscheidenden produktiven Verantwortlichen der Verfilmung *Im weissen Rössl*

---

45 Die Vorgehensweise bezüglich einer gendergerechten Sprache wurde den Präferenzen der einzelnen Autorinnen und Autoren überlassen; es finden sich folglich verschiedene Varianten innerhalb des Buches.

– *Wehe, du singst!* Diese Gespräche wurden in Form von Essays in den Band aufgenommen.

Außerdem lag es uns am Herzen, den Band etwas stärker als üblich durch historische und zeitgenössische Fotos und Abbildungen zu ergänzen. Bei den Recherchen zu den Beiträgen sind Bildquellen aufgetaucht, die es zu zeigen lohnt; außerdem lag es nahe, aktuelle und historische Produktionen durch Fotos zu dokumentieren und nicht zuletzt die Erstproduktion von 1930 durch den Wiederabdruck eines Programmhefts zu würdigen und somit diese Quelle zugänglich zu machen.

Das Theatermuseum Wien gab die Genehmigung zum Abdruck von Material aus seinen Beständen; Boris Priebe und Olaf Jubin stellten Quellen aus ihren Privatsammlungen zur Verfügung; die Staatsoper Hannover, das Salzburger Landestheater, das Freiburger Musiktheater »Die Schönen der Nacht« und die Wieduwilt Film & TV Production stellten ebenfalls Fotos zur Verfügung. Das Hotel ›Im Weißen Rößl‹ in Sankt Wolfgang beherbergte unser Symposium, das von der Universität Salzburg, vom Programmbereich »Vermittlung zeitgenössischer Musik – Mediating Contemporary Music. ConTempOhr« (Schwerpunkt »Wissenschaft und Kunst«) der Universität Salzburg und der Universität Mozarteum Salzburg, der Stadt Salzburg, dem Land Salzburg, dem Land Oberösterreich und der Österreichischen Forschungsgemeinschaft gefördert wurde. Die Publikation selbst unterstützen mit Druckkostenzuschüssen die Stadt Salzburg, die Stiftungs- und Förderungsgesellschaft der Universität Salzburg sowie Helga Benatzky. Das ganze Projekt konnte im Rahmen der Forschungstätigkeiten der Salzburger Musikgeschichtlichen Sammlungen durchgeführt und aus deren Budget mitfinanziert werden. All diesen sowie den zahlreichen Ungenannten, die ihren Anteil am Zustandekommen des vorliegenden Buches haben, sei an dieser Stelle ganz herzlich gedankt.

Nils Grosch
Im weißen Rößl
Gattungen und Subgattungen im populären Musiktheater

Die fünf Gattungen des *Rößl*

Als eine verfehlte Mühe bezeichnete Carl Dahlhaus den »Eifer mancher Musikhistoriker, es den Zoologen gleichzutun und sämtliche Gebilde, die in der Geschichte der Musik hervorgebracht worden sind, irgendeiner Gattung – oder wenigstens einer Mischgattung – zu subsumieren«, und er betonte augenzwinkernd: »Denn nichts berechtigt zu der Meinung, dass ein Stück Musik eine Gattung repräsentieren müsse, um ein ästhetisches Daseinsrecht zu haben. Die Geschichte der musikalischen Gattungen ist nicht die ganze Musikgeschichte.«[1] Im Falle des Bühnenwerks *Im weißen Rößl* (im Folgenden kurz: *Rößl*), geschrieben für die Produktion der Spielzeit 1930/31 im Großen Schauspielhaus Berlin, scheint dieses Problem nicht zu existieren, wird es doch gleich einer ganzen Handvoll von Gattungsbegriffen mit aller Selbstverständlichkeit zugeordnet, bisweilen im gleichen Kontext zu gleich mehreren verschiedenen, ohne dass man darin ein gattungstheoretisches oder begriffliches Problem gesehen hätte. Statt Unbekümmertheit zu monieren, könnte man darin auch eine Gelassenheit gegenüber der Tatsache anerkennen, dass das Stück aufgrund struktureller oder kommunikativer Eigenschaften als mehreren Gattungen zugehörig angesehen oder in der Überschneidungsfläche zwischen verschiedenen, ohnehin im Fluss befindlichen Gattungen verortet wurde.

1. Die landläufige Zuschreibung des *Rößl* zur O p e r e t t e n gattung ist alles andere als selbstverständlich, nicht einmal naheliegend. Der Komponist Ralph Benatzky hatte das Werk zwar 1930 ähnlich wie eine Operette konzipiert. Für seine Version entwickelte er ein (fast vollständiges) Particell und bestritt es mit eigener Musik – mit Ausnahme eines eingelegten Liedes von Bruno Granichstaedten. Diese Version wiederum besaß – insbesondere in den Tableaus – durch Wiederaufgreifen, Weiterentwickeln und dramatisches Verdichten von bereits erklungenem musikalischem Material eine tendenziell geschlossene, narrative musikalische Dramaturgie. Auch Granichstaedtens Lied bezog Benatzky in die musikalische

---

1   Dahlhaus, Carl: *Was ist eine musikalische Gattung?* In: *Theorie der Gattungen.* Hg. von Siegfried Mauser. Laaber 2005, S. 85–91, hier: S. 85f.

Reminiszenzen- und Reprisendramaturgie ein, indem er es im Finale II wieder aufgriff.[2] Jedoch wurde diese Fassung bei der Produktion 1930 nur zum Teil verwendet und schließlich deren kohäsive Struktur geradezu aufgebrochen. Von einer ›Operette‹ ist im Produktionsprozess nicht die Rede.

Erst in der zweiten Jahrhunderthälfte wurde dann das *Rößl* überwiegend als Operette rezipiert und im Spartenbetrieb als solche produziert. In Operettenführern findet es sich ebenso selbstverständlich aufgeführt wie in wissenschaftlichen Lexikonartikeln zur Operette.[3] Volker Klotz bezeichnet das Stück abwertend als »Spektakeloperette«. Zugleich weist er darauf hin, dass die »Produktionsweise, aber auch das fertige Produkt […] wenig zu tun hatten mit dem individuellen Stil europäischer Operetten«, mehr dagegen mit »der arbeitsteiligen, fixen Fließbandproduktion von Broadway-Musicals«[4] – eine Gattung, die für ihn sowohl als Kunstform als auch in ihrer Herstellungs- und Vertriebsweise das Gegenteil von Operette verkörpert. So war lange Zeit die primäre und selbstverständlichste Gattungszuordnung des *Rößls* diejenige zur Operette.[5]

2. Hans Müller, der Librettist des *Rößls*, interpretierte das Stück 1947 in einem kurzen Programmhefttext explizit als R e v u e . Dies sei eine Gattung, für die er schon vorher eine »ausgesprochene Vorliebe« besessen habe, und diese beschreibt er auch als formalen und dramaturgischen Rahmen, der ihm schon bei der Ausarbeitung des *Rößl*-Librettos vor Augen gestanden habe.[6] Er bezieht dabei durchaus die dramaturgische Gestaltung in seine generischen Überlegungen ein, wenn er einen fiktiven Dialog mit Charell schildert, den er überzeugt habe, die Regenszene und diejenige mit dem hinzuerfundenen Kaiser seien die Stichworte

---

2   Benatzky, Ralph: Fragment des autographen Particells *Im weißen Rößl* im Nachlass Ralph Benatzky, Archiv der Akademie der Künste, Berlin, Mikro-Fiche-Satz, Sign. 88; die Disposition ist auf Bild Nr. 2, das autographe Fragment des Finale II befindet sich auf dem Bild Nr. 17r–18. Vgl. hierzu in diesem Band: Stahrenberg, Carolin und Grosch, Nils: »*to make out of a small, plain comedy this great musical*«. Anstelle einer Einleitung.

3   Vgl. Würz, Anton: *Reclams Operettenführer*. Reclam, Stichproben: [1]1968, [9]1975, [21]2002; sowie Lamb, Andrew: *Operetta* [2001]. In: *Grove Music Online. Oxford Music Online*. <http://www.oxfordmusiconline.com/subscriber/article/grove/music/20386>; Harald Haslmayr: *Operette*. In: MGG[2], St. 7 (1997), Sp. 706–735.

4   Klotz, Volker: *Operette: Porträt und Handbuch einer unerhörten Kunst*. München 1991, S. 264, 266 und 20. Im Verweis auf die dem Musical verwandte Produktionsweise greift Klotz eine Beobachtung Siedhoffs von 1986 (s.u., Fußnote 27) auf und wertet sie um.

5   Vgl. beispielhaft auch Feurstein, Michaela und Milchram, Gerhard: *Jüdisches Wien: Stadtspaziergänge*. Wien u.a. 2001, S. 199: »Ralph Benatzky gehörte zu den ganz großen Komponisten der ›silbernen Operettenära‹, seine bekannteste Operette ist das ›*Weiße Rößl am Wolfgangsee*‹, die 1930 in Berlin uraufgeführt und ein Riesenerfolg wurde«.

6   Müller, Hans: *Im Weißen Rößl. Wie ich zur Bearbeitung des alten Lustspiels von Blumenthal-Kadelburg kam*. In: *Im weißen Rößl* [Programmheft]. *Landestheater Salzburg. August 1947*. Archiv des Salzburger Landestheaters.

für die Konstruktion von genretypischen Revue-Finali gewesen, die Charell als ausschlaggebende Elemente für eine Produktion als Revue verlangt habe.[7]

Im Kontext der Produktionen Bern 1946/47 und Zürich 1947/48 erinnerte man sich der dem Inszenierungsstil der Revue verpflichteten Aufführungstradition des *Rößls*, die an diesen Häusern bis in die frühen 1930er-Jahre zurückging. Für die Revuegattung stand nun insbesondere der choreografische Aspekt ein.[8] Und dies stellte in der Nachkriegszeit Theater vor neue Probleme. So machten im Februar 1946 die Mitglieder des Singchors am Berner Stadttheater in einer gerichtlichen Klage gegen das Berner Stadttheater geltend, »sie seien nicht in der Lage, Revue-Tänze zu übernehmen, zumal bei derartigen tänzerischen Darstellungen 100%ige Leistungen in Choropern undenkbar wären.«[9] Man berief sich darauf, dass der Chor »zu tänzerischen Leistungen, die über die gewöhnlichen Gesellschaftstänze hinausgehen, nicht verpflichtet sei«, aber auch auf das fortgeschrittene Alter der schon 1936/37 (bei der damalige Produktion des *Rößl*) »am Theater beteiligten Kollegen und Kolleginnen«, die damals »mit wenigen Ausnahmen jünger und widerstandsfähiger« gewesen seien »als heute«.[10]

Die Theaterleitung stellte sich auf den Standpunkt, »ein nur herumstehender Chor sei in einem Stück wie das ›Weisse Rössl‹ nicht möglich« und die geforderten Leistungen seien vom Chor ohne Zusatzhonorar zu erbringen.[11] Das Verfahren wurde letztlich, nachdem auch das Gutachten zweier externer Fachleute die Position der Theaterleitung stützte, zugunsten der Beklagten entschieden.[12] Doch für die bald darauf eröffnende Produktion am Stadttheater Zürich, dessen Direktor als Schiedsrichter am Berner Verfahren beteiligt war, entschied man sich bewusst für »eine tunliche Distanzierung von allem, was an den Drillstil der Berliner Revuen der Dreißigerjahre mit ihrem auflebenden Girl-Kollektivismus erinnern könn-

---

7   Müller geht es hier um eine offensichtlich fiktive Etablierung einer Legende um die Konzeption des Stücks und die geistige Urheberschaft daran, vgl. das Zitat auf S. 21 in diesem Band.

8   Vgl. etwa –tt.: *Stadttheater: Im weissen Rössl.* [Kritik vom November 1946, Quellenangabe: Nachrichten, N3 XI]. Stadtarchiv Zürich, VII.12/22.1.1.22.

9   Prozess Hildegard Berger und alle Mitglieder des Singchors gegen das Berner Stadttheater betreffend die tänzerischen Leistungen im ›Weissen Rössl‹. Klage vom 20. Februar 1946, S. 2, Durchschläge der Akten im Stadtarchiv Zürich, VII.12/7.5.2.37.

10 Ebd., S. 5 und 3.

11 Ebd., S. 3.

12 Einschätzung der beiden Schiedsrichter [Karl Schmid-Bloß, Stadttheater Zürich, und Willy Reiss, Stadttheater Basel] vom 4. April 1946 und Urteil des Schweizerischen Bühnenschiedsgerichtes vom 24. Mai 1946, ebd.

Abbildung 6: Auf dem Weg fort von der Revueästhetik der 1920er- und 1930er-Jahre in Richtung eines individualisierten Balletts: *Im weißen Rößl*, Produktion des Stadttheaters Zürich, Spielzeit 1946/47 (Premiere 11. November 1946).

te«.[13] Produktionsfotos zeigen individualisierte Tanzpaare, die – ganz anders als im Revuetanz mit einer traditionellen Chorus line – als individuelle Paare mit ganz unterschiedlichen Bewegungsfiguren den Bühnenraum füllen (vgl. Abbildung 6).

Kritiken begrüßten die Distanzierung von der Revueästhetik, damit einhergehend auch den Schritt fort von einer als deutsch empfundenen choreographischen Stilistik zugunsten des »österreichischen Milieus«.[14] Revuehafte Gestaltung steht hier nun im Fokus einer mit dem Verdikt des ›Kommerziellen‹ argumentierenden Kulturkritik, und ihre Überwindung durch die Zürcher Inszenierung wird positiv vermerkt: »Die nach Blumenthal und Kadelburg konfektionierte Revue hat viel vom alten Lustspielton verloren. Dafür ist sie mit allerhand Choreographie [...] garniert.«[15] Die Berner Theaterchorklage und die zeitlich unmittelbar folgende Zürcher Produktion zeigen exemplarisch einen sukzessiven Abschied

---

13   VZ.: *Im weißen Rößl, Premiere im Stadttheater* [November 1946]. Rezension ohne Quellenangabe im Stadtarchiv Zürich, VII.12/22.1.1.22.

14   Ebd.

15   –tt.: *Stadttheater: Im weissen Rössl.*

von der Revueästhetik der Vorkriegszeit, die man hier indes durchaus noch – auch als ästhetischen Bestandteil des Werkes selbst – vor Augen hat, die aber, zumindet von manchen Kritikern, abgelehnt wird. Sie steht zugleich quer zu einem neuen, nach Sparten geordneten Produktionssystem, dessen Chor für »Choropern« (s.o., was auch immer damit gemeint ist), nicht aber für Revuetänze disponiert ist.

Gegen Ende des 20. Jahrhunderts wurde diese Denkfigur erneut hinterfragt, und damit die Zuschreibung des *Rößls* zur Revuegattung wieder möglich: 2006 bezeichnete dann Ulrich Tadday im Vorwort zu dem von ihm herausgegebenen Band *Im weißen Rössl: Zwischen Kunst und Kommerz* das Stück programmatisch als Revue. Er legte hier dar, dass die *Rößl*-Kritiker bei ihrem »vernichtenden Verdikt« »immer das restaurative Remake der Nachkriegszeit [...], die schnulzige Verfilmung mit Peter Alexander oder eine Inszenierung mit Schöngesang und Alpenkitsch« vor Augen gehabt hätten, »nicht aber die ursprüngliche Fassung der Revue aus der Vorkriegszeit.«[16] In einer paradigmatischen Argumentation führt Tadday eine Ursprungsfassung als primäre und höherwertige Referenz gegen eine spätere Rezeptions- und Aufführungsgeschichte ins Feld und ordnet jener das Revue-Genre zu. Somit fungiert diese Gattungszuschreibung unausgesprochen als Marker für die historisierende Aufwertung der – wie auch immer bekannten oder vorgestellten – Fassung von 1930, und zugleich einer als »schnulzig« oder »kitschig« abgewerteten Rezeption als Operette.

3. Nicht um eine ausgehandelte Gattungsnorm, sondern vielmehr um die generische Ambiguität des *Rößl* zu kennzeichnen, fiel schon um 1930 der bis heute kursierende Gattungsbegriff › R e v u e - O p e r e t t e ‹, wobei schon der Bindestrich als Zeichen des Hybriden der ›Mischgattung‹ und des Vorläufigen der Bezeichnung gelesen werden kann. Bemerkenswerterweise kommt er noch nicht in Kritiken der Tagespresse zur *Rößl*-Produktion von 1930[17], aber bald danach in Ankündigungen und Besprechungen der nachfolgenden Produktionen in der Provinz vor.[18] Der revuehafte Charakter wurde dort insbesondere im Hinzunehmen der nicht von Benatzky stammenden Einlagen gesehen, der sich auch in der Ankündigung als »Schlager-Revueoperette«[19] niederschlägt – ein Aspekt der gelegentlich auch Anlass zur Polemik gab. So beklagte ein Rezensent 1932 die »Anspruchslosigkeit der neuen Revue-Operettengeneration«, die »nach altbewährtem Operetten-Mixrezept freie musikalische Einlagen von drei bekannten Schlager-

---

16 Tadday, Ulrich: *Vorwort*. In: *Im weißen Rössl. Zwischen Kunst und Kommerz*. Hg. von Ulrich Tadday. München 2006, S. 3.

17 Vgl. die im Ralph-Benatzky-Archiv gesammelten Besprechungen, Akademie der Künste, Berlin, Mappe 473.

18 So etwa die *Vorarlberger Wacht*, 25.2.1932 und der *Feldkircher Anzeiger*, 3.2.1932.

19 *Badener Zeitung*, 6.2.1932, Nr. 10, S. 3.

Komponisten einbezogen [habe]«, so dass das »ganze Vielerlei sich [sic] großartig ›Revue-Operette‹ heißt«.[20]

Nichtsdestotrotz fand der Begriff als Gattungsbegriff nur vereinzelt Verwendung. So hatte das Münchner Theater am Gärtnerplatz im Jahr 1929, sicher auch bezugnehmend auf die verschiedenen in den Vorjahren gezeigten Charell-Produktionen des Großen Schauspielhauses, seine »In vollständig neuer Ausstattung« herausgebrachte Produktion von Bruno Granichstaedtens *Evelyne* als »Revue-Operette in 3 Akten (8 Bildern)« angekündigt. Der Programmzettel präsentierte – wie bei einer Revue – die Besetzung für jedes der acht Bilder neu.[21]

Auch das *Rößl* wurde in den 1930er-Jahren durch manche Theater als Revue-Operette anonciert,[22] während es andere Bühnen als Operette oder, wie vom Verlag angeboten, als Singspiel bezeichneten.[23] Eine vergleichbar fluide Gattungszuordnung lässt sich auch bei anderen Bühnenwerken beobachten. Uneinheitlich wurde das 1934 am Metropol-Theater produzierte Stück *Lauf ins Glück* von Fred Raymond, Günther Schwenn und Paul Beyer zwar als Operette angekündigt und auch im Regiebuch und dem bei Meisel in Berlin publizierten Klavierauszug so bezeichnet; die kommerziellen Schallplattenaufnahmen eines Potpourries sowie einzelner Songs (bei Telefunken, Kristal u. a.) verwiesen jedoch auf das Bühnenwerk als Revue-Operette, die britische Aufnahme des Songs *Schöne Lisa* (mit den Comedian Harmonists bei Gramophone: His Master's Voice) sogar auf die »Revue *Lauf ins Glück*«. Die variierende Juxtaposition oder Kombination zweier etablierter Theaterformen dokumentiert den Umbruch im Gattungsspektrum, aber durchaus nicht eine damals bereits ausgehandelte Gattungsnorm.

Mit dem Begriff der Revueoperette, der heute mit einer gewissen Selbstverständlichkeit auch in das Vokabular der Theaterpraxis übergeht[24], steht für den Fall des *Rößls* eine Alternative zur Zuschreibung zum Operettengenre im Raum.[25] Dabei

---

20 Naumann: *Theatergemeinde Bregenz, Aufführung der Württembergischen Volksbühne, musikalische Abteilung, ›Im weißen Rößl‹.* In: *Vorarlberger Landes-Zeitung*, 12.2.1932, S. 6.

21 Programmzettel im Deutschen Theatermuseum, München; ein Dank für den Hinweis darauf geht an Carolin Stahrenberg. *Evelyne* war 1928 beim Drei-Masken-Verlag (Berlin, München, Wien) als Operette veröffentlicht worden.

22 So etwa am Opernhaus Zürich in seinen Inszenierungen der Spielzeiten 1937/38 und 1946/47. Die Kritiken übernahmen teilweise diese Gattungszuordnung (vgl. ohr.: *Stadttheaer Zürich: Revue-Operette.* [November 1946]. Rezension ohne Quellenangabe im Stadtarchiv Zürich, VII.12/22.1.1.22.

23 Theaterdatenbank der Schweizerischen Theatersammlung Bern, vgl. in diesem Band S. 13, Fußnote 9.

24 Vgl. etwa die Darstellung Josef Köpplingers, des Intendanten des Staatstheaters am Gärtnerplatz, im Interview mit Jörg van Hooven, 13. November 2013, www.muenchen.tv/mediathek/video/josef-e-koeppinger-staatstheaters-am-gaertnerplatz/ (zuletzt abgerufen am 8.4.2015).

25 Er findet sich etwa bei Jansen, Wolfgang: *Glanzrevuen der zwanziger Jahre.* Berlin 1987, S. 168; und bei Berg, Marita: *»Det Jeschäft ist richtig!« Die Revueoperetten des Erik Charell.*

wird die Zugehörigkeit des *Rößl* zu dieser Gattungskategorie als Faktum oft allzu unhinterfragt unterstellt, wie etwa bei Richard Traubner: »Although absolutely an operetta now [...], *Im weissen Rössl* was actually one of a series of a spectacular ›revue-operettas‹ Benatzky wrote for producer-director Erik Charell at the Grosses Schauspielhaus«[26].

4. Dass die Entstehung und Produktion des Stücks strukturell der des B r o a d - w a y - M u s i c a l s ähnelt, erwies sich als theatertheoretisch und theaterhistorisch wichtiges Indiz. Thomas Siedhoff hatte bereits 1986 in seinem Beitrag zum *Rößl* in *Pipers Enyklopädie des Musiktheaters* das Stück als »Frühform des deutschen Musicals« interpretiert, diesen Gedanken 2007 im *Handbuch des Musicals* nochmals verstärkt und 2009 in dem Aufsatz *Aufstieg, Fall und Emanzipation des deutschen Musicals* historisch kontextualisierend ausgebaut und dabei zugleich die Zuschreibung des Stücks zur Operette als Missverständnis kritisiert. Siedhoff begründet diese Zuordnung mit der »Folge der Gesangsnummern«, der »spontane[n] und pragmatische[n] Entstehung unter Zeitdruck«, dem »großen Rahmen der Uraufführung« sowie mit der »Beteiligung zahlreicher Urheber«.[27]

Bemerkenswert ist, dass Charell und sein Bruder Ludwig 1947, als sie sich in ihrer Korrespondenz mit Müller angesichts neuer Produktionen in Europa mit dem Stoff befassten, nachdem sie im US-Exil mit den Produktionsbedingungen des Broadway vertraut wurden, dessen Produktionsbedingungen als quasi universal gültig ins Feld führten (»wie es überall in der Welt gehandhabt wird«), das *Rößl* als »Musical« und seine späteren Produktionen (in Europa!) als »Revival« bezeichneten.[28] Freilich handelt es sich hierbei um strategische Zuschreibungen. Diese dürften allerdings bei ihrem Gegenüber auf wenig Verständnis gestoßen sein, spielten aber vielleicht doch für die Neubewertung des Stücks ab 1950 eine Rolle. Nun brachte sich Charell, wohl auch über den Verlag Felix Bloch Erben, wieder deutlicher ins Spiel.

Seit den späten 1950er-Jahren, als langsam in Europa das Bewusstsein für die Existenz einer eigenen Gattungsentwicklung jenseits des Atlantiks wuchs, wurde das *Rößl* bisweilen als »frühes« oder »erstes Musical«, mit unterschiedlicher Be-

---

In: *Im weißen Rössl. Zwischen Kunst und Kommerz.* Hg. von Ulrich Tadday. München 2006, S. 59–80, hier: S. 59.

26 Traubner, Richard: *Operetta: A Theatrical History.* New York und London 1983, S. 307.

27 Siedhoff, Thomas: *Handbuch des Musicals.* Mainz 2007, S. 277; ders.: *Aufstieg, Fall und Emanzipation des deutschen Musicals.* In: *Die Rezeption des Broadwaymusicals in Deutschland.* Hg. von Nils Grosch und Elmar Juchem. Münster 2012, S. 43–60, hier: S. 46; vgl. auch ders.: *Benatzky: Im weißen Rößl (1930).* In: *Pipers Enyklopädie des Musiktheaters, Bd. 1.* München 1986, S. 264–265, hier: S. 264.

28 Österreichisches Theatermuseum, Nachlass Hans Müller, Box 2 (Korrespondenzen), vgl. detailliert hierzu den Text von Grosch und Stahrenberg: *»to make out of a small, plain comedy this great musical«* in diesem Band, Quellennachweis in Fußnote 18.

wertung, tituliert. So meinte Hubert Marischka, der 1931 die Wiener Produktion verantwortet und dort als Leopold mitgewirkt hatte, im Kontext einer Legitimierung der Operette gegenüber dem Musical, man möge das Musical nicht überschätzen: »so etwas haben wir ja schon mit dem *Weißen Rössel* [sic] auf die Bühne gestellt!«[29] Umgekehrt durchaus affirmativ las man 1962 anlässlich der Augsburger Produktion: »Benatzky blieb der Vertreter einer eigenen, dezenten und geistvollen Kunst, aus der etwas ganz Neues hervorging, eine Sonderform der Operette: das Chanson-Lustspiel oder, wenn man so will, das erste ›Musical‹.«[30] Obwohl mit unterschiedlicher Stoßrichtung zeigen diese Äußerungen eine für die Zeit um 1960 typische, noch unsichere Nutzung des Musical-Begriffs im deutschsprachigen Raum, wo man darin eine Untergattung oder Sonderform der Operette sah. Dabei wird vor allem eine vermeintlich narrativ weniger gefestigte Dramaturgie – und damit implizit auch eine größere Nähe zur Revue – als Besonderheit des Musicals wahrgenommen, das sich durch eine modernere und realistischere Haltung auszeichne.[31] Die Besonderheiten im Produktionssystem, wie sie Siedhoff für die Parallelsetzung pointiert, werden allerdings nicht herausgestellt, obwohl die Brüder Charell – wenn man ihre oben zitierten Briefe zwischen den Zeilen liest – auch diese Parallelen schon damals gesehen haben dürften.

Am Broadway existierte der Gattungsbegriff Musical in der Zeit um 1930 noch gar nicht. Kritiker differenzierten zunächst zwischen Operette, Revue und Musical Comedy als Leitgattungen, zu denen dann in den 1940er-Jahren das Subgenre des Musical Play (als Mischgattung von Musical Comedy und Oper) hinzutrat.[32] Schaut man sich indes die Musical Comedy der Jahre um 1930 im Hinblick auf ihre Struktur, in der Balance der künstlerischen Elemente, vor allem aber in der ökonomischen und produktiven Ausgangsbasis und der darauf basierenden, stetig mit dem Publikum vorgenommenen Aushandlung von Konvention und Innovation an, so zeigen sich in der Tat erstaunliche Ähnlichkeiten zum *Rößl* von 1930. Trotzdem kann aufgrund der Anbindung der damit verbundenen Gattungstradition an den Broadway diese Zuordnung immer nur eine theoretische, im Nachhinein vorgenommene sein. Diese ist zudem nicht frei von einem Wer-

---

29 Undatiertes und bibliografisch nicht nachgewiesenes Presseclipping im Nachlass Hubert Marischka, Österreichisches Theatermuseum, Handschriftensammlung, Ordner: Zeitungsausschnitte div., Strauss, Mappen. Carolin Stahrenberg, der ich für den Hinweis auf diese Äußerung danke, befasst sich in ihrem Beitrag zu diesem Band mit der Wiener Produktion.

30 *»Im weißen Rößl« das erste Musical/Der Komponist Ralph Benatzky schrieb 5000 Chansons*, In: *Augsburger Tageszeitung*, 27.9.1962.

31 Vgl. Grosch, Nils: *Zwischen Ignoranz und Kulturkritik. Das Musical in der Rezeption durch die deutschsprachigen Wissenschaften*. In: *Die Rezeption des Broadwaymusicals in Deutschland*. Hg. von Nils Grosch und Elmar Juchem. Münster 2012, S. 9–19.

32 Kowalke, Kim H.: *Das goldene Zeitalter des Musicals*. In: *Musical. Das unterhaltsame Genre*. Hg. von Armin Geraths und Christian Martin Schmidt. Laaber 2002, S. 137–178, hier: S. 153.

tungsdiskurs, der angesichts der heutigen Aufwertung des Musicals gegenüber der Operette das *Rößl* quasi mitnehmen möchte.

Der Komponist Nico Dostal hat in seinen Erinnerungen beschrieben, wie nach dem Erfolg von *My fair Lady* und *Kiss Me, Kate!* im deutschsprachigen Raum »eine Reihe von Musicals deutschen Ursprungs zur Aufführung kamen«, weil »kein Autor mehr sein Unterhaltungsstück mit Musik, ein musikalisches Lustspiel, eine Komödie mit Musik oder gar eine Operette« habe nennen wollen. Er selbst habe deswegen und weil die Operette als tote Gattung ausgerufen worden sei, erwogen, sein im Entstehen begriffenes Stück *Bravissimo, Angelina* Musical zu nennen, sich aber letztlich dagegen entschieden, »weil wir einsehen mußten, daß das Musical eben ein typisch amerikanisches Produkt ist.«[33] Beim Wort genommen bedeutet das, dass die Gattungszuschreibung hier von produktiven und rezeptiven, letztlich gar von – auch auf das Publikum bezogenen[34] – nationalen Kriterien abhänge, und weniger von Aspekten, die die textuelle oder produktive Struktur des Werkes beträfen. Dies würde letztlich legitimieren, dass ein Werk je nach Aufführungszeit und -kontext unter anderem Gattungsuntertitel aufgeführt werden könnte – was faktisch ja auch geschehen ist, auch im Falle des *Rößls*.

5. Bleibt die Bezeichnung als Musical ein – wenngleich fruchtbarer – Anachronismus, so ist doch die am deutlichsten aus der Zeit gefallene Gattungsbezeichnung, die dem *Rößl* zuteil wurde, diejenige, die schon im Programmheft 1930 und in den Presseankündigungen gewählt wurde, unter der das Stück bis heute verlegerisch vertreten wird und die in dieser Form das Werk, manchmal unbemerkt, in (fast) all seinen Produktionen bis in die Gegenwart begleitet: »S i n g - s p i e l in drei Akten«.[35] Warum wurde ein modern aufgefasstes Werk im Jahr 1930 mit dem Verweis auf eine jahrhundertealte und schon längst historisch gewordene Gattung versehen, für die schon seit Jahrzehnten keine lebendige Aufführungstradition mehr existierte, ja deren Werke zum überwiegenden Teil in Vergessenheit geraten, zu einem geringeren in das historische Opernrepertoire übergegangen waren und somit eben auch hier nicht mehr als der Gattung Singspiel zugehörig perzipiert wurden?

Noch im zeitlichen Umfeld des Ersten Weltkriegs hatte es eine Reihe von Musiktheaterwerken gegeben, die »Singspiel« als Gattungsbegriff anführten, wohl auch als Alternative zu aus dem Französischen kommenden Gattungsbegriffen wie

---

33 Dostal, Nico: *Ans Ende deiner Träume kommst Du nie. Berichte, Bekenntnisse, Betrachtungen.* Innsbruck und Frankfurt a.M. 1982, S. 247.

34 Ebd., S. 248: »Außer kulturellen und administrativen Verschiedenheiten zwischen dem amerikanischen und dem deutschen Musiktheater bestehen auch noch Gegensätze, die in der Mentalität des Publikums zu suchen sind.«

35 »Im weißen Rössl / Singspiel in drei Akten / (frei nach dem Lustspiel von Blumenthal und Kadelburg) von Hans Müller und Erik Charell« (vgl. www.felix-bloch-erben.de, zuletzt abgerufen am 30.1.2015)

Operette und Revue.[36] In den 1920er-Jahren sind es weniger, und die so betitelten Werke zeigen einen deutlichen Rückbezug, der diesen in die Vergangenheit weisenden Gattungsbegriff legitimiert, etwa durch die Stoffwahl oder die Nutzung historischer Musik.[37] Gegen Ende der 1920er-Jahre nahm das Singspiel mit kurzzeitigen Hits Fahrt auf, die jedoch keine homogene Spiel- oder Formtradition signalisieren.[38]

Gerade aufgrund dieses Mangels einer mit der Gattung verbundenen lebendigen Aufführungstradition markierte das Singspiel eine Leerstelle, die es zu einem quasi neutralen Gattungsuntertitel werden ließ. Dieser signalisiert, mit Wolfgang Jansen gesprochen, die »Abkehr von der herkömmlichen Gattungsbezeichnung« und bietet »eine Benennung, die den Besuchern die ästhetischen Unterschiede zu den Durchschnittsproduktionen deutlich machen sollte«.[39] Insofern ließe es sich wohl durchaus als Marke für eine historisch bewusste generische Innovation verstehen.

Eines der provokantesten und als herausragend innovativ gewerteten Musiktheaterwerke der späten 1920er-Jahre, Kurt Weills und Bertolt Brechts *Mahagonny*, hatte 1927 den Singspielbegriff ironisch aufgegriffen, als es als experimentelle »Stilstudie« im avantgardistischen Rahmen der Baden-Badener »Neuen Musik« als »Songspiel« präsentiert wurde. Nach der Uraufführung dieser Version im Sommer 1927, noch während der Erfolgsphase des Revuegenres, konnte der Komponist Weill eine Reihe von Berliner Revue-Produzenten, unter ihnen Herman Haller, für den Plan einer Integration dieser Kleinfassung seines »Songspiels« als Einlage in einer Ausstattungsrevue interessieren. Als dann eine abendfüllende Version des Werkes vorlag, verhandelte der *Mahagonny* vertretende Wiener Musikverlag Universal Edition im März 1930, also genau in der Konzeptionsphase des *Rößls*, mit Charell über eine Produktion von *Mahagonny* im Großen Schauspielhaus, dem Uraufführungstheater der *Rößls*, so dass man davon

---

36   Z.B. *Die Studentengräfin oder Die stille Stadt* (Leo Fall, Victor Leon u.a., 1913), *Gold gab ich für Eisen* (Emmerich Kalman und Victor Hirschfeld, 1914), *Das alte Lied* (Granichstaedten, 1918) u.a.

37   1926 hatten Bruno Granichstaedten und Ernst Marischka ihr Bühnenwerk *Das Schwalbennest* als »Alt-Wiener Singspiel in 3 Akten« (veröffentlicht bei Karczag in Wien) veröffentlicht; 1928 kündigte Franz Léhar seine in den 1770er-Jahren spielende *Friederike* als Singspiel an, deren Protagonist Johann Wolfgang Goethe selbst Autor von Singspielen gewesen war. Die ›Singspiele‹ *Das Dreimäderlhaus* (1916), *Dichterliebe* (1920) und *Mozart auf der Reise nach Prag* (1921) nutzen Musik von Franz Schubert, Felix Mendelssohn bzw. Wolfgang Amadé Mozart.

38   Z.B. *Ich hab mein Herz in Heidelberg verloren* (Fred Raymond, Fritz Löhner u.a., 1927); *Der treue Musikant* (Michael Krausz, Bruno Wradatsch, Fritz Rotter, 1929).

39   Jansen, Wolfgang: *Auf der Suche nach Zukunft: Zur Situation der Operette in den ausgehenden Zwanziger Jahren*. In: *Aspekte des modernen Musiktheaters in der Weimarer Republik*. Hg. von Nils Grosch. Münster 2004, S. 27–72, hier: S. 47f.

ausgehen kann, dass der Regisseur und Produzent des *Rößls* auch diese Facette des Begriffs Singspiel vor Augen hatte.[40] Angesichts dieses Kontextes bleibt auch die Bezeichnung des *Rößls* als Singspiel gewissermaßen doch wenigstens potenziell das Versprechen eines spielerischen Gattungsexperiments.

Gattungsuntertitel: Adressierung, Ort und Wahrnehmung der Kunstgattungen

Die Berliner *Rößl*-Produktion steht theatergeschichtlich am Beginn einer mehrere Jahrzehnte andauernden Entwicklung, die Jansen in einer Analyse der Operette der Zwischenkriegszeit im Bezug auf die »internationale Geschichte des unterhaltenden Musiktheaters« als Übergangsphase von der Operette zum Musical beschrieben hat, »in der die Autoren und Komponisten neue Formen ausprobierten, verwarfen und langsam die künftigen Grundlagen der neuen Gattung entwickelten.«[41]

Auch am Broadway kam es, noch bevor sich in den späten 1940er- und frühen 1950er-Jahren der Terminus Musical als zusammenfassender Gattungsbegriff durchsetzte, zu einer Unzahl an neu erfundenen und oft nur ein- oder zweimal gebrauchten Gattungsuntertiteln.[42] Im Tagesgeschäft des populären Musiktheaters ist die Gattungszuschreibung selbst ein von Autoren und/oder Produzenten im Hinblick auf eine Dialektik von Konvention und Innovation vorgenommene Entscheidung, die wiederum Ergebnis von dynamischen Aushandlungsprozessen innerhalb des Spannungsfeldes zwischen Kunstproduktion und -rezeption, also auch von Angebot und Nachfrage darstellt.[43] Gattungsuntertitel fungierten dabei primär als Werbung und dienen der Publikumsorientierung und Zielgruppenlenkung. Sie sind also nur mit Vorsicht auf strukturelle Eigenarten der damit bezeichneten Produktionen oder Werke zu übertragen, denn diese zu bezeichnen war nur insofern Zweck der Gattungsuntertitel, als sie in dem Maße mit dem Werk korrespondieren mussten, dass sie ein bereits mit dem Gattungstitel als Marker für den Theaterbesuch gewonnenes Publikum nicht irritieren durften.

Damit allerdings ist die Frage, welcher Gattung das *Rößl* denn zugehört, mit keiner der oben genannten Vorschläge falsch beantwortet, sie ist vielmehr falsch gestellt: Die Zuschreibung zu einer Gattung ist eine im dynamischen Spannungsfeld zwischen Werk, Produktion und Rezeption prozessuale, und somit veränderliche. Die Gattung ist damit auch nicht eine Kategorie, der ein Werk aufgrund seiner inneren Struktur – quasi biologisch, wie es die Herkunft des Gattungsbegriffs aus

---

40 Vgl. Grosch, Nils: *Kurt Weill und das kommerzielle Musiktheater 1928–1933*. In: *Jahrbuch des staatlichen Instituts für Musikforschung 2003*. Stuttgart 2003, S. 265–295.

41 Jansen, Wolfgang: *Auf der Suche nach Zukunft,* S. 27.

42 Kowalke, *Das goldene Zeitalter*, S. 154.

43 Vgl. etwa die oben zitierte Überlegung von Nico Dostal.

der Biologie suggeriert – zugehört, sondern eine Verständigungsmarke und Orientierungshilfe, die primär mit dem zu tun hat, was derjenige, der sie dem Werk anheftet, seinem Publikum über das Werk (oder dessen Produktion) sagen will, und allenfalls sekundär mit dem Werk selbst. Diese Überlegungen verweisen auf grundlegende Fragen der Gattungstheorie in den Künsten. Diese hat Hermann Danuser auf ein Zusammengehen von »soziologische[n] Kriterien (Funktion, Institution, Zweck etc.) und musiktheoretische[n] Kriterien (Stil, Besetzung, Form, Satzstruktur etc.)« fokussiert, »so dass sich in dieser Kombination von soziologischen und musiktheoretischen Kriterien eine Regel der Gattungskonstitution manifestiert«. Er bezieht sich dabei auf Benedetto Croces nominalistische Überlegung, dass die »Leistung der Gattungskategorie sich in nachträglichen klassifikatorischen Operationen« erschöpfe, und auf Hans Robert Jauß' rezeptionsgeleitete Vorstellung von Gattungssystemen als »erweiterungs- und ergänzungsfähig, also veränderbar«.[44]

Der Wandel des Gattungsgefüges hin zum Musical im deutschsprachigen Raum, der nach 1933, wie Siedhoff bemerkt hat, »unter anderen wirtschaftlichen und kulturpolitischen Bedingungen [...] kaum aufzuhalten gewesen wäre«[45] – von dem allerdings, wie Jansen treffend pointiert, vorher niemand wissen konnte, dass daraus »eine neue Gattung namens ›Musical‹ entstehen würde«[46]–, zeigt sich insbesondere im gewerblichen Theaterzentrum Berlins bereits seit Mitte der 1920er-Jahre. Schon hier wird mit einer diffusen Zahl an Gattungsuntertiteln für Theaterproduktionen geworben, deren sich ausdifferenzierende formale Gestaltung – ob nun wirklich oder nur zu Werbezwecken behauptet – ganz offenbar kein abschreckendes Experiment war, sondern gerade das Interesse eines an Novitäten mehr als an Konventionen orientierten Publikums dokumentiert. Während noch im Admiralspalast die jährlich wechselnden Revuen meist wiederkehrend mit ähnlichen Untertiteln wie »die neue Haller-Revue« beworben wurden, wählte Charell von Beginn an Alternativen zu den konventionalisierten Termini, wie z.B. »Die große Schau im Großen Schauspielhaus« (bei *An alle,* 1924), der zumindest akzentuell die Produktion näher an die Produktionsstätte als an die Gattung band, auch wenn die Produktion selbst sich deutlich als Revue – und nichts anderes – zu erkennen gab. Als Charell dann anstelle von Revuen narrative, präexistente Stoffe nach den für das Große Schauspielhaus modellierten dramaturgischen, ästhetischen und kollaborativen (Revue-)Konventionen auf die Bühne des von ihm geleiteten Theaters brachte, vermied er teilweise Gattungszu-

---

44 Danuser, Hermann: *Gattung.* In: MGG2 Sachteil 3. Kassel u.a. 1995, Sp. 1042–1069.
45 Siedhoff: *Handbuch des Musicals,* S. 277.
46 Jansen: *Auf der Suche nach Zukunft,* S. 27.

schreibungen (*Mikado, Lustige Witwe*), sprach von »Großer Operette«[47] (*Casanova*), oder erfand neue, wie *Die drei Musketiere: Ein Spiel aus romantischer Zeit*. Eine solche Auffächerung der Gattungsuntertitel dokumentiert zunächst weniger zwangsläufig ein tatsächliches, dynamisches künstlerisches Experiment mit den Gattungskonventionen, sondern vielmehr, wie wichtig es in kommunikativer Hinsicht war, ein solches in der Ankündigung einer Produktion zu signalisieren und im Kontext einer Nachfrage nach Novitäten auszuhandeln.

Neben der Adressierung scheinen mir zwei Aspekte für die Gattungszuschreibung im populären Musiktheater von zentraler Bedeutung zu sein, die mit der Struktur des Werkes nur indirekt zu tun haben: erstens der Grad der konkreten räumlichen und institutionellen Anbindung eines Bühnenwerks, also an ein bestimmtes Theater und dessen spezifische Produktionsbedingungen. Und zweitens die Konstellation der zusammenspielenden Kunstgattungen (Musik, Text, Tanz, Bild, Darstellung etc.) in der Wahrnehmung und Gesamtwirkung, und damit verbunden die Hierarchie der diese vertretenden Künstler. Im Falle der Zuschreibung zu bestimmten Personen, die als Urheber (im Sinne der Auteur-Theorie) und Identifikatoren eines Werkes fungieren, ist die Gattungsfrage virulent, wird doch im 20. Jahrhundert die Operette (wie auch die Oper) meist als eine Komponistengattung dargestellt und wahrgenommen, während die Produktionen im Großen Schauspielhaus stets den Regisseur Charell als Verantwortlichen in den Mittelpunkt stellten. Vergleichsweise hat man Revuen etwa Herman Hallers oder Florence Ziegfelds mit dem Namen ihres Produzenten vermarktet und assoziiert, nicht aber die von Ziegfeld produzierten Musical Comedies (wie z.B. *Show Boat*, das als Werk von Jerome Kern und Oscar Hammerstein gilt).

Das *Rößl* wurde zwar in den Annoncen der Premiere prominent mit Charells Namen verknüpft, doch findet sich hier eine relativ differenzierte Nennung von Autoren und Mitwirkenden (vgl. Abbildung 7). Diese aber wird bald durch eine Annoncierung ersetzt, bei der Autoren und Komponisten nicht mehr genannt sind, durchaus aber Bühnenbildner und Dirigent, während in allen Präsentationen unverändert besonders prominent der Regisseur (und Produzent) hervorgehoben wird (vgl. Abbildung 8). Bemerkenswert scheint mir auch, dass der Gattungsuntertitel hier durch »Singspiel in vielen Bildern« ersetzt wird. »Bilder« als primäres Strukturierungselement waren freilich ein Gattungscharakteristikum insbesondere der Revue, und schon das Programmheft des *Rößl* präsentierte dessen Akte als eine Folge von Bildern, die hier, genau wie in Revue-Programmen, geschlossene Formen suggerieren, bei denen etwa die mitwirkenden Darsteller und Darstellerinnen jeweils neu vorgestellt werden, trotz ihrer für das ganze Stück durchgehenden

---

47 Damit war die szenische Annäherung an die Dimensionen des »großen« Schauspielhauses zumindest indirekt angedeutet; zugleich wurde aber ein rhetorisches Paradoxon aufgemacht, steht doch die Operette ursprünglich als Kleinform der »Großen« Oper gegenüber.

Abbildung 7: Annonce aus *Vossische Zeitung* (vergrößert), Berlin, 8.11.1930.

Rollen.[48] Kritiker nahmen damals das »Zerlegen« eines Opus »in eine Folge von [zwölf] revueartigen Bildern«, bei dem, wie Oskar Bie über Charells *Mikado*-Produktion von 1927 schrieb, »Intermezzi vor dem Vorhang entstehen, große Aufzüge stattfinden, dekorative Arrangements sich abwechseln« mussten, als Regieleistung wahr.[49]

Auch die Berliner *Rößl*-Produktion wurde von der Kritik primär als Revue verstanden. Das zeigt sich zum einen darin, dass das Werk als Ganzes insbesondere als Leistung seines Regisseurs betrachtet wird: »Den großen, den unbestrittenen Erfolg des Abends entschied C h a r e l l«, schrieb Edwin Neruda in der Vossischen Zeitung; »Charells Regie [...] unterjocht sich alles.«[50] Zugleich werden die Einzelleistungen der Beteiligten des Produktionsteams ohne hierarchische Herausstellung der Komponistenleistung besprochen, wobei in der Regel neben der Regie mit Ausstattung und Beleuchtung visuelle Momente stärker als musikalische hervorgehoben werden. Die Höhepunkte wurden in den Momenten der Kumulation sinnlicher Eindrücke wahrgenommen, wie es seinerzeit in Besprechungen von Revuen die Regel war.[51] Der Rezensent des Berliner Tageblatts, Erich Burger,

---

48 Vgl. das im Bildteil dieses Bandes wiedergegebene Programmheft des *Rößl*.

49 Zitiert nach Jansen: *Glanzrevuen*, S. 167.

50 Neruda, Edwin: *Charells »Weißes Rößl«/Großes Schauspielhaus*. In: *VZ* (Postausgabe), 11.11.30 (Ralph-Benatzky-Archiv, Akademie der Künste, Mappe 473). Der Kritiker der *Neuen Preußischen Zeitung* (11.11.1930) bezeichnete Charell als »Meister der Regiekunst«.

51 Vgl. hierzu Grosch, Nils: »*Bilder, Radio, Telephon*«: *Revue und Medien in der Weimarer Republik*. In: *Aspekte des modernen Musiktheaters in der Weimarer Republik*. Hg. von Nils Grosch. Münster 2004, S. 159–174.

empfand den »Gipfel des freudigen Theaters«, wie er es ausdrückte, in der von ihm eindrucksvoll geschilderten Kuhstall-Szene des 4. Bildes im ersten Akt:

> Wenn im Kuhstall, mit künstlichen komischen Kühen sogar, sich plötzlich die Saxophonisten placieren und von allen Ecken her Girlkolonnen in die Szene marschieren, alles strahlend in Blau. Das ist wie ein Rausch aus Farbe, Licht, Bewegung. Die Schweinwerfer rasen über ein Bild, das man gern zweimal sähe; so erregend ist es in seiner tänzerischen Komposition, so fabelhaft im zwingenden Takt der Girls. Der Tanzmeister heisst Max Rivers. Dazu wird gesungen: ›Die ganze Welt ist himmelblau‹. Das ganze Parkett ist es auch.[52]

Im Vordergrund der Beschreibung steht hier der Aspekt der Akkumulation sinnlicher Reize, die durch eine komplexe Zusammenführung der Kunstmittel herbeigeführt wird: Zu nennen sind hier das Bühnenbild, in das die Holzbläser integriert werden (also auch die daraus resultierende integrative Verzahnung von Klang und Raum), die Choreografien offenbar mehrerer tänzerischer Einheiten, die Beleuchtung, und die Musik. Die narrative Einbettung als Szene, die das ausschlaggebende Moment zur Abgrenzung vom Revuegenre wäre, wird in keiner der Kritiken besonders hervorgehoben, und wenn, ist sie bei der Gattungszuordnung weder ein Kriterium gegen die Bezeichnung als Revue, noch eines, das für ein Verständnis als Operette spräche.

Besonders deutlich und wiederholt explizit bezeichnete und bewertete Emil Faktor im Berliner Börsen-Courier das *Rößl* von Beginn an als Revue, die er in die Reihe der Charell-Produktionen einreihte, und gerade aufgrund der zentralen dramaturgischen und ästhetischen Kriterien als Höhepunkt dieser Produktionsserie ansah:

> Was große Revue alarmierende Entfaltung mit Kostümen, Tanzparaden, Schlagerseligkeit und etwas Handlung zu bedeuten haben, glaubten wir allmählich zu wissen. Erik Charell hat die Begriffe diesmal übersteigert, ohne die Schaulust und Laune des Publikums durch Ausbeutung eines schäumenden Betäubungsprinzips abzustumpfen. […] Das Große Schauspielhaus war zum erstenmal, seitdem darin die von Anreiz großer Publikumsmassen bestimmten Schau- und Unterhaltungskünste betrieben werden, als Raum restlos bewältigt. Die dekorativen Ideen Professor Sterns dienten einer Vollillusion des Salzkammerguts.[53]

---

52 Burger, Erich: »*IM WEISSEN RÖSSL*« / *Grosses Schauspielhaus*. In: *Berliner Tageblatt* (Abendausgabe), 10.11.30 (Ralph-Benatzky-Archiv, Akademie der Künste).
53 Faktor, Emil und Bie, Oskar: *Im Großen Schauspielhaus: »Im weißen Rößl«*. In: *Berliner Börsencourier*, 10.11.30 (Ralph-Benatzky-Archiv, Akademie der Künste).

Abbildung 8: Annonce aus *Vossische Zeitung* (vergrößert), Berlin, 15.11.1930.

Obwohl das Musiktheaterstück 1930 also auf einer – durchaus bekannten – Komödienvorlage basierte und deren Handlung in einem neuen Libretto durchaus wieder abbildete, wurde es wie eine Revue wahrgenommen und auch dieser Gattung explizit zugeordnet.

Davon unbeeindruckt diagnostizierte einzig der Musikkritiker Oskar Bie im Musik-Annex zur Kritik im Börsencourier das Stück als »ziemliche Operette«, was er vor allem durch ein »langes, richtiges Operettenfinale« am Schluss des zweiten Aktes begründet sah.[54] Natürlich ist der singuläre Einfluss eines wiedererkennbaren Elements einer Gattung noch kein hinreichendes Indiz, um ein Werk als Ganzes dieser Gattung zuzuordnen, zumal im populären Musiktheater, im 20. Jahrhundert in zunehmendem Maße, Referenzen zu verschiedenen Kunstgattungen als dramaturgisches Mittel schon selbst zur Konvention geworden sind.

Die Berliner *Rößl*-Produktion profitierte erheblich davon, dass das Große Schauspielhaus als Revuetheater bekannt und erprobt war und sein Produktionsteam schon vorher als Revueteam erfolgreich gewesen war. Die Option, das Werk nun für eine gestreute Aufführungskultur außerhalb Berlins und außerhalb der für die Uraufführungsstätte charakteristischen performativen Kontexte zu präparieren, bedeutete einen transkriptiven Prozess, der sich schon bald nach der Premiere in einem eindrucksvollen Dokument niederschlug: dem 1931 vom Verlag Felix Bloch Erben vermutlich mit den Leihmaterialen ausgegebenen Regie- und Soufflierbuch. Es enthält das Libretto mit einer Reihe von zusätzlichen Regie- und Bühnenanweisungen. Vorangestellt ist eine ganzseitige Erläuterung »An die Herren Bühnenlei-

---

54 Ebd.

ter und Regisseure!«, in der es heißt: »Die szenische Einrichtung des Singspiels *Im weißen Rößl* soll bei aller Vereinfachung einen bunten Wechsel der Schauplätze ermöglichen.«[55] Man kann darin den Versuch lesen, gerade den Revuecharakter des Werkes im Rahmen der Möglichkeiten auch dort, wo die technischen Mittel und räumlichen Dimensionen begrenzt sind, wenigstens zu simulieren. Anschließend wird auf einer ganzen Seite diese Forderung durch eine detaillierte Schilderung von Bühnenbild und Ausstattung erläutert, im Laufe des Librettos werden zahlreiche Hinweise zur Bühne und zur Beleuchtung gegeben. So heißt es etwa nach der ersten Strophe von *Die ganze Welt ist himmelblau*: »(Durch Licht ist die ganze Bühne blau geworden).«[56]

Das 1951 mit Bruno Uhers Neufassung des Werkes vom Verlag hergestellte und den Bühnen angebotene Libretto verzichtet auf die Vorrede und verkürzt einen großen Teil der detaillierten Anweisungen zu Bühne und Licht. Mit der Aufnahme dieser Fassung in die deutschsprachigen Spielpläne von Stadt- und Landestheatern wurde das Stück, obwohl es der Verlag weiterhin konsequent als »Singspiel« bewarb und vertrat, nunmehr als Operette verstanden, aufgeführt und rezensiert. Bei seiner initialen Inszenierung am Gärtnerplatztheater in München bewies das *Rößl*, so die Presse, »seine Anziehungskraft als klassische Operette«.[57] Das hat weniger mit der Struktur der ab 1951 lizensierten Fassung zu tun, als mit der Tatsache, dass sich durch den Gattungsnamen in dem sich neu herausbildenden Theatersystem eine Sparte etablierte, die lange Zeit die Produktionskultur des populären Musiktheaters weitgehend komplett und alternativlos abbilden sollte (so dass später auch u.a. Musicals in der Operettensparte produziert wurden). Damit war eine Kultur der Theaterproduktion vorausgesetzt, die sich von derjenigen der auf Ensuite-Aufführungen eingestellten urbanen Unterhaltungstheater, in der das *Rößl* 1930 zunächst produziert worden war, fundamental unterschied. Dies lief mit der Neuerfindung des populären Musiktheaters als ein an eine bessere Vergangenheit erinnerndes, also nunmehr schon historisch aufgefasstes Genre zusammen, bei dem an Stelle der früheren Modernität nunmehr die Nostalgie trat.

Es handelt sich hier also um einen Transkriptionsprozess, dessen strukturelle Folgen insbesondere massenkommunikativen, nunmehr anonymen Adressierungsstrategien, geschuldet sind. Ich meine damit die Transformation einer für ein spezielles Haus konzipierten, unter spezifischen und vergleichbar an keinem anderen Institut vorhandenen Bedingungen entstandenen P r o d u k t i o n in ein W e r k ,

---

55 *Im weißen Rößl. Regie- und Soufflierbuch.* Für sämtliche Bühnen des In- und Auslands im Vertrieb der Firma Felix Bloch Erben. © 1931 by Charivari Musikverlag GmbH. Zitiert nach dem Exemplar im Ralph-Benatzky-Archiv, Akademie der Künste, Mappe 89, o.S.

56 Ebd., S. 31.

57 Presseausschnitt zur Produktion [o.D., 1952] anlässlich der »Neuinszenierung am Gärtnerplatz in München« (Ralph-Benatzky-Archiv, Akademie der Künste, Mappe 473, Ausschnitt ohne Veröffentlichungsangaben).

das von einem Verlag für die Reproduktion einer großen Anzahl von strukturell (im Bezug auf Ensembles, Aufführungssparten, Zuschauer, Finanzierung etc.) untereinander durchaus vergleichbaren Theaterinstitutionen angeboten wird. Damit geht aber zwangsläufig ein nicht mehr fließender, sondern vielmehr abrupter Gattungswechsel einher: Weg von der Revue – als einer stets ortsbezogenen P r o d u k t i o n sgattung – hin zur Operette als einer K o m p o n i s t e n gattung – zumal hier der Status eines Klassikers ausgerufen wurde (bei welcher der Charell- oder Ziegfeld-Revuen könnte man sich eine Chance vorstellen, sie als »Revue-Klassiker« im Stadttheaterrepertoire neu zu erfinden)?

Epilog: *Rößl* 3.0

Die Aufwertung, die das *Rößl* (für weitere Werke wie *Ball im Savoy, Clivia* und andere ließe sich Ähnliches sagen) in den vergangenen Jahrzehnten erfahren hat, geht in der Tat einher mit dem Versuch, sie aus der Spieltradition und –konvention als Operette, wie sie sich in der zweiten Hälfte des 20. Jahrhunderts im subventionierten Spartenbetrieb durchgesetzt hat, zu lösen und mit einer Rückführung in rekonstruierte historische Klangsphären, performative und choreografische Konventionen einem neuen ästhetischen Gattungsideal zuzuführen, das wohl unzweifelhaft mehr mit Musical, wohl auch mit der Revue zu tun hat als mit Operette. Und es ist gut, dass wir nicht nur über historische Aufnahmen, sondern auch – nun wieder – über ein aus dem Kontext der Erstproduktion stammendes Aufführungsmaterial verfügen.[58] Man sollte sich m.E. aber klar machen, dass mit der Fassung von 1951 das Stück einer durchaus lebendigen – wenngleich von der der Vorkriegszeit grundlegend verschiedenen – Aufführungsgeschichte eingeschrieben wurde, die wiederum erst im Nachhinein, etwa seit den 1970er-Jahren, in historische Distanz rückte, um dann wiederum als ›schnulzig‹, ›kitschig‹, ›vorgestrig‹, ›altmodisch‹ zu erscheinen. Das hatte nicht zuletzt mit dem inhärenten und in der Nachkriegszeit bewusst gewählten nostalgischen Vergangenheitsbezug zu tun. Und ohne Bezugnahme auf diesen dialektischen Zuschreibungsdiskurs zum Werk, wie er sich für spätere Zeit in der historischen Rückschau angeblich insbesondere in dem Generationen im Gedächtnis haftenden *Rößl*-Film mit Peter Alexander und Waltraud Haas von 1960 manifestierte, wäre das *Rößl* heute nicht das, zu was es, auch rezeptionshistorisch, geworden ist.

---

58 Siehe hierzu den Beitrag von Matthias Grimminger *Aspekte und Erkenntnisse aus der historischen Aufführungspraxis der Operette ›Im weißen Rößl‹ von 1930* in diesem Band. Es sei jedoch darauf hingewiesen, dass die wesentliche Quelle der Rekonstruktion ein Stimmsatz ist, der nach der Berliner Premiere vom Verlag für die Produktion außerhalb Berlins hergestellt – und so offenbar ja auch, in diesem Fall vom Kroatischen Nationaltheater in Zagreb, verwendet – wurde und somit nicht unvermittelt als Zeugnis der Berliner Erstproduktion gelesen werden darf.

Frédéric Döhl

Zur Figur des Produzenten im Spiegel von Urheberrecht und Musiktheatergeschichtsschreibung
Erik Charell und das *Weiße Rößl*

Im Mainstreammarkt der Popmusik werden Produktionen inzwischen maßgeblich damit beworben und im Hinblick darauf rezipiert, etwa rezensiert, ob ein Produzent vom Renommee eines Brian Eno, Brian Burton, Rick Rubin oder Timbaland beteiligt war. Ihr Stellenwert ist inzwischen dem eines Filmregisseurs vergleichbar. Auch im populären Musiktheater von Operette und Musical wie ihren filmischen Pendants begegnet man diesem Künstlertypus des Produzenten immer wieder, nicht zuletzt, wenn man sich in das wissenschaftliche Schrifttum einarbeitet. Namen wie Arthur Freed, Jack Cummings, Joe Pasternak, George Abbott, Harold Prince oder Cameron Mackintosh durchziehen die Literatur. Schaut man genauer hin, stellt man freilich fest, dass dieser Künstlertypus in seinem Tun schwer zu fassen ist und auffallend häufig in den Hintergrund der Erzählungen tritt. Dies zeigt sich paradigmatisch an dem 1894 geborenen Erich Karl Löwenberg, besser bekannt als Erik Charell.

> Mit *Casanova* (1928), *Die Drei Musketiere* (1929), und *Im weißen Rössl* (1930) formte Charell moderne, originäre Operetten im Revueformat – »Gesamtkunstwerke« aus Theater, Varieté, Revue, Malerei und Musik.[1]

So resümierte Marita Berg einmal treffend in einem Enzyklopädieeintrag zu Charell. Treffend zum einen, weil die Aussage Charells allgemein bekannte zentrale Rolle in der Entstehung eines Werks wie *Im weißen Rößl* markiert. Treffend zum anderen aber auch, weil das Verb ›formen‹ im Vagen belässt, was Charell eigentlich getan und welchen Status sein Beitrag hat.

Die Mühe, einen Künstler wie Charell in seinem Tun in der Zeit der *Rößl*-Entstehung zu erfassen, zeigt sich selbst noch in aktuelleren lexikalischen Einträgen zu ihm. Der Begriff Produzent fällt regelmäßig nicht. Mal nennt man ihn dafür einen »Regisseur, Schauspieler, Tänzer, Intendant«[2], mal einen »Bühnen-

---

1 Berg, Marita: *Erik Charell*. In: *Lexikon verfolgter Musiker und Musikerinnen der NS-Zeit*. Hg. von Claudia Maurer Zenck und Peter Petersen. Hamburg ²2014. Abzurufen unter: www.lexm.uni-hamburg.de/ (zuletzt abgerufen am 10.4.2015).

2 Ebd.

impresario, -regisseur und -manager«[3]. Das ist alles richtig. Und doch als Sammelbezeichnungen nicht weniger vage als es das eben zitierte Verb »formen« als Beschreibung seines kreativen Inputs ist.

Das ist kein rein akademisches oder historiographisches Problem. Auch das Urheberrecht als der institutionalisierte rechtliche Weg, auch auf lange Sicht mit kreativen Schöpfungen Einnahmen zu erzielen, scheint Produzenten versperrt. Das urheberrechtliche Schrifttum ist jedenfalls in Deutschland insofern einhellig: Ein Produzent ist, so heißt es explizit, kein Urheber im Sinne der geltenden Gesetze.[4] Es kommen durchaus Rechte in Betracht, aber wenn, dann nachgeordnet als sogenannter Leistungsschutzberechtigter, vergleichbar einem Tonträgerhersteller im Sinne einer Plattenfirma.[5] Das sind durch wirtschaftlich-organisatorische Leistungen begründete Rechte, nicht durch kreative Leistungen.[6] Der Produzent gilt nicht, geschweige denn von Gesetzes wegen automatisch, als Miturheber des Werks selbst.

Die Differenz ist kardinal und substantiell. Wollen Produzenten an Tantiemen beteiligt werden, müssen sie sich im Verhältnis zu den Urhebern vertraglich absichern und im Abtretungswege beteiligen lassen. Oder sie erwirken, in die traditionellen Urhebercredits zum Beispiel eines Komponisten oder Textdichters aufgenommen zu werden. Beides ist als Strategie zur Problemlösung vielfach zu beobachten, entspricht aber regelmäßig weder dem eigentlichen Beitrag der Produzenten noch ist ein solches Vorgehen immer durchsetzbar. Miturheber wird man hingegen automatisch mit Entäußerung der urheberrechtsfähigen Leistung. Das hat eine ganz andere Qualität und Belastbarkeit.

Wie Boris Priebe, Justiziar von Felix Bloch Erben, dem Verlag des *Weißen Rößl*, auf Nachfrage aus den Verlagsunterlagen erläuterte, konnte Charell in einer vertraglichen Absprache, die »Benatzky, Charell, Gilbert, Müller, die Autoren der Vorlage und den Verlag«[7] umfasst, eine substanzielle Beteiligung durchsetzen. 20

---

3 Schulz, Daniela: »*Wenn die Musik spielt…« Der deutsche Schlagerfilm der 1950er bis 1970er Jahre*. Bielefeld 2012, S. 111.

4 Vgl. Schulze, Gernot: *§ 10*. In: *Urheberrechtsgesetz. Urheberwahrnehmungsgesetz. Kunsturhebergesetz. Kommentar*. Hg. von Thomas Dreier und Gernot Schulze. München ⁴2013, Rn 24.

5 Vgl. Kreile, Johannes und Höfinger, Daniela: *Der Produzent als Urheber*. In: *ZUM – Zeitschrift für Urheber- und Medienrecht* 43/10 (2003), S. 719–732.

6 Und solche hat Charell wohl nicht in geringem Maße auch geschultert. In einem Brief von Charell an Felix Bloch Erben vom 5. Juli 1947 beziffert dieser sein erhebliches eigenes finanzielles Risiko für die Originalproduktion auf 100.000 Dollar, plus 10.000–12.000 Goldmark für Eduard Künnecke und seine Orchestrationen, im Gegenzug für die Überlassung der Rechte für London, Paris und New York. Brief im Österreichischen Theatermuseum Wien (im Folgenden: ÖTM), Nachlass Hans Müller, Box 2 (Korrespondenzen). Für den Hinweis und die Überlassung einer Kopie danke ich Carolin Stahrenberg herzlich.

7 Boris Priebe, Justiziar von Felix Bloch Erben, E-Mail an den Autor vom 10. April 2015.

Prozent Tantiemenanteil seien dies, heißt es bei Fritz Hennenberg, und die zentrale auktoriale Position von Charell sei gleichfalls bereits am 23. Juli 1930 festgeschrieben worden, als der formale Startschuss für das Unterfangen *Im weißen Rößl* fiel.[8] Vorliegender Beitrag zu Charell ist schon deswegen keiner, dem daran gelegen ist, ein Ausnutzen oder Außerachtlassen Charells zu seinen Lasten zu beklagen.

Dass es zu solchen Benachteiligungskonstellationen kommen kann, zeigt schon ein Blick auf vorgenannte Personenkonstellation. Wie man sofort sieht, fehlt der Name von Robert Stolz, mit mehreren Liedern am *Weißen Rößl* beteiligt. Stolz hatte die Rechte für deren bühnenmäßige Aufführung gegen die geringe Pauschale von 500 Reichsmark an Charell übertragen, der wiederum den Verlag berechtigte. Diesen wiederum verklagte Stolz später auf Gewinnbeteiligung, unterlag aber abschließend 1962 vor dem deutschen Bundesgerichtshof.[9] Stolz fühlte sich – nicht zu Unrecht – benachteiligt, da der außerordentliche Erfolg des *Weißen Rößl* bei Übertragung der Rechte an den Liedern nicht absehbar war – und der Lohn, den er erhalten habe, im Rückblick unangemessen niedrig erscheint. Heute gibt es genau für einen solchen Fall eines ›Pech gehabt‹ einen – inoffiziell sogenannten – ›Bestsellerparagraphen‹ im deutschen Urheberrechtsgesetz, § 32a UrhG. Dieser soll sicherstellen, dass ursprüngliche Rechteinhaber auch bei Erfolgen, deren Ausmaß bei der Rechteübertragung und Vergütungsvereinbarung nicht absehbar war, nachträglich auch an zusätzlichen Gewinnen angemessen beteiligt werden. Zu Stolz' Zeiten gab es diese Regelung noch nicht. Charell, dem Produzenten, würde sie im Übrigen auch heute nichts nutzen: § 32a UrhG gilt nur zugunsten jener kreativen Leistungen, denen Urheberqualität zugesprochen wird. Produzenten zählen wie gesehen aber grundsätzlich nicht zum Kreis der Urheber. Immer noch nicht. In diesem überkommenen Status quo kommt eine weitverbreitete Geringschätzung des Produzenten als Künstlertypus zum Ausdruck. Billy Wilder hat sie einmal in folgender Formulierung zum Ausdruck gebracht: »Wenn jemand weder schreiben, noch Regie führen, schauspielern oder komponieren kann, wenn einer überhaupt nichts kann, dann wird er Produzent.«[10]

Sich mit Charell und seinem künstlerischen Status quo als Produzent im Spiegel des Urheberrechts zu beschäftigen, ist daher aus systematischen Gründen interessant, ungeachtet seiner tatsächlich günstigen wirtschaftlichen Beteiligung am *Weißen Rößl*. Denn Charells künstlerischer Einfluss auf Gestalt und Erfolgsgeschichte dieses Werks war in besonderer Weise substanziell und bestimmend.

---

8   Vgl. Hennenberg, Fritz: *Ralph Benatzky. Operette auf dem Weg zum Musical*. Wien 2009, S. 112–117, unter Berufung auf originale Verlagsunterlagen.

9   Vgl. BGH: *Urteil vom 19.01.1962, I ZR 71/60 – Im weißen Rößl*. In: *GRUR – Gewerblicher Rechtsschutz und Urheberrecht* 64/5 (1962), S. 256–258.

10   Billy Wilder, zitiert nach Weltersbach, Armin: *Produzent und Producer*. In: *ZUM – Zeitschrift für Urheber- und Medienrecht* 43/1 (1999), S. 55–59, hier: S. 55.

Umso deutlicher wird anhand dieses Beispiels, wie verkürzend doch die Geringachtung des Produzenten als Künstlertypus im Urheberrecht ist. Denn eine solch diskriminierende Klassifizierung macht im Blick auf Charells Wirken offenkundig keinen Sinn. Sie erscheint geradezu paradox, wenn man an Bergs Eingangszitat erinnert, wonach jemand wie Charell als die für das ästhetische Endresultat des *Weißen Rößl* treibende Kraft und der entscheidende Protagonist beschrieben werden kann. Treffend kommt eben dies etwa in einer Formulierung von Daniela Schulz heraus. Sie schreibt in ihrer Studie zum deutschen Nachkriegsschlagerfilm über

> den Berliner Regisseur und Produzenten Eric [sic!] Charell. Er lässt es [gemeint ist *Im weißen Rößl*] 1930 im Großen Schauspielhaus in Berlin uraufführen und gilt als der eigentliche Schöpfer des Stücks, weil er es als Revueoperette anlegt und bestimmt, welche Musiknummern in welcher Form und Instrumentierung hineingenommen werden.[11]

Offenkundig war sein kreativer Input nicht der eines in diesem Metier klassischerweise beteiligten Künstlertypus. Es ist nicht ›mit auch‹ Charells *Im weißen Rößl*, weil er die Musik komponierte, das Libretto schrieb, die Regie führte usw. Es ist ›mit auch‹ Charells *Im weißen Rößl*, weil er maßgebliche Auswahlentscheidungen (mit) traf, z.B. darüber, welche Musik wie verwendet wird,[12] insgesamt die Konzepte verantwortete und die Durchführung leitete – als das, was man heute eben einen künstlerischen Produzenten nennt. Dabei agierte er in der doppelten Rolle sowohl eines künstlerischen Produzenten als auch eines administrativen, da er als Chef des durchführenden Berliner Schauspielhauses auch auf der Ebene von Finanzierung, Besetzung usw. maßgeblich die Verantwortung für die Produktion trug.[13]

Martin Weltersbach sowie Johannes Kreile und Daniela Höfinger haben in zwei klugen, differenzierten Aufsätzen in juristischen Fachzeitschriften zum Produzenten im Film herausgestellt, dass von entscheidender Bedeutung für derartig

---

11 Schulz: *Wenn die Musik spielt…*, S. 111. Vgl. auch Dömeland, Janine: *Grosses Schauspielhaus, Berlin: Musiktheaterkonzepte in der Weimarer Republik.* In: *Aspekte des modernen Musiktheaters in der Weimarer Republik.* Hg. von Nils Grosch. Münster 2004, S. 139–158, hier S. 143: »Die gesamte Show war in hohem Maße gekennzeichnet durch die Zusammenarbeit des künstlerischen Produktionsteams«; S. 156: »Teamarbeit und Starwesen, wie man es auch von den Revue- und Musicalproduktionen am Broadway kennt, prägten das Gesicht des Großen Schauspielhauses bei Reinhardt wie Charell.«

12 Vgl. Clarke, Kevin: *Zurück in die Zukunft. Aspekte der Aufführungspraxis des »Weißen Rößl«.* In: *Im weißen Rößl. Zwischen Kunst und Kommerz.* Hg. von Ulrich Tadday. München 2006, S. 101–126, hier: S. 111f.; Hennenberg: *Ralph Benatzky*, S. 112–122.

13 So formulierte Charell auch sein eigenes Credo als Universalkünstler. Vgl. Berg, Marita: »*Det Jeschäft ist richtig!*« *Die Revueoperetten des Erik Charell.* In: »*Im weißen Rößl*«. *Zwischen Kommerz und Kunst.* Hg. von Ulrich Tadday. München 2006, S. 59–79, hier: S. 66.

arbeitsteilige Prozesse ist, zu erkennen, wie groß das Ausmaß des kreativen Einflusses im Einzelfall sein kann und dabei zu schauen, wer gegenüber wem das Entscheidungs- und Weisungsrecht hat.[14] Dieser Maßstab scheint auf die Situation im populären Musiktheater übertragbar, in urheberrechtlicher wie historiografischer Hinsicht, insbesondere wenn man diesen Maßstab nicht abstrakt gelten lässt, sondern nachzuvollziehen versucht, wie im Einzelfall die Entscheidungsstrukturen lagen.

Die Frage nach dem Status des Produzenten ist dabei nicht nur in urheberrechtlicher Hinsicht relevant. Dasselbe Problem zeigt sich auch in historiografischer Hinsicht. Und auch die Antwort hierauf könnte – oder besser: sollte – analog ausfallen. Es zeigt sich anhand einer Figur wie Charell mal wieder, dass im populären Musiktheater die klassischen Rollen von Komponist, Textdichter usw. nur bedingt weiterhelfen, die Schaffensprozesse zu verstehen, die hinter der Entstehung und weiterer Aufführungsgeschichte von Werken stehen.

Das Problem wird nicht einfacher dadurch, dass der Produzententypus als Künstlerfigur ganz unterschiedliche Beteiligungsformen kennt. Hollywood-Legende Arthur Freed z.B. war ein außerordentlich passiver Führungsstil zu eigen. Passiv in dem Sinne, dass er Projekte anstieß und dafür Stoff, Produktionspersonal usw. auswählte. Dann zog er sich aber zurück und ließ die Außerwählten machen und die erforderlichen Einzelfallentscheidungen fällen, solange nicht irgendetwas in einer Weise lief, die seinen Intentionen widersprach. Zugleich belegen aber alle verfügbaren Aussagen von Mitarbeitern dieser sogenannten Arthur-Freed-Unit, dass eben diese Konstellation allen bewusst war und außer Zweifel stand, dass Freed das letzte Wort hatte.[15] Was wir auf Basis einer überraschend dünnen Quellenlage über Charells Stil als Produzent wissen, zeigt ein geradezu konträres Vorgehen, verglichen mit Freed – quasi in das andere Extrem: ein Fall der aktiven Teilhabe an künstlerischen Entscheidungen auf praktisch allen Ebenen. Das ging so weit, dass langjährige künstlerische Partner wie der *Rößl*-Komponist Ralph Benatzky beklagten, dass Charell sich anmaße, »überall und in alles hineinzureden«[16].

Der Fall Charell exemplifiziert, wie schwer sich die Musiktheatergeschichtsschreibung mit der Kategorie des Produzenten tut. Ein instruktives Beispiel bietet der informative Eintrag zum *Weißen Rößl* in Volker Klotz' ›Operettenhandbuch‹. Die Werkvorstellung wird hier in traditioneller Weise ganz aus der Perspektive

---

14 Vgl. Weltersbach: *Produzent und Producer*; Kreile und Höfinger: *Der Produzent als Urheber*.

15 Vgl. zu Freed im Einzelnen Döhl, Frédéric: »*From Arthur Freed Down*«. *Über den Produzenten als Teil kooperativer Autorschaft im amerikanischen Musical am Beispiel der ›Arthur Freed Unit‹*. In: *Singin' in the Rain. Kulturgeschichte eines Hollywood-Musical-Klassikers*. Hg. von Joachim Brügge und Nils Grosch. Münster 2014, S. 57–76.

16 Ralph Benatzky, zitiert nach Hennenberg: *Ralph Benatzky*, S. 73.

des Hauptkomponisten Ralph Benatzky erzählt[17] – obwohl Benatzky sich fortwährend beklagte und auch in den Nachlassbeständen nachvollziehbar ist, dass Charell andere musikalische Entscheidungen bis in die Partitur hinein diktierte, als Benatzky sie vorsah.[18] Dabei ist Klotz auf der richtigen Spur, wenn er sagt:

> Die Produktionsweise, aber auch das fertige Produkt des Weißen Rößl hat wenig zu tun mit dem individuellen Stil europäischer Operetten von Jacques Offenbach bis Leo Fall. Mehr dagegen mit der arbeitsteiligen fixen Fließbandfabrikation von Broadway-Musicals.[19]

Denn in der Tat hatte Charell ja in New York gelernt und orientierte sich durchaus an dem, was er am Broadway gesehen hatte.[20] Und in der Tat hilft der Begriff »arbeitsteilig« zu verstehen, was hier passiert. Klotz jedoch verfolgt die entdeckte Spur nicht weiter. Dabei hätte sie ihn über den Einzelfall hinaus zu systematischen Beobachtungen führen können, etwa in Sachen der »arbeitsteiligen Produktionsweise«[21], die in der Tat zentral für das Entstehen des *Weißen Rößl* ist.[22]

Ein Aspekt, der so z.B. aus dem Blickfeld rückt, sind die Produktionsbedingungen, auf die hin *Im weißen Rößl* entworfen und ausgeführt wurde. Für Charells Arbeit bis zu seinem Nachkriegsopus *Feuerwerk* ist der von ihm betriebene Inszenierungsaufwand charakteristisch. Dieser war so groß, dass er nach einem mehrmonatigen En-suite-Spielbetrieb verlangte, wie Charell ihn am Großen Schauspielhaus in Berlin realisieren konnte,[23] wie er aber zum Beispiel der Nachkriegsoperette nicht mehr zur Verfügung stand.[24] »Das Große Schauspielhaus in Berlin war mit über 3000 Plätzen das größte Theater Deutschlands in der Zeit vor dem Zweiten Weltkrieg.«[25] Charell hatte dessen Leitung 1923 auf Bitten seines Mentors Max Reinhard übernommen, der das Haus seit 1919 geleitet hatte. Charell hat Reinhards Interesse am Theaterraum weitergeführt und versucht, die spe-

---

17 Klotz, Volker: *Operette. Porträt und Handbuch einer unerhörten Kunst.* München 1991, S. 239–243.

18 Vgl. Hennenberg: *Ralph Benatzky*, S. 112–122.

19 Ebd., S. 241.

20 Vgl. Stahrenberg, Carolin: *Hot Spots von Café bis Kabarett. Musikalische Handlungsräume im Berlin Mischa Spolianskys 1918–1933.* Münster 2012, S. 93.

21 Schulz: *Wenn die Musik spielt …*, S. 111.

22 Vgl. Dömeland: *Großes Schauspielhaus, Berlin*, S. 143: »Die gesamte Show war in hohem Maße gekennzeichnet durch die Zusammenarbeit des künstlerischen Produktionsteams«; S. 156: »Teamarbeit und Starwesen, wie man es auch von den Revue- und Musicalproduktionen am Broadway kennt, prägten das Gesicht des Großen Schauspielhauses bei Reinhardt wie Charell.«

23 Vgl. Dömeland: *Großes Schauspielhaus, Berlin*, S. 150: »Das Große Schauspielhaus brachte Charells Revuen in Serie jeweils über sechs bis acht Monate.«

24 Vgl. Jansen, Wolfgang: *Cats & Co. Geschichte des Musicals im deutschsprachigen Theater.* Berlin 2008, S. 21.

25 Dömeland: *Großes Schauspielhaus, Berlin*, S. 139.

zifische Raumdisposition des Großen Schauspielhauses zu nutzen, um Nähe zwischen Darstellung und Publikum zu schaffen, etwa durch Massenszenen, die zudem »farbenprächtig, luxuriös und kostspielig«[26] ausgestattet wurden. In Zusammenarbeit mit Max Reinhards ehemaligem Bühnenbildner Ernst Stern wurden Bühnenbilder geschaffen, deren Opulenz dem Vergleichsdruck des aufkommenden Films standhalten konnte.[27] 416 Aufführungen en suite vor vollem Haus zählte die Originalproduktion des *Weißen Rößl*.[28] Klotz nutzt seine Beobachtung jedoch lediglich für das pauschale Werturteil des »fixen Fließbandes«. Entsprechend gönnen 693 Seiten Hauptteil zur Operettengeschichte Charell zwei flüchtige Bemerkungen. Die Figur des Produzenten wird hier nicht verstanden. Das ist nach wie vor typisch und häufig zu beobachten. Das ist in diesem speziellen Fall aber noch verwunderlicher angesichts des bekannten Siegeszuges, den das Stück auch international antreten konnte und den Charell, als Jude und Homosexueller gleich doppelt gefährdet und daher unverzüglich vor den Nazis geflohen, weitgehend persönlich mitbetreute.[29] Und es ist merkwürdig angesichts der komplizierten Fassungsgeschichte des *Weißen Rößl*, die jedoch bis hin zur 1952er-Fassung vor allem eine personelle Konstante kennt: nämlich Charell.[30]

An Charell zeigt sich, ebenso wie an Arthur Freed, dass der Künstlertypus des Produzenten ein ganzheitlicher ist. Das heißt, zu dessen kreativen Leistungen gehören Aspekte, die man am Abend im Theater hochschätzt, mit zunehmender Dauer in der historischen Distanz aber gering. Weil sie einem dann nicht mehr zugänglich sind, jedenfalls nicht in gleicher Weise. Man denke hier z.B. an die Darsteller und ihr Casting, ein Gesichtspunkt, hinsichtlich dessen Charell besondere Sorgfalt an den Tag legte. Heute verehrt man Beethovens Fünfte und Sechste, obwohl ihre Uraufführung unprofessionell vorbereitet und durchgeführt war und die ganze Akademie an der Grenze zum Fiasko verlief. Und man verachtet Beethovens Unikat *Wellingtons Sieg*, dessen Uraufführung das spektakulärste Konzertereignis war, was Beethoven gelang, befördert u.a. durch ein Allstar-

---

26 Ebd., S. 149.

27 Clarke, Kevin: *Im Rausch der Genüsse. Erik Charell und die entfesselte Revueoperette der 1920er Jahre*. In: *Glitter and be Gay. Die authentische Operette und ihre schwulen Verehrer.* Hamburg 2007, S. 108–139, hier: S. 122.

28 Dömeland: *Großes Schauspielhaus, Berlin*, S. 139–144; Siedhoff, Thomas: *Aufstieg, Fall und Emanzipation des deutschen Musicals*. In: *Die Rezeption des Broadwaymusicals in Deutschland.* Hg. von Nils Grosch und Elmar Juchem. Münster 2012, S. 43–60, hier: S. 47.

29 Vgl. Clarke: *Zurück in die Zukunft*, S. 109f., 113; Clarke: *Im Rausch der Genüsse*, S. 126; Siedhoff: *Aufstieg, Fall und Emanzipation*, S. 47.

30 Vgl. Jansen, Wolfgang: *»Schön ist die Welt!« Zum Verhältnis von Stadt und Land im unterhaltenden Musiktheater der 1920er und 1930er Jahre*. In: *Street Scene. Der urbane Raum im Musiktheater des 20. Jahrhunderts.* Hg. von Stefan Weiss und Jürgen Schebera. Münster 2006, S. 219–235, hier: S. 220; Schulz: *Wenn die Musik spielt…*, S. 115f.

Casting der mitwirkenden Musiker, ganz nach Charells Manier.[31] Solche Besonderheiten sind für die Nachgeborenen nicht mehr erlebbar. Aber eine solche künstlerische Dimension deswegen geringschätzen, ist ahistorisch gedacht. Entsprechend ist es weiterführend, Charell nicht nur deswegen als Miturheber des *Weißen Rößl* aufzufassen, weil er den Stoff auswählte oder über die Musik entschied. Sondern z.B. auch, wie Jens-Uwe Völmecke anmerkte, des Castings wegen:

> Nur wenn man weiß, wer die an der Uraufführung maßgeblich beteiligten Sänger
> des Rössl waren, begreift man, warum der Regisseur und Schöpfer des Stücks, Erik
> Charell, mit diesem Werk, das er im November 1930 im Berliner Großen Schau
> spielhaus zur Aufführung brachte, so erfolgreich sein musste.[32]

Deswegen ist der eingangs zitierte Begriff des Gesamtkunstwerks auch verkürzend, da er den Akzent auf Dimensionen legt, die man dem Werkbegriff zuordnen kann, wie Buch, Musik, Dialog- und Liedtexte usw. Gerade die Figur des Produzenten erlaubt jedoch, über diese kategoriale Grenze des Werkbegriffs hinaus zu denken, da diese Grenze für das künstlerische Tun von jemandem wie Charell offenkundig nachrangig war. Was zählte, war das Endresultat. Oder wie Charell Mitte der 1920er-Jahre zum Verständnis seines Tuns erläuterte:

> Im Gegensatz zum Dramatiker, der mit Feder, Tinte und Papier arbeitet, schafft der
> Revue-Dichter und -Regisseur, der, wie ich ihn auffasse, ein Universalkünstler sein
> muss, direkt mit Menschenmaterial und mit Sachmaterial.[33]

Aber müsste dieses ganz andere Rollenverständnis dann vernünftigerweise nicht auch für Musiktheatergeschichtsschreibung und urheberrechtliche Ordnung leitend sein?

---

31 Vgl. im Einzelnen Döhl, Frédéric: *Wellingtons Sieg oder Die Schlacht bei Vittoria op. 91*. In: *Beethovens Orchestermusik und Konzerte*. Hg. von Oliver Korte und Albrecht Riethmüller. Laaber 2013, S. 256–278, hier S. 260–263; ders.: *Raum und Laustärke als Ebenen musikalischer Narration. Zu Ludwig van Beethovens »Wellingtons Sieg« op. 91 im Spiegel des Panoramas*. In: *Musik und Narration*. Hg. von Frédéric Döhl und Daniel Martin Feige. Bielefeld 2016, S. 15–57.

32 Völmecke, Jens-Uwe: *Die Stars von Charells »Rössl«-Inszenierung – vor und nach 1933*. In: *Im weißen Rößl. Zwischen Kunst und Kommerz*. Hg. von Ulrich Tadday. München 2006, S. 127–150, hier: S. 127.

33 Erik Charell, zitiert nach Hennenberg: *Ralph Benatzky*, S. 72. Vgl. auch Berg: *Det Jeschäft ist richtig!*, S. 66.

Matthias Grimminger
Aspekte und Erkenntnisse aus der historischen Aufführungspraxis der Operette *Im weißen Rößl* von 1930

Einleitung

Es ist Spätherbst 1930. Die Nationalsozialisten entwickeln sich im Deutschen Reich zunehmend zur stärksten Partei, allein in Berlin hat die Weltwirtschaftskrise statistisch bisher fast jeden sechsten Einwohner arbeitslos gemacht.[1] Firmen- und Privatkonkurse sind an der Tagesordnung, die zahlreichen Theater kämpfen mit sinkenden Besucherzahlen, weil sich viele Menschen ein Vorstellungsbillett nicht mehr leisten können. Dennoch findet am 8. November die Uraufführung der Revueoperette *Im weißen Rößl* statt, produziert von Intendant Erik Charell am Berliner Großen Schauspielhaus.

Was ist an dem Stück so besonders, warum ist es trotz der widrigen Umstände bald so erfolgreich? Ort der Handlung ist eine heile Welt, eine ländliche Idylle an einem See in den Alpen, weit weg vom oft trostlosen Berliner Großstadtdasein. Das Publikum reist als vom Alltag gehetzte Sommerfrischler mit dem Zug in die Ferne und wird hübsch gemütlich mit einem Jodler empfangen, hineingeträumt in eine alpenländische Sommerferienkulisse, die sich im Theater von der Bühne bis hinunter in den Zuschauerraum erstreckt. Man wird mitgenommen in die Ferien und erlebt, wie es sich jemand mittendrin in dieser kolossalen Welt sogar leisten kann, sich mit der Kündigung seiner Stelle als Zahlkellner eines Hotels abzufinden, nur weil er unglücklich verliebt ist – unerhört! Dort, im Schutz der hohen Berge, muss also die Welt noch in Ordnung sein.

Gleichzeitig ist das akustische Reisegepäck voller Annehmlichkeiten. Die mitgebrachte frivole Sehnsucht materialisiert sich auf der Bühne zu Figürlichkeiten in Dirndl und Lederhosen, deren Folklore mit Jazz und Foxtrott aus Übersee anbandelt. Man denke nur an das Duett *Und als der Herrgott Mai gemacht*, welches als einziger Tango in dieser Operette daherkommt und im volkstonhaften Gestus einen Oralakt beschreibt. Überhaupt sind viele Lied- und Sprechtexte von offener

---

1   Vgl. *Die Weltstadt in der Weimarer Republik*. Online abzurufen unter: www.berlin.de/berlin-im-ueberblick/geschichte/weimarer_republik.de.html (zuletzt abgerufen am 15.7.2015).

oder versteckter sexueller Anzüglichkeit. Schlussendlich zeigt das Bühnenwerk alles, was das Theater als Traumfabrik aufzubieten vermag, auch in musikalischer Hinsicht.

Es ist spannend, sich mit der Uraufführungsgestalt dieser Operette auseinanderzusetzen. Wie klang das Stück damals für das Publikum im Theaterraum? Könnte man etwas davon heute wiederbeleben? Vermag die bisherige Editionsweise das spielpraktisch umzusetzen? Einen interessanten Höreindruck vermittelt die Musikeinspielung der französischen Fassung von 1932.[2] Sie dürfte dem Ensembleklang der Premiere von 1930 recht nahekommen, wenngleich sie nicht von Berliner Musikern eingespielt wurde.

Historische Schallplattenaufnahmen geben uns also eine erste Orientierung, um zum historischen Klangbild zu finden. Der Vergleich des 2008 wiederentdeckten Orchesternotenmaterials mit solchen Einspielungen ist zweckdienlich, ebenso wie die Übertragung von spielpraktischen Erfahrungen mit zeitgenössischen Operetten anderer Komponisten. Letztendlich zielführend ist dann die Auswertung aller Quellen hin zu einer Neuedition, die möglichst alle diese Aspekte gebührend berücksichtigt.

Der Verlag Felix Bloch Erben hatte 2008 Henning Hagedorn, Winfried Fechner und mich mit der Neuedition des Zagreber Notenmaterials betraut.[3] In der Zeit als Arrangeure beim WDR-Rundfunkorchester konnten wir viele Erfahrungen mit Werken der Berliner Operette sammeln, hauptsächlich mit denen Paul Abrahams. Auf Basis zweier autografer Partituren Paul Abrahams[4] waren seine Operetten *Viktoria und ihr Husar, Die Blume von Hawaii* und *Ball im Savoy* für konzertante Aufführungen notentechnisch einzurichten. Ich spreche hier bewusst nicht von einer »Bearbeitung«. Wir sollten nah am Text und der Intention des Komponisten entsprechend alles so notieren, dass das Endergebnis dem historischen Klangbild so nah wie möglich käme.

Diese Vorgaben gelten für uns bis heute. Konkret bedeutet das einerseits am »Urtext« zu bleiben und andererseits in die Noten auch bühnenpraktische Anforderungen mit einzubeziehen. Diese werden mit werkpraktischen Erfahrungen und den zeitgenössischen Sekundärquellen wie Zeitungskritiken, Druckarrangements, Klavierausgaben und Schallplattenaufnahmen verglichen und bewirken eine zeit-

---

2 Auf der CD *Collection Operétte: L'Auberge du Cheval Blanc*. Marianne Mélodie, Ref. 246104.

3 Vgl. *Partitur und Stimmenmaterial der Rekonstruktionsfassung*. Hg. von Henning Hagedorn und Matthias Grimminger, unter der Mitarbeit von Winfried Fechner. Verlag Felix Bloch Erben, Berlin 2011.

4 Die Partitur von *Ball im Savoy* liegt in der Wienbibliothek im Rathaus (interne Id.-Nr.: LQH0251277), die Partitur von *Blume von Hawaii* besitzt ein deutscher Musikautographensammler.

gemäße Anpassung der Edition[5]. Für das Resultat unserer Arbeitsweise hat der Verlag Felix Bloch Erben den Begriff »Bühnenpraktische Rekonstruktion« geprägt.[6]

Durch die Auseinandersetzung mit Paul Abrahams Partituren, in der praktischen Arbeit mit Orchestern (zuletzt mit *Roxy und ihr Wunderteam* am Theater Dortmund im Herbst 2014) konnten wir auch auf andere Operettenkomponisten dieser Epoche übertragbare Erkenntnisse gewinnen. Diesbezüglich erwies sich gerade Paul Abraham als Glücksfall. Er ist nicht nur Zeitgenosse der Komponisten des *Weißen Rößl*, seine Operetten wurden in Berlin auch von denselben Theatern und Musikern gespielt. Zudem sind seine Bühnenwerke vom damals neuen Musikstil Jazz mit am stärksten beeinflusst.

Die Freiheit, die der Jazz den Musikern musikalisch bot und abverlangte, prägte auch das Interpretationsergebnis einer Operettenvorstellung. Aus der teils extrem jazzgeprägten Spielweise der Operetten Paul Abrahams Rückschlüsse auf die historisch informierte Aufführungspraxis anderer zeitgenössischer Operetten zu ziehen, liegt nahe und ist schlüssig. So gewonnene Erkenntnisse lassen sich graduell auch auf das *Weiße Rößl* übertragen. Diese Arbeitsweise könnte man in etwa mit experimenteller Archäologie vergleichen, weshalb der Begriff »Historisch-experimentelle Aufführungspraxis« treffend sein dürfte.

Eine Neuedition mit aufführungspraktischen Erkenntnissen zu vermischen stellt nur einen scheinbaren Konflikt dar und relativiert sich, wenn man bedenkt, dass Operetten genrebedingt schon immer viel freieren Adaptionskriterien unterworfen waren als Kammermusik-, Konzert- oder Opernwerke. Gerade das Stück *Im weißen Rößl* ist dafür ein Paradebeispiel, gibt es doch kaum eine andere Operette, welche über viele Jahrzehnte durch Umarbeitungen eine so starke Metamorphose erfahren hat. Man denke nur an die Nachkriegsfassung von Bruno Uher oder die zahlreichen Verfilmungen, die immer mit der Anpassung an den Zeitgeschmack, gerade auch durch das Neuarrangieren der Musik, einhergingen. Umso wichtiger ist für die interpretationsrelevante Einordnung dieser Entwicklung die Erforschung der Uraufführungsgestalt von 1930, zumal sie so stark von allen späteren Fassungen des Stücks differiert.

---

5   Vgl. Hetmanek, Wiebke: Online-Beitrag zum Opernhausblog des Theaters Dortmund unter dem Titel »Bühnenpraktische Rekonstruktion – was ist das eigentlich?«. Online unter: www.opernhausblog.de/2014/12/buehnenpraktische-rekonstruktion-was-ist-das-eigentlich/ (zuletzt abgerufen am 15.7.2015).

6   Der damalige Verlagsgeschäftsführer Stephan Kopf ließ diesen von ihm entwickelten Terminus auf die Neuedition drucken.

Abbildung 9: Beispiel des Ausgangsmaterials von 1930. Abdruck mit freundlicher Genehmigung des Verlags Felix Bloch Erben, Berlin.

Vom gedruckten Stimmenmaterial von 1930 zur Neuedition

In Ermangelung einer Partitur musste uns als Editionsgrundlage das durch Verlagsrecherchen wieder aufgefundene Leihmaterial der Orchesterstimmen von 1930 dienen. Ferner lag der historische Klavierauszug vor. Die gestellten Fotokopien (vgl. Abbildung 9) waren gut lesbar und mit Einzeichnungen der Orchestermusiker versehen, welche wir teilweise berücksichtigt haben. Allerdings waren die Stimmen nicht ganz vollständig. Fehlende oder unleserliche Notenseiten konnten meist anhand von Parallelstellen ergänzt werden. Wir digitalisierten mit dem Notensatzprogramm zuerst den reinen Klavierpart des gedruckten Klavierauszugs. Nach den Singstimmen folgten schrittweise zunächst die Streicher, dann der Rest des Orchesters. Die von uns auf dieser Ausgangsbasis angefertigte Partitur ließ erkennen, dass der Orchestersatz einheitlich gestaltet war. Diese Beobachtung bekräftigt den bisherigen Informationsstand, das Singspiel sei von einem einzigen Autor durchinstrumentiert worden, nämlich Eduard Künneke.[7]

Das Orchesterstimmenmaterial wurde offensichtlich von verschiedenen Kopisten angefertigt. Dies lässt sich aus vielmaligem Auftreten divergierender Vortragsbezeichnungen (Artikulation, Dynamik, etc.) an jeweils derselben Partiturstelle schließen, was beim Druck unverändert in die Stichvorlage der Einzelstimmen übernommen worden ist. Dies ist ungewöhnlich, da eine einheitliche Schreibweise der Vortragsbezeichnungen zu erwarten gewesen wäre.

Als ein Beispiel von vielen sei eine Stelle aus der Nr. 15 (*Und als der Herrgott Mai gemacht*) angeführt (vgl. Abbildung 10). Bei Ziffer 4 (Klavierauszug + Streicher) erkennt man sehr gut die differierenden Vortragsbezeichnungen unmittelbar nach der Übertragung ins Notensatzprogramm. Wo notwendig, haben wir die Vortragszeichen an den betreffenden Stellen (z.B. *sf, sfz, fz* usw.) sinnvoll vereinheitlicht und ergänzt. Blieben Zweifel oder Interpretationsspielräume, wurden sie original belassen, um dem musikalischen Leiter nicht vorzugreifen. Es muss hier offen bleiben, ob dieser Umstand als stilimmanent anzusehen ist. In jedem Fall ist angezeigt, dies in interpretatorischen Überlegungen nicht außer Acht zu lassen.

Das historische Material enthielt auch tausende offensichtliche Druckfehler, die wir bereinigt haben. Bei der Fehlerbeurteilung war die korrekturgelesene Harmonik des Klavierauszugs von 1930 der Maßstab.

Es ist wahrscheinlich, dass eine Druckpartitur niemals existierte, sonst wären die Fehler und kopistenbedingten Unstimmigkeiten augenscheinlich geworden. Hieraus folgt, dass die Kapellmeister, wie damals meist üblich, aus dem Klavierauszug dirigierten. Ob eine Instrumentierpartitur oder ein Particell von Eduard Künnecke als Druckvorstufe existiert, werden wir noch recherchieren. Ein Particell oder eine Instrumentierpartitur als Druckvorstufe wurde bislang nicht gefunden.

Neben der sehr groß besetzten Premierenfassung wurden unter Wahrung des Klangbilds aus spielpraktischen Gründen zwei verkleinerte Besetzungsversionen erstellt, die künftig in einer Einheitsausgabe vereint werden. Die geringfügigen

---

7   Vgl. Brief Ralph Benatzkys an den Verlag Felix Bloch Erben vom 5.7.1947. In: Hennenberg, Fritz: *Ralph Benatzky. Operette auf dem Weg zum Musical. Lebensbericht und Werkverzeichnis.* Wien 2009, S. 114ff.

Abbildung 10: Ein Beispiel aus der Übertragung von 2011. Abdruck mit freundlicher Genehmigung des Verlags Felix Bloch Erben, Berlin.

Reduktionen haben wir in historisch adäquater Weise vorgenommen. Zunächst wurden die Stimmen der Klarinetten und Saxophone zu jeweils einer zusammengefasst und Passagen klanglich verwandter Instrumente als Stichnoten in andere übertragen (z.B. die Zitherstimme in die Harfe, das Jazzschlagzeug der Bühnenjazzband ins Orchesterschlagzeug usw.). Dann haben wir Alternativen für schnelle Instrumenten- und Dämpferwechsel der Holz- und Blechbläser eingezeichnet. Um auch kleineren Theatern eine Aufführung des Werkes zu ermöglichen, wurden, wie damals in Operetteneditionen üblich, die dritten Blechbläserstimmen (Horn, Trompete, Posaune) mit den zweiten Stimmen so vertauscht, dass sie ohne nennenswerte Klangeinbußen weggelassen werden können. Wir erkannten, dass auch Eduard Künneke über weite Strecken schon in der Original-Instrumentierung so verfahren war, sodass wir nur noch den Rest in seinem Sinne zu erledigen brauchten. Abschließend haben wir die relevanten Passagen der klanglich verwandten Orchesterstimmen als Stichnoten vermerkt (3. Horn in Fagott/Alt-Saxophon/Posaune, 3. Trompete in Horn/ Oboe/Posaune, 3. Posaune in der Tuba). Eine in dem uns vorliegenden Material fehlende Applausmusik wurde anlässlich der erneuten Uraufführung mit der Staatsoperette Dresden im Jahr 2009 von uns neu zusammengestellt.

Aspekte zur Aufführungspraxis der Premierenfassung von 1930

Unsere historisch-experimentellen aufführungspraktischen Forschungen stellen sich in den Dienst des Stücks und erheben nicht den Anspruch von Allgemeinverbindlichkeit. Sie zielen darauf ab, den jeweils aktuellen Forschungsstand im Notentext und im Vorwort der Edition zugänglich zu machen. Die Ausführung auf partiell historischem Instrumentarium lohnt unserer Erfahrung nach den Aufwand durch Erkenntnisgewinne bezüglich Spielpraxis und Orchesterklang.

Die meisten Bühnensolisten der Premiere von 1930 waren keine ausgebildeten Opernsänger, sondern singende Schauspieler oder Kabarettisten.[8] Auf deren Einspielungen sind Musiknummern aus Revue- und Jazz-Operetten oft als Sprechgesang oder im Parlando zu hören, selten in Belcanto-Manier. Aufführungspraktisch ausgehend von diesem Belcanto einerseits bewegen wir uns im damaligen Operettentheater gesangsinterpretatorisch in einem breiten Feld. Zwei Beispiele sollen dies veranschaulichen: die Aufnahme *Do-do* (aus Paul Abrahams Operette *Viktoria und ihr Husar*) mit Oscar Dénes (aufgenommen 1930 mit dem Orchester Paul Godwin) und die Nummer *Und als der Herrgott Mai gemacht* mit Siegfried Arno (aufgenommen 1930 mit dem Orchester Marek Weber).[9] Während Siegfried Arno den Tango eher textbetont wie ein Schauspieler und manchmal im Sprechgesang vorträgt, singt Oscar Dénes seinen schnellen Foxtrott in *Up-tempo-hot-Jazz-Manier* und improvisiert sogar ganze Chorusse wie ein Instrumentalsolist in einer Art Scatgesang.

Auf die freien Gestaltungsvorlieben der Sänger musste das Orchester neben den anderen Aufführungsgegebenheiten in seiner Spielweise Rücksicht nehmen. Das hieß für die Musiker im Orchestergraben, bei Gesangspassagen agogisch flexibel und dynamisch begleitend zu spielen, um den Bühnensolisten zu folgen und sie nicht zu überdecken. Zusätzlich musste der Dirigent je nach Bühnenbesetzung gegebenenfalls sogar den Orchestersatz durch Striche ausdünnen, wenn es die Textverständlichkeit verlangte.

Für solche Reduzierungen des Orchestersatzes bieten sich diejenigen Instrumente an, deren akustisches Profil den Stimmfächern ähnelt. Unsere Erfahrung hat gezeigt, dass dies in Revue- und Jazz-Operetten die Saxophone, Violen und Blech-

---

8   Vgl. Völmecke, Jens-Uwe: *Die Stars von Charells Rössl-Inszenierung vor und nach 1933*. In: *Im weißen Rössl. Zwischen Kunst und Kommerz*. Hg. von Ulrich Tadday. München 2006, S. 127–150.

9   Vgl. Abraham, Paul: »*Do-Do« aus der Operette »Viktoria und ihr Husar*«; Oscar Dénes, Gesang; Paul Godwin Tanz-Orchester, dirigiert von Alois Melichar; aufgenommen im August 1930 in Berlin, Schumannsaal in der Lützowstrasse 76; Grammophon/Polydor, Serie »Polyfar« R, Nr. 23 404, B-Seite; sowie Benatzky, Ralph: *Und als der Herrgott Mai gemacht* aus der Operette *Im Weißen Rössl*; Siegfried Arno, Gesang; Marek Weber und sein Orchester; aufgenommen am 30. Oktober 1930 in Berlin, Beethoven-Saal; Electrola E.G. 2124.

bläser sind. Zwar können Letztere durch den Einsatz von Dämpfern die Orchesterklangfülle merklich reduzieren, bei Violen und Saxophonen ist das jedoch schlecht möglich. Als Beispiel sei die Gesangsnummer des Sigismund (Nr. 13: *Was kann der Sigismund dafür, dass er so schön ist*[10], vgl. Abbildung 11) angeführt, worin die Saxophone bei Gesangspassagen akustisch stören können. Streicht man deren melodiekongruenten homophonen Satz, dann ergibt sich ein etwas transparenteres Ensembleklangbild. Da die Saxophone bei den Tanzteilen wieder einsetzen und dadurch in der Nummer nicht gänzlich fehlen, könnte dies im Bedarfsfall eine verschmerzbare Reduktion sein.

Für alle Instrumente und Orchestergruppen haben sich Lösungen und Spielanweisungen aus der historisch-experimentellen Aufführungspraxis bewährt, von denen einige beispielhaft vorgestellt werden sollen. Manches davon kann im Stück *Im weißen Rößl* seine Anwendung finden, einiges eher in anderen Operetten. Das Musizieren in einer Jazzband birgt viel größere solistische und gestalterische Freiheit in der Ausführung des Notentextes als im Orchester, heutzutage allerdings unter Berücksichtigung der Gepflogenheiten des damaligen Stands der begrenzt freien Jazzspielweise. Die Bläser können zum Beispiel Auszierungen spielen und Dämpfer sogar nach Gusto verwenden. Klavier, Banjo, Kontrabass und Schlagzeug sollten untereinander mittels frei erfundener rhythmischer Einstreuungen interagieren und so die Notation der Rhythmusgruppe bereichern. Außerdem können sie maßvoll Töne, Register und Rhythmen verändern.[11]

Das damalige Jazz-Schlagzeug in Operetten war aus einer Zusammenziehung der Gran-Cassa und Beckenstimme mit der kleinen Trommel zu einem Set entstanden. Auf die große Trommel wurden Becken und diverse Perkussionsinstrumente montiert wie Holzblock, Kuhglocke und so weiter. Es mag daher für den musikalischen Leiter erwägbar sein, manche Jazz-Schlagzeug-Passagen auf mehrere Orchester-Schlagwerker aufzuteilen – und umgekehrt, wenn akustische oder ausführungstechnische Probleme dadurch zufriedenstellend gelöst werden können. Zu erwähnen wäre weiterhin, dass Jazzbesen (auch »Fliegenklatschen« genannt) meist geschlagen werden sollten. Gemäß historischer Einspielungen wurde die ternäre Spielweise allenfalls nur leicht angedeutet.[12]

Die Tuba ist oft Teil der Rhythmusgruppe. Da die Verdoppelung der Tuba mit den Kontrabässen in Foxtrotts erfahrungsgemäß starke Prägnanzeinbußen bewirkt, könnte man sie streckenweise pausieren lassen. Es ist daher vorteilhaft, dass die Tuba in solchen Passagen generell sehr prägnant spielt und lange Töne

---

10 Vgl. *Im weißen Rössl*. Klavierauszug von 1930, Charivari Musikverlag, Berlin 1931, S. 101ff.

11 Als Vorbild könnten u.a. die Einspielungen der »Weintraub Syncopators« dienen.

12 Der Vorspann zum Operettenfilm *Viktoria und ihr Husar*, in dem Paul Abraham mit seinen Musikern zu sehen und zu hören ist, stellt diesbezüglich eine interessante Informationsquelle dar.

sogar abkürzt. Die damalige Spielstilistik der Saxophone auch heutzutage zu wählen ist zweifelsohne lohnend, ebenso wie die Bevorzugung historischer Instrumente oder deren Nachbauten.

Der Einsatz der Sordini bei den Streichern über das notierte Maß hinaus mag bei der Justierung der akustischen Balance den Sängern sehr helfen und kann die musikalische Atmosphäre noch verstärken. Liegt ihr Register über der Gesangsstimme, so sind Spielanweisungen wie »flautando« oder »an der Bogenspitze« vorteilhaft, ebenso wie die Salonorchesterreduktion von »tutti« auf »soli«.

Bezüglich der Dämpferarten der Blechbläser findet sich oft nur die allgemeine Spielanweisung »sordino«, die Wahl der Dämpfer wurde offenbar gern den Musikern überlassen. Dass die Vielfalt an Dämpferarten damals überraschend groß war, belegen zeitgenössische Zubehörkataloge. Folglich kann bei der Dämpferwahl durchaus an hohe Variabilität gedacht werden. Am gebräuchlichsten war neben dem sogenannten »Wau«-Dämpfer (in den Spielarten »wau blasen« und statisch-dämpfend) der »Solotone«-Dämpfer.

Die erwähnte divergierende Notation von Spielanweisungen durch die Kopisten muss stellenweise zu einem leicht inhomogenen Klangbild geführt haben. Ob und inwieweit dieser Umstand als stilimmanent anzusehen ist, wäre eine tiefergehende Untersuchung wert. In jedem Fall ist angezeigt, dies in interpretatorischen Überlegungen nicht außer Acht zu lassen.

Unterschiede zur Nachkriegsfassung von Bruno Uher (1951)

Es ist in Operetten üblich, dass Verse, Refrains und Tänze in einer Musiknummer in unterschiedlichen Tempi gespielt werden können. Maßstab sind Textverständlichkeit, Wiederholungscharakter und Choreografie, was die Autoren schon beim Komponieren berücksichtigt haben. Die Ausführung solch endogener Tempounterschiede führt zu größerer Charaktervielfalt der Musiknummern. Das geflügelte Wort »Ein Slowfox kann auch schnell sein, ein Foxtrott auch mal langsam« kommt nicht von ungefähr. Und so mag etwa aus einer als schnell erachteten Musiknummer nach und nach die langsame werden, die man in einem Bühnenstück zunächst vermisst hatte.

Diese Zusammenhänge haben auch für die Temporelationen der von Bruno Uher 1951 erstellten Neuinstrumentation Auswirkungen, etwa durch den Austausch der ursprünglichen Tänze durch aktuelle Modetänze wie Jitterbug, Boogie usw. Durch die bearbeitenden Eingriffe entstand eine emanzipierte neue Musikfassung, deren eigene Wertigkeit man zugestehen muss.[13]

---

13 Vgl. Klavierauszug von 1950 (Neufassung von Bruno Uher), Verlag Felix Bloch Erben, Berlin 1951.

Abbildung 11: Partiturausschnitt aus der Rekonstruktionsfassung:[14] Nr. 13 *Was kann der Sigismund dafür*, Ziffer 64, Anfang des Refrains.

---

14 Abdruck mit freundlicher Genehmigung des Verlags.

Die wichtigsten Instrumentierungsunterschiede der beiden Fassungen seien kurz umrissen: Die Besetzung von Jazz-Schlagzeug, Banjo und Saxophonen im Orchester ermöglichte in der Premierenfassung von 1930, eine damals typische Jazzband-Besetzung zu bilden. Während Künneke schroff zwischen dieser Besetzung und dem traditionellen Orchesterklang wechselte, entfallen diese Übergänge bei Uher.

Die Saxophone, das Klavier und das Banjo fehlen bei Bruno Uher ganz, der Banjopart wird von einer Gitarre übernommen. Auch das Englischhorn ist nicht mehr als Nebeninstrument in der Oboenstimme vorhanden. Außerdem wurde die ursprüngliche Bühnenmusik des Zither-Trios zu einem »Schrammelquartett« umgestaltet, Dampfer- und Feuerwehrkapelle sind geblieben. Detaillierte Unterschiede im Orchestersatz können erst nach Fertigstellung einer Partitur der Nachkriegsfassung aufgezeigt werden.

Formal sind die zahlreichen Unterschiede bekannt, das Quodlibet soll dennoch kurz erwähnt werden. Es wurden von Uher einige ältere Schlager durch zeitgenössische (z.B. *C'est si bon*) ersetzt. Die alte Melodie *Ich hab mein Herz in Heidelberg verloren* ist entfallen, die Reminiszenz auf *Ich bin von Kopf bis Fuß auf Liebe eingestellt* in Anspielung auf Marlene Dietrich und den Film *Der blaue Engel* hingegen ist geblieben. Die ursprüngliche Strophe über den Finanzsektor wurde durch das Lied *Wer soll das bezahlen?* ausgetauscht, was angesichts des Gegenwartsbezugs bemerkenswert ist:

> Ja mancher Bürgersmann hat über Nacht bereits sein Safechen ins Trockene gebracht; denn er befürchtet, dass die schwanken Banken wanken und will die Zukunft bloß dem Schweizer Franken danken …[15]

Das »Gestrüpp der Fassungen«[16] und »die vielen Väter«[17], wie Fritz Hennenberg die Entwicklungsstufen und die verteilte Autorschaft des Stückes nennt, belegt dessen Einmaligkeit. Mir ist überdies keine Operette bekannt, die über Umarbeitungen und Verfilmungen eine derartige Metamorphose durchlebt hat. Sich in Kenntnis der Uraufführungsgestalt dem Stück zu nähern, macht diese Entwicklung auch auf der Metaebene nachvollziehbar und spannend. Produzenten, Musiker und sogar das Publikum müssen wohl wieder lernen, mit den Operetten der Zwischenkriegszeit umzugehen.[18] Das NS-Regime hat ab 1933 durch Werkver-

---

15 *Im weißen Rößl*. Klavierauszug von 1930, S. 128ff.

16 Hennenberg, Fritz: *»Es muss was Wunderbares sein …« Ralph Benatzky – Zwischen »Weißem Rößl« und Hollywood*. München 1998, S. 171.

17 Ebd., S. 165.

18 In einer Podiumsdiskussion vor Studenten des Fachs Kultur- und Medienwissenschaften im Dezember 2014 im Theater Dortmund musste dieses Resümee einhellig festgehalten werden.

nichtung und Umarbeitung bekanntlich ein tiefes Loch ins Kulturbewusstsein gerissen, das sich leider auch auf die Nachkriegsfassung dieser Operette auswirkte.

Schlussfolgerungen für die Notenedition von Operetten

Der genreübliche, gegenüber Opern strukturell freiere Umgang mit Operetten durch die Regisseure legt nahe, die Edition des Notenmaterials diesen Anforderungen anzupassen.

Dies soll nicht bedeuten, dass alle Freiheiten am musikalischen Material beliebig erlaubt werden sollten. Vielmehr müssen wir uns Gedanken machen, bis wohin die Grenzen der Veränderung des Musikmaterials einer Operette gezogen werden können. Indem wir Herausgeber den zeitgemäßen Bedingungen guter Theaterarbeit innerhalb unserer Notenausgaben Rechnung tragen, haben wir gleichzeitig die Kontrolle über den Grad der unterschiedlichen Musikfassungen, die produktionsbedingt entstehen.

Die editorische Einbeziehung von Erkenntnissen aus der historisch-experimentellen Aufführungspraxis hin zu einer bühnenpraktischen Rekonstruktion will gewährleisten, dass den Musikern alle gesicherten Informationen zum Werk gegeben werden, um zu einer überzeugenden eigenen Interpretation zu finden. Dabei liegt die Entscheidung, welche aufführungspraktische Variante des Stückes gewählt werden soll, beim jeweiligen Produktionsteam.

Die Gewährung und Begrenzung struktureller Freiheiten für die Regisseure hingegen muss sicherstellen, dass ein bestimmter Grad der Stückauthentizität gewahrt bleibt. Konkret betrifft das beispielsweise die Veränderung von Musikteilen durch Neuinstrumentation oder den Einschub weiterer fremder Musikteile. Auch die Beschränkung von Transpositionen sowie die exzessive Umstellung von Musiknummern sind hier relevant.

Die ständigen Anpassungen einer Notenausgabe im Bereich der Operette durch neue Erkenntnisse auch aus dem erwähnten aufführungspraktischen Forschungsprozess verlangen eine flexible Praxislösung. Entsprechend der Summe der Anforderungen könnte perspektivisch die Form der digitalen Edition zielführend sein.

Nicole Haitzinger

Im weißen Rößl (1930) als »Spiegel und abgekürzte Chronik des Zeitalters« für den »schauhungrigen Weltstadtmenschen«
Zur tanz-theatralen Inszenierung des ›Alpenländischen‹ als Revue des Fremden

> Das Leben des Großstädters ist ein vielfältig verflochtenes der Oberfläche. Jedes
> Leben will die Kunst, in der es sich wiedererkennt. [...] ›Spiegel und abgekürzte
> Chronik des Zeitalters‹ aber war dem schauhungrigen Weltstadtmenschen von je-
> her die Revue, dieses bunte, flirrende, lockere, ungeheuer bewegliche, beziehungs-
> reiche Abbild eines im Wirbel umgetriebenen Daseins.[1]

Im weißen Rößl, im Zeitkontext als »Singspiel in drei Akten« bezeichnet, lässt sich
im Hinblick auf das Inszenatorische im mehrfachen Sinne als Revue bestimmen:
Erstens bietet die Revue mit ihrem mechanischen Prinzip der sujetbasierten
Nummernreihung in der Moderne einen Experimentort jenseits des etablierten
Theaterwesens.[2] Zweitens erlaubt ihr der imaginäre/projektive Rückblick auf das
Alpenländische die Profilierung einer eigenständigen künstlerischen Signatur.
Das diesem »eigentümlich buntschimmernden Theaterschmetterling«[3] unterlie-
gende Konzept soll im Folgenden unter der spezifischen Perspektive der tanz-
theatralen Inszenierung des Alpenländischen als Revue des Fremden beleuchtet
werden.

---

1 Sladek, Maximilian: *Unsere Schau*. Zit. nach Jansen, Wolfgang: *Glanzrevuen der zwanziger
   Jahre*. Berlin 1987, S. 146.
2 Zu Definition von Revue vgl. Fleig, Anne: *Tanzmaschinen. Die Girls im Revuetheater der
   Weimarer Republik*. In: *Puppen, Huren, Roboter ... Körper der Moderne in der Musik zwischen 1900 und 1930*. Hg. von Sabine Meine u.a. Schliengen 2005, S. 102–117, hier: S. 107.
   Die Adaptierung einer Pariser Institution des ausgehenden 19. Jahrhunderts, die auf volks-
   tümliche Vergnügungsformen zurückgreift, kommerzialisiert sich in den Metropolen Europas und in den USA in den 1920er-Jahren: »Ihr Name meinte ursprünglich die Besichti-
   gung eines felddiensttauglichen Zustands der militärischen Truppe und wurde dann im
   Sinne von Überblick, Rundschau oder Rückblick verwandt (...).« (S. 107).
3 Kastner, Rudolf: *Das Wesen der Revue*. Zit. nach Jansen, Wolfgang: *Glanzrevuen der zwanziger Jahre*. Berlin 1987, S. 141.

Zu Erik Charell als ›Reinhardt der Revue‹

Nicht zufällig gilt Erik Charell, 1894 im schlesischen Breslau als Sohn jüdischer Eltern mit dem Namen Erich Karl Löwenberg geboren, in den 1920er-Jahren als Revuekönig von Berlin. Seine biografische doppelte Alterität – jüdisch und homosexuell – ist keine Ausnahme in der facettenreichen Theaterkultur der Weimarer Republik. Schon 1918 gründet er mit dem Bildenden Künstler Ludwig Kainer eine eigene Tanzgruppe mit dem Namen *Ballett Charell*. Er beweist in den Jahren 1919/20 in kleineren Filmrollen schauspielerisches Talent, bis er, der »Unterhaltungstänzer«[4], vom Theaterzauberer Max Reinhardt ans Deutsche Theater verpflichtet und schließlich zum Chefregisseur des Großen Schauspielhauses ernannt wird. Über die Zusammenarbeit mit Max Reinhardt manifestiert sich bei Charell – so möchte ich hier behaupten – eine besondere Aufmerksamkeit und ein Gespür für Theatralität. Doch noch mehr als Reinhardt setzt Charell auf eine »Ästhetik von unten«, die synästhetische Wahrnehmungen des musik- und tanztheatralen Ereignisses privilegiert.[5] Dafür spricht auch sein Engagement von Louis Douglas aus der *Revue Nègre* Mitte der 1920er-Jahre für das Große Schauspielhaus in Berlin oder die Zusammenarbeit mit dem englischen Choreografen Max Rivers für das *Weiße Rößl*. Überhaupt lassen sich – bewegungsanalytisch betrachtet – zwischen den augenscheinlich »exotischeren« Revuen wie der *Revue Nègre*, die 1925 mit dem ersten Auftritt der Josephine Baker die Pariser Kunstwelt und das Publikum in Furore versetzte, und dem *Weißen Rößl* tiefenstrukturelle Ähnlichkeiten feststellen. Die Körper der »schauhungrigen Weltstadtmenschen« (Paris, London und auch Berlin) scheinen am Höhepunkt der Ära des Jazz und des Charleston gleich einer »Fieberepidemie« im historischen Wortlaut »infiziert«. Die Künstler und Intellektuellen der Moderne finden außerhalb der etablierten Theater und in der Revue das zeitgemäße und zeitentsprechende »strikt ästhetische« Ereignis. Den Revuen gemeinsam ist der Transfer von relational energetischen Qualitäten von »anderen« Tänzen – und hier reicht das Spektrum von afrikanistisch konnotierten Tänzen wie dem Charleston bis zum Tiroler Schuhplattler – in den sich in den 1920er-Jahren herausbildenden neuen formalästhetischen Raum: »By laws of its own structure, which are the irrevocable laws of juxtaposition and contrast, the revue is a use of everything trivial or plural to intensify what is singular and fundamental.«[6] Außerdem ist die Revue mit ihrer temporalen Serialität von Aktionen und ihrem Paradigma des Synkopischen[7] ein

---

4 Vgl. Jansen: *Glanzrevuen*, S. 129.

5 Kliche, Dieter: *Kitsch*. In: *Ästhetische Grundbegriffe. Historisches Wörterbuch in sieben Bänden*. Bd. 3. Hg. von Karlheinz Barck u.a. Stuttgart und Weimar 2001, S. 272–288, hier: S. 283.

6 Cummings, E. E.: *Vive la Folie! An Analysis of the »Revue« in General and the Parisian Revue in Particular*. In: *Vanity Fair*, September 1926, S. 55.

7 »›Syncopation‹ functions in the critical discourse of the time as a kind of code word for cultural disruption (…). It stood for a distortion of the very parameters of temporality neces-

Format, das neue und mit der (noch als befreiend erlebten) Industrialisierung korrespondierende ästhetische Wahrnehmungsweisen herausfordert.

Charell verantwortet ein zeitgemäßes Erscheinungsbild der Revue in der Weimarer Republik, das mit eigentlich avantgardistischen Prinzipien der Juxtaposition und Kontrastierung operiert und gleichzeitig das Triviale als »Verheißung von käuflicher Lust« und den Kitsch als seine Sonderform nicht scheut.[8] Für seine auf ein Massenpublikum ausgerichteten Produktionen arbeitet er mit den Stars des Berliner Theaterwesens seiner Zeit aus allen Bereichen (Schauspiel, Musik, Bühnenbild …) zusammen: So engagiert er beispielsweise Ernst Stern, einen langjährigen Mitarbeiter von Max Reinhardt für die Ausstattungen. Dieser ist für die Opulenz seiner Bühnenbilder bekannt. Nach seiner Arbeit als »Assistant Stage Manager« von Max Reinhardt (1923) und am New Yorker Broadway inspiriert von den dortigen Shows etabliert er eine europäisierte Form der Revue im großen Berliner Schauspielhaus als »kommerzielles Entertainment auf Weltniveau«.[9] Die tiefenstrukturelle Amerikanisierung der Weimarer Kultur, die speziell im Kontext der Neuen Sachlichkeit ab 1925 verhandelt wird, hat ihre Vorläufer um die Jahrhundertwende: »Germany was the place where the empty rituals of mass culture might be reconnected with a cultic, mythic value, where a rational – and rationalizing – modernity might encounter its radical, irrational mythic.«[10] In der Weimarer Republik beziehen sich Intellektuelle wie Kracauer, Benjamin, Bloch oder Polgar kritisch auf das komplexe Verhältnis von Politik und Ästhetik am Beispiel der Revue, die als Inbegriff der Amerikanisierung der europäischen Kultur perspektiviert wird. Hierbei ist allerdings anzumerken, dass in der zweiten Hälfte des 19. Jahrhunderts im europäischen tanztheatralen Kontext Vorläuferformate der Revue (wie das Varieté) zu finden sind. Die Engführung von Tanz und Populärkultur im ästhetischen Diskurs ist paradoxerweise das, wovon sich die bekannten (und kanonisierten) Protagonisten der Tanzmoderne in den USA (Duncan) und in Europa (Laban, Wigman) zu distanzieren versuchen. Ich möchte behaupten, dass diese Distanzierung, die mit metaphysischen Aufladungen des Kunsttanzes einhergeht, letztlich ein diskursives Phantasma ist. Die Trias von Transkulturalität, Transmedialität und Transhistorizität grundiert Strukturen und

---

sary to the establishment and transmission of any consistent and meaningful cultural narrative.« Vgl. Hewitt, Andrew: *Ideology as Performance in Dance and Everyday Movement.* Durham und London 2005, S. 184.

8   Vgl. Ließmann, Konrad Paul: *Kitsch! Oder warum der schlechte Geschmack eigentlich der gute ist.* Wien 2002, S. 5.

9   Clarke, Kevin: *Im Rausch der Genüsse. Erik Charell und die entfesselte Revueoperette im Berlin der 1920er Jahre.* In: *Glitter and be Gay. Die authentische Operette und ihre schwulen Verehrer.* Hg. von Kevin Clarke. Berlin 2007, S. 109–139, hier: S. 125.

10   Hewitt: *Ideology as Performance,* S. 179.

Erscheinungsformen des Tanzes der Moderne, der nur im Plural zu verstehen ist.[11]

Der Favorisierung des Alpenländischen als Sujet um 1930 unterliegt soziokulturell und politisch betrachtet auch die große Wirtschaftskrise. Es lässt sich in ökonomisch prekären Zeiten die Ästhetisierung der alpenländisch-idyllischen Lebenswelt beobachten, die mehr eine Erfahrung aus zweiter Hand oder eine Phantasmagorie als die Wirklichkeit ist. Im *Weißen Rößl* wird die ästhetische Evokation des plakativ schönen Alpenlandes konfrontiert mit der metallifizierten, erotisch aufgeladenen und elektrifizierten Welt der Revue. Dies ist eine wesentliche inszenatorische Strategie von Erik Charell, die in den diversen Wiederaufnahmen größtenteils vernachlässigt scheint.

Zur Dramaturgie von *Im weißen Rößl*

Die durch »sentimentale Sehnsuchtsfäden«[12] zusammengehaltene Narration des *Weißen Rößls* mit einem einfach konzipierten Spannungsbogen wird wiederholt durch eingefügte Versatzstücke durchbrochen. Ich möchte hier zwei näher erläutern: Nämlich erstens die Choreografien der »Girls und Boys« u.a. als »Kuhmägde und Stallburschen« und zweitens die quasi-authentischen alpenländischen Einlagen der »Marquartsteiner« und des »Damhofer Jodlerinnen Quintetts«.

Versatzstück 1: Choreografien der Girls und Boys

Wie man aus dem Programmheft der Produktion von 1930 im großen Schauspielhaus und zeitgenössischen Kritiken entnehmen kann, verantwortete Max Rivers die Choreografie der Tänze im *Weißen Rößl*. Es entspricht der durchaus üblichen Praxis des Regisseurs Charell sich für die Ausführung seiner Ideen die entsprechend geeigneten Mitarbeiter zu suchen.

Ein paar biografische Notizen zu dem heute wenig bekannten englischen Choreographen, der in einer langen Karriere hauptsächlich für populäre Theater- und Filmproduktionen arbeitete: Nach einer Nebentätigkeit am London Royal Theatre (Holborn) tourte er mit einer Satire über den Gesellschaftstanz in Varietés, bevor er in den 1920er Jahren die künstlerische Tanzleitung für die Produktionen des bekannten englischen Produzenten und Theatermanagers C. B. Cochran

---

11 Zur Erweiterung des Tanzbegriffs (»expanded dance«) ist ein größeres (Artistic) Research Projekt von Philipp Gehmacher, Helmut Ploebst und Nicole Haitzinger gemeinsam mit Anna Leon und Amanda Pina, (Arbeits-)Titel *Tanz im Grauraum der performativen Gegenwart: Zum Körper im kulturellen, medialen und historischen Transit*, in Planung.

12 Vgl. Giesz, Ludwig: *Phänomenologie des Kitsches*. Frankfurt a.M. 1994, S. 57.

übernahm.[13] Ende der 1920er-Jahre gründete Rivers eine eigene Tanzschule in London. Nach der Uraufführung des *Weißen Rößls* in Berlin (1930) übernahm er die Choreographie der New Yorker Erstaufführung (1. Oktober 1936).[14]

Fotos der Gruppenformationen im *Weißen Rößl* und zeitnahe Filmdokumente der choreographischen Praxis[15] von Max Rivers erlauben folgende Schlüsse: Es wird über geometrisch angeordnete und synkopisch rhythmisierte Formationen eine der Moderne entsprechende Ästhetik der Oberfläche favorisiert, die vor allem die Schaulust über cineastische Effekte befriedigt: »Das ist wie ein Rausch aus Farbe, Licht und Bewegung. Die Scheinwerfer rasen über ein Bild, das man gern zweimal sähe; so erregend ist es in seiner tänzerischen Komposition, so fabelhaft im zwingenden Takt der Girls.«[16] Erik Charell und Max Rivers adaptieren die aus dem Tanztheater des 19. Jahrhunderts kommende Techné der Gruppenformationen (vgl. hierzu das Modell von Alphons Klaß: *Gruppen zu XVI Personen* im Bildteil dieses Bandes).

Diese werden überformt, indem man sie mit dem zeitentsprechenden Bewegungsvokabular der Modetänze der 1920er-Jahre (vor allem des Charleston) hybridisiert und das Tempo beschleunigt. Außerdem werden die Muster-Choreografien, so ist zu vermuten, mit alpenländischen Bewegungsmotiven und -zitaten in die Choreografien versetzt. Die Tanzwissenschaftlerin Lisa Arkin hat den Begriff Movement Marker für die Bestimmung eines Repertoires von emblematischen Schritten

---

13 Ich danke Alfred Oberzaucher für folgende Hinweise zu dem Choreographen, der im Kanon der Tanzgeschichte wenig bekannt ist: »Rivers, Max, English theater and film dance director; born December 12, 1890; the details of Rivers' death are not certain. Rivers began his long theatrical career as a call boy at the Royal Theatre, Holborn. After touring in a satirical ballroom act in variety, he became known as a dance director of productions for C. B. Cochran. His 1923 and 1924 Co-Optomists were especially successful. Rivers also worked in early sound films in England for London Film and British Lion. His greatest importance to the development of theatrical dance in England, however, lies in his school established in London in the late 1920s. Works Choreographed: Theatre Works: *The Co-Optomists* of 1923 and 1924, possibly later editions; Folies-Bergère of 1926; *The White Horse Inn* (1937, New York). Film: *Looking on the Bright Side* (Associated Talking Pictures, 1932); *Bright Lights of London* (London Film Productions, 1933), *Cleaning Up* (British Lion, 1933).« Hier etwas zu Max Rivers (aus: Cohen-Stratyner, Barbara Naomi: *Biographical Dictionary of Dance.* New York 1982): Wichtige Cochran-Produktionen, an denen Rivers als Choreograph beteiligt war, sind: *This Year of Grace* (London: 22. März 1928; New York: 7. November 1928) und *Wake Up and Dream!* (London: 27. März 1929; New York: 30. Dezember 1929).

14 Die Tänze der Londoner Aufführung (1931) studierte Kathleen Barnard ein, wie im Programmheft der Londoner Produktion vermerkt ist. Ich danke Olaf Jubin für diesen Hinweis.

15 Vgl. zu Max Rivers' choreographischer Praxis: https://www.youtube.com/watch?v=Y15jBy9Fzxk (zuletzt abgerufen am 15.5.2015).

16 Erich Burger, *Berliner Tageblatt*, 10.11.30.

Abbildung 12: *Im Weißen Rößl*, Fotografie zur Uraufführung, 08.11.1930.

Gesten, Attitüden (im Kontext der Nationaltänze im romantischen Ballett des 19. Jahrhunderts) eingeführt: Im Akt der (kinästhetischen) Wahrnehmung werden bestimmte motorische Aktionen zu einer spezifischen Kultur – also im Kontext der Inszenierung des *Weißen Rößls* zum Alpenländischen – als zugehörig empfunden.[17] Diese Movement Marker verstanden als körperliche Artefakte eines kulturrelationalen Archivs der Praxis – denkt man hier weiter – können über Strategien der De- und Re-Kontextualisierung auf der Bühne affirmativ oder auch subversiv eingesetzt werden.[18] In den Choreographien wie beispielsweise

---

17 Vgl. Arkin, Lisa und Smith, Marian: *National Dance in Romantic Ballet*. In: *Re-Thinking the Sylph. New Perspectives on the Romantic Ballet*. Hg. von Lynn Garafola. Hanover, NH 1997, S. 11–16, hier: S. 26ff.

18 In Anlehnung an Judith Butlers Theorien zur Konstruktion von Geschlecht könnte man die Konstruktion von Movement Markern als performativen Moment in der Bildung und Repräsentation von kultureller Identität bezeichnen, die erst durch Einüben und Wiederholen entsteht, also keineswegs essentiell ist. Vgl. Butler, Judith: *Performative Akte und Geschlechterkonstitution. Phänomenologie und feministische Theorie*. In: *Performanz zwischen Sprachphilosophie und Kulturwissenschaften*. Hg. von Uwe Wirth. Frankfurt a.M. 2002, S. 301–320.

dem »Schuhplattlertanz«[19] für die Girls und Boys im *Weißen Rößl* ist der affirmative Gebrauch wahrscheinlich. Schließlich soll in der kinästhetischen Wahrnehmung des Publikums über die motorische Professionalität der Tänzerinnen *etwas Alpenländisches* hervorgerufen werden. Gleichzeitig verhindert die Virtuosität in der Ausführung die Bedienung eines konkret geografisch oder zeitlich verortbaren Anderen.[20] Die Perfektion in der Ausführung steht tiefenstrukturell betrachtet quer zu den Volkstänzen, denn diese werden eben gerade nicht für spezifisch trainierte Körper konzipiert, sondern haben – von Laien getanzt – meist eine spezifische soziale Funktion.

Anhand der verfügbaren Quellen zu Max Rivers Proben mit Revue-Tänzerinnen ist festzustellen, dass erstens die dynamischen Wirkungsaspekte von Bewegung über die spezifische Regulierung von Energie betont und zweitens klare geometrische Formationen privilegiert werden. Die tänzerischen Aktionen der Girls verstehen sich in erster Instanz als Verkörperung von Rhythmus.[21] Diese »sich selbst genügende« Pulsierung der Körper wird im Verfertigungsprozess vom *Weißen Rößl* genauestens einstudiert. Im Programmheft ist im Artikel »Charell probt« vermerkt: »Auf den nackten Brettern in fahler Beleuchtung steht ein Klavier und hämmert immer wieder den Girls den Rhythmus ein.«[22]

Der Rezensent B. E. Werner in seinem Artikel »Apotheose der Gemütlichkeit« assoziiert die Auftritte der Girls »diesmal in diversen Bauerntrachten« nicht zufällig mit dem Begriff »Kuschelornament«.[23] Die »metallifizierte« Erscheinungsform von ornamentierten Körpern im Varieté, deren »ganze muskuläre Energie (…) wesentlich städtisch ist«[24] (Roland Barthes) und der choreografisch ein hoher

---

19 Vgl. Typoskript ohne Autoren- und Zeitangabe »An die Herrn Bühnenbildner und Regisseure!«. Vermutlich zur Wiener Inszenierung (1931?) *Im Weißen Rößl*, Marischka Nachlass im Wiener Theatermuseum, VM 2610 Mar. In diesem Typoskript wird wiederholt auf die Ausführungen von »groteskem« oder »parodistischem« Tanz und Pantomime in der Inszenierung verwiesen.

20 Vgl. zu diesem Gedanken auch Jeschke, Claudia, Vettermann, Gabi und Haitzinger, Nicole: *Interaktion und Rhythmus. Zur Modellierung von Fremdheit im Tanztheater des 19. Jahrhunderts.* München 2010, S. 22.

21 Vgl. Siegfried Kracauers kritische Bemerkungen zur Rhythmus-Obsession der 1920er-Jahre: »War in Epochen des Beginns der Tanz eine Handlung des Kultus, so ist er heute ein Kult der Bewegung, war früher der Rhythmus eine seelisch-erotische Bekundung, so möchte heute der sich selbst genügende Rhythmus die Bedeutungen aus sich erst entlassen.« Kracauer, Siegfried: *Die Reise und der Tanz.* In: Kracauer, Siegfried: *Das Ornament der Masse.* Frankfurt a.M. 1990, S. 40–49, hier: S. 41.

22 »*Charell probt*« aus der Hamburger Illustrierten. Zit. nach *Programmheft Im Weißen Rößl.* Ohne Autorenangabe. Ohne Paginierung.

23 Werner, B. E.: *Apotheose der Gemütlichkeit/»Im weißen Rößl« – Großes Schauspielhaus.* In: *Deutsche Allgemeine Zeitung,* 10.11.1930.

24 Vgl. Barthes, Roland: *Mythen des Alltags.* Berlin 2010, S. 232.

Grad an Abstraktion unterliegt, wird dramaturgisch mit einer über die Narration vermittelten »weichen Romantik« des Alpenländischen konfrontiert. Die Dramaturgie der Bilder im Programmheft spiegelt dieses Konzept wider.

Nach einer Collage von Fotografien mit alpenländischem Kolorit – Damhofer Jodlerinnen-Quintett und Original Tiroler Watschentänzer (Wastl und Hirsl) – folgt eine Doppelseite mit fotografischen Inszenierungen der Revue-Stars Tamara Desni und Marianne Winkelstern, die die metallifizierte und erotisierende Erscheinung der Revue-Girls hier jeweils solistisch verkörpern. Choreografisch manifestiert sich dieses, durch die Regie gesetzte, exhibitionistische Grundprinzip der Gegenläufigkeit im *Weißen Rößl* durch den – und ich wähle hier bewusst Begriffe aus dem Film – Wechsel von perspektivischer Totale und Zoom in der Anordnung der Figuren im monumentalen Raum des Großen Schauspielhauses. Die Engführung von Nähe und Ferne in Bewegung, Choreographie und Inszenierung wird im *Weißen Rößl* zum »Generator szenischer und narrativer Möglichkeiten«.[25] Die gekonnte Verfertigung greift zum Teil auf avantgardistische Verfahren zurück, die der Ökonomie der Schaulust und des Geschmacks eines liberalistisch-bürgerlichen Publikums in der industriellen Gesellschaft angepasst werden. Es zeigt und affirmiert der hohe Grad der rhythmisierten Verdinglichung der Girl-Truppen in gewisser Weise die Verfahren des Taylorismus als Verheißung der maschinellen Produktion oder selbst im kritischen Wortlaut der Zeit gesprochen: Die Girl-Truppe »besteht nicht etwa aus 16 Mädchen – ich kann mich in der Zahl irren -, sondern jedes Mädchenbein ist der 32. Teil einer Apparatur von wundervoller Präzision.«[26]

Versatzstück 2: Quasi-authentisches Alpenländisches

Ein zweites wichtiges Versatzstück der Inszenierung sind die quasi-authentischen alpenländischen Einlagen, die über das Personenverzeichnis, eingeteilt in drei Akte, im Programmheft rekonstruierbar sind. »Die Marquartsteiner«, offensichtlich aus Traunstein in Bayern, das Damhofer Jodlerinnen-Quintett, die Original Tiroler Watschentänzer und Schuhplattler, die Abordnungen aus Ischl, Gmunden, St. Gilgen, Goisern, Hallstadt, St. Wolfgang, Schützengilde, Veteranenverein, Kriegerverein, Feuerwehr, Schulklassen, Ehrenjungfrauen, Schützenkapelle, Schiffkapelle, Bevölkerung aus St. Wolfgang, Gesangverein von St. Wolfgang, Jägerburschen und Kinder geben der Inszenierung ein alpenländisches Kolorit.

In *Wege zu Kraft und Schönheit* (1925/1926), einem Kultfilm über die mitteleuropäische Körperreformbewegung der Moderne, verdichtet der Regisseur Wil-

---

25 Vgl. Jeschke, Vettermann und Haitzinger: *Interaktion und Rhythmus*, S. 516.
26 Kracauer, Siegfried: *Girls und Krise*. In: *Siegfried Kracauer. Schriften. Aufsätze 1927–1931.* Hg. von Inka Mülder-Bach, Band 5/2. Frankfurt a.M. 1990, S. 320–322, hier: S. 320.

helm Prager, der u.a. mit Charell die Kino-Revue *An alle* realisierte,[27] den Zeitgeist der 1920er-Jahre in einer bewegten Bildercollage und visualisiert unterschiedliche, ja zum Teil gegensätzliche Tendenzen und Vorstellungen von Körperlichkeit und Tanz.[28] Der ehemalige Spielleiter am Deutschen Theater bei Max Reinhardt (1910–1914), dort dürften sich Charell und Prager kennengelernt haben, reiht in *Wege zu Kraft und Schönheit* mehrere europäische und außereuropäische Tänze unter dem Motto: »Tanzen ist ein elementarer Instinkt der Menschheit. Eine jede Nation hat deshalb ihre charakteristischen Tänze« hintereinander, nämlich Afrika, Tanzen auf Hawaii, den japanischen *Tanz der Möwen*, Indien (Burma), und vor einem spanischen Tanz von Caroline de Riva schließlich eine »Bayrische Phantasie – Ein Wilddiebstanz (Der Kampf um die Beute).«[29] Im Film wird nicht zwischen Bühnentanz und indigenen Tänzen unterschieden, auch kollabiert auf Bildebene die eindeutige Zuordnung zu Nationen, die auf Textebene vorgeschlagen wird. Das wesentliche Kriterium der auf Spektakularität basierenden Auswahl scheint die Verschiedenheit des Bewegungsvokabulars unterschiedlicher Kulturen zu sein und in diesem Sinn sind die vermeintlich näheren bayrischen Tänze und die Tänze aus dem fernen Afrika und Indien einander *ähnlich*.

Das exotifizierte Alpenländische wird im *Weißen Rößl* nicht nur auf der Bühne performativ in Szene gesetzt, sondern spiegelt sich in der visuellen Gesamterscheinungsform des Großen Schauspielhauses. Der Kritiker Emil Faktor schreibt im Berliner Börsenkurier am 10.11.1930: »Die dekorativen Ideen des Professor Stern dienten einer Vollillusion des Salzkammerguts«, Erwin Neruda spricht in der Vossischen Zeitung von Charells »unterjochender« Regie.[30] Seine »Vollillusion« erstreckt sich vom Entrée des Zuschauers, der das Theater durch eine künstliche Fassade des nachgebildeten St. Wolfgangseer Hotels betritt, über die alpenländische Einrichtung des Foyers. Lebensgroße männliche und weibliche Holzschnittfiguren in stereotypisierten Volkstanzposen und in Tracht sind auf der Galerie des Foyers als Ornament präsentiert. Die künstlerische Mise-en-scène des Alpenländischen erinnert an die akribisch durchdachte Präsentation von indigenen Kulturen auf den großen internationalen Welt- und Kolonialausstellungen, die ab der zweiten Hälfte des 19. Jahrhunderts ein Massenpublikum in den euro-

---

27 Die Revue-Operette *An alle* (1924) ist eine Zusammenarbeit von Erik Charell (Regie), Willy Prager und Fritz Benda (Text), Ralph Benatzky, Rudolf Nelson und Irving Berlin (Musik). Als kleine Sensation wurde der Auftritt der Tiller Girls von der Berliner Zeitgenossenschaft gewertet.

28 Vgl. Haitzinger, Nicole: *Tanz als künstlerisches Ereignis in* Wege zu Kraft und Schönheit. In: *Body politics/Movement Choirs. Körperpolitik/Bewegungschöre*. Hg. von Patrick Primavesi. Leipzig [im Druck].

29 Der Film *Wege zu Kraft und Schönheit* ist verfügbar unter: https://www.youtube.com/watch ?v= cHTkKHZ3QjU (ab 32:45; zuletzt abgerufen am 15.5.2015).

30 Neruda, Erwin: *Charells »Weißes Rößl«*. In: *Vossische Zeitung* (Postausgabe), 11.11.1930.

päischen Metropolen anzogen. Statisten und Laiendarsteller aus dem nahen und zugleich exotifizierten ländlichen Salzkammergut werden in einer quasi-authentischen Architektur dem »schauhungrigen Weltstadtmenschen« Berlins (Max Sladek) präsentiert. Erik Charell gehorcht den Regeln der Vergnügungsin-dustrie der Weimarer Republik, indem er das Salzkammergut mit seinen Bewoh-nern als »larger-than-life extravaganza« in Szene setzt.[31] Die tänzerischen und musikalischen Einlagen sind phantasmagorisch und verfremdet, da sie von ihrem eigentlichen kulturellen und sozialen Kontext abstrahiert sind.

Erik Charells Virtuosität in der Choreographie von spektakulären Massenszenen mit Laiendarstellern ist im Film *Der Kongress tanzt* aus dem Jahr 1931 bezeugt, bei dem er ebenfalls Regie führte.[32] Ähnlich wie im *Weißen Rößl* arbeitet Charell inszenatorisch mit der Konfrontation und Überblendung von scheinbar Gegen-sätzlichem, nämlich hier dem Wienerischen (z.B. Walzer, Weinlieder) mit den russischen *Polowetzer Tänzen*, die aus dem Repertoire der Ballets Russes bekannt sind.[33]

Charells Verfahren entspricht den populärkulturellen Ausformungen der europä-ischen Tanzkultur der 1920er-Jahre, die durch Hybridisierung bestimmbar ist. Die Inszenierung der alpenländischen Fremdheit des eigenen Nachbarlandes Ös-terreich erfolgt von Charell mit ähnlichen szenischen Mitteln und Modi der tän-zerischen Darstellung wie die der außereuropäischen Fremdheit in zeitgleichen Revuen.

---

31 Savarese, Nicola: *Eurasian theatre: drama and performance between East and West from classical antiquity to the present.* Holstebro u.a. 2010, S. 466.

32 Der Film *Der Kongress tanzt* (1931) ist online verfügbar unter: https://www.youtube.com/ watch?v=OU17jpklRqw (zuletzt abgerufen am 15.5.2015); vgl. besonders den Ausschnitt ab 15:15.

33 Im Vorspann zu *Der Kongress tanzt* ist Boris Romanoff als Choreograph der Tänze angege-ben. Allerdings ist die Einstudierung der *Polowetzer Tänze* für den Film laut Recherche von Alfred Oberzaucher dem Choreographen Walter Junk zuzuordnen, der dies in seinem Le-benslauf vermerkt. Junk kannte die Choreographie von seinem Engagement als Tänzer des *Russischen Balletts*, das von Pierre Wladimirow und Wera Trefilowa in München zusam-mengestellt und angeführt wurde. Das Ensemble trat 1923 in Deutschland und Österreich auf und hatte neben *Schwanensee* (2. Akt) und anderen einzelnen Nummern die *Polowetzer Tänze* im Repertoire. Walter Junk (14.5.1902 Wien bis 11.3.1976 Wien) war der Sohn von Victor Junk (der Verfasser des *Handbuchs des Tanzes*). Er tanzte im Ensemble von Gertru-de Barrison, in den *Ballets Suédois*, dann im *Trefilowa-Wladimirow-Ballett*, 1924–1931 war er an der Berliner Staatsoper engagiert, seit 1926 als Solotänzer. Ballettmeister war er u.a. in Duisburg-Bochum (1931–1934), Frankfurt am Main (1934/35), Kiel (1935–1937), Bremen (1937/38) und Graz (1950/51). Ich möchte Alfred Oberzaucher für diese Hinweise danken, die die Nähe zu Michel Fokines Originalchoreographie *Polowetzer Tänze* (18.5.1909, Théâtre de Châtelet, Paris) im Kontext der Ballets Russes verdeutlichen. In den *Polowetzer Tänzen* in *Der Kongreß tanzt* ist er als Tänzer zu sehen, die Solistin ist Daisy Spies. Ich dan-ke Alfred Oberzaucher für diese Informationen.

Maximilian Sladek, Direktor des Großen Schauspielhauses 1923 bis 1925, ent-lehnt in seiner programmatischen Schrift *Unsere Schau* ohne genaue Kennzeich-nung den berühmten Spruch Hamlets »Spiegel und abgekürzte Chronik des Zeit-alters«, der sich bei William Shakespeare auf die Schauspieler bezieht,[34] und adap-tiert ihn zur Definition der Revue seiner Zeit. Nicht zufällig wird er in Hinblick auf das zeitgenössische Publikum, nämlich den »schauhungrigen Weltstadtmen-schen«, erweitert. Jeder dieser drei Begriffe, nämlich *Spiegel*, *abgekürzte Chronik* und *schauhungriger Weltstadtmensch* scheint mir eine Schlüsselmetapher zum Verständnis von *Im weißen Rößl* zu sein; alle drei sind letztlich nur in Relation zueinander zu verstehen. Die quasi das Zeitalter spiegelnde »metallifizierte« Re-vue bedient sich einer abgekürzten Chronik des Alpenländischen, um dem Schauhunger der Moderne gerecht zu werden. Im konsumistischen Raum der Revue ist das Verschlingen des nahen Fremden dem des Fernen ähnlich. Was schließlich einverleibt oder ausgespuckt wird, ist der jeweiligen Konfiguration von Politik und Ästhetik geschuldet.

---

34 »HAMLET: Lieber Herr, wollt Ihr für die Bewirtung der Schauspieler sorgen? Hört Ihr, laßt sie gut behandeln, denn sie sind der Spiegel und die abgekürzte Chronik des Zeitalters.« In: Shakespeare, William: *Hamlet*. Zitiert nach: http://gutenberg.spiegel.de/buch/-5600/3 (zu-letzt abgerufen am 17.5.2015).

Matthias Davids
Du kommst ins Rößl und es ist alles irgendwie Fake
Demaskierung und Fallhöhe im *Weißen Rößl*

Zum *Rößl* habe ich tatsächlich einen emotionalen Zugang, es war nämlich quasi meine erste Bühnenbegehung als Jugendlicher. Ich spielte Anfang der 1980er-Jahre in meiner Heimatstadt Münster den Piccolo, in einer durchaus nicht ironiefreien Inszenierung. Insofern fand ich es schön, als ich gefragt wurde, das Stück in Hannover zu inszenieren (Staatsoper Hannover, 2007), denn ich hatte da viele Erinnerungen. Es war einer der Gründe, warum ich zugesagt habe, obwohl ich normalerweise Opern und Musicals inszeniere und keine Operetten – ich habe mit dem Humor der meisten Operetten Schwierigkeiten. Selbst wenn die Musik unbestritten gut ist, kommt man doch oft nicht um diese alten Männer herum, die durch Schlüssellöcher gucken, oder Gräfinnen, die sich als Dienstmädchen verkleiden usw. Mit dieser Art von Humor kann ich nichts anfangen. Aber das *Weiße Rößl* hat einen heutigen Humor. Ich finde das Buch total modern. Die ›Bar jeder Vernunft‹-Produktion, die ich zum Zeitpunkt der Inszenierung in Hannover natürlich kannte, hat bewiesen, dass das Stück als Stück funktioniert und man nichts dazugeben muss. Wenn der Kern eines Stückes stimmt, dann kannst du es im Prinzip auch in einem leeren Raum und sogar ohne Kostüme aufführen und es wirkt – wie beim *Rößl*. Die Komik, die Dramatik, das Sentiment des Stückes funktionieren in der kleinen wie auch in der großen Form wunderbar. Bei einem Stück, das nicht so gut ist, muss man manchmal Zauberer reinschicken oder Illusionisten, das braucht man hier alles nicht.

Allerdings kann man nichts aus der Bar-Inszenierung benutzen oder übertragen auf eine große Bühne. Natürlich fand ich die Bar-Fassung großartig, denn alles ist so reduziert und gewinnt dadurch an Schärfe, aber für Hannover kam das nicht in Frage. Es ist ein reines Opernhaus und da nimmt man natürlich die Fassung, die man mit Opernsängern besetzt, und überlegt nicht, ob man eine schlankere oder eher musicalartige Sache macht. Die so genannte Rekonstruktionsfassung gab es damals ja noch nicht. Unsere Besetzung bestand hauptsächlich aus Leuten vom Haus und es ist tatsächlich so, dass es dort auch sehr gute Sänger-Darsteller gibt. Es ist ja immer die Frage, ob man das *Rößl* nicht besser mit singenden Schauspielern besetzt, denn es gibt bei Opernsängern häufig das Problem, dass sie nicht so gut spielen können; deshalb habe ich inzwischen gelernt, dass es im Zweifelsfall hilft, Schauspieler darunter zu mischen. In Hannover war nur der Kaiser ein Schauspieler – und zwar im doppelten Sinne, aber dazu später mehr. Vom Musical kommend bringt man die Opernsänger dann ordentlich in Bewegung. Man hat einfach einen

Abbildung 13: Produktionsfoto Staatsoper Hannover, 2009.

anderen Umgang mit den Darstellern, die man körperlich wesentlich mehr fordert. Sie müssen eben auch tanzen, und zwar auch mal vorne vor einer Gruppe von Mädels.

Unser Ansatzpunkt für die Inszenierung war es, alles, auch das Traditionsbewussteste, in diesem Fall also das *Rößl*, in einer Wellness-Welt aufgehen zu lassen – heute ist das ja schon völlig gängig, aber damals war das Thema Wellness sehr aktuell. Schlösser, Burgen und so weiter werden zu »Wellnessoasen« umgewandelt, und es entsteht eine künstliche Welt, wie z.B. im Extrem in dieser stillgelegten Zeppelin-Halle in Ostdeutschland, wo man in einer Art »Klein-Mallorca« Urlaub machen kann. Alles ist künstlich, bis hin zum Wetter. Zu Beginn unserer Beschäftigung mit dem Stück hatten wir überlegt, eine Art Dienstreise ins heutige Weiße Rößl, also in das Hotel am Wolfgangsee, zu machen und bekamen ein ganzes Paket mit Info-Material zugeschickt: lauter Hochglanzprospekte mit glücklichen Menschen in flauschigen Handtüchern und mit wunderbarem Blick auf den See. Alles war »gestylt«, es hatte eigentlich nichts mehr mit einem traditionellen Gasthaus zu tun, und da wussten wir: Ja, das ist es heute – du kommst ins Weiße Rößl und es ist alles irgendwie Fake, ja, selbst der Kaiser, der kommt. Spätestens da scheitert ja jede Modernisierung irgendwie, denn es gibt eben keinen Kaiser mehr und jeder fragt sich, was das soll. Aber innerhalb der touristischen Animationswelt ist das ganz natürlich. Im Europapark oder in Disneyland oder wo auch immer, überall gibt es einen alten Darsteller, der als Kaiser engagiert ist – bei »Es ist einmal im Leben so« legt er dann sein Kostüm ab, und wenn alle Touristen im Bett liegen, bespaßt und bewellnesst, kommen diese realen Personen, die da etwas verkaufen müssen, miteinander ins Gespräch. Auch die Rösslwirtin ist ja ständig dabei, irgendein Bild zu liefern, sowohl vom Rössl als auch von sich, und diese Figuren dann mal völlig abgeschminkt zu sehen, war ein interessanter Zugang. Der Kaiser war bei uns damals der Schauspieler Heinz W. Krückeberg, der leider dieses Jahr verstorben ist. Ich fand die Szene besonders anrührend, da im Zentrum so deutlich dieses Demaskieren steht, die Demaskierung dieser ganzen Welt – der starke Kontrast zwischen Wellness bzw. Hochglanz und dann dieser Verzweiflung dahinter. Man ist halt nur ein Kaiser geworden; man kriegt eben nicht den Rechtsanwalt; man begnügt sich besser mit der zweiten Wahl …

Gleichzeitig birgt dieses Konzept natürlich auch zahlreiche Möglichkeiten für Show-Elemente, denn solch ein Wellness- oder »Bespaß«-Ort hat natürlich auch seine eigenen Animateure, so wie auf der AIDA o.Ä. Bei uns hießen sie die »Almdudldancers« und waren mit Musical-Tänzern besetzt. Abends wird an solchen Orten also eine Show gezeigt, alles ist perfekt organisiert, um 17 Uhr ist Brezelessen, da gibt's die Jause, und um 20 Uhr werden die Volkstänze präsentiert – auch das also als Show-Element, nicht etwa weil die Leute da Volkstänze machen, sondern weil es eben zum Programm gehört. So konnte man auch relativ frei »Nummern« reingeben, wobei die Leute erst zuschauen und dann eventuell auch mitmachen können, ob nun beim Tanz um den Maibaum oder einem ähnlichen folkloristischen Element, oder eben beim etwas spektakuläreren Ballett im Schwimmbad, wo eine Art Gymnastik-Choreographie der Tänzer mit Bällen stattfindet. Dass wir teilweise große Choreographien hatten, heißt noch nicht, dass wir das Stück

»als Musical« inszeniert haben – es ist eher so, dass wir mit einem anderen Gefühl für Tempo und einer anderen Art von Schnelligkeit arbeiten. Es stellt sich ja die Frage, was überhaupt »musical-artig« bzw. »operettig«, als Gegenteil aufgefasst, bedeutet, und ich würde sagen, es ist wohl hauptsächlich die Tatsache, dass man ein anderes Gefühl für Tempo und Timing entwickelt. Und gut, die Blumenranken-Choreographien kommen im Musical dann wohl auch eher nicht vor, man definiert Choreographie also ein wenig anders.

Das alles stammt natürlich irgendwie aus dem Gedanken der Revueoperette, auch wenn das Wort Revue für uns heute einen etwas anderen Geschmack hat als damals. Aber es basiert auch auf meinen Erfahrungen im Freiburger Europapark, wo ich einmal für das Globe-Theater zwei Shows gemacht habe – eine Erfahrung, die mich tief beeindruckt hat, weil es schrecklich war. Natürlich nicht schrecklich, es zu inszenieren, aber die Verhältnisse, die man dort findet, waren schrecklich: diese Scheinwelt, die man sich für ein paar Euro kauft, perfekt gemacht, und dann diese zweite Welt, die darin sitzt, die aber keiner von den Zuschauern sieht – die Backstage-Welt, wo Tänzer aus der Ukraine als Parademitglied auftauchen, unterbezahlt, und den ganzen Sommer dort im Park verbringen, ohne einmal wegzukommen. Das ist sicherlich in diese Produktion mit eingeflossen. So findet man am Ende des Ersten Aktes die Touristen, die durchfeiern, trinken und sich sagen, ich hab' dafür bezahlt und ich verwüste jetzt hier alles, und zum Zweiten Akt geht dann der Vorhang auf, man sieht die Reste vom Gelage, ein Tohuwabohu, und übrig bleibt diese Rößl-Wirtin mit ihren Problemen. Plötzlich hatte das überhaupt nichts mehr von irgendeiner Künstlichkeit, die sonst leicht in solchen Szenen auftritt und darüber bin ich eigentlich noch besonders froh – das hat gut funktioniert.

Insgesamt mache ich beim Theater keinen Unterschied zwischen »populärem« und »ernsthaftem« Theater, jeder Autor möchte sein Stück präsentiert sehen und ich kenne keinen, der nicht möchte, dass die Leute sein Stück mögen, auch wenn es nun belehrend oder verstörend sein sollte. Es stellt sich auch die Frage, wo man anfängt, einen Unterschied zu machen – bloß, weil die *West Side Story* ein negatives Ende hat und ein *Romeo-und-Julia*-Ableger ist, heißt es noch nicht, dass sie mehr wert ist als beispielsweise ein Musical wie, ich sage jetzt mal bewusst, *Ich war noch niemals in New York*. Es erreicht vielleicht andere Leute und hat einfach eine andere Zielrichtung, aber es hat natürlich im Theater eine Berechtigung – heute mehr denn je.

Wolfgang Jansen

Hans Müller – der Librettist des Singspiels *Im Weißen Rößl*

Im Programmheft der Uraufführung von *Im Weißen Rößl*[1] 1930 findet sich folgende Liste der Urheber: Hans Müller: Libretto, frei nach dem gleichnamigen Lustspiel von Oskar Blumenthal und Gustav Kadelburg, Musik: Ralph Benatzky, mit Einlagen von Bruno Granichstaedten und Robert Stolz, Gesangstexte: Robert Gilbert, musikalische Arrangements der Tänze: Adam Gelbtrunk, Regie: Erik Charell.

Bekannt ist, dass nicht alle beteiligten Künstler seinerzeit erwähnt wurden. So fehlt der Name von Eduard Künneke, der die Instrumentation verfasste.[2] Zu den meisten der genannten Personen liegt inzwischen biografische oder wissenschaftliche Literatur vor. Kaum in den Blick geraten ist jedoch bislang Hans Müller, neben Benatzky und Charell der wichtigste Mann bei der Adaption der Vorlage in ein Werk des populären Musiktheaters.

Ausgangslage

Müller[3] war zu Lebzeiten ein vielgespielter und -gelesener Autor, ein »angesehene(r) Dramatiker und Romancier«[4], ein »Dichter«[5] gar, wie Fritz Hennenberg in

---

1   Es findet sich auch häufig die grammatisch falsche Schreibweise »Im weißen Rößl« (»weiß« kleingeschrieben). Der Titel des Singspiels leitet sich jedoch von dem Hotel »Weißes Rößl« ab, dem Handlungsort der Geschichte. »Im Weißen Rößl« (»weiß« großgeschrieben) nimmt also den Namen des Hotels auf. Die Schreibweise »Im weißen Rößl« verweist indes auf das Innere eines Pferdes.

2   Zu den Beteiligten insgesamt siehe: Hennenberg, Fritz: *Ralph Benatzky. Operette auf dem Weg zum Musical. Lebensbericht und Werkverzeichnis.* Wien 2009, S. 112–115. Otto Schneidereit gibt in seiner Künneke-Biografie an, dass dieser »notgedrungen stets auf der Jagd nach Geld, manches (tat), was kaum an die Öffentlichkeit gelangte«. Die Instrumentation von *Im Weißen Rößl* habe dazu gehört. Schneidereit, Otto: *Eduard Künneke. Der Komponist aus Dingsda.* Berlin (DDR) 1978, S. 133–134.

3   Der hier vorgestellte Autor Hans Müller ist nicht zu verwechseln mit dem Filmregisseur gleichen Namens, der von 1909 bis 1977 lebte. Die Verwechslung unterläuft u.a. der Online-Datei »filmportal.de«. Dort soll der Autor Müller noch 1958 – acht Jahre nach dessen Tod – für die Dramaturgie beim DEFA-Film *Hoffmanns Erzählungen* zuständig gewesen sein: vgl.

Abbildung 14: Hans Müller als junger Mann in den »Wiener Theaterbildern« anlässlich der Premiere seiner beiden Einakter *Troubadour* und *Arme kleine Frau* am Wiener Burgtheater (16. März 1907).

seiner Benatzky-Biografie von 1998 formulierte. Dennoch findet sich gegenwärtig kein einziger seiner Titel auf dem Buchmarkt. Auch seine Bühnenwerke werden seit Jahrzehnten nicht mehr gespielt (abgesehen von *Im Weißen Rößl*).[6] Darüber hinaus wird in keinem Schauspielführer der Nachkriegszeit auf seine Stücke auch nur hingewiesen.[7] Selbst die Literaturwissenschaft ist bei ihrer Erforschung der Literatur im ersten Drittel des 20. Jahrhunderts bislang nicht auf sein Werk ein-

www.filmportal.de/person/hans-mueller_188a4bb79dfa4e81a3bcda6f11580285. Auch der Kataog der Deutschen Nationalbibliothek unterscheidet nicht zwischen dem Autor und Regisseur: vgl. http://d-nb.info/gnd/119054329 (letzte Abrufe: 20.2.2015).

4   Ortiz, Janine: *Violanta. Korngolds Aufbruch in die Moderne.* In: *Erich Wolfgang Korngold. Wunderkind der Moderne oder letzter Romantiker?* Hg. von Arne Stollberg. München o.J. (2008), Seite 153–171, hier: S. 153.

5   Hennenberg, Fritz: *Es muß was Wunderbares sein … Ralph Benatzky: Zwischen »Weißem Rößl« und Hollywood.* Wien 1998, S. 150.

6   Vgl. die Werkstatistik des Deutschen Bühnenvereins *Was spielten die Theater?* Köln 1981 – 1990, die seit 1990 fortgeführt wird unter dem Titel *Wer spielte was?* In Berlin fanden (abgesehen vom *Weißen Rößl*) die letzten überlieferten Aufführungen 1946 statt. In den Kammerspielen Spandau und im Theater am Nollendorfplatz kam der Musikalische Schwank *Frischer Wind aus Kanada* zur Premiere. Siehe *25 Jahre Theater in Berlin, Premieren 1945–1970.* Hg. vom Landesarchiv Berlin. Berlin 1972, S. 378 und S. 382.

7   Die antisemitische Ausgrenzung der Nationalsozialisten fand auf diese Weise eine fatale Fortsetzung nach 1945. In den Schauspielführern aus den 1920er-Jahren wird Müller selbstverständlich erwähnt. So etwa: Melitz, Leo: *Führer durch das Schauspiel der Gegenwart.* Berlin o.J. (1923). Aufgenommen sind Müllers Dramen *Könige* und *Der Schöpfer.*

gegangen. Immerhin finden sich kurze biografische Hinweise in verstreuten Nachschlagewerken, so etwa in Wilhelm Koschs *Deutsches Theater-Lexikon*[8] von 1960, dem *Österreichischen Biografischen Lexikon*[9] von 1975 oder dem *Theaterlexikon der Schweiz*[10] 2005. Es gibt ferner einen Eintrag auf Wikipedia[11], der Musikwissenschaftler Kevin Clarke hat 2007 ein Interview mit dem Schweizer Hobbyforscher Arthur Maibach über Hans Müller veröffentlich[12], der wiederum im Jahr darauf eine sogenannte *Hommage an Hans Müller-Einigen* publizierte[13] (die verdienstvoll in der Absicht, aber methodisch und stilistisch völlig unzureichend ist).

Wenden wir uns also nachfolgend diesem merkwürdig bekannten Unbekannten zu und versuchen, in fünf Kapiteln ein biografisches und künstlerisches Porträt zu entwerfen.

Biografischer Überblick

Müller wurde am 25. Oktober 1882 in Brünn geboren, damals zu Österreich-Ungarn gehörend. Er wuchs als zweites von drei Kindern in einem bürgerlich-jüdischen Elternhaus auf. Im Jahre 1900 ging er zum Jurastudium an die Universität Wien, schloss seine Ausbildung 1904 ab und promovierte 1907 als Jurist. Anders als seine Brüder Robert und Ernst Lothar[14], die ebenfalls Jura studierten, übte er den Beruf praktisch nie aus, sondern vertraute auf eine Karriere als freier Schriftsteller. Er behielt freilich einen lebenslangen »Schauer vor der Armut«[15] bei. Er schrieb Prosa, Lyrik und Theaterstücke, publizierte Gedichte in Zeitschriften wie *Simplicissimus* und *Gegenwart*, und verfasste journalistische Beiträge etwa

---

8   Kosch, Wilhelm: *Deutsches Theater-Lexikon. Biographisches und bibliographisches Handbuch. Band 2: Hurka – Pallenberg.* Klagenfurt 1960, S. 1551.

9   Hanus, Valerie: *Müller, Hans.* In: *Österreichisches Biographisches Lexikon 1815–1950.* Band 6. Wien 1975, S. 417.

10 Caluori, Reto: *Hans Müller-Einigen.* In: *Theaterlexikon der Schweiz.* Band 2. Hg. von Andreas Kotte. Zürich 2005, S. 1291.

11 Vgl.: http://de.wikipedia.org/wiki/Hans_M%C3%BCller-Einigen (letzter Abruf: 20.2.2015).

12 Maibach, Arthur: *Vergessen und verdrängt.* In: *Glitter and Be Gay. Die authentische Operette und ihre schwulen Vertreter.* Hg. von Kevin Clarke. Hamburg 2007, S. 140–145.

13 Maibach, Arthur: *Hommage an Hans Müller-Einigen. Ein Schriftsteller zwischen Wien, Hollywood und Einigen.* Neckenmarkt 2008.

14 Ernst Lothar Müller nannte sich ab 1910 nur noch Ernst Lothar. Zu seinem Leben und Werk siehe: Heißler, Dagmar: *Ernst Lothar. Sein Leben, sein Werk und dessen Rezeption anhand von veröffentlichten und unveröffentlichten Texten.* Dissertation, Institut für Germanistik der Universität Wien 2013.

15 Müller-Einigen, Hans: *Jugend in Wien. Erinnerungen an die schönste Stadt Europas.* Bern 1945, S. 181.

Abbildung 15: Hans Müller, 1924 karikiert in einem Bericht über die Berliner Aufführung der Komödie *Der Tokaier* im Theater in der Königgrätzer Straße (u.a. mit Emil Jannings).

für die *Neue Freie Presse*, wohin ihn Theodor Herzl, der Begründer des politischen Zionismus, vermittelt hatte.[16]

Welches Gewicht der jüdische Glaube in Müllers Elternhaus besaß, ist unbekannt. Als Säugling wurde er zumindest den religiösen Gebräuchen entsprechend beschnitten.[17] In seinen Erinnerungen, die er 1945 unter dem Titel *Jugend in Wien* publizierte, schweigt er sich zu dem Thema aus.

Verschwiegen war Müller ebenfalls im Hinblick auf seine Homosexualität. In seinen Erinnerungen finden sich nur Spurenelemente des Themas, etwa in der Schilderung des jungen Stefan Zweig, den er an der Universität kennenlernte, oder der Beschreibung eines jungen Mitbewohners, der sich unglücklich in ihn verliebte.

Künstlerisch gehörte Müller schon bald zur Wiener Literaturszene vor 1914. Er stieg auf zum vielgespielten Dramatiker am renommierten Burgtheater, schrieb 1916 sein erstes Libretto für eine Oper von Erich Wolfgang Korngold und galt bereits in den 1910er-Jahren als erfolgreich etabliert.

---

16 Siehe: Steiner, Uwe C.: *Müller-Einigen, Hans*. In: *Neue Deutsche Biografie*. Band 18. Berlin 1997, S. 492–494.

17 Vgl. Maibach, Arthur: *Hommage an Hans Müller-Einigen. Ein Schriftsteller zwischen Wien, Hollywood und Einigen*. Neckenmarkt 2008, S. 12.

Wie die meisten seiner Kollegen stimmte auch er 1914 in den Jubel über den Kriegsausbruch ein, schrieb in den folgenden Jahren zahlreiche Texte zur Stützung der sogenannten »Heimatfront«, arbeitete zudem im Wiener Kriegsarchiv, aber ging nicht als Soldat in die Schützengräben.[18]

Nach dem Kriegsende gehörte Müller mit zu den Vertretern des expressionistischen Dramas, verlor dann aber den Anschluss an die literarische Entwicklung. Mit der Neuen Sachlichkeit in der zweiten Hälfte der 1920er-Jahre konnte er nichts mehr anfangen. Die anspruchsvollen literarischen Arbeiten nahmen ab.

Stattdessen begann er sich der aufblühenden Filmindustrie und dem populären Musiktheater zuzuwenden. Er ließ sich in Berlin nieder, schrieb Drehbücher u.a. für die Ufa und startete vor dem Hintergrund des Erfolgs von *Im Weißen Rößl* eine kurze Karriere als Librettist im Operettentheater.

Anfang der 1930er-Jahre erwarb er ein Chalet in der Schweiz, in dem kleinen Ort Einigen am Thuner See, wo er mit seinem Freund Miklos Schwarz[19] zusammenlebte, den er seit 1912 kannte.

Nach dem Machtantritt der Nationalsozialisten war er den bekannten Repressalien ausgesetzt, die das NS-Regime gegenüber den jüdischen Mitbürgern anwandte. Müller verlor seinen Posten bei der Ufa, seine literarischen Werke wurden auf den Index gesetzt, und sein Name fand Eingang in das berüchtigte *Lexikon der Juden in der Musik*[20] von 1940.

Müller zog sich in die Schweiz zurück. Dort war er in den folgenden Jahren zumindest vor der unmittelbaren Lebensbedrohung geschützt. Seiner Familie indes erging es weniger glimpflich. Sein älterer Bruder Robert wurde nach dem sogenannten »Anschluss« Österreichs 1938 nach Riga deportiert und dort umgebracht. Der jüngere Ernst Lothar floh über Frankreich in die USA. Hans Müller selbst starb im Frühjahr 1950.[21]

---

18 Seine Haltung zum Ersten Weltkrieg lässt sich sehr gut nachlesen in 12 kurzen Texten, die in der Zeit zwischen 1914 und 1916 entstanden, und die er unter dem Titel *Die Heimsuchung* 1917 in dem Sammelband *Die Kunst sich zu freuen* publizierte. Müller, Hans: *Die Kunst sich zu freuen. Gestalten, Bilder und Ergebnisse.* Stuttgart/Berlin ²1917, S. 147–261.

19 Miklos (= Nikolaus) Schwarz, geboren 1893, stammte aus einer ungarischen Bankiersfamilie.

20 Weissweiler, Eva: *Ausgemerzt! Das Lexikon der Juden in der Musik und seine mörderischen Folgen.* Köln 1999, S. 285.

21 Hans Müllers Mutter Johanna war bereits 1919 gestorben, sein Vater Joseph am 9. März 1927. Siehe den Nachruf und die Todesanzeige in der Neuen Freien Presse, 10. März 1927. Zu der von Arthur Maibach erwähnten Tochter Marianna ließen sich keine Dokumente finden. Maibach, Arthur: *Hommage an Hans Müller-Einigen. Ein Schriftsteller zwischen Wien, Hollywood und Einigen.* Neckenmarkt 2008, S. 12.

Abbildung 16: Ein Fundstück aus dem österreichischen Theatermuseum, Bildunterschrift »Hans Müller als Galilei« – tatsächlich spielte die Rolle bei der Premiere im Berliner Staatstheater am 7. Januar 1921 Hans Bassermann.

Der Dramatiker

Auch wenn Müller sich wechselnder literarischer Formen bediente, so dominieren in seinem Oeuvre dennoch die Werke fürs Theater. Unter ihnen finden sich so unterschiedliche Gattungen wie Drama, Lustspiel, Schwank und Komödie. Er selbst sprach einmal von dem »Theaterteufel«[22], der ihn in jungen Jahren gepackt habe. In einem imaginären Brief an seinen (1933 verstorbenen) Vater heißt es:

> Vor dem ›Stadttheater‹ [in Brünn] hole ich Atem. Begreifst Du das, Vater? Oder – begreifst Du es noch immer nicht? Hier lag nämlich meine Heimat. Der Spiegel jenes anderen, grösseren Lebens, das Du so lange geflissentlich missachtet hast. ›Seitenbalkon links‹ – erster, heimlicher Treffpunkt mit den Magiern der Verwandlung. Mit den Wortführern der Liebe, des Aufruhrs, mit den Wahrsagern, den Dichtern. (…) O, ihr ersten, tiefen Schauer der Selbstentäußerung! Der Hingabe an ein Werk! Des Verzichts auf die eigene, kritische Vernunft! O, du Hinaufschweben zu Gott! Zur Wonne der tragischen Schuld und Sühne! Wenn Ihr mich totgeprügelt hättet, Vater und Mutter, ich hätte mir meinen Stehplatz auf der Strasse erbettelt.[23]

---

22 Müller-Einigen, Hans: *In der Oper*. In: Ders.: *Geliebte Erde. Miniaturen von unterwegs*. Bern 1938, S. 186–194, hier: S. 190.

23 Müller-Einigen, Hans: *Jesuitengasse 29*. In: Ders.: *Geliebte Erde. Miniaturen von unterwegs*. Bern 1938, S. 163–171, hier: S. 167.

Noch 1945, trotz aller zwiespältigen Erfahrungen eines langen beruflichen Lebens als Dramatiker, bildete für ihn das Theater, dieses »Kolossalgewölbe der menschlichen Leidenschaften, des Schicksals, der Lust und der Trauer«[24], einen magischen Ort der stofflichen Verhandlung über Gott und die Welt. Die Besucher kämen, wie er empfand, um sich

> wiederzufinden, in den handelnden und erleidenden Personen, droben, auf der Bühne. Je verwandter sie sich wiedererkennen werden, desto heftiger schlägt ihr Herz! Desto unbeschämter weinen und lachen sie. Um so freier können sie sich hintragen lassen zu der einzigen Stärke, Milde und Gottähnlichkeit der Sterblichen: zum Verstehen und Verzeihen!
>
> [...] diese geringen drei Abendstunden... atemnah umschlossen von nicht erseufzten, erzählten, sondern von Fleisch und Blut-Menschen... der Theaterdichter, der Spielleiter ergreift keine Partei, jedes seiner Geschöpfe hat recht, jedes behält Unrecht... ob Moral, ob Sittenlosigkeit, ob Gefühl, ob Truggefühl, zwischen der Polarität der Empfindungen und Pflichten fällt nur der Zuschauer allein das Verdikt, nur Er verkündet den Spruch des Schuldig oder Unschuldig... diese drei Abendstunden bedeuten das Leben. Nicht mehr und nicht weniger! Seit Ur-, Urzeiten beruft dieses alte, ewigneue Kult-, Mysterien-, Passions- und Schauverfahren jeden einzelnen von da unten, aus der namenlosen Menge, zum Priester und Andächtigen gleichzeitig, zum Richter und Gerichteten, zum Liebenden wie Geliebten. Welche Doppelrolle! Welche Erhöhung! Welche Schlüsselübergabe! Welche Herrlichkeit![25]

Müller erhielt seine zentralen stofflichen und stilistischen Impulse aus der Wiener Szene vor 1914, aus den Kreisen von Jung-Wien, der Caféhaus-Bohème, den Zirkeln zwischen Arthur Schnitzler, Hugo von Hofmannsthal, Frank Wedekind, Stefan Zweig, Peter Altenberg, Herrmann Bahr und Alfred Polgar. Die tiefenpsychologischen Erkenntnisse Sigmund Freuds über Triebstruktur, Verdrängung und Traumdeutung, wie sie allgemein die Menschenschilderung um 1900 beeinflussten, schlugen sich auch in den Schriften Müllers nieder. Darüber hinaus dürfte ihm Otto Weiningers Traktat *Geschlecht und Charakter* von 1903 geläufig gewesen sein. Immer wieder geht es bei ihm um die weibliche Libido, entwirft er ein Frauenbild zwischen Hure und Heiliger, zwischen Femme fatale und Femme fragile. Zudem schafft er »reine« Charaktere, Heilige, von einer voraussetzungslosen, gleichsam mönchisch-religiösen Unschuld, deren pure Existenz die triviale bürgerliche Erwerbswelt übersteigt. Verbunden sind sie vielfach mit einer moralischen und gesellschaftlichen Konzeption, die sich von Friedrich Nietzsches Vorstellungen des »Übermenschen« herleitet. Insgesamt verweisen Müllers Gestalten, Geschichten und Stoffe auf ein Bemühen, das er mit vielen seiner Schriftstellerkollegen teilte, »die Oberflächendimension der ›Realität‹ zu durchstoßen und eine mythisch-religiöse Tiefenschicht zu erreichen«[26].

---

24 Müller-Einigen, Hans: *Jugend in Wien. Erinnerungen an die schönste Stadt Europas.* Bern 1945, S. 591–592.
25 Ebd., S. 592.
26 Hinterhäuser, Hans: *Fin de Siècle. Gestalten und Mythen.* München 1977, S. 7–8.

Noch als Student konnte er seine Texte bei hochangesehenen Verlagen unterbringen, so ab 1904 bei der J.G. Cotta'schen Buchhandlung mit Sitz in Berlin und Stuttgart, dem bedeutendsten traditionellen Klassikerverlag, der ansonsten Autoren wie Goethe, Schiller, Herder, Fichte, Kleist oder Hölderlin im Programm hatte. Zudem erschienen Müllers Werke im Verlag Egon Fleischel & Co. mit Sitz in Berlin, der 1903 von Friedrich Cohn gegründet worden war, einem vormaligen Mitarbeiter im Verlag Friedrich Fontane, dem Sohn Theodor Fontanes. Verheiratet war Cohn mit der Autorin Clara Viebig, deren naturalistisch bis völkisch geprägten Romane er ebenfalls verlegte. Obwohl politisch eher konservativ, wurde er als Jude, verheiratet mit einer Nicht-Jüdin, nach 1933 von den antisemitischen Repressionen erfasst. Sein Sohn, »Mischling« im Jargon der Machthaber, floh samt Familie ins Ausland, der Verlag wurde zerschlagen, Cohn selbst starb 1936.[27]

Müller fand sehr früh Zugang zu den angesehensten Theaterkreisen der k.u.k.-Metropole. Bereits mit dem Schauspiel *Die Puppenschule* von 1908 kam er auf die Bühne des wichtigsten Sprechtheaters Wiens, dem Burgtheater. Selbst als im Jahr darauf sein satirisch angelegtes Stück *Hargudl am Bach oder Die Liga der Persönlichkeiten* vom Publikum und der Kritik abgelehnt wurde[28], schadete der Flop der weiteren Karriere des Autors nicht.

1910 kam sein Drama *Das Wunder des Beatus* im Mannheimer Hof- und Nationaltheater heraus. Die Geschichte spielt am spanischen Hof im 13. Jahrhundert. Maria, die 17-jährige Tochter des Königs, ist seit dem Tod ihrer Mutter zehn Jahre zuvor von einer hysterischen Lähmung befallen. Kein Arzt konnte ihr bislang helfen. Da taucht der Spielmann Beatus auf, ein gut aussehender Jüngling, von dessen Ankunft Maria mysteriöserweise schon geträumt hatte. Er ist der Reine, der dem Mädchen helfen kann. Als er von ihrer Lähmung erfährt, reagiert er ungläubig, spürt er doch die vibrierende Lebendigkeit ihres Körpers. Er befiehlt ihr im biblischen Sinne: Stehe auf und wandle. Doch nichts geschieht. Zweifelnd will Beatus den Schlosshof wieder verlassen, prompt erhebt sich das Mädchen, um ihn daran zu hindern. Als Belohnung für die augenfällige Heilung erhält der Spielmann Maria zur Braut. Doch das Glück währt nur kurz. Maria, befriedigt vom Vollgefühl körperlicher Beweglichkeit, verweigert sich aus weiblichem Übermut dem Nachtlager mit ihrem Mann. Darüber hinaus ist dieser bösartigen Gerüchten ausgesetzt, über magische oder satanische Kräfte zu verfügen. Als Beweis seiner Reinheit bietet er dem Gericht an, gegen die Mauren in den Krieg zu

---

27 Zu Friedrich Cohn siehe: Stern, Carola: *Kommen Sie, Cohn! Friedrich Cohn und Clara Viebig.* Hamburg 2008.

28 Aus der Rezension von Alfred Polgar: »Man hat noch selten eine Komödie gesehen, in der die Ironie sich so lümmelhaft geräckelt hätte wie in dieser Hargudelei.« a.p.: *(Burgtheater)* »*Hargudl am Bach*« oder »*Die Liga der Persönlichkeiten*«. In: *Wiener Sonn- und Montags-Zeitung*, Nr. 43, 25. Oktober 1909, S. 6.

ziehen. Ein Gottesurteil also: Gewinnt er, ist er rehabilitiert, verliert er, ist er tot. Doch ausgerechnet, als er mit dem Heer ausrücken will, erprobt Maria ihre weibliche Macht ein weiteres Mal, indem sie sich ihm nun zum sofortigen Beischlaf anbietet. Um sie nicht vor den Kopf zu stoßen, lässt er sich darauf ein; das Heer rückt ohne seinen Anführer aus. Am nächsten Tag scheint der Krieg schon mit der ersten Schlacht verloren zu gehen, als unverhofft ein weißer Ritter auftaucht, die entmutigten Soldaten erneut begeistert und den Feldzug schließlich zum Sieg führt. Daheim steht derweil Beatus vor Gericht. Es sieht schlecht für ihn aus. Er wird erneut der Hexerei verdächtigt, da er nicht gleichzeitig im Schloss und auf dem Schlachtfeld gewesen sein kann. Da verschafft sich Maria Zugang, sie war der weiße Ritter, wie sie gesteht, sie habe aus Mitleid mit ihrem Mann dessen Feldherrenaufgabe für ihn erledigt. Um ihn, den Reinen, endgültig vor dem Henker zu retten, opfert sich das Mädchen und ersticht sich. Das Gericht lässt Beatus ziehen:

> […] Allzu arm
> Ist Reinheit unter Menschen […].
> Lebt wohl. Die Wipfel wiegen sich im Wind,
> Die Straßen leuchten her… Du, meiner Heimat
> Tiefdunkler, grüner Wald, rauschst du mir zu?
> Rufst du den Sohn, vergess'ne Mutter Erde?
> Ich komm! Ich komm!![29]

Seinen größten Erfolg als Dramatiker feierte Müller 1916 mit dem Schauspiel *Könige*, zur Uraufführung gekommen am Wiener Burgtheater, und danach von zahllosen deutschsprachigen Bühnen nachgespielt. Es handelt sich um ein zeitgenössisches Politstück, auch wenn die Handlung erneut im Mittelalter angesiedelt ist. Ludwig von Bayern und Friedrich von Österreich sind Brüder, doch im Moment verfeindet, Gegenkönige gar, die sich die Krone streitig machen. Friedrich ist in Gefangenschaft, Ludwig lässt ihn aber gegen das Versprechen wieder laufen, der Krone abzuschwören und seinen Leuten die Abmachung zu erklären. Friedrich kehrt nach Österreich zurück, kann aber seine Gefolgsleute nicht ruhig stimmen. Diese rüsten erneut zum Krieg gegen Ludwig. Daraufhin begibt sich Friedrich, entsprechend der Verabredung, freiwillig zurück in Haft. Ludwig aber, der den Bruderkrieg verhindern will, krönt Friedrich schließlich zur Doppelkönigschaft.

Die Bedeutung des Werks, zur Premiere gebracht mitten im Ersten Weltkrieg, lag auf der Hand: Deutschland (dafür steht Bayern) und Österreich sind Brudervölker. Sie gehören zusammen in einer gleichberechtigten Herrschaft. Nur so können sie alle auswärtigen Feinde abwehren. Im Kleide des Mittelalters wurde von Müller somit die aktuelle Kriegspartnerschaft von Österreich-Ungarn und dem

---

29 Müller, Hans: *Das Wunder des Beatus.* Drama in vier Akten. Berlin 1910, S. 163.

Deutschen Reich als seit ewigen Zeiten gegeben legitimiert und historisch über-
höht.

Nietzscheanisch ging es 1918 in dem Schauspiel *Der Schöpfer* zu, ebenfalls im
Burgtheater uraufgeführt. Darin geht es um Paul Schumacher, Professor an der
Universitätsklinik einer mittleren deutschen Stadt, der sich ganz seinen medizini-
schen Forschungen verschrieben hat. Die Versuche an Tieren sind erfolgreich
abgeschlossen, inzwischen probiert er seine Medikamente an Menschen aus. Von
zwei Seiten wird sein Tun auf die Probe gestellt: privat von seiner jungen Frau,
die sich vernachlässigt fühlt und sich für die Schmeicheleien eines gutaussehenden Barons empfänglich zeigt. Und beruflich durch einen Vertreter der Universität, der Schumacher von den illegalen Menschenversuchen abbringen will. Dieser
aber wehrt sich endschieden gegen jede Art von Behinderung. Er fühlt sich außerhalb der menschlichen Gemeinschaft stehend, nur im Wettstreit mit Gott. Er
forsche nicht aus Mitleid mit den Kranken, sondern aus Wahrheitsliebe; er lebe
in den reinen, aber auch kalten Sphären der Höhe, der Idee. Nach einigen Prü-
fungen seiner Standfestigkeit wird ihm schließlich Recht gegeben: Die Universität
lenkt ein, und seine Frau Johanna versichert ihm ihre eheliche Treue. Alfred Polgar spöttelte: »Und Johanna, von dem Temperament, von den Schöpfer-Ekstasen
des rasenden Bakteriologen hingerissen, wird ihn auf dem Passionsweg, den er
so, das Kreuz seiner Ideen auf sich nehmend, wandeln will, opferfroh begleiten.«[30]

Das hier vorgestellte medizinische »Genie« dürfte stellvertretend gemeint sein für
alle »Schöpfer«: Das große Individuum blickt von der Höhe hinab; das niedere
Menschenleben, die Masse, reicht nicht hinauf zu ihm. Der »Übermensch«
schafft sich seine eigenen Gesetze, fühlt sich keinen anderen, keinen zivilen, bürgerlichen Maßstäben verpflichtet. Und die Frauen? Sie gruppieren sich um den
Helden und sind dankbar, wenn sie in seiner Nähe niedere Dienste ausführen
dürfen.

Stilistisch ist der Text durchzogen mit Elementen des Expressionismus, der gegen
Ende des Ersten Weltkriegs die Literatur für kurze Zeit zu dominieren begann. In
diesem Kontext steht auch Müllers Schauspiel *Der Vampir oder Die Gejagten*, das
im Februar 1923 im Deutschen Volkstheater in Wien zur Uraufführung kam,
und zu dem Korngold die Musik schrieb.[31]

Doch spätestens nach dem Abklingen des Expressionismus verlor Müller den
Kontakt zur literarischen Entwicklung. Die Neue Sachlichkeit blieb ihm – wie

---

30 Polgar, Alfred: *Ja und Nein. Schriften des Kritikers.* Band 2: *Stücke und Spieler.* Berlin 1926,
S. 202.

31 Vgl.: Tumat, Antje: *Zwischen Oper und Filmmusik. Erich Wolfgang Korngolds Schauspiel-
musiken zu William Shakespeares ›Viel Lärmen um Nichts‹ und Hans Müllers ›Der Vampir
oder die Gejagten‹.* In: *Erich Wolfgang Korngold. Wunderkind der Moderne oder letzter
Romantiker.* Hg. von Arne Stollberg. München o.J. (2008), S. 261–286, hier: S. 273–286.

erwähnt – fremd. 1926 verlegte zudem Cotta mit dem Lustspiel *Veronika* das letzte Müller-Buch. Stattdessen begann der Autor verstärkt Lustspiele und Komödien zu schreiben, die nicht länger als Lesestücke auf den Buchmarkt kamen, sondern ausschließlich von Bühnenverlagen als Verlagsmanuskripte bereitgehalten wurden. Immerhin brachte er seine neuen Arbeiten bei zwei angesehenen Bühnenverlagen unter: bei Felix Bloch Erben und dem Drei Masken Verlag, beide seinerzeit in Berlin ansässig. So konnte es vermutlich nicht ausbleiben, dass Müller sich bereitwillig den neuen Möglichkeiten öffnete, die mit dem Aufschwung der Filmindustrie in den späten 1920er-Jahren für gewandte Dialogschreiber entstanden.

Der Drehbuchautor

Müllers frühester beruflicher Kontakt mit der Filmindustrie erfolgte 1922, als er die Rechte an seinem Schauspiel *Flamme* dem Regisseur Ernst Lubitsch zur Verfilmung überließ. Die Adaption in ein Drehbuch besorgte Hanns Kräly. In dem Stück schildert er – seinen Erinnerungen *Jugend in Wien* entsprechend – ein Erlebnis aus seiner Studentenzeit. Er hatte 1902 ein »süßes Mädl« kennengelernt, die Prostituierte Anna, die er ehrbar zu machen suchte, indem er sie aus ihrem Milieu herausholte und zu sich nahm. Doch der Versuch scheiterte, der weibliche Sexualtrieb war stärker als die Ratio, die »Flamme« der Lust verzehrte das Mädchen, sie kehrte zurück in ihr Milieu. Die Filmrollen waren prominent besetzt: Pola Negri als »süßes Mädl«, Hermann Thimig als anständiger Adolphe und Hilde Wörner als Annas Freundin Louise.

Zum ersten Mal als Drehbuchautor konnte Müller sich ausprobieren für den Streifen *Die Tochter der Frau Larsac*, der 1925 in die Kinos kam. Produziert wurde er von der Wiener Helois Film, die jedoch danach für Müller keine weiteren Aufträge bereithielt.

Stattdessen will er von der amerikanischen Produktionsgesellschaft First National engagiert worden sein. So liest man zumindest in dem Text *Erstes Engagement nach Hollywood*, der in seinen Reiseschilderungen *Geliebte Erde* 1938 publiziert wurde. Eine genaue zeitliche Datierung der USA-Verpflichtung überging er, doch war es vor Einführung des Tonfilms. Irgendwelche Kenntnisse, die ihn für die amerikanische Produktionsgesellschaft hätten interessant machen können, fehlten ihm, wie er bekannte: »Ich selbst verstehe von der bewegten Leinwand vorläufig nicht viel mehr als ein Zulu, der unversehens in eine Rüstungsfabrik gerät.«[32] So erging er sich dann auch in weitläufigen Schilderungen von dem Klima und der Natur Kaliforniens. Konkrete Filmarbeiten nennt er nicht. Immerhin beschreibt er eine kurze Begegnung mit der noch unbekannten Greta Garbo, die

---

32 Müller, Hans: *Erstes Engagement nach Hollywood*. In: Ders.: *Geliebte Erde. Miniaturen von unterwegs*. Bern 1938, S. 243–256, hier: S. 243.

sich im »Warteland«[33] wähnte, weil man ihr noch keine größeren filmischen Aufgaben übertragen hatte. Dies deutet auf einen Zeitpunkt irgendwann Mitte der 1920er-Jahre, denn mit den Filmen *The Temptress* (*Dämon Weib*) von 1926 und *Flesh and the Devil* (*Es war*) von 1927 feierte sie ihren internationalen Durchbruch.

In den biografischen Nachschlagewerken findet sich gleichwohl die überraschende Angabe, Müller sei »Chefdramaturg« bei Metro-Goldwyn-Mayer[34] gewesen, so die *Neue Deutsche Biografie*. Das *Österreichische Biographische Lexikon* kann sogar eine genaue Zeit und Rangabfolge angeben: »Nach seiner Tätigkeit als Chefdramaturg der UFA und von Metro-Goldwyn-Mayer erhielt er als einer der ersten europ. Drehbuchautoren 1928 eine Berufung nach Hollywood.«[35] Und Fritz Hennenberg schrieb in seiner Benatzky-Biografie, dass Müller sich »– noch in den zwanziger Jahren – sogar in Hollywood«[36] durchsetzen konnte. An diesen Angaben ist gleich Mehrfaches offensichtlich falsch oder zumindest irreführend. Denn nicht nur hat Müller erst nach 1928 für die Ufa begonnen zu arbeiten, sondern wo anders als in Hollywood soll die Filmgesellschaft MGM angesiedelt gewesen sein?! Und überhaupt ließ sich bislang kein einziges Dokument finden, das Müllers Tätigkeit für die amerikanische Filmindustrie auch nur halbwegs belegt (sei es sein erstes oder zweites Engagement, von einer Funktion als Chefdramaturg ganz zu schweigen).

Die vergebliche Suche nach US-Filmen, an denen er als Autor beteiligt war, bedeutet jedoch nicht zwangsläufig, dass Müller sich gar nicht in den USA aufgehalten habe; er dürfte u.a. Lubitsch gekannt haben, der seit den frühen 1920er-Jahren in Hollywood arbeitete. Doch dann waren seine Aufenthalte entweder sporadisch, oder er hat sich ein noch unbekanntes Pseudonym zugelegt, oder die Filme, an denen er mitarbeitete, sind alle nicht realisiert worden. Anhand der Dichte seiner deutschen Werkliste in den späten 1920er- und frühen 1930er-Jahren lässt sich zudem ablesen, dass Müller in dem infrage kommenden Zeitraum nicht lange außer Landes gewesen sein kann.

Seine große Zeit als Drehbuchautor begann erst mit der Einführung des Tonfilms Ende der 1920er-Jahre, als er für den deutschen Konzern Ufa schrieb. Allein 1931 kamen sechs Filme heraus, an denen er als Autor beteiligt war. Die Funktion ei-

---

33 Ebd., S. 250.

34 Steiner, Uwe C.: *Müller-Einigen, Hans*. In: *Neue Deutsche Biografie*. Band 18. Berlin 1997, S. 493.

35 Hanus, Valerie: *Müller, Hans*. In: *Österreichisches Biographisches Lexikon 1815–1950*. Band 6, S. 417.

36 Hennenberg, Fritz: *Es muß was Wunderbares sein … Ralph Benatzky: Zwischen »Weißem Rößl« und Hollywood*. Wien 1998, S. 158.

nes »Chefdramaturgen«, wie gelegentlich zu lesen[37], besaß er nach Aussagen des Regisseur Robert Siodmak, für den Müller 1931/32 mehrere Drehbücher verfasste, jedoch auch bei der Ufa nicht. Vielmehr war Robert Liebmann Chefdramaturg der Ufa, und Müller dessen Mitarbeiter.[38] Mit Liebmann zusammen schrieb Müller sieben Filme: *Liebeswalzer* mit Lilian Harvey und Willy Fritsch, *Liebling der Götter* mit Emil Jannings, Renate Müller und Hans Moser (auf der Basis seiner Komödie *Der Tokaier*), den Krimi *Voruntersuchung*, in dem u.a. Albert Bassermann, Hans Brausewetter und Jakob Tiedtke mitwirkten, den Historienfilm *Yorck* mit so illustren Darstellern wie Gustaf Gründgens, Werner Krauß und Grete Mosheim, einen weiteren Krimi, *Stürme der Leidenschaft*, mit Trude Hesterberg, Hans Deppe und Wilhelm Bendow (unter dem Titel *Tumultes* auch für den französischen Markt gedreht), und schließlich den Johann-Strauß-Film *Walzerkrieg* mit Renate Müller, Paul Hörbiger und Theo Lingen, der unter dem Titel *La guerre des valses* auch in Frankreich zu sehen war.

Sieht man von den beiden Krimis einmal ab, überwogen die Komödienstoffe, die zudem vielfach als Musikfilme aufgezogen waren. Dazu gehörten u.a. neben dem erwähnten Johann-Strauß-Film der Streifen *Liebeswalzer* mit Musik von Werner Richard Heymann, *Liebling der Götter* mit Musik von Willy Schmidt-Gentner und Karl M. May, *Bomben auf Monte Carlo*, erneut mit Musik von Heymann (gesungen u.a. von Hans Albers, Heinz Rühmann und den Comedian Harmonists, darunter so bekannte Schlager wie der Marsch *Das ist die Liebe der Matrosen*), *Stürme der Leidenschaft*, für den Friedrich Hollaender die Musik verfasste (mit dem Marlene-Dietrich-Klassiker *Ich weiß nicht, zu wem ich gehöre*), und der zweite Hans-Albers-Film *Quick*, zu dem Hans-Otto Borgmann, Gérard Jacobson und Heymann die Kompositionen beisteuerten.

Der größte Kassenerfolg unter den genannten Titeln dürfte *Bomben auf Monte Carlo* gewesen sein[39], zur Uraufführung gekommen am 31. August 1931 im Ufa-Palast am Zoo in Berlin. Das Drehbuch schrieb Müller zusammen mit Franz Schulz auf der Grundlage des gleichnamigen Romans von Friedrich Reck-

---

37 So etwa in: Steiner, Uwe C.: *Müller-Einigen, Hans*. In: *Neue Deutsche Biografie*. Band 18. Berlin 1997, S. 493. Ebenso auf Wikipedia: http://de.wikipedia.org/wiki/Hans_M%C3%BCller-Einigen (letzter Abruf am 20.2.2015). Arthur Maibach benutzt den irrigen Begriff des »Chefdramatikers«. Maibach, Arthur: *Vergessen und verdrängt*. In: *Glitter And Be Gay. Die authentische Operette und ihre schwulen Vertreter*. Hg. von Kevin Clarke. Hamburg 2007, S. 140–145, hier: S. 141.

38 Siodmak, Robert: *Zwischen Berlin und Hollywood. Erinnerungen eines großen Filmregisseurs*. Herausgegeben von Hans C. Blumenberg. München 1980, S. 39.

39 Auf den amerikanischen Markt kam er unter dem Titel *Monte Carlo Madness*, und in die französischen Kinos als *Le Capitane Craddock*.

Malleczewen[40], die Liedtexte stammten von Robert Gilbert, und die Regie lag in den Händen von Hans Schwarz. Die Geschichte handelt von Käpt'n Craddock, Kommandant eines Panzerkreuzers, der unter der Flagge des bankrotten Balkan-Fantasie-Staats Pontenero fährt. Schon seit längerem hat die Mannschaft keinen Sold mehr erhalten. Als Craddock daher endlich den säumigen Betrag in Händen hält, beschließt er nach Monte Carlo, dem Glücksspielparadies, zu schippern, um die Summe am Roulettetisch zu vergrößern. Als er jedoch alles verliert, stellt er die Kasinodirektion vor die Alternative, das Geld wieder herauszurücken oder ein Bombardement durch seinen Kreuzer zu riskieren.

Das Ganze sei – wie die Kritik schrieb – eine »Mischung aller leichten Filmelemente«, die »mit Virtuosität gemixt« seien: »Vom Lustspiel stammt das Amüsement der Konversation; vom Optischen her kommt die Erweiterung des Schauplatzes. Musik wird zum Agens und, wo die traditionelle Unlogik des Operetten-Librettos einsetzt, zur Ueberbrückung.«[41] Der Publikumsgeschmack sei »ins Schwarze getroffen«[42]. Einzig Siegfried Kracauer nahm das Verhalten des Protagonisten übel:

> Dem unvoreingenommenen Blick, den das Schimmerlicht Monte Carlos nicht blendet, enthüllt er [der Vorgang] sich als eine Veruntreuung, die durch eine brutale Erpressung noch erheblich verschlimmert wird. Vertrauensbruch, Defraudation und widerrechtliche Anwendung von Gewalt: ein reizender Tatbestand. […] Indem man den Helden als einen ›Kerl‹ hinstellt, glaubt man, seine Handlungsweise nicht nur entschuldigt, sondern gar in höhere Sphären erhoben zu haben. (...) Wider das Kerltum wäre nun kaum etwas einzuwenden, wenn es nicht an eine Stelle aufrückte, die ihm nicht zukommt. Statt daß der Prachtkerl sich bei allem Leichtsinn und Übermut den Moralbegriffen unterordnet, die eine gesittete Gesellschaft zusammenhalten, erlaubt er sich, was ihm gefällt, und ernennt sich selber zur letzten Instanz; statt daß er sich durch die Gesetze begrenzen läßt, macht er seine Art zum Gesetz.[43]

Also auch eine Art »Übermensch«.

Von den populären Unterhaltungsfilmen, zu denen Müller von der Ufa herangezogen wurde, unterschied sich inhaltlich nur der Streifen *Yorck*, der knapp vier

---

40 Friedrich Reck-Malleczewen gehörte literarisch zur sogenannten Konservativen Revolution. Nach 1933 stellte er sich aus christlichen Überzeugungen gegen die Nationalsozialisten. Er starb im Februar 1945 im KZ Dachau. Vgl.: http://de.wikipedia.org/wiki/Friedrich_Reck-Malleczewen (letzter Abruf am 21.2.2015).

41 Feld, Hans: *Bomben auf Monte Carlo*. In: *Film-Kurier*, Nr. 204, 1.9.1931.

42 ...n (d.i. Kurt London): *Bomben auf Monte Carlo*. In: *Lichtbild-Bühne*, Nr. 209, 1.9.1931.

43 Kracauer, Siegfried: *Ein feiner Kerl. Analyse eines Ufa-Films*. In: *Frankfurter Zeitung*, 10.9.1931. Zit. nach: Ders.: *Werke*. Band 6.2: *Kleine Schriften zum Film. 1928–1931*. Hg. von Inka Mülder-Bach, Frankfurt a.M. 2004, S. 535–538, hier: S. 536.

Monate nach *Bomben auf Monte Carlo* in die Kinos kam. In diesem Historienfilm geht es um den Generalleutnant Johann David von Yorck, der sich zu Beginn der Befreiungskriege gegen die Napoleonische Besatzung 1813 gegen den Befehl des preußischen Königs auflehnte, weiterhin an der Seite Napoleons gegen das zaristische Russland zu kämpfen. Zahllose Generäle aus jenen Jahren wurden nach der Franzosenzeit als nationale Helden verehrt, so auch Yorck, dessen Ruhm der Film eifrig Tribut zollte:

> Das Thema – die Schicksalsstunde Preußens, in der die erste Morgenröte eines deutschen Reiches aufdämmert. Glanz und Zusammenbruch der grande armée des großen Korsen, französisches Empire, der russische Winterfeldzug und Preußens Erhebung gibt den grandiosen Rahmen, aus dem die monumentale Gestalt des ›eisernen Generals‹ tritt.
>
> Der Produktionschef der Ufa, Ernst Hugo Correll, übernahm die Produktionsleitung dieses Films in klarer Erkenntnis der an diese Aufgabe gebundenen Verpflichtungen vor Geschichte, Kunst und Moralverpflichtungen, die, wie einst die historische Gestalt unbeirrbare Arbeit und Geistesdisziplin, gewissenhafteste Hingabe verlangen. Correll setzte es sich zum Ziel, das Verantwortungsgefühl und den sittlichen Ernst, die seine Arbeit beseelten, in allen Arbeitern am Werk zu wecken und auch wachzuhalten.[44]

Ob dies, das Wachhalten, bei Müller notwendig war, er inhaltlich mit den Aussagen dieses Streifens übereinstimmte, ist kaum zu ermessen. Zumindest ragt *Yorck* im Filmschaffen Müllers als einziger ausdrücklicher Politfilm heraus. Wie wichtig er der Ufa war, lässt sich beispielhaft daran ermessen, dass es der einzige Film war, den Correll persönlich produzierte. Für Werner Krauß, der die Titelpartie spielte, »ein wilder Nazi«[45] (Albert Bassermann), war es sein Tonfilmdebüt. Regie führte Gustav Ucicky, einer der später führenden Regisseure der NS-Zeit.

Die Parallelen in der Gestaltung der Protagonisten von *Bomben auf Monte Carlo* und *Yorck* sind augenfällig: War Käpt'n Craddock gleichsam die ins Triviale verschobene »Genie«-Gestalt, so besitzt die vaterländische Heldenfigur General Yorcks einen fatalen prä-faschistischen Charakter. Wie Craddock ist auch er eine gleichsam geborene Führerpersönlichkeit, die sich über alle bestehenden Gesetze und Moralkodizes erhebt. So sah es auch Oskar Kalbus, der in seiner Publikation *Vom Werden deutscher Filmkunst* 1935 schrieb:

> Im Yorck-Film erscheint dieser Magier der mimischen Verwandlung [Werner Krauß] als ein neuer Preuße, als ein neuer Wissender um die großen Notwendigkeiten der Wandlung des Gesetzes. Auch Yorck muß von dem herkömmlichen Ge-

---

44 Mayring, Philipp Lothar: *Produktionsleiter Correll. Begegnung mit »Yorck« in Salzburg*. In: *Film-Kurier*, Nr. 300, 23.12.1931.
45 Zitiert nach Siodmak, Robert: *Zwischen Berlin und Hollywood. Erinnerungen eines großen Filmregisseurs*. Hg. von Hans C. Blumenberg. München 1980, S. 49.

setz abweichen, muß es brechen, um ein höheres zu erfüllen: das Gesetz, nach dem er angetreten.[46]

In diesem Sinne stellte Kalbus zu Recht fest: »Es ist ein echter Gesinnungsfilm geworden in des Wortes höchster Bedeutung.«[47]

Hans Müller gestaltete im Übrigen nicht nur literarische Figuren im Sinne des »Übermenschen«, sondern nahm sie auch in der realen Wirklichkeit wahr. So den italienischen Diktator Benito Mussolini, dem er auf einer Italienreise begegnete:

> Schon da er angefahren kommt, wirft sich ihm der Orgiasmus der Menge entgegen. ›Duce! Duce!‹ Der Ruf, von tausenden Menschen ausgestossen, hat die Vehemenz mittelalterlicher Beschwörungen. (…) Sie lachen ihm zu. Sie essen sein Wort. Wie auf einer Klaviatur spielt er auf ihren Seelen. Man mag zum politischen System dieses Mannes stehen, wie man will – er ist ein Mann! Er ist es aus sich selbst heraus geworden, um aus Unfertigen, Ziellosen, Primitiven ein Volk zu machen. Ein Gehirn. Ein geballter, glühender Wille. Er ist, was allein sich von einem Individuum auf die Massen übertragen lässt: der Wille zur Macht.[48]

Der letzte Streifen, für den Müller als Drehbuchautor Verantwortung trug, war der Johann-Strauß-Film *Walzerkrieg*, der im Herbst 1933 zur Uraufführung kam. Die Verfilmung seines musikalischen Schwanks *Frischer Wind aus Kanada* mit Musik von Herbert Walter[49], der 1935 Premiere feierte, unterschlug die Angabe der literarischen Vorlage. Und für die Verfilmung von *Im Weißen Rößl* 1935 als Co-Produktion der Hade-Film Wien und der Ondra-Lamac-Film Berlin[50] zeich-

---

46 Kalbus, Oskar: *Vom Werden deutscher Filmkunst. 2. Teil: Der Tonfilm*. Cigaretten-Bilderdienst Altona-Bahrenfeld 1935, S. 75. Ein »Abenteuerfilm«, wie sich Arthur Maibach ausdrückt, ist das Werk mitnichten. Maibach, Arthur: *Hommage an Hans Müller-Einigen. Ein Schriftsteller zwischen Wien, Hollywood und Einigen*. Neckenmarkt 2008, S. 157.

47 Kalbus, Oskar: *Vom Werden deutscher Filmkunst. 2. Teil: Der Tonfilm*. Cigaretten-Bilderdienst Altona-Bahrenfeld 1935, S. 77.

48 Müller, Hans: *Ein Frachtboot bummelt um Italien*. In: Ders.: *Geliebte Erde. Miniaturen von unterwegs*. Bern 1938, S. 219–242, hier: S. 239–240.

49 Zu Herbert Walter siehe: Jansen, Wolfgang: *Neuruppin wird Theaterstadt. Vom Nachkriegsprovisorium zur Modellbühne (1945–1950)*. In: *Jahrbuch für Brandenburgische Landesgeschichte*. Band 61. Hg. von der Landesgeschichtlichen Vereinigung für die Mark Brandenburg. Berlin 2010, S. 173–198, hier: S. 174–185.

50 Die Produktionsgesellschaft Ondra-Lamac-Film existierte von 1930 bis 1937, gegründet von der Filmschauspielerin Anny Ondra und dem Filmregisseur Karel Lamac. Ondra heiratete 1933 den Boxer Max Schmeling, ein Paar, das vom Schriftsteller Hans Leip in einem »romantischen Bericht« unter dem Titel *Max und Anny* verherrlicht wurde. (Leip, Hans: *Max und Anny. Romantischer Bericht vom Aufstieg zweier Sterne*. Hamburg 1935.)
Lamac war wahrscheinlich Jude. Er hielt sich nach 1933 vorwiegend in Österreich auf, zog sich 1938 in seine Geburtsstadt Prag zurück und emigrierte nach Kriegsbeginn über die Niederlande und Frankreich nach Großbritannien. Siehe: Weniger, Kay: *»Es wird im Leben*

neten Ralph Benatzky und Max Wallner allein für das Drehbuch verantwortlich. Müller, inzwischen in der Schweiz wohnend, ein Nachbar von Benatzky[51], blieb unerwähnt.

Der Librettist

Zeitgleich mit dem Einstieg Müllers in die Filmwirtschaft vollzog sich seine Hinwendung zum populären Musiktheater. Gleich sein erstes Operettenlibretto erwies sich als Großerfolg: *Im Weißen Rößl*.

Die Anregung dazu entsprang dem Zufall: Im Rahmen der Dreharbeiten zu *Liebling der Götter*, die in St. Wolfgang stattfanden, hatten sich Müller und Jannings auf die Terrasse des Hotels Zum Weißen Rößl zurückgezogen. Jannings, der zum Unverständnis des Kellners eine »Schorle« bestellte, erinnerte Müller an eine ähnliche Dialogpassage im alten Lustspiel von Blumenthal und Kadelburg. Als Jannings, darauf aufmerksam gemacht, lachend begann, von der Rolle des Giesecke zu schwärmen, schlug Müller ihm eine neue Fassung vor, die den Giesecke ganz ins Zentrum stellte. Jannings war begeistert von der Idee, und auch der Berliner Revueproduzent Erik Charell, der mit ihnen zusammensaß, stellte in Aussicht, das Stück mit Jannings in der Hauptrolle zu inszenieren. Doch schon bald erkannte Müller in dem Lustspiel die Grundlage für eine Revue-Operette und schlug sie Charell für dessen Großes Schauspielhaus vor. Nachdem einige dramaturgische Bedenken ausgeräumt waren, »sprang Charell auf und schrie förmlich: ›Ja, das ist die Sache, die ich suche, jetzt wird es ganz groß gemacht.‹«[52] – Der Rest ist Theatergeschichte.

Mit sicherem Gespür für theatralische Wirkungen schob Müller nicht nur das ursprüngliche Nebenpaar Leopold und Josepha in den Vordergrund, sondern erkannte in der Einsicht der Rößl-Wirtin, den angehimmelten Rechtsanwalt nicht für sich gewinnen zu können – eine Angelegenheit von wenigen Zeilen im Original – den zentralen dramaturgischen Knoten. Das Verzichtsmotiv, vom Kaiser Franz Joseph in die passenden Worte gekleidet (»S'ist einmal im Leben so …«), knüpfte einerseits geschickt an die äußerst populären melodramatischen Arbeiten von Franz Lehár in den Jahren zuvor an, andererseits aber und weit wichtiger traf es genau die Stimmung in der Bevölkerung während der immer dramatischer werdenden Weltwirtschaftskrise. In diesem Zusammenhang gewann die Aussage

---

dir mehr genommen als gegeben …«. Lexikon der aus Deutschland und Österreich emigrierten Filmschaffenden, 1933–1945. Hamburg 2011, S. 291–293.

51 Ralph Benatzky besaß seit dem Frühjahr 1932 eine Villa in Thun, nur wenige Kilometer von Einigen entfernt.

52 Müller, Hans: »Im weißen Rößl«. Wie ich zu der Bearbeitung des alten Lustspiels von Blumenthal-Kadelburg kam. In: *Neues Wiener Journal*, Nr. 13593, 25.9.1931, S. 7.

zudem den Charakter einer allgemeinen (wenn auch schlichten) zeitlosen Lebensweisheit. Man kann es nicht anders sagen: dramatisches Handwerk vom Feinsten.

Zuvor hatte Müller erst zwei Libretti geschrieben, 1916 und 1927, beide Male Opern für Erich Wolfgang Korngold: *Violanta*, das erste Werk, ein Renaissance-Einakter, den Müller auf Anregung von Korngolds Vater schrieb[53], und *Das Wunder der Heliane*, ein abendfüllendes Werk, das, so die offizielle Untertitelung, auf einer Vorlage des früh verstorbenen Dramatikers Hans Kaltneker zurückgeht. Doch Kaltnekers erwähntes »Mysterium« war Fragment geblieben, das zudem nie im Druck erschien. So war es nicht die einzige Vorlage, die der Autor heranzog. Unerwähnt blieb – und vermutlich aus diesem Grund auch von der Korngoldforschung bislang nicht beachtet – Müllers Verwertung seines eigenen Schauspiels *Das Wunder des Beatus*, dessen Ähnlichkeiten nicht nur im Titel eklatant sind. Freilich sind die Geschlechter vertauscht. War es im Schauspiel der Mann, der mit einem »Stehe auf und wandle« Lahme heilte, so schafft es in der Oper die Titelheldin gar, den geliebten Mann noch nach Tagen von den Toten zu erwecken. Überhaupt geht es in diesem Werk wundersam zu: Engel melden sich aus dem himmlischen Jenseits, die Natur greift bedeutungsvoll in das Geschehen ein, und aus der Spitze des Schwertes, mit dem der Herrscher gerade seine Frau erschlagen hat, tritt ein Lichtstrahl hervor, wenn »der Fremde«, der Reine, es in die Hand nimmt. Von der Zeitoper der 1920er-Jahre[54] ist das Werk weit entfernt. Und ohne Korngolds spätromantische Musik wäre die Handlung eine pure Zumutung.[55]

Angesichts des enormen Erfolges von *Im Weißen Rößl* lag es nahe, dass es zu weiteren gemeinsamen Arbeiten unter den beteiligten Autoren kam. Für Benatzky schrieb Müller 1931 zusammen mit den Liedtextern Robert Gilbert, Karl Farkas und Armin Robinson die ungewöhnliche Tragikomödie *Morgen geht's uns gut!* Der Stoff ist noch stärker auf die Weltwirtschaftskrise bezogen als das *Rößl*, das Liebesgeschehen ist an den Rand verbannt, im Zentrum des nur scheinbar harmlos-lustigen Tohuwabohus stehen die Angst vor dem Arbeitsplatzverlust bzw. die Schwierigkeiten bei der Neueinstellung. Mehrfach adressieren die Akteure ihre Äußerungen unmittelbar an das Publikum. Im Epilog weisen sie gar auf die eige-

---

53 Vgl. Ortiz, Janine: *Violanta. Korngolds Aufbruch in die Moderne*. In: *Erich Wolfgang Korngold. Wunderkind der Moderne oder letzter Romantiker?* Hg. von Arne Stollberg. München o.J. (2008), S. 153–171.

54 Vgl. Geuen, Heinz: *Zeitoper und Opernkrise: Musiktheater im Zeichen der Neuen Sachlichkeit*. In: Ders.: *Von der Zeitoper zur Broadway Opera. Kurt Weill und die Idee des musikalischen Theaters*. Schlingen 1997, S. 123–224.

55 Zu *Das Wunder der Heliane* vgl.: Fischer, Jens Malte: *Das befremdende Hauptwerk. Erich Wolfgang Korngolds ›Das Wunder der Heliane‹*. In: *Erich Wolfgang Korngold. Wunderkind der Moderne oder letzter Romantiker?* Hg. von Arne Stollberg. München o.J. (2008), S. 199–211.

ne wirtschaftlich unsichere Situation hin, die sich angesichts der immer zahlreicher werdenden Theaterschließungen in nichts von der der Besucher unterschied:

> Wenn Ihr geht, dann ist uns so zum Weinen,
> Wenn Ihr kommt, dann sind wir wieder froh, ja froh!
> Weil wirs stets so gut mitsammen meinen –
> Und darum ist uns so, ja, darum ist uns so!
> Jeder Mensch hat etwas auf der Welt,
> Ob Haus, ob Hof, ob Geld –
> Doch wir? Was habn wir gleich?
> Nur Euch!
> Wenn Ihr geht, dann ist uns so zum Weinen,
> Wenn Ihr kommt, sind wir froh –[56]

Auch das nächste gemeinsame Werk von Müller und Benatzky, *Der reichste Mann der Welt*, uraufgeführt 1936 im Deutschen Volkstheater in Wien, spielt auf die Weltwirtschafskrise an. Die Handlung ist im Wiener Bankenmilieu angesiedelt und endet mit dem »Schwarzen Freitag« von 1873. Doch die Inszenierung fiel durch und wurde nach nur drei Wochen abgesetzt.

Nicht viel besser fiel die Zusammenarbeit mit Werner Richard Heymann aus, den Müller von der Ufa kannte. Ihre Operette mit dem sperrigen Titel *Dame Nr 1 rechts*, die 1933 in Wien auf die Bühne kam, hatte ebenfalls nicht den erhofften Erfolg, wie man es bei so profilierten Künstlern eigentlich erwarten konnte.

1935 arbeitete Müller noch einmal mit Charell zusammen. Dieser hatte nach dem *Rößl*-Erfolg die künstlerische Leitung des Großen Schauspielhauses aufgegeben und strebte eine internationale Karriere als Regisseur und Produzent an. 1935 war er in London, wo er nach einer erfolgreichen *Rößl*-Produktion unter dem Titel *White Horse Inn*[57] die Revue-Operette *The Flying Trapeze* auf die Bühne brachte. Müller hatte ihm das Libretto geschrieben, das von den Briten Desmond Carter und Douglas Furber ins Englische adaptiert wurde; die Musik war »made up largely from bits of Benatzky music taken from shows unknown in Britain«[58]. In dem Stück geht es um die Liebschaft einer Hofdame mit einem Artisten in Frankreich zur Zeit Napoleons III. Erstmals konnte Charell neben Gesang und Tanz auch Akrobatik in seine Inszenierung einbauen (gleichsam der Vorläufer

---

56 Textbuch: *Morgen geht's uns gut!* 6 Bilder (nach einer alten Wiener Posse) von Hans Müller, Musik von Ralph Benatzky, Gesangstexte von Armin Robinson, Ralph Benatzky, Robert Gilbert und Karl Farkas. Verlagsmanuskript, Felix Bloch Erben Berlin, S. 83.

57 Zur Londoner Produktion von *Im Weißen Rößl* vgl. Norton, Richard: »*So this is Broadway*«. *Die abenteuerliche Reise des ›Rössl‹ durch die englischsprachige Welt*. In: *Im weißen Rössl. Zwischen Kunst und Kommerz*. Hg. von Ulrich Tadday. München 2006, S. 151–169.

58 Gänzl, Kurt: *The British Musical Theatre. Volume II: 1915–1984*. New York 1986, S. 416.

von *Feuerwerk* 1951). Doch anders als *White Horse Inn*, das in London gut anderthalb Jahre lief[59], floppte die Produktion und wurde nach nur zwei Monaten wieder abgesetzt.

Langsam begann der künstlerische Wirkungskreis Müllers kleiner zu werden. Die antisemitische Kulturpolitik der Nationalsozialisten zerbrach den bislang einheitlichen deutschsprachigen Rezeptionsraum. Die beruflichen und persönlichen Netzwerke, die sich über Jahrzehnte geknüpft hatten und insbesondere im populären Musiktheater Grundlage zahlloser Erfolge waren, zerrissen. Der Exodus und die Ermordung so vieler Freunde und Kollegen waren nicht auszugleichen. Bis 1938 blieb zwar noch Österreich, doch nach dem Anschluss an das Deutsche Reich nur noch die Schweiz. Müllers Titel gehörten zur unerwünschten Literatur. In welchem Umfang es Übersetzungen seiner Werke für das Ausland gab, ist unbekannt. Einmal erwähnt er zumindest die erfolgreiche Aufführung von »ein paar meiner Schauspiele auf dem holländischen Theater«[60]. Die letzte Phase seines Lebens hatte begonnen.

Müller in der NS-Zeit

Die ersten beruflichen Einschränkungen erlebte er unmittelbar nach der Machtübernahme. Noch bevor es offizielle Reglementierungen gab, kündigte die Ufa, Deutschlands mächtigster Filmkonzern, »in vorauseilendem Gehorsam«[61] am 29. März 1933 eine ganze Reihe von Verträgen mit jüdischen Künstlern, die teilweise zu den erfolgreichsten Autoren, Komponisten und Regisseuren der vorangegangenen Jahre zählten. Unter ihnen waren Erik Charell, Werner Richard Heymann, Robert Liebmann, Ludwig Berger und Hans Müller. Zwar sah die Erstfassung des entsprechenden Vorstandsprotokolls bei Müller vor, ihn zunächst »als Autor vaterländischer Werke zu halten«[62], doch wurde die Einschränkung in der Endfassung wieder gestrichen. Selbst ein so fatales Werk wie *Yorck*, auf das hier offenkundig mit »vaterländisch« Bezug genommen wurde, schützte den Juden Müller nicht vor der Kündigung. Bergers Vertrag ließ die Ufa zwar bis zur Fertigstellung des Streifens *Walzerkrieg* bestehen, doch im Vorspann dieses überwältigenden Kritiker- und Kassenerfolges, der im Herbst 1933 in die Kinos kam, fehlten die Namen von Liebmann, Müller und Berger.

---

59 Nach Kurt Gänzl waren es 651 Aufführungen. Ebd., S. 342.

60 Müller, Hans: *Tulpen*. In: Ders.: *Geliebte Erde. Miniaturen von unterwegs*. Bern 1938, S. 80–87, hier: S. 83.

61 Kreimeier, Klaus: *Die Ufa-Story. Geschichte eines Filmkonzerns*. Wien 1992, S. 250.

62 »*Über die Weiterbeschäftigung von jüdischen Mitarbeitern und Angestellten*«, Niederschrift der Ufa-Vorstandssitzung vom 29. März 1933. Die Abschrift des Protokolls findet sich online auf filmportal.de: www.filmportal.de/material/der-ufa-vorstand-zum-ausschluss-der-juedischen-mitarbeiter (letzter Abruf am 26.2.2015).

Anders aber als viele seiner Kollegen musste Müller nicht fliehen. Er besaß bereits im Ausland eine sichere Bleibe.[63] Anders auch als Benatzky, dem nach Kriegsbeginn selbst sein Schweizer Domizil so fragwürdig erschien, dass er vorsorglich in die USA ging, blieb Müller in Einigen – und publizierte ferner unter dem erweiterten Nachnamen »Müller-Einigen«. Nur noch einmal, 1934, wählte er für den musikalischen Schwank *Frischer Wind aus Kanada* einen anderen Namen: »Müller-Nürnberg«.

Bis 1940 brachte er regelmäßig neue Werke auf die Bühne oder in den Buchhandel. Zudem fand er 1938 im Berner Verlag Francke einen neuen, engagierten Partner, der nicht nur seine neuen Titel verlegte, sondern auch ältere Texte wie *Der Spiegel der Agrippina* aus der Novellensammlung *Buch der Abenteuer* von 1905, *Die Sterne* von 1919 oder *Der Tokaier* von 1925 neu auflegte. Seine neuen Schauspiele indes erlebten ihre Uraufführung nunmehr durchweg in der Schweiz. Der große deutsche Markt war ihnen versperrt.

Bis zum Kriegsende verfasste Müller zudem eine Reihe von autobiografischen Schriften, so etwa 1938 *Geliebte Erde. Miniaturen von unterwegs*, in denen er Reiseeindrücke und -erlebnisse aus den zurückliegenden anderthalb Jahrzehnten schilderte, oder 1944 *Schnupf*, in der er über eine ihm zugelaufene Katze erzählte und Einblick in seinen Alltag gewährte, oder schließlich 1945 seine Erinnerungen *Jugend in Wien*, in denen er auf mehr als 600 Seiten seine ersten beiden Studienjahre Revue passieren lässt.

Geschrieben mitten im Endkampf gegen den Nationalsozialismus, an einem friedlichen Ort zwar, doch umtost von der Furie des Krieges, konnte es vermutlich nicht ausbleiben, dass Müller gelegentlich aktuelle Kommentare in seine Wiener Erinnerungen einfließen ließ. Dabei vermied er tunlichst jede Nennung von Politikernamen, doch seine Haltung zum politischen Geschehen wird immerhin deutlich. So vergleicht er etwa seine Generation mit den Generationen der 1920er- und 1930er-Jahre:

> Es tut besser, Freunde, ein Gedicht inwendig zu wissen als eine Formel auswendig! Es macht unser Leben nicht glücklicher, unser Leben immer schneller zu machen. Über eurer ›Technischen Hochschule‹ gibt es eine höhere. Merkt euch das, endlich! Wieviel an antihumanistischer Gefahr, an Antigeistinstinkten überwand, bannte, brach jene wienerisch-kindliche, wenn man will, äffische Anbetung von Mimen, Sängern, Musikanten, Virtuosen! Ein anfechtbarer Himmel, gewiß, doch kein Vorhof zur Hölle! Die Wiener Jugend des Jahrhundertwechsels, scheinbar oberflächlich, unernst, verstrickt und verschwärmt in den Tempeldienst zerbrechlicher,

---

63 Hierin dürfte der Grund liegen, warum sich die Exilforschung bislang nicht mit Müller beschäftigt hat. So taucht bei Werner Mittenzwei, der sich speziell mit dem *Exil in der Schweiz* beschäftigte, noch nicht einmal der Name auf. Mittenzwei, Werner: *Exil in der Schweiz. Kunst und Literatur im antifaschistischen Exil 1933–1945*. Band 2. Leipzig 1981.

tragantener Götter, immer noch hatte sie mehr vom Geist, von Phantasie und Reine, war sie näher mit den Musen und den Grazien verwandt als die Fußball- und
Boxberauschten von 1920, als die freche Kriegsrüsterballila von 1930, als das Ge-
zücht der siebzehnjährigen Mordbrenner, Heckenschützen, Bombenschleuderer
und Landsknechte des letzten Jahrzehnts, deren pubertätlich fanatische Gottlosig-
keit, deren gestriemte, morsche Todes- und Tötenswollust wir schaudernd am
Werk gesehen haben! Abschaum, als Helden verkleidet! Weg mit dem Nachtge-
spenst ...[64]

Nicht minder beißende Worte fand Müller darüber hinaus bei der Kommentie-
rung der Wortverbindungen, die seit seiner Jugend mit der Bezeichnung »sozial«
einhergingen. Zwar sind seine diesbezüglichen Äußerungen primär bezogen auf
den Antisemitismus des Wiener Bürgermeisters Karl Lueger, der politisch zu den
Christsozialen gehörte, doch zog Müller naheliegenderweise die Parallele zur Gegenwart mit der Kombination von »national« und »sozialistisch«:

> Deshalb sparte man in den österreichischen Wählerversammlungen um 1900 nicht
> mit dem magischen Wörtlein ›sozial‹. ›Fortschrittlich‹, ›liberal‹ – wie ausgelaugt,
> wie gestrig! ›Sozial‹ – welch verheißendes Plakat, auch wenn man nicht genau wuß-
> te, wie man es schreibt. [...]
> Bald zeigte es sich, daß, wer immer wollte, seinen Familiennamen das neumodische
> Prädikat ›sozialistisch‹ anhängen durfte, ohne dadurch der Societas Humana stren-
> ger verpflichtet zu werden. ›Wissens, es hat an ganz an guten Klang. Es heißt näm-
> lich alles und nix, sozialistisch, man kanns von vorn nach hinten und grad a so von
> hint nach vornen lesen.‹ Das scheint noch heute brauchbar. ›Sozialismus‹ als zweite
> Hälfte einer zusammengestoppelten Parteilüge – an welchen Nachtmahr der letz-
> ten, grausigen Gegenwart erinnert uns diese Allround-Namensschleppe? Dieser
> Drachenschleif und Nachherhinkebold, sozialistisch hintendrein, dieser giftige Au-
> genverkleber und ätzende Sandindieaugenstreuer?[65]

Auffällig ist jedoch, dass sich keine persönlichen oder allgemeinen Kommentare
zur antisemitischen Politik der NS-Schergen, zu den Verfolgungen und dem
schließlichen Holocaust in Müllers Texten finden lassen. Fast scheint es, als habe
er sein Ideal des »Reinen«, dem er seit Jugendzeiten anhing, auf die Literatur
übertragen wollen.

Hinsichtlich der staatlichen Ordnung kam er, der Monarchie, Republik und Dik-
tatur erlebte, zu einer Einsicht, wie man sie auch bei Kurt Weill in *Knickerbocker
Holiday* von 1938 findet. Die Demokratie ist aufgrund ihrer Abstimmungspro-
zesse und heterogenen Interessengruppen zwar unvollkommen, aber besser noch
als jeder Staat, in dem ein Diktator ein wie auch immer beschaffenes »Utopia«

---

64 Müller-Einigen, Hans: *Jugend in Wien. Erinnerungen an die schönste Stadt Europas*. Bern
    1945, S. 32–33.
65 Ebd., S. 108–109.

verwirklichen will. In den Worten Müllers: »Demokratie [ist] das, wie wir heute wissen, einzig erträgliche Staatsgebilde.«[66]

*

Am 9. März 1950 starb Hans Müller. Er wurde auf dem christlichen Friedhof in Einigen bestattet. 1937 war er zum römisch-katholischen Glauben konvertiert.[67]

Unter den Trauernden befand sich Nikolaus Schwarz, sein langjähriger Lebensgefährte. Ein Jahr später stürzte er sich in Salzburg aus einem Hotelfenster in den Tod.

---

66 Ebd., S. 49.
67 Siehe: Maibach, Arthur: *Hommage an Hans Müller-Einigen. Ein Schriftsteller zwischen Wien, Hollywood und Einigen.* Neckenmarkt 2008, S. 14.

Stefan Frey

»Die bescheidene Gaststätte ist zum Grand Hotel geworden«
Der Umbau des *Weißen Rößls* vom Lust- zum Singspiel

Ein altes Kassenstück

»Ein altes Kassenstück ist gut, eine gute Besetzung ist gut ... Nur ist das eine Rottersche Rechnung, und Hering und Schlagsahne schmeckt nicht«,[1] schrieb Peter Panter, alias Kurt Tucholsky, 1920 über den »glanzvollen Prachtbenefizgalaabend«, den die wegen ihrer skrupellosen und großsprecherischen Geschäftspolitik berüchtigten Brüder Rotter im Metropoltheater der Wiederaufnahme des *Weißen Rößls* gewidmet hatten. Als Rößlwirtin glänzte die Max-Reinhardt-Schauspielerin Lucie Höflich und als Giesecke hüpfte der Operettenkomiker Guido Thielscher auf einem Bein. Das Publikum johlte. Ihm mundete »Hering und Schlagsahne« durchaus. Tucholsky hatte sich getäuscht.

Schon bei der Uraufführung am 30. Dezember 1897 war es seinem Kollegen vom Berliner Lokal-Anzeiger nicht anders gegangen: »Auf eine Handlung und deren regelrechte Entwicklung, auf ein Lustspiel ... der selbst bescheidensten Art haben die Verfasser diesmal ganz verzichtet.«[2] Und dennoch gab es »heftige Lachsalven während des ganzen Abends«, offenbare Anzeichen eines »äußeren Erfolgs«[3], der innerhalb kurzer Zeit zu über 200 Ensuite-Vorstellungen in Berlin und hunderten Aufführungen im gesamten deutschsprachigen Raum führte. Und noch in englischer Kriegsgefangenschaft feierte man 1916 mit Blumenthals und Kadelburgs Lustspiel einen Serienerfolg (vgl. Abbildung 17).

»*Im Weißen Rößl* ist immer ein Gewinnlos gewesen,«[4] schrieb Fritz Engel 1920 im Berliner Tageblatt über Rotters Inszenierung. Das hatte er vor dem Ersten Weltkrieg, damals einer der Initiatoren des Kleistpreises, noch völlig anders gesehen. Seinem Kollegen Franz Servaes ging es ähnlich. Er bekannte, er habe in seiner

---

1   Panter, Peter (Kurt Tucholsky): *Im weißen Rößl*. In: *Die Weltbühne*, XVI. Jahrgang, 20.5.1920, Nummer 21, S. 605.

2   J.K.: *Im Lessing-Theater*. In: *Berliner Lokal-Anzeiger*, 31.12.1897.

3   Engel, Fritz: *Im weißen Rößl*. In: *Berliner Tageblatt*, 3.5.1920.

4   Ebd.

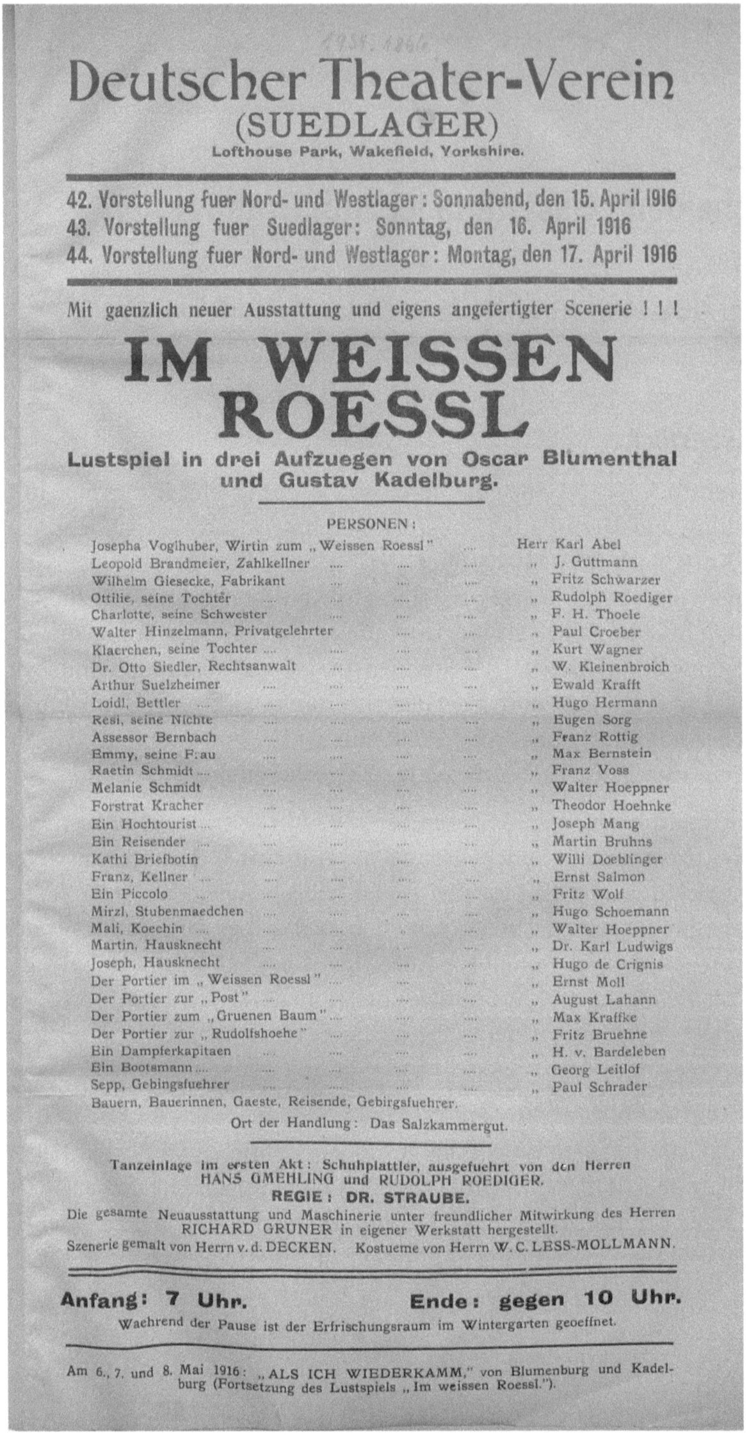

Deutscher Theater-Verein
(SUEDLAGER)
Lofthouse Park, Wakefield, Yorkshire.

42. Vorstellung fuer Nord- und Westlager: Sonnabend, den 15. April 1916
43. Vorstellung fuer Suedlager: Sonntag, den 16. April 1916
44. Vorstellung fuer Nord- und Westlager: Montag, den 17. April 1916

Mit gaenzlich neuer Ausstattung und eigens angefertigter Scenerie ! ! !

IM WEISSEN ROESSL

Lustspiel in drei Aufzuegen von Oscar Blumenthal und Gustav Kadelburg.

PERSONEN:

Josepha Voglhuber, Wirtin zum „Weissen Roessl"	Herr Karl Abel
Leopold Brandmeier, Zahlkellner	„ J. Guttmann
Wilhelm Giesecke, Fabrikant	„ Fritz Schwarzer
Ottilie, seine Tochter	„ Rudolph Roediger
Charlotte, seine Schwester	„ F. H. Thoele
Walter Hinzelmann, Privatgelehrter	„ Paul Croeber
Klaerchen, seine Tochter	„ Kurt Wagner
Dr. Otto Siedler, Rechtsanwalt	„ W. Kleinenbroich
Arthur Suelzheimer	„ Ewald Krafft
Loidl, Bettler	„ Hugo Hermann
Resi, seine Nichte	„ Eugen Sorg
Assessor Bernbach	„ Franz Rottig
Emmy, seine Frau	„ Max Bernstein
Raetin Schmidt	„ Franz Voss
Melanie Schmidt	„ Walter Hoeppner
Forstrat Kracher	„ Theodor Hoehnke
Ein Hochtourist	„ Joseph Mang
Ein Reisender	„ Martin Bruhns
Kathi Briefbotin	„ Willi Doeblinger
Franz, Kellner	„ Ernst Salmon
Ein Piccolo	„ Fritz Wolf
Mirzl, Stubenmaedchen	„ Hugo Schoemann
Mali, Koechin	„ Walter Hoeppner
Martin, Hausknecht	„ Dr. Karl Ludwigs
Joseph, Hausknecht	„ Hugo de Crignis
Der Portier im „Weissen Roessl"	„ Ernst Moll
Der Portier zur „Post"	„ August Lahann
Der Portier zum „Gruenen Baum"	„ Max Kraffke
Der Portier zur „Rudolfshoehe"	„ Fritz Bruehne
Ein Dampferkapitaen	„ H. v. Bardeleben
Ein Bootsmann	„ Georg Leitlof
Sepp, Gebirgsfuehrer	„ Paul Schrader

Bauern, Bauerinnen, Gaeste, Reisende, Gebirgsfuehrer.

Ort der Handlung: Das Salzkammergut.

Tanzeinlage im ersten Akt: Schuhplattler, ausgefuehrt von den Herren
HANS GMEHLING und RUDOLPH ROEDIGER.

REGIE: DR. STRAUBE.

Die gesamte Neuausstattung und Maschinerie unter freundlicher Mitwirkung des Herren
RICHARD GRUNER in eigener Werkstatt hergestellt.
Szenerie gemalt von Herrn v. d. DECKEN. Kostueme von Herrn W. C. LESS-MOLLMANN.

Anfang: 7 Uhr.   Ende: gegen 10 Uhr.
Waehrend der Pause ist der Erfrischungsraum im Wintergarten geoeffnet.

Am 6., 7. und 8. Mai 1916: „ALS ICH WIEDERKAMM," von Blumenburg und Kadelburg (Fortsetzung des Lustspiels „Im weissen Roessl.").

Abbildung 17: Zur 42. Vorstellung im Kriegsgefangenenlager Wakefield »mit gänzlich neuer Ausstattung«: Das *Weiße Rößl* im Ersten Weltkrieg.

Uraufführungskritik des *Weißen Rößls* die Autoren Oskar Blumenthal und Gustav Kadelburg »in sieben Höllen hineingewettert, mit einem jugendlichen Elan, dass man meinen sollte, sie würden nie wieder aufleben.«[5] Und selbst Tucholsky hatte in besagter Besprechung bemerkt: »Söhne haben es leicht, dazusitzen und zu sagen: Herrgott nochmal, waren unsre Väter aber naiv! Darüber haben volle Theaterhäuser gelacht? Wir gähnen. Aber man darf nicht vergessen, dass die Väter von uns begabten Kindern meist brave Bürger gewesen sind und die Intellektuellen von dunnemals über dieses weiße Rößl gar nicht gelacht haben.«[6]

Umso bemerkenswerter, dass sie es (mit Ausnahme Tucholskys) 1920 dann doch taten. Fritz Engel etwa bekannte : »Und wenn nicht alles mehr darin ›stimmt‹ … so blickt durch die Hülle von Staub die gute alte Zeit, die wir jetzt nachträglich zärtlich lieben … Fast klang es wie Stöhnen und Heimweh aus dem Beifall heraus … und det Jeschäft war richtiger denn je.«[7]

Das wusste auch Richard Oswald, als er das Stück 1926 stumm verfilmte. Und sogar Max Reinhardt spielte es 1928 zu Sylvester: wieder mit Lucie Höflich, aber auch mit Gustav Gründgens und Marianne Hoppe. Das *Weiße Rößl* war 1930 also keineswegs »längst abgespielt, Vorstadtrepertoire«,[8] wie Operettenkomponist Ralph Benatzky im Nachhinein behauptete, sondern gerade in der Weimarer Republik ein nostalgischer, überaus populärer Blick zurück auf die verlorene »gute alte Zeit«. Und in der hat es Hans Müller wohlweislich belassen, als er von Erik Charell beauftragt wurde, aus dem alten Lust- ein modernes Singspiel zu machen.

Im Spannungsfeld von Nostalgie und Modernität bewegen sich dann auch Müllers dramaturgische Umbaumaßnahmen. Schon die bewusst altmodische Gattungsbezeichnung Singspiel spielt ironisch damit. Und so wird das einst aktuelle Stück dezidiert nicht aktualisiert, sondern im Gegenteil ausdrücklich zurückdatiert. Gerade durch den Verlust seiner Tagesaktualität – die ja längst eine vergangene war –, gewinnt es aber als Spielvorlage an theatraler Attraktivität, indem es einen Fantasieraum öffnet, in dem Hemd- und Lederhosen, Glatzen und Bubiköpfe, Dirndln und Uniformen längst aus ihrem historischen Kontext gefallen sind.

---

5   Servaes, Franz: *Im weißen Rößl*. In: *Berliner Lokal-Anzeiger,* 3.5.1920. – Servaes hatte 1897 bei Fischer den Essay *Goethe am Ausgang des Jahrhunderts* veröffentlicht und war Nachfolger erst Paul Schlenthers bei der *Vossischen Zeitung* und dann Theodor Herzls bei der *Neuen Freien Presse*.

6   Panter, Peter: *Im weißen Rößl*, S. 605.

7   Engel: *Im weißen Rößl*.

8   Benatzky, Ralph: Programmheft *Herzen im Schnee*. Stadttheater Zürich. 1936, zit. nach Hennenberg, Fritz: »*Es muß was Wunderbares sein …*«. *Ralph Benatzky zwischen »Weißem Rössel« und Hollywood*. Wien 1997, S. 157.

Hemdhose statt Glühstrumpf

1897 spielte *Im Weißen Rößl* eindeutig in der Gegenwart. Und die war selbst im Salzkammergut nicht nur idyllisch. Der Tourismus war schon damals ein hartes Geschäft. Das wird schon in der Eröffnungsszene deutlich, wenn der pittoresk in Fetzen gewandete Loidl für die Fremden und deren Groschen die Zither spielt. Nur die Einheimischen wissen, dass er sich damit längst ein kleines Vermögen zusammengebettelt hat. *Die Dreigroschenoper* lässt grüßen und die Resi singt dazu: »A Busserl is a schnackig Ding, das Beste, was man hoat – Man ißt's halt net, man trinkt's halt net, Und allweil schmeckt's so guat!«[9]

Mit der zweiten musikalischen Einlage des Lustspiels, dem »Schnadahupferl« [!], verhält es sich ähnlich: Sie wird einem Touristen vorgesungen, in diesem Fall dem wenig begeisterten Giesecke: »Wenn ich ein Konzert hören will, dann gehe ich in die Philharmonie, aber nicht ins Salzkammergut«[10], wo man schließlich erst im Singspiel »gut lustig sein« kann.

Diese »Schnadahupferl«-Szene wurde übrigens erst einige Tage nach der Uraufführung hinzugefügt, wie die Zensurakten zeigen[11]. Strukturell sind solch musikalische Einlagen freilich schon im Lustspiel angelegt und viele Szenen wären auch schon hier mühelos in Musiknummern aufzulösen. Selbst das am Anfang für die Touristen angestimmte Lied vom Busserl wird gegen Ende des Stücks vom Berliner Privatgelehrten Hinzelmann für »ein sehr hübsches Volkslied« gehalten, hat er es doch »von einem Bettlerkind« (dem Sohn von Loidl!) gehört: »Besonders die letzten Zeilen sind sehr sinnig. Hören Sie nur: ›Und wenn's nix mehr zum plauschen woast, nimm's Madel um den Hals, druck ihr a saft'ges Busserl auf, und's Madel woaß schon all's!‹ Das ist so lieb, so einfach.«[12]

Diesen Anspruch auf echte Volkstümlichkeit erhebt die Musik des Singspiels freilich nicht – im Gegenteil. Sie zitiert Folklore allenfalls und betont fast demonstrativ ihre eigene Künstlichkeit im alpinen Milieu. Dieser Kontrast ist typisch für das ironische Spiel, das *Im Weißen Rößl* genüsslich betrieben wird. Sowohl Lust- als auch Singspiel bedienen diese Dialektik der Kontraste, leben doch beide von Gegensätzen wie Nostalgie und Modernität, reich und arm, Stadt und Land, richtig

---

9 Blumenthal, Oscar und Kadelburg, Gustav: *Im weißen Rößl. Lustspiel in drei Aufzügen*. Berlin o.J. [1897], S. 7.

10 Ebd.,S. 62.

11 Landesarchiv Berlin (Polizei Präsidium Berlin), A.Pr.Br.Rep. 030-05-02-Nr. 551 – Zusatz vom 6.1.1898.

12 Blumenthal und Kadelburg: *Im weißen Rößl*, S. 121.

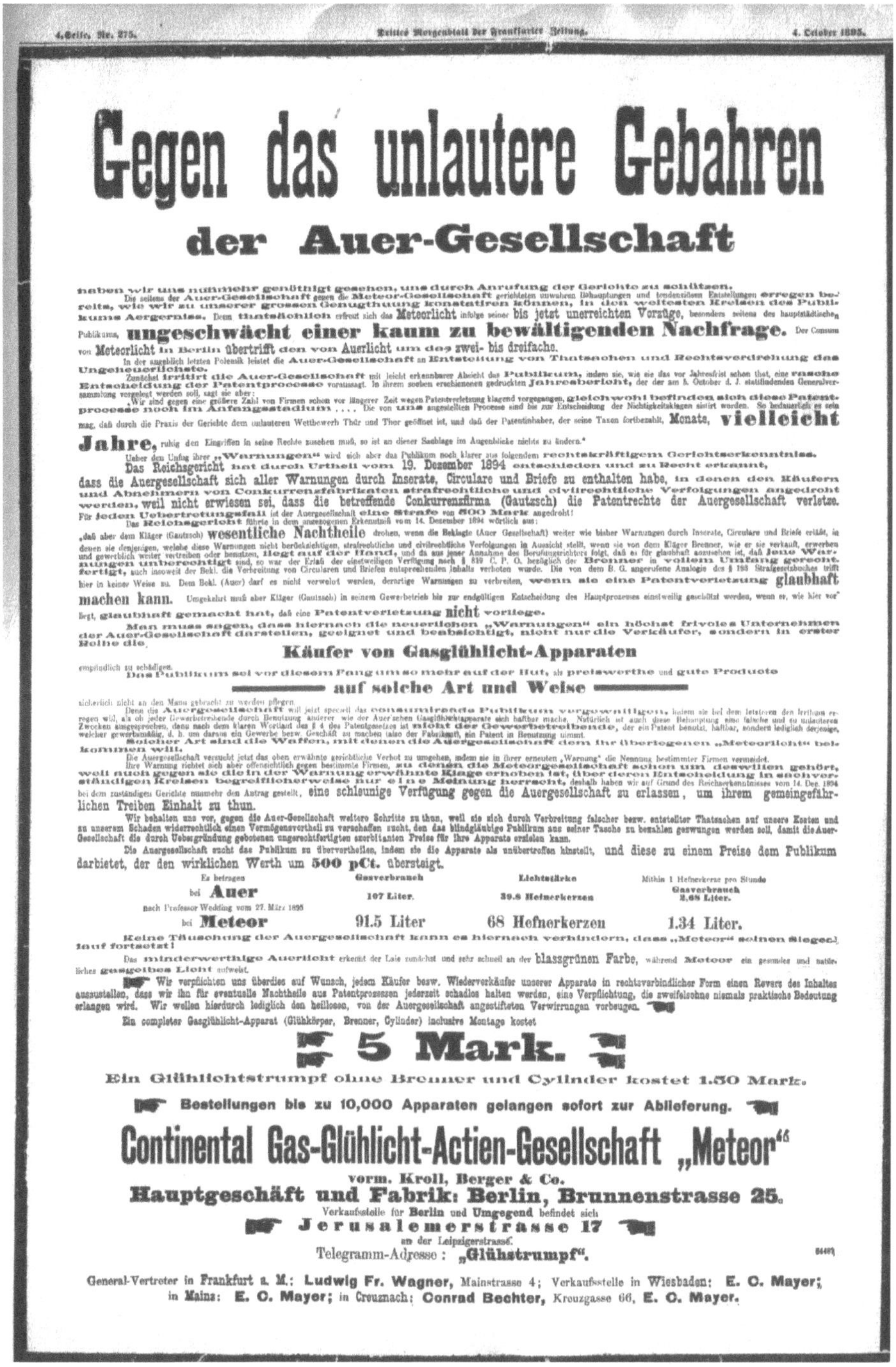

4. Seite, Nr. 275. Zweites Morgenblatt der Frankfurter Zeitung. 4. October 1895.

Gegen das unlautere Gebahren

der Auer-Gesellschaft

haben wir uns nunmehr genöthigt gesehen, uns durch Anrufung der Gerichte zu schützen.

Die seitens der Auer-Gesellschaft gegen die Meteor-Gesellschaft gerichteten unwahren Behauptungen und tendenziösen Entstellungen erregen bereits, wie wir zu unserer grossen Genugthuung konstatiren können, in den weitesten Kreisen des Publikums Aergerniss. Denn thatsächlich erfreut sich das Meteorlicht infolge seiner bis jetzt unerreichten Vorzüge, besonders seitens des hauptstädtischen Publikums, **ungeschwächt einer kaum zu bewältigenden Nachfrage.** Der Consum von Meteorlicht in Berlin übertrifft den von Auerlicht um das zwei- bis dreifache.

In der angeblich letzten Polemik leistet die Auer-Gesellschaft an Entstellung von Thatsachen und Rechtsverdrehung das Ungeheuerlichste.

Zunächst irritirt die Auer-Gesellschaft mit leicht erkennbarer Absicht das Publikum, indem sie, wie sie das vor Jahresfrist schon that, eine rasche Entscheidung der Patentprocesse voraussagt. In ihrem soeben erschienenen gedruckten Jahresbericht, der der am 5. October d. J. stattfindenden Generalversammlung vorgelegt werden soll, sagt sie aber:

„Wir sind gegen eine größere Zahl von Firmen schon vor längerer Zeit wegen Patentverletzung klagend vorgegangen, gleichwohl befinden sich diese Patentprocesse noch im Anfangsstadium .... Die von uns angestellten Processe sind bis zur Entscheidung der Nichtigkeitsklagen sistirt worden. So bedauerlich es sein mag, daß durch die Praxis der Gerichte dem unlauteren Wettbewerb Thür und Thor geöffnet ist, und daß der Patentinhaber, der seine Taxen fortbezahlt, Monate, **vielleicht Jahre,** ruhig den Eingriffen in seine Rechte zusehen muß, so ist an dieser Sachlage im Augenblicke nichts zu ändern."

Ueber den Unfug ihrer „Warnungen" wird sich aber das Publikum noch klarer aus folgendem rechtskräftigem Gerichtserkenntniss.

Das Reichsgericht hat durch Urtheil vom 19. Dezember 1894 entschieden und zu Recht erkannt,

dass die Auergesellschaft sich aller Warnungen durch Inserate, Circulare und Briefe zu enthalten habe, in denen den Käufern und Abnehmern von Conkurrenzfabrikaten strafrechtliche und civilrechtliche Verfolgungen angedroht werden, weil nicht erwiesen sei, dass die betreffende Conkurrenzfirma (Gautzsch) die Patentrechte der Auergesellschaft verletze.

Für jeden Uebertretungsfall ist der Auergesellschaft eine Strafe von 500 Mark angedroht!

Das Reichsgericht führte in dem angezogenen Erkenntniß vom 14. Dezember 1894 wörtlich aus:

„daß aber dem Kläger (Gautzsch) wesentliche Nachtheile drohen, wenn die Beklagte (Auer Gesellschaft) weiter wie bisher Warnungen durch Inserate, Circulare und Briefe erläßt, in denen sie denjenigen, welche diese Warnungen nicht berücksichtigen, strafrechtliche und civilrechtliche Verfolgungen in Aussicht stellt, wenn sie von dem Kläger Brenner, wie er sie verkauft, erwerben und gewerblich weiter vertreiben oder benutzen, liegt auf der Hand, und da aus jener Annahme des Berufungsgerichtes folgt, daß es für glaubhaft anzusehen ist, daß jene Warnungen unberechtigt sind, so war der Erlaß der einstweiligen Verfügung nach § 819 C. P. O. bezüglich der Brenner in vollem Umfang gerechtfertigt, auch insoweit der Bekl. die Verbreitung von Circularen und Briefen entsprechenden Inhalts verboten wurde. Die von dem B. G. angerufene Analogie des § 193 Strafgesetzbuches trifft hier in keiner Weise zu. Dem Bekl. (Auer) darf es nicht verwehrt werden, derartige Warnungen zu verbreiten, wenn sie eine Patentverletzung glaubhaft machen kann. Umgekehrt muß aber Kläger (Gautzsch) in seinem Gewerbetrieb bis zur endgültigen Entscheidung des Hauptprozesses einstweilig geschützt werden, wenn er, wie hier vorliegt, glaubhaft gemacht hat, daß eine Patentverletzung nicht vorliege.

Man muss sagen, dass hiernach die neuerlichen „Warnungen" ein höchst frivoles Unternehmen der Auer-Gesellschaft darstellen, geeignet und beabsichtigt, nicht nur die Verkäufer, sondern in erster Reihe die

Käufer von Gasglühlicht-Apparaten

empfindlich zu schädigen.

Das Publikum sei vor diesem Fang um so mehr auf der Hut, als preiswerthe und gute Producte

auf solche Art und Weise

sicherlich nicht an den Mann gebracht zu werden pflegen.

Denn die Auergesellschaft will jetzt speciell das consumirende Publikum vergewaltigen, indem sie bei dem letzteren den Irrthum erregen will, als ob jeder Gewerbetreibende durch Benutzung anderer wie der Auer'schen Gasglühlichtapparate sich haftbar mache. Natürlich ist auch diese Behauptung eine falsche und zu unlauteren Zwecken ausgesprochen, denn nach dem klaren Wortlaut des § 4 des Patentgesetzes ist nicht der Gewerbetreibende, der ein Patent benutzt, haftbar, sondern lediglich derjenige, welcher gewerbsmäßig, d. h. um daraus ein Gewerbe bezw. Geschäft zu machen (also der Fabrikant), ein Patent in Benutzung nimmt.

Solcher Art sind die Waffen, mit denen die Auergesellschaft dem ihr überlegenen „Meteorlicht" beikommen will.

Die Auergesellschaft versucht jetzt das oben erwähnte gerichtliche Verbot zu umgehen, indem sie in ihrer erneuten „Warnung" die Nennung bestimmter Firmen vermeidet.

Ihre Warnung richtet sich aber offensichtlich gegen bestimmte Firmen, zu denen die Meteorgesellschaft schon um deswillen gehört, weil auch gegen sie die in der Warnung erwähnte Klage erhoben ist, über deren Entscheidung in sachverständigen Kreisen begreiflicherweise nur eine Meinung herrscht, deshalb haben wir auf Grund des Reichserkenntnisses vom 14. Dec. 1894 bei dem zuständigen Gerichte nunmehr den Antrag gestellt, eine schleunige Verfügung gegen die Auergesellschaft zu erlassen, um ihrem gemeingefährlichen Treiben Einhalt zu thun.

Wir behalten uns vor, gegen die Auer-Gesellschaft weitere Schritte zu thun, weil sie sich durch Verbreitung falscher bezw. entstellter Thatsachen auf unsere Kosten und zu unserem Schaden widerrechtlich einen Vermögensvortheil zu verschaffen sucht, den das blindgläubige Publikum aus seiner Tasche zu bezahlen gezwungen werden soll, damit die Auer-Gesellschaft die durch Uebergründung gebotenen ungerechtfertigten exorbitanten Preise für ihre Apparate erzielen kann.

Die Auergesellschaft sucht das Publikum zu übervortheilen, indem sie die Apparate als unübertroffen hinstellt, und diese zu einem Preise dem Publikum darbietet, der den wirklichen Werth um **500 pCt.** übersteigt.

Es betragen	Gasverbrauch	Lichtstärke	Mithin 1 Hefnerkerze pro Stunde Gasverbrauch
bei **Auer** nach Professor Wedding vom 27. März 1895	107 Liter.	39.8 Hefnerkerzen	2,68 Liter.
bei **Meteor**	91.5 Liter	68 Hefnerkerzen	1.34 Liter.

Keine Täuschung der Auergesellschaft kann es hiernach verhindern, dass „Meteor" seinen Siegeslauf fortsetzt!

Das minderwerthige Auerlicht erkennt der Laie zunächst und sehr schnell an der blassgrünen Farbe, während Meteor ein gesundes und natürliches gasgelbes Licht aufweist.

Wir verpflichten uns überdies auf Wunsch, jedem Käufer bezw. Wiederverkäufer unserer Apparate in rechtsverbindlicher Form einen Revers des Inhaltes auszustellen, dass wir ihn für eventuelle Nachtheile aus Patentprozessen jederzeit schadlos halten werden, eine Verpflichtung, die zweifelsohne niemals praktische Bedeutung erlangen wird. Wir wollen hierdurch lediglich den heillosen, von der Auergesellschaft angestifteten Verwirrungen vorbeugen.

Ein completer Gasglühlicht-Apparat (Glühkörper, Brenner, Cylinder) inclusive Montage kostet

5 Mark.

Ein Glühlichtstrumpf ohne Brenner und Cylinder kostet 1.50 Mark.

Bestellungen bis zu 10,000 Apparaten gelangen sofort zur Ablieferung.

Continental Gas-Glühlicht-Actien-Gesellschaft „Meteor"

vorm. Kroll, Berger & Co.

Hauptgeschäft und Fabrik: Berlin, Brunnenstrasse 25.

Verkaufsstelle für Berlin und Umgegend befindet sich

Jerusalemerstrasse 17

an der Leipzigerstrasse.

Telegramm-Adresse: „Glühstrumpf".

General-Vertreter in Frankfurt a. M.: Ludwig Fr. Wagner, Mainstrasse 4; Verkaufsstelle in Wiesbaden: E. C. Mayer; in Mainz: E. C. Mayer; in Creuznach: Conrad Bechter, Kreuzgasse 66, E. C. Mayer.

Abbildung 18: »Gegen das unlautere Gebahren der Auer-Gesellschaft«: Annonce aus der Frankfurter Zeitung vom 4. Oktober 1895.

und verkehrt: »So schön wie in Wolfgang ist's nirgends auf der Erd'. Bei uns, da ist's richtig, in der Stadt ist's verkehrt.«[13]

Wie Milieu und Motive hat das Singspiel auch das Personal komplett aus dem Lustspiel übernommen. Nur dass der junge Sülzheimer hier Arthur heißt, nicht Sigismund, und auch bei weitem nicht so schön ist. Gestrichen wurden bloß Gieseckes Schwester Charlotte und der reichgewordene Bettler Loidl. Diese beinahe Brechtsche Figur hätte in der Weltwirtschaftskrise durchaus aktuelle Brisanz gehabt. So sagt er z.B. zu Josepha, die ihren Gästen statt der »alten Paprikahendln« des Singspiels den »Lungenbraten von gestern« andreht: »Wozu sein denn die Fremden da, als daß wir ihnen das Geld abnehmen? Sie machen's drinnen, und ich mach's halt draußen – das ist der ganze Unterschied«.[14]

Aktualität kann allerdings der Rechtsstreit zwischen Giesecke und Sülzheimer im Singspiel nicht mehr beanspruchen. Zu offensichtlich war bereits 1930 die Antiquiertheit ihres Streits um die Hemdhose – heiße sie nun Apollo oder Attila. Durch die daraus entstehende Komik wird die nostalgische Perspektive des Singspiels noch einmal betont. Allenfalls die zentrale Frage: vorne oder hinten zu knöppen – bringt eine sexuelle Zweideutigkeit ins Spiel, deren Code 1897 noch nicht, im Berlin von 1930 aber durchaus zu entschlüsseln war.

Anders verhält es sich mit dem Glühstrumpf, um den im Lustspiel gestritten wird. Er war erst zwölf Jahre zuvor vom Österreicher Carl Auer[15] erfunden worden und wurde sowohl bei Petroleumlampen als auch für Gaslicht eingesetzt. Spätestens seit er 1895 auch bei der Berliner Straßenbeleuchtung zum Einsatz kam, war er auch für das Uraufführungspublikum des *Rößls* ein Begriff. Am 4. Oktober desselben Jahres schaltete die Continental-Gas-Glühlicht-Actien-Gesellschaft Meteor aus Berlin in der Frankfurter Zeitung eine ganzseitige Anzeige: »Gegen das unlautere Gebahren der Auer-Gesellschaft«. Ihr wurden massive Patentverletzungen an der Meteor AG vorgeworfen, obwohl es offensichtlich umgekehrt war. »Die Auergesellschaft sucht das Publikum zu übervortheilen, indem sie die Apparate als unübertroffen hinstellt, und diese zu einem Preise dem Publikum darbietet, der den wirklichen Werth um 500 pCt. übersteigt.«

Die Rivalität der beiden Firmen könnte für Blumenthal und Kadelburg durchaus der aktuelle Aufhänger gewesen sein, zumal auch Giesecke in seinem Prozess gegen Sülzheimer wegen unerlaubter Nutzung von dessen Patenten angeklagt wird.

---

13 Müller, Hans: *Im weißen Rößl. Singspiel in 3 Akten* (frei nach dem Lustspiel von Blumenthal und Kadelburg), Musik von Ralph Benatzky, Texte der Gesänge von Robert Gilbert. Regie- und Soufflierbuch. Berlin: Charivari Musikverlag, 1931, S. 6.

14 Blumenthal und Kadelburg: *Im weißen Rößl*, S. 16.

15 Carl Freiher von Auer-Welsbach ließ 1898 auch die erste brauchbare Metallfadenlampe patentieren und meldete 1906 das Warenzeichen OSRAM an.

Und jetzt ging ein Krakehl los vor den Richtern und vor den Sachverständigen und in Zeitungsannoncen … Der Kampf um die beiden Jlühstrümpfe wurde schließlich zum Stadtgespräch … Coupletstrophen haben sie auf mir gesungen! … Ich sage dir, keine Nacht habe ich mehr ruhig schlafen können. Die Strümpfe vom alten Sülzheimer liegen mir wie ein Alp auf der Brust … bis ich endlich den Richtern haarscharf bewiesen habe, daß ich im Recht bin.[16]

Bekanntlich hat Giesecke den Prozess verloren. Wie die Gasglühlicht-Gesellschaft Meteor. Sie ging kurz darauf bankrott.

Dei ex machinis: Dampfer, Regen, Kaiser

Auch die Handlungsstruktur beider Versionen stimmt weitgehend überein. In der ersten Hälfte ist sie sogar fast identisch. Durch den Einsatz der Musik kommt es zwar am Anfang und Schluss der jeweiligen Akte zu kleinen Veränderungen, doch nur der zweite Aktschluss unterscheidet sich grundlegend. Der erste szenische Höhepunkt ist schon bei Blumenthal und Kadelburg die Ankunft eines praktikablen Sperrholz-Dampfers mit 20 Personen an Bord. Und auch der Auftritt Dr. Siedlers erfolgt mit einem der neuesten Verkehrsmitteln: »Geradelt bin ich von München bis hierher! Sehen Sie, Frau Josepha, das müssen Sie auch noch lernen!«

JOSEPHA: Na, sein's so gut! Eine radelnde Gastwirtin, mit dem Schlüsselbund an der Lenkstangen … ich danke!
SIEDLER: Hilft Ihnen alles nichts! Übers Jahr radeln Sie doch, und hübsch werden Sie aussehen! *Sie diskret musternd.* Sie haben so alles, was dazu gehört!
JOSEPHA, etwas verschämt sich abwendend: Aber Herr Doktor[17]

Radelnde Damen waren offensichtlich urbane Erscheinungen und in der ländlichen Idylle nur schwer vorstellbar. Noch mehr Sensation machte allerdings der erste Aktschluss. Da »prasselte ein naßechter Regen … auf die Bühne nieder«, jubilierte die *Vossische Zeitung*, »die Personen mußten wirklich den Regenschirm aufspannen und man hatte das Vergnügen, sie wirklich naß werden zu sehen. Es geht nichts über den Realismus.«[18] – Und Alfred Kerr schrieb von »einem Bombeneffekt … Drei obdachlose Berliner, Monsieur, Madame et bébé, sitzen auf einem Koffer im Freien – da beginnt es zu regnen. Wirkliche Wasserstrahlen rauschten im Lessing-Theater hernieder, ein einziges Jauchzen ging durch das Haus. Und als vollends aus den Regenrinnen des Hotels drei armdicke Fontänen

---

16 Blumenthal und Kadelburg: *Im weißen Rößl*, S. 31.
17 Ebd., S. 34f.
18 P.M-u.: *Lessing-Theater*. In: *Vossische Zeitung*, Berlin, 31.12.1897.

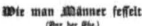

Abbildung 19: Der Reiz radelnder Damen, Karikatur aus *Der Floh*, Wien, 6.11.1898.

hervorschossen und die Bühne bewässerten, da waren die fremdesten Parquetbesucher geneigt, einander an die Brust zu sinken und zu weinen vor Wonne.«[19]

Selbst Kaiser Wilhelm II. geruhte, Blumenthal und Kadelburg dafür ein Dankestelegramm zu senden. »Historisch war der Moment.«[20]

Der historische Moment im Singspiel war hingegen das Erscheinen des Kaisers am Ende des zweiten Akts: nicht das Wilhelms, sondern das Franz-Josephs, obwohl auch dessen nähere Bekanntschaft mit der Herberge am See nicht überliefert ist. Sein Auftritt unterstreicht am deutlichsten die nostalgische Perspektive von Müllers Bearbeitung und ist zugleich die größte Veränderung gegenüber dem Original. Während sich das Lustspiel mit dem jungen Sülzheimer begnügt

---

19 Kerr, Alfred: *1. Januar 1898*. In: Ders.: *Warum fließt der Rhein nicht durch Berlin? Briefe eines europäischen Flaneurs 1895–1900*. Hg. von Günther Rühle. Berlin 1999, S. 154.

20 Ebd. – Das wurde von Kerr später noch anderweitig kommentiert: »Das weiße Rößl hat unserem Kaiser gar so gut gefallen und impulsiv wie er ist, läßt er es die Dichter gleich wissen. So sind denn Blumenthal und Kadelburg, Kadelburg und Blumenthal eingetreten in die Reihe derer, welche im Zusammenhang mit den Kunstliebhabereien Wilhelms des Zweiten von der Nachwelt genannt werden dürften ... und ... dürfen nun sicher sein, infolge des kaiserlichen Telegramms ihre Tantiemen am ›Weißen Rößl‹ zu verdoppeln. So viel bringt nämlich ein kaiserliches Telegramm jedesmal ein. Bisher haben sie bloß dreimalhunderttausend Mark an diesem Werk deutschen Humors eingenommen: jetzt werden sie nochmals dreimalhunderttausend Mark verdienen ... Heil Blumenthal und Kadelburg! Heil Kadelburg und Blumenthal!« (Kerr, Alfred: *17. April 1898*. In: Ders.: *Wo liegt Berlin? Briefe aus der Reichshauptstadt 1895–1900*. Hg. von Günther Rühle. Berlin 1997, S. 384f.).

und als Aktschluss dessen Glatze präsentiert, wird bei Müller schwerstes Geschütz aufgefahren: Böller, Trachtenumzug, Blaskapelle, Aufmarsch der Schützen und noch einmal der Dampfer: »Festlicher kann ein Monarch auch in Wirklichkeit nicht empfangen werden …«.[21]

»Die Einführung des alten Herrn Franz Joseph«, spekulierte die BZ am Mittag, wird zweifellos »der Löwenanteil« sein, wenn »Literaturhistoriker von morgen genau untersuchen, was der Anteil Hans Müllers an der Erneuerung des Ur-Rößl war«. Dem »rückvorwärtsgewandten Bearbeiter« wäre dieser Einfall positiv angerechnet worden, wenn »die Majestät keine anderen Worte ausspricht als die historischen: ›Es war sehr schön, es hat mich sehr gefreut.‹ Das hätte uns auch sehr gefreut. Leider genügte das nicht dem Bearbeiter. Er gibt dem alten Herrn allerlei Wörtchen und Gebärden ein, die nicht nur die historische Gestalt, auch die Theaterfigur entwürdigen (die Paul Hörbiger mit gutem Aug und Grazie darstellt).«[22]

»Als letzter Überrest aus dem Panoptikum« würde »der edle Franz Joseph«, wie das *Berliner Tagblatt* meinte, »bliebe er weg, keinem fehlen.«[23] Für den *Tag* war es gar eine »peinliche Entgleisung, den alten Kaiser Franz Joseph … auf die Bühne zu zerren. Ihn sogar – singen lassen. Bisweilen schläft anscheinend selbst Charell – muß sich von Zischern aufwecken lassen. Hat er das nötig?«[24]

Nötig hatte Charell vor allem das große Tableau, das er für den Kaiserauftritt in allen Revuefarben ausmalen konnte. Und Müller schrieb ihm dafür »sogar ein nicht zu langes richtiges Operettenfinale«,[25] wie Oscar Bie staunte. Ungeniert bediente er hier die bereits brüchige, aber nach wie vor wirkungsvolle Dramaturgie der Operette, die – einem schönen Wort Adornos zufolge – »im zweiten Akt ihr tragisches Finale haben mußte, das dem dritten nichts übrigließ als die Berichtigung der Mißverständnisse« und so »der Tragik ihre feste Stelle in der Routine«[26] zuweist.

---

21 Wittner, V.: *Charells ›Weißes Rössl‹*. In: *BZ am Mittag*, 10.11.1930.
22 Ebd. – Wittner schließt: »Charell ist Anschlußpolitiker«. Für die *Vossische Zeitung* berührte sein »Vortrag eines kitschigen Couplets … Linke und Rechte des ausverkauften Hauses gleich peinlich.« (Neruda, Edwin: *Charells »Weißes Rößl«. Großes Schauspielhaus.* In: *Vossische Zeitung*, 11.11.1930.)
23 Burger, Erich: *Im weißen Rößl. Großes Schauspielhaus.* In: *Berliner Tagblatt*, 10.11.1930.
24 -nn-: *Im weißen Rößl / Großes Schauspielhaus.* In: *Der Tag*, 10.11.1930 – Auch Emil Faktor bemerkte über den Kaiserauftritt: »Nachfolgende Bilder holen die dadurch entstandene Krise der Erfolgsstimmung wieder auf.« Vgl. Faktor, Emil: *Im Großen Schauspielhaus. »Im Weißen Rößl«.* In: *Berliner Börsen-Courier*, 10.11.1930.
25 Bie, Oscar: *Im Großen Schauspielhaus. »Im Weißen Rößl«. Die Musik.* In: *Berliner Börsen-Courier*, 10.11.1930.
26 Adorno, Theodor W. und Horkheimer, Max: *Dialektik der Aufklärung, Philosophische Fragmente.* In: Horkheimer, Max: *Gesammelte Schriften.* Hg. von Alfred Schmidt und Gunzelin Schmid Noerr, Bd. 5. Frankfurt a.M. 1987, S. 179.

Dramaturgie der Missverständnisse

Diese »Berichtigung der Missverständnisse« hatte vor allem Einfluss auf das Verhältnis Leopold – Josepha. Denn im dritten Akt wird sie tatsächlich dem Kaiser überlassen. Ihr kommt damit zentrale Bedeutung zu. Wenn seine Majestät also hier versucht, Josepha den Verzicht auf Dr. Siedler beim Frühstück schmackhaft zu machen, ist er auch dramaturgisch letzte Instanz. Seine Botschaft ist von erschütternder Allgemeingültigkeit: »'S ist einmal im Leben so« und lautet schlicht Verzicht: »Lächle und füge dich!« Im Lustspiel ist diese Einsicht Josepha selbst vorbehalten. Sie kommt ihr dort gleich zu Beginn des dritten Akts ausgerechnet im Gespräch mit den beiden Männern, zwischen denen sie steht und hat durchaus mit einem Traum Leopolds zu tun: »Wissen's, wer mir heut' Nacht im Traum erschienen ist? Ihr Seliger!

> JOSEPHA. Aber den haben Sie ja gar net g'kannt.
> LEOPOLD. Bitt' schön! Er hat sich mir vorg'stellt! ›Poldi Brandmeyer‹, hat er zu mir g'sagt, ›Du bist jetzt Oberkellner im ›Weißen Röß'l‹ und hast die Verantwortung für alles, was im Hotel vorgeht! Alsdann geh' hin zu meiner Frau – sag ihr, ich lass' sie schön grüßen, und die G'schicht mit dem Herrn Doktor Siedler, die muß aufhören! Das bringt nur ein G'red unter die Leute, und das g'hört sich net. Sag' ihr das![27]

Bald darauf kündigt Leopold selbst, so dass bereits in der dritten Szene des dritten Akts die berühmte Zeugnisszene folgt – mit Josephas schönem Fazit:

> Daß Sie nur einen Augenblick haben glauben können, ich lass' mir von der G'schicht den Kopf verdrehen – schauen's, darum bin i Ihnen bös! Sie hätten sich sagen müssen: Die Frau Josepha is ja doch net närrisch! Die Frau weiß ganz genau, wo ihr Platz is – in die Kuchel, da g'hört's hin![28]

Im Lustspiel ist die Geschichte zwischen Leopold und Josepha damit erledigt. Die Handlung konzentriert sich fortan auf die eigentliche Liebhaberrolle, den Bonvivant Dr. Siedler. Im Singspiel hingegen steht die Zeugnisszene prominent ganz am Schluss vor dem großen Finale. Wodurch die Verschiebung der Gewichte im handlungsbestimmenden Dreiecksverhältnis Leopold – Josepha – Siedler besonders deutlich wird, geht es doch jetzt, wie die BZ am Mittag schon 1930 erkannte, vor allem »um den Liebeskampf zwischen Leopold, Kellner, und Josepha, Wirtin. Diese Liebesgeschichte wird operettenhaft in den Vordergrund der Handlung getragen, damit im zweiten Finale der tragische Konflikt ordentlich zum Himmel singt.«[29]

---

27 Blumenthal und Kadelburg: *Im weißen Rößl*, S. 55.
28 Ebd., S. 103.
29 Wittner: *Charells ›Weißes Rössl‹*.

Im Lustspiel hat Dr. Siedler als Liebhaber und Intrigant mehr Text und Auftritte als Leopold. Im Singspiel ist es umgekehrt. Dort ist Siedler nur mehr Operettentenor und hat vor allem zu singen. Aber er singt nur Duette, ebenso wie die *Rößl*-Wirtin und alle anderen Figuren. Nur der schöne Sigismund (zumindest in der Originalfassung) und Leopold haben Soli, Letzterer sogar zwei. Er steht unzweifelhaft im Zentrum des Singspiels, während im Schauspiel der Giesecke die »Bombenrolle« ist. Als Girardi in Wien den Leopold spielte, wurde gelästert, er habe in diesem Stück »nur einen Zahlkellner zu spielen, doch kam er auch als Zahlkellner auf seine Rechnung«.[30]

An Girardi bzw. dessen »Flüstern in der Stimme«[31] erinnerte den *Berliner Lokal-Anzeiger* wiederum der erste Singspiel-Leopold: »Die schauspielerische Kraft und Resonanz des Abends heißt Max Hansen«, dessen Popularität damals ihren Höhepunkt erreichte.[32] Allein schon seinetwegen stand die Figur des Leopold im Zentrum und verdrängte die eigentliche »Bombenrolle« des Giesecke daraus. Die Uraufführungsbesetzung tat ein Übriges. »Otto Wallburg, gewiß eine Kraft von Rang, kontrastierte mit der Rößl-Wirtin des Abends um so weniger als die ansonsten reizende, dralle und frischblütige Camilla Spira nur unzulänglich österreichert. (Der Sinn des Ganzen, auf Stammesunterschiede beruhend, ging damit verloren)«.[33]

Der Vergleich von Lust- und Singspiel fiel für den *Berliner Lokal-Anzeiger* daher folgendermaßen aus: »Es war ... ein Sieg dieser Verbündeten (Charell, Stern und der seligen Autorenfirma [Blumenthal und Kadelburg] gegen das sentimentale Librettistenschmalz Hans Müllers ... und Ralph Benatzkys, der Wiener Walzer und Heurigenlieder zu musikalischer Illustrierung verwendet hatte.«[34]

Meta-Alpinismus

Fast unverändert wurden von Müller daher Gieseckes Szenen übernommen. Nur seinen großen Auftritt in Tracht hat er bei Blumenthal und Kadelburg nicht erst in der Salzkammergutszene im zweiten Akt, sondern gleich bei der Ankunft. Die entsprechende Regiebemerkung lautet: »Er *wirft den Lodenmantel ab und erscheint im Gebirgskostüm, gemsledernen Hosen, nackten Knien und hellgrünen Stutzen. GIESECKE:*

---

30 Bukovics: *Theater-»Floh«*. In: *Der Floh*, Wien, 23.10.1898.

31 Krünes, Erik: *Das Weiße Rößl im Zirkus. Die neue Revue im Großen Schauspielhaus*. In: *Berliner Lokal-Anzeiger*, 11.11.1930.

32 -nn-: *Im weißen Rößl / Großes Schauspielhaus*.

33 Neruda: *Charells »Weißes Rößl«. Großes Schauspielhaus*.

34 Krünes: *Das Weiße Rößl im Zirkus*.

Abbildung 20: Alpine Berliner Tracht, Anzeige im *Berliner Tageblatt* vom 7. Januar 1902.

Wenn ich mir so in die Friedrichstraße blicken lasse, da denken die Leute, ich bin aus die Jebirgshallen ausgebrochen! Von's Tiroler Quartett!«[35]

Auf diese Bemerkung, die im Singspiel wörtlich übernommen wurde, antwortet Ottilie: »Wir hatten doch nun einmal die schönen Kostüme vom Alpenball im vorigen Jahre. Die müssen wir abtragen, und hier geht ja doch alle Welt so«.

Sowohl die Gebirgshallen[36] als auch der Alpenball waren Spezialitäten der Berliner Vergnügungskultur und erfreuten sich in der Zeit vor dem Ersten Weltkrieg großer Beliebtheit. Das erste Alpenball war 1885 von der Berliner Sektion des Deutsch-Österreichischen Alpenvereins ausgerichtet worden – unter dem Motto: »A Hochzeit in die Berg«. Aufgebaut waren – Zitat: »ein Tanzplatz inmitten eines Dorfes, das Gasthaus ›Zum feurigen Tatzelwurm‹, eine prachtvoll imitierte Bauernstube mit dem Blick auf das Bergpanorama des Schwarzensteingrundes und die Berliner Hütte.«[37] In den Nachfolgeveranstaltungen gab es dann elektrische Gewitter, nachgebaute Wasserfälle, Personal in Tracht und ein Postkartenfotostudio – also all das, was Charell fast ein halbes Jahrhundert später für seine Vollinszenierung des Großen Schauspielhauses nutzte.

Die »Binnenexotik des Alpinen«[38] diente hier wie da als Spiegel eines in sich diffusen Großstadtpublikums. Wie Franka Schneider in ihrem lesenswerten Aufsatz

---

35 Blumenthal und Kadelburg: *Im weißen Rößl*, S. 23.

36 Varieté und Gaststätte unter den Linden, vgl. dazu Walser, Robert: »Treten Sie näher an den Gletscher heran, es ist dies die Bühne, eine geologische, geographische und architektonische Merkwürdigkeit«. Zit. n. Walser, Robert: *Gebirgshallen*. In: Ders.: *Aufsätze (Sämtliche Werke in Einzelausgaben*. Hg. von Jochen Greven, 3. Band). Frankfurt a.M. 1985, S. 43.

37 Festschrift zum 25-jährigen Bestehen der Sektion Berlin des Alpenvereins, zit. nach Schneider, Franka: *Die temporäre Verdorfung Berlins. Der Alpenball als urbane Vergnügungspraxis um 1900*. In: *Die tausend Freuden der Metropole. Vergnügungskultur um 1900*. Hg. von Tobias Becker, Anna Littmann und Johanna Niedbalski. Bielefeld 2011, S. 202 (dabei kam so viel Geld zusammen, dass die Berliner Hütte prächtig ausgestattet wurde, z.B. mit einem 5 m hohen Speisesaal und deshalb als einzige ihrer Art unter Denkmalschutz steht).

38 Vgl. Bausinger, Hermann: *Volkskultur in der technischen Welt*. Stuttgart 1961, S. 93.

zum Thema *Die temporäre Verdorfung Berlins. Der Alpenball als urbane Vergnügungspraxis um 1900* näher ausführt, lässt sich »diese räumlich-ästhetische Verdorfung … in ihren Bezügen zur Stadt als eine Inszenierung von Zentrum-Peripherie-Topographien und zweitens als ein urbanes Spektakel näher beschreiben«.[39] Erst im Kontrast zum vermeintlich Ursprünglichen, Traditionellen, wird man sich der eigenen Urbanität und Modernität gewiss. Das Vexierspiel von Peripherie und Zentrum durchzieht bereits bei Blumenthal und Kadelburg das ganze Stück. Zum zweiten Aktschluss treiben es die Autoren auf die Spitze, wenn der junge Sülzheimer die alpenländisch gewandeten Berliner nicht mehr von den Einheimischen unterscheiden kann und seine – nach dem Willen der Väter – künftige Braut folgendermaßen anspricht. »Du, Dirndl, willst dir ein paar Kreuzer verdienen?« Und auf Ottilies verwunderte Reaktion antwortet: »Na ja, ich denke, hier im Gebirge sagt man immer ›Du‹ – das weiß ich doch von den Schlierseern.«[40]

Das heißt nichts anderes als dass er von den Tourneen des damals neu gegründeten Schlierseer Bauerntheaters weiß, dessen Berliner Gastspiele ähnliche Funktion hatten wie Alpenball und Gebirgshallen. Schon bei Blumenthal und Kadelburg ist also die alpine Idylle eine – durch Bauerntheatertourneen und Gebirgshallen – kultuell vermittelte und hat mit Natur und Realität des Berglebens nur noch wenig zu tun. Dampfschiff und Glühstrumpf sind da bedeutend realer. Das Bild der urwüchsigen Natur wird also bereits in der Lustspielversion des *Weißen Rößls* durch urbane Einsprengsel ständig ironisch gebrochen und als künstlich entlarvt. Im Singspiel wird dieses Prinzip dann auf die Spitze getrieben. Bei Charells Uraufführungsinszenierung wurde *Im weißen Rößl* zum theatralischen Alpenball, der das gesamte Große Schauspielhaus in einen riesigen Alpengasthof verwandelte – bis hin zum Schließpersonal in Dirndl und Lederhose; eine wundersame Auferstehung dieser längst verschwundenen Form urbanen Vergnügens, das im Lustspiel 33 Jahre zuvor erstmals auf die Bühne gekommen war. Wie hieß es doch im Berliner Börsen-Courier: »Blumenthal und Kadelburg sind für ein weiteres Jahr unsterblich«.[41]

39 Schneider: *Die temporäre Verdorfung Berlins*, S. 203.
40 Blumenthal und Kadelburg: *Im weißen Rößl*, S. 90.
41 Faktor: *Im Großen Schauspielhaus. »Im Weißen Rößl«.*

Julia Menzel

»Meine Frau hat sich göttlich amüsiert«
Das *Weiße Rößl* im Spiegel zeitgenössischer Satirezeitschriften

für Ingie

Im Weißen Rößl – Eine »Musik mit hübschen Einfällen«[1]?

> Wieder eine Premiere vorbei, die vom Weissen Rössl im Großen Schauspielhaus.
> Zu berichten wird über die Kritiken sein, die sich nach den Montagsblättern nicht
> sehr günstig anlassen – so Wurst![2]

Tagebucheinträge neigen zur Dramatisierung. Alles wird in dieser Form der Selbstreflexion ganz leicht schöner, schlimmer, größer, besser oder katastrophaler als es die Wirklichkeit tatsächlich hergibt. Und dennoch tragen die Herzensergüsse Realitäten in sich – zumindest die des Verfassenden.

Ralph Benatzkys Realität vom 9. November 1930, dem Tag nach der Premiere seines Singspiels[3] in Berlin, zeugt von diesem Paradoxon. Falscher konnte Benatzky in der Einschätzung der Aufnahme seines letztlich bekanntesten Stücks, das zu einem der meistgespielten Singspiele überhaupt wurde, wohl kaum liegen. Es lief in Berlin über vierhundertmal, in London über sechshundertmal hintereinander, ehe es in der Spielzeit 1936/37 in New York über ein Jahr lang täglich zweimal aufgeführt, in Paris für vier Jahre nicht vom Spielplan genommen wurde und bis heute immer wieder das Publikum in die Theaterhäuser lockt. 2015 konnte man das *Rößl* u.a. auf den Landesbühnen Niedersachsen, im Landestheater Ingolstadt, auf der Freilichtbühne Muhr am See oder in der Leipziger Oper finden.

---

1 Aus einer Besprechung in der *Deutschen Allgemeinen Zeitung*, zit. nach Hennenberg, Fritz: *Es muss was Wunderbares sein... Ralph Benatzky. Zwischen »Weißem Rössel« und Hollywood*. Wien 1998, S. 163.

2 Tagebucheintrag von Ralph Benatzky am 9. November 1930, zit. nach Söhring, Helmut: *Der »schöne Sigismund« und noch schönere Ohrwürmer*. In: *Hamburger Abendblatt*, 18.1.2003. Abrufbar unter: http://m.abendblatt.de/vermischtes/journal/article106797787/Der-schoene-Sigismund-und-noch-schoenere-Ohrwuermer.html (letzter Zugriff am 30.7.2015).

3 Zur Gattungsbezeichnung vgl. Nils Groschs Beitrag in diesem Band.

Und dennoch liegt Benatzky richtig, wenn er auf die Kritiken abhebt, die er als zumindest berichtenswert vermutet. Noch getroffen von der eher kritisch aufgenommenen öffentlichen Generalprobe,[4] scheinen ihm die Premieren-Rezensionen in den Montagsausgaben der Zeitungen zwar zu schlecht – und damit doch nicht »so Wurst« zu sein –, fallen jedoch weit weniger drastisch aus als der Tagebucheintrag vermuten lässt. Die »Vollillusion«[5] sei geglückt, so schreiben die Zeitungen, habe »orkanartige Ovationen« ausgelöst und damit einen »Erfolg, der in Tobsucht ausartet«, errungen und müsse angesichts dieser »wohlverdienten Siegespalmen« Anerkennung finden, auch wenn der »Witz des Originals durch (manchmal ranzige) Sentimentalität ergänzt«[6] werde. Die »Musik mit hübschen Einfällen, die einem sanft durch die Seele floß«, erschaffe zwar ein »Milieu der harmlosen Fröhlichkeit«, sei aber ein »großer, unbestrittener Erfolg«[7]. Das *Rößl* zeige »mitten in aller Üppigkeit sympathische Gesten der Selbstironie« und glänze mit »Schwung und Brio«[8]. Die Aufnahme durch das Publikum mache deutlich: »Wir wollen wieder gemütlich sein. Das Sentiment, die ewige Romantik triumphiert.«[9]

Deutlich wird, dass das Stück zwar durchaus wohlwollend aufgenommen, gleichzeitig jedoch kritisch bespöttelt wird. Ein Umstand, den auch Otto Schneidereit 1967 in seinem Operettenlexikon *Operette von Abraham bis Ziehrer* hervorhebt, wenn er schreibt, der Erfolg könne »nur aus der Zeit heraus begriffen werden, in der das *Rößl* uraufgeführt wurde«[10], denn die Schlager könnten »nicht darüber hinwegtäuschen, daß das Singspiel schon im Jahre 1930 nur das Bild einer großelterlichen Generation bot, eben von 1897«[11]. Schneidereit verweist damit freilich auf den Ursprung des Stücks als Lustspiel von Oscar Blumenthal und Gustav Kadelburg, die *Im Weißen Rößl* erstmals am 30. Dezember 1897 auf die Bühne des Berliner Lessingtheaters brachten, lenkt den Blick aber gleichsam auch auf die Kritiken, über die im Folgenden, frei nach Benatzky, »zu berichten sein« wird. Denn, was in den Montagsblättern 1930 über das Stück geschrieben wird, steht, wie das Stück selbst, in einer Tradition und kommt keineswegs erst mit der Bearbeitung des Schwanks zum Singspiel auf.

Der riesige »Erfolg« beim Publikum, die behäbige »Sentimentalität«, die Techniken der »[I]llusion«, die nostalgische »Selbstironie« und die Frage nach dem kulturellen Wert ranzig-harmloser Gemütlichkeit sind Themen, die bereits den Blick

---

4 Vgl. Hennenberg: *Es muss was Wunderbares sein …*, S. 162.

5 Ebd., S. 160.

6 Hennenberg: *Es muss was Wunderbares sein …*, S. 163.

7 Ebd.

8 Ebd., S. 172.

9 Ebd.

10 Schneidereit, Otto: *Operette von Abraham bis Ziehrer.* Berlin 1967, S. 35.

11 Ebd., S. 36.

auf das Lustspiel von Blumenthal und Kadelburg prägen und so die Rezeptions-geschichte des Stücks präfigurieren.

So wird die bis heute andauernde Debatte um »die Bedeutung des musikalischen Unterhaltungstheaters für die Kultur«[12] auch entlang des *Rößl* geführt und gibt gerade in dessen Aufnahme als Stück zwischen Behäbigkeit und modernen Marktmechanismen den Blick auf generelle Funktionszusammenhänge der Ka-nonisierung von ›Unterhaltung‹ frei. Dabei werden die gesellschaftlichen Prozes-se kultureller Standardisierung insbesondere anhand publizistischer Debatten sichtbar. Diese Debatten werden u.a. »ausgetragen in Tageszeitungen und Fach-zeitschriften, in Jahrbüchern und Verbandsorganen«[13] und fangen so Mentali-tätsgeschichte ein.

In diesem Sinne betrachtet der vorliegende Beitrag die Aufnahme des *Rößl* durch die kritisch-satirische Presse bereits beginnend mit dem Lustspiel von Kadelburg und Blumenthal und will aufzeigen, inwieweit die Leitmotive der Besprechungen von 1930 bereits die maßgeblichen Leitmotive der Rezeption des Lustspiels von 1897 sind. Der Beitrag reflektiert so die zeitgenössische Rezeption des *Weißen Rößl*, wie sie sich in den satirischen Wochenschriften *Jugend* und *Simplicissimus* zeigt, als paradigmatisch für das Genre »Revue/Revueoperette« in kulturkriti-scher Perspektive und als zum Teil gar stilbildend für die Beschäftigung mit den nachfolgenden Fassungen.

Die *Jugend* und der *Simplicissimus* – Satirische Zeitschriften um 1900[14]

Der deutschsprachige Zeitschriftenmarkt erlebt im 19. Jahrhundert eine Flut von Neugründungen und rekordverdächtige Auflagenzahlen. Angestoßen von techni-schen Innovationen, die niedrige Produktionskosten und damit eine spürbare Verbilligung ermöglichen, bereitet die massenhafte Verbreitung von Tages-, Wo-chen- und Monatsschriften eine Demokratisierung des Lesens vor und markiert den Beginn der Massenpresse in Deutschland. Dabei verblüfft vor allem die Viel-falt der sich schon früh stark ausdifferenzierenden Zeitschriftenlandschaft. Neben illustrierte Familienblätter treten literarische Journale, Rezensionszeitschriften und kritische Satiremagazine. Gemein ist diesen sich so vielgestaltig zeigenden

---

12 Linhardt, Marion: *Einblicke in den Theateralltag der Moderne.* In: *Stimmen zur Unterhal-tung. Operette und Revue in der publizistischen Debatte (1906–1933).* Hg. von Marion Lin-hardt. Wien 2009, S. 11–37, hier: S. 13.

13 Linhardt: *Einblicke in den Theateralltag der Moderne,* S. 13.

14 Die *Jugend* und der *Simplicissimus* sind als Online-Editionen vollständig digital und frei zugänglich verfügbar unter: http://www.jugend-wochenschrift.de/index.php?id=25 (letzter Zugriff am 30.7.2015).

Presseerzeugnissen das Konzept einer unterhaltenden Belehrung, die breite Bevölkerungsteile mit (Fach- und Welt-)Wissen in Berührung bringt.[15]

Insbesondere ab den 1880er-Jahren ist »ein sprunghaftes Anwachsen von Spezialzeitschriften«[16] zu verzeichnen, das sich unter anderem auch in der Herausbildung und Neugründung von satirisch-humoristischen Blättern niederschlägt. Diese Form floriert naturgemäß vor allem in Umbruchszeiten und erlebt ihre Hochzeit zwischen der Mitte des 19. Jahrhunderts und 1933.[17]

> Die ersten sind spitz, bisweilen verletzend, immer provozierend, die anderen sind unaufgeregter, gemütlicher, weniger spottend. [...] Ihre Wurzeln liegen in Groschenheften, komischen Volkskalendern und satirischen Flugschriften.[18]

Dabei gerierten sich die Satirezeitschriften weniger als Bildungsmedien als beispielsweise die Familienblätter, die als belehrender »Hausschatz«[19] rezipiert werden wollten. Die meisten satirisch-humoristischen Zeitschriften »informierten nicht, sondern setzten die Information des Publikums voraus«[20]. Die an sich heterogene Gattung lässt sich also über ihren Ursprung im ›Volkstümlich-Trivialen‹ und ihrer Verortung im bürgerlichen Milieu zusammenfassen, verbindet sich dergestalt mit der Gattung der Operette bzw. des Singspiels und erscheint insbesondere im Hinblick auf den in den Blättern sichtbaren, aber eben nicht ausformulierten Wandel von Konzepten wie ›Kunst‹ und ›Unterhaltung‹ interessant.

Eine dieser Satirezeitschriften mit gesellschaftspolitischem Standort im an Kultur interessierten liberalen Bürgertum im Deutschen Reich ist die *Jugend*.[21] Die »Münchner illustrierte Wochenschrift für Kunst und Leben« war eine von Georg Hirth und Fritz von Ostini gegründete Kunst- und Literaturzeitschrift, die von 1896 bis 1940 in München erschien und zum Namensgeber der Kunstrichtung Jugendstil wurde. Die Macher verschrieben sich einer konzeptuellen Programmlosigkeit, um »dem immer reicher gestalteten öffentlichen Leben in freier künstle-

---

15 Weiterführend hierzu: *Illustrierte Zeitschriften um 1900. Multimodalität und Metaisierung.* Hg. von Natalia Igl und Julia Menzel. Bielefeld [im Erscheinen].

16 Frank, Gustav, Podewski, Madleen und Scherer, Stefan: *Kultur – Zeit – Schrift. Literatur- und Kulturzeitschriften als ›kleine Archive‹.* In: *Internationales Archiv für Sozialgeschichte der deutschen Literatur.* Band 34 (2009), H. 2, S. 1–45, hier: S. 16.

17 Vgl. Stöber, Rudolf: *Deutsche Pressegeschichte. Einführung, Systematik, Glossar.* Konstanz 2000, S. 245.

18 Stöber: *Deutsche Pressegeschichte*, S. 245.

19 Hofmann, Friedrich: *Vorwort.* In: *Vollständiges Generalregister der Gartenlaube vom 1. bis 50. Jahrgang (1853–1902).* Hg. von Friedrich Hofmann und J. Schmidt. Hildesheim 1882, S. III–IV, hier: S. III.

20 Stöber: *Deutsche Pressegeschichte*, S. 246.

21 Vgl. *Über die Zeitschrift »Jugend«.* Abrufbar unter: http://www.jugend-wochenschrift.de/index.php?id=21 (letzter Zugriff am 30.7.2015).

rischer Weise Rechnung [...]«[22] tragen zu können. Auf diese Weise vereint die *Jugend* zahlreiche Künstler, druckt Plakate, Illustrationen und Karikaturen, mit denen sie sich stark kulturkritisch und eben satirisch betätigt. Ziel der Kritik ist vor allem die politische Rechte, die Kirche und generell alles, was als ›konservativ‹ in Verdacht geriet. Zumindest bis 1933, als das Blatt dann unter dem Stichwort der ›Gleichschaltung‹ der Linie der Nationalsozialisten angepasst wird.

Während die *Jugend* pünktlich zu Jahresbeginn erscheint, trumpft der *Simplicissimus* als »Aprilscherz des Jahres 1896«[23] auf. Als eine der großen Satirezeitschriften (neben dem *Kladderadatsch* und den *Fliegenden Blättern*) erreicht die bis 1944 ebenfalls in München herausgegebene Zeitschrift eine Auflagenstärke von bis zu 100.000 Exemplaren[24] und wird damit zum Konkurrenten der *Jugend*. Stärker als diese etabliert sich der *Simplicissimus* als illustrierte Literaturrevue, u.a. mit Beiträgen von Heinrich und Thomas Mann, und entwickelt sich erst im Laufe der Zeit zum gefürchteten bürgerlichen Satiremagazin. Die »überraschendste, bei allem Draufgängertum künstlerisch hochstehende Wochenschrift Deutschlands und der deutschsprachigen Länder«[25] zielt in ihrem Spott vor allem auf die wilhelminische Politik, die bürgerliche Moral und den »gesellschaftliche[n] Snobismus«[26]. Trotz eines Bestehens bis Mitte der 1940er-Jahre hat der *Simplicissimus* mit Zusammenbruch des Kaiserreichs seinen Höhepunkt überschritten und agiert ab dem 1. Weltkrieg nur noch »handzahm«[27].

Der Umgang dieser beiden Zeitschriften nun mit dem Lustspiel-*Rößl* beziehungsweise die Schwerpunktsetzung der Rezeptionsperspektive der Satiremagazine erweist sich als durchaus paradigmatisch und stilbildend für die Beschäftigung mit den weiteren Fassungen. Es lassen sich bestimmte Leitmotive erkennen und extrapolieren, die wiederkehren und auch in der Aufnahme des Singspiels in den 1930er-Jahren deutlich werden. So versteht sich der Beitrag als Materialsammlung, die der Logik der beiden Satirezeitschriften folgt und die Schwerpunkte herausarbeitet, mit denen dieses Stück gelesen, gesehen, rezipiert und schließlich satirisch abgelegt wurde und zum Teil bis heute noch wird. Das *Rößl* erscheint im Spiegel der zeitgenössischen Satirezeitschriften als ein Topos, der aus vielen Topoi zusammengesetzt ist und als Stück im Spannungsfeld von Spektakel und Kunst, Kommerz und Tourismus zu betrachten ist.

---

22 Gülker, Bernd A.: *Die verzerrte Moderne. Die Karikatur als populäre Kunstkritik in deutschen satirischen Zeitschriften.* Münster 2001, S. 166.
23 Koch, Ursula: *Der Teufel in Berlin. Von der Märzrevolution bis zu Bismarcks Entlassung. Illustrierte politische Witzblätter einer Metropole 1848–1890.* Köln 1991, S. 14.
24 Vgl. ebd., S. 248.
25 Ebd., S. 341.
26 Stöber: *Deutsche Pressegeschichte*, S. 248.
27 Ebd., S. 249.

Abbildung 21: *Beim billigen Jakob*. In: *Jugend*. Jg. 1901, Nr. 9, S. 144.

Das *Rößl* als Spektakel-Spiel

»Als Spektakel werden alltagssprachlich kulturelle Veranstaltungen bezeichnet, die sich an ein breites Publikum richten und durch Strategien der sinnlichen Überwältigung, des Erstaunens und der affektiven Berührung gekennzeichnet sind.«[28] Das sinnliche Überwältigungspotential des *Rößl* hat die *Jugend* in Nummer 37 des Jahres 1899 fest im Blick, wenn sie augenzwinkernd aufzeigt, dass die hier dargebotene spektakuläre Verknüpfung von »Wissenschaft und Kunst«, so der Titel der Rubrik, in der das Lustspiel besprochen wird, das Publikum nicht nur affektiv berührt.

> Bei einer Aufführung des *Weißen Rößl's* fiel die Brause der Gießkanne, mit welcher der ›Regen‹ besorgt wurde, auf die Bühne; das Wasser schoß einem dicken Strahl herab und spritzte in's Parquet. Ein begeisterter Jünger und fauler Zauber-Lehrling Blumenthals will diese Idee zu einem neuen Schwank verarbeiten.[29]

Der sagenumwobene Regen, der schon innerhalb der Erzählung als berüchtigt apostrophiert wird (»unser weltberühmter Schnürlregen«[30]) und seine »imposan-

---

28 Aus dem Call for Papers: *Spektakel als ästhetische Kategorie. Theorien und Praktiken*. Tagung vom 19. bis 21. November 2015 an den Universitäten Jena und Weimar. Veranstaltet von Fritz, Elisabeth und Frisch, Simon. Abrufbar unter: www.romanistik.de/aktuelles/692 (letzter Zugriff am 30.7.2015).

29 *Jugend*. Jg. 1899, Nr. 37, S. 607.

30 Blumenthal, Oscar: *Im weißen Rößl. Lustspiel in drei Aufzügen* [Erstdruck: 1898]. Berlin 2013, S. 33.

te [...] Schauwirkung«[31] im Lessingtheater als Wolkenbruch mittels Sprinkleranlage vollends performativ entfaltet, wird als »fauler Zauber«[32] karikiert, der sich selbst entlarvt, so die »Vollillusion« eines naturalistischen Effekts konterkariert und sein Gemacht-Sein erkennen lässt. Aber: Selbst das ist, so die *Jugend*, für die »Jünger« Oscar Blumenthals, der lange Zeit der meistgespielte Dramatiker an deutschen Bühnen ist und ob seiner eigenen gefürchteten Theaterkritiken ›der blutige Oscar‹ genannt wird, kein Problem, sondern eher ein Motor. Selbst diese offensichtliche Panne werde verarbeitet und gebe Anlass zu einem weiteren Spektakel, das sich so in der Endlosschleife immer wieder selbst zu produzieren vermöge und schließlich desillusionierende Mittel als Aufführungsvariante vermarkten und zur Strategie erheben könne.

Dass das Ganze dennoch ein billiges Spektakel, mit ebensolchen Effekten aus der sprichwörtlichen Mottenkiste sei, stellt die *Jugend* in Nummer 9 des Jahres 1901 mit ihrem »Billigen Jakob« dar (Abbildung 21).

Beim sogenannten »billigen Jakob« handelt es sich im Volksmund um einen Händler, der minderwertige, effekthaschende Waren auf Märkten anbietet. Und so bietet auch der hier abgebildete Jakob »kunstgewerblichen Schund« an, »reizende Dekorationen« (ebd.), »Reiherfedern«, »Biberpelze«, einen »Kakadu« (ebd.) oder ein Johannisfeuer aus der Zündholzschachtel (siehe rechts), das volle 5 Minuten brennt.[33] Allerdings eins ist dem Jakob, so das der Illustration beigegebene Gedicht, heilig:

> Um Geld ist dem Jakob alles feil / Wenn's sein muss, sogar sein Seelenheil.
> Nur sein geliebtes, treues, altes, sein weißes Rössel nicht / Gott erhalt es![34]

Neben der offensichtlichen Einordnung des *Rößl* als oberflächliches Schauspiel minderer Qualität, das vom fahrenden Volk aufgeführt und mittels überkommener Theaterzeichen für die Schaulust des Massenpublikums leicht konsumierbar gemacht wird, verweist die Jakob-Metaphorik auf jene »antisemitische[n] Projek-

---

31 Hennenberg: *Es muss was Wunderbares sein ...*, S. 160.
32 S. 607.
33 Die im Text angeführten Beispiele scheinen nicht zufällig gewählt. Finden alle vier doch Entsprechungen in Theaterstücken der 1890er-Jahre. So wird 1893 mit *Der Biberpelz* eine Milieustudie von Gerhart Hauptmann uraufgeführt, die ein »Original aus der Berliner Vorstadt« (*Deutsches Theater-Lexikon. Biographisches und bibliographisches Handbuch.* Hg. v. Wilhelm Kosch, fortgeführt von Ingrid Bigler-Marschall, S. 142) porträtiert. *Der grüne Kakadu* von Arthur Schnitzler thematisiert im Jahr 1899 die Vorgänge in einer Kneipe, deren »geschäftstüchtiger Wirt [...] zur Unterhaltung seines sensationslustigen Publikums Moritaten aufführen lässt« (*Deutsches Theater-Lexikon*, S. 631). Der Bühnenautor Hermann Sudermann (*Deutsches Theater-Lexikon*, vgl. S. 2467–2469) veröffentlicht im selben Jahr das dramatische Gedicht *Die drei Reiherfedern* und verfolgt in *Johannisfeuer* (1900) den Lebensweg sogenannter »Notstandskinder« (ebd., S. 914).
34 *Jugend*. Jg. 1901, Nr. 9, S. 144.

tionen«[35], die Norbert Abels für die folkloristische Fassade des Singspiels von 1930 herausarbeitet. Er sieht im »Gemisch von bodenständiger Staffage und touristischer Kostümierung«[36] den drohenden Anschluss Österreichs an Deutschland dargestellt, der im Singspiel zunächst als touristische Invasion erprobt und durchgespielt wird. Der »billige Jakob« der *Jugend* dagegen unterfüttert das Ressentiment der Zeitschrift gegenüber der vermeintlichen ›Billigware *Rößl*‹ noch mit dem Stereotyp des gewandten jüdischen Krämers, wie ihn das Bildungspublikum etwa als »Bücher-Krämer Jacob« aus Luise Adelgunde Victorie Gottscheds antipietistischer Typenkomödie und Konfessionssatire *Die Pietisterey im Fischbein-Rocke* (1736) kennen dürfte.

Staffage und Effekt im Konflikt mit der ernsthaften Unterhaltungskultur sind auch Anlass für einen fiktiven Leserbrief in der *Jugend*, der sich ein Jahr nach dessen Erstaufführung mit dem *Rößl* befasst.

> Geehrter Herr Schriftleiter!
>
> Ich bin kein Abonnent der ›Jugend‹ und lese dieselbe nur im Kaffeehaus. Mit Entrüstung habe ich in Nummer 49 einen Aufsatz gesehen, den ich nicht gelesen, sondern nur überflogen habe, aus dem mir aber sofort klar wurde, daß es sich um nichts geringeres, als um eine Persiflage des Schwankes ›das weiße Rössel‹ handelt! Noch einmal, ich habe den Artikel nicht gelesen, aber ich habe das Stück gesehen, und wenn ich auch kein Urtheil über derartige Bühnenschöpfungen habe, so kann ich nur das Eine gegen die ›Jugend‹ zu Felde führen, daß sich meine Frau göttlich amüsiert hat. Sie hat so gelacht, daß ich ihr den Leib halten musste. Es war der Wunsch meiner Frau das Stück zu sehen, da es ihr von unserer Haushälterin warm empfohlen wurde, und das [sic] wir zufällig Freibillets erhielten, brachte ich meiner Frau das Opfer, meinen Königrufer-Abend ausfallen zu lassen. Die ›Jugend‹, mit der meine Frau nichts zu thun hat, mag darüber anderer Ansicht sein, und persiflieren so lang sie mag! Meine Frau hält das Stück für sehr bedeutend, ich selber verstehe wenig vom Theater, aber als es auf dem Theater zu regnen anfing, da konnte ich auch nicht länger an mich halten. Ich habe diesen Effekt schon bei den Wasserpantomimen im Zirkus gesehen, aber einen so aus dem Leben gegriffenen Regen habe ich nicht erlebt, so alt meine Frau ist. – Die ›Jugend‹ kümmert sich natürlich (?) nicht um unsere Klassiker, aber ich frage blos: Wo finden Sie Regen bei Goethe, bei Schiller, ja nicht einmal bei Lessing? Warum regnet es im Wilhelm Tell nicht, warum nicht bei Faust, ja selbst in Minna von Barnhelm lässt Lessing die Sonne scheinen, und es wäre doch so naheliegend, daß der arme Major Tellheim pritschelnaß auf die Bühne kommt, weil er seinen Regenschirm versetzt hat. Warum frage ich? Einfach weil es ihnen, wie sie da sind, nicht eingefallen ist. Ihre Satire

---

35 Abels, Norbert: *Operettenfinale und Weltverspottung. Das Weiße Rössl und das Ende einer Kunstform.* In: *Im weißen Rössl. Zwischen Kunst und Kommerz.* Hg. von Ulrich Tadday. München 2006, S. 5–24, hier: S. 6.

36 Ebd., S. 7.

zielt offenbar auf das Dioskurenpaar Blumenthal-Kadelburg ab. Im Namen des Zwerchfells meiner Frau frage ich: Wohin soll es kommen, wenn zwei Dichter dieser Art vor Verunglimpfung nicht mehr sicher sein sollen! Warum soll der Pegasus nicht einmal ein weißes Rössel sein? Nun gut, sie ließen es regnen, ihr Drang trieb sie dazu! Sie haben alte Wirthshausspäße auf die Bühne gebracht, aber gerade die Jugend durfte daran nicht Anstoß nehmen! Denn die Späße sollten ihr unbekannt sein! Ja, wenn zwei Geister wie Kadelburg und Blumenthal, die sonst vor der Jugend sicher sind, vor Ihrer ›Jugend‹ nicht mehr sicher sein sollen, – was soll denn daraus werden? Meine Frau hat sich sogar das Buch ›Im weißen Rössel‹ gekauft und es liegt in ihrem Nachtkästchen. Sie werden vielleicht sagen: Lieber Leser, Ihre Frau hat einen schlechten Geschmack. – Mag sein, ich habe sie nicht gekostet, aber wenn meine Frau Seitenstechen bekommt – rühre das nun vom Lachen oder von was anderm her – so ist das für mich eine Genugtuung [...].[37]

Der »aus dem Leben gegriffene Regen«, der sonst nur im Zirkus zu sehen ist, entschädigt diesen von der Redaktion erfundenen Ehemann, der für das *Rößl* sogar seinen Kartenabend einer österreichischen Tarockvariante fahren lässt, und führt gleichzeitig die Form der Kulturkritik ein, mit der sich Kadelburg und Blumenthal konfrontiert sehen: die Frage des guten Geschmacks, der Vorwurf des Konservatismus und des Ewig-Gestrigen sowie vor allem die Frage nach der guten und der schlechten Kunst. Im Gestus der angeblichen Empörung über die verunglimpfende Darstellung des *Rößl* in der *Jugend* repetiert der fiktive Leser die eigentlich kritisierte Haltung der Zeitschrift, indem er das *Rößl* (aber auch die *Jugend*!) als eine der »Bühnenschöpfungen« klassifiziert, mit denen er sich nicht auskenne und es damit als nicht adäquate Lektüre für Bildungsbürger ausweist. Während seine Ehefrau und die Haushälterin über »Dichter dieser Art« Qualitätsurteile fällen könnten, die mit »Freibillets« und »Nachtkästchen«-Lektüre freilich auch recht eindeutig ausfallen, stellt er in seiner vorgeblichen Kritik an Goethe, Schiller und Lessing und deren mangelndem Sinn fürs Spektakelspiel á la *Rößl* die Insignien des Bildungsbürgers aus und markiert so die Haltung gegenüber dem Lustspiel als Distinktionsmerkmal zwischen Kunst und Krempel.

Das *Rößl* und die Kunst

Dass hier nämlich vom Dioskurenpaar gesprochen wird, das den Klassikern zumindest hinsichtlich der effektvollen (Selbst-)Inszenierung überlegen ist, greift einen Topos auf, der in der *Jugend* immer wieder mit Bezug auf Kadelburg und Blumenthal verballhornt wird und so die Debatte um den Kunstwert des *Rößl* sowie die Frage der Wertigkeit von Unterhaltungstheater generell begleitet.

---

37 *Jugend*. Jg. 1898, Nr. 52, S. 885.

In einer ›Revue‹, die am Wiener Volkstheater gegeben wurde, sollte auch eine Persiflage auf die beiden Verfertiger des *Weißen Rössels* vorkommen, aber die Scenen, deren Rollen schon ausgeschrieben waren, wurden im letzten Augenblicke gestrichen. Die beiden Dichterfürsten Blumenthal und Kadelburg hatten nämlich Wind von der Sache bekommen und gemeinsam ein Protestschreiben an den Direktor des Volkstheaters gerichtet. – Daß der blutige Oscar nicht viel Humor hat, beweisen seine Stücke, daß er aber zu wenig Geschäftssinn besitzt, eine solche Gratisreklame schmunzelnd einzuheimsen, das hätten wir von dem Berliner Commerziendichter nicht erwartet.[38]

Neben dem enormen Geschäftssinn Blumenthals, von dem noch zu reden sein wird, führt diese Nummer vom 8. April 1899 die ›Dichterfürsten‹ der leichten Muse, das ›Dioskurenpaar‹ des kleinen Mannes ein. Im Spätsommer desselben Jahres erscheint eine Goethe-Sondernummer zur Goethefeier, in deren Nachklapp es am 5. September heißt: »Im Lessingtheater zu Berlin wurde zur Feier des Geburtstages unseres größten Dichters dessen Lustspiel ›Im weißen Rößl‹ gegeben. Das Haus war festlich erleuchtet.«[39] Nun ist das Lessingtheater eben jener Ort, an dem das Lustspiel *Im weißen Rößl* am 30. Dezember 1897 uraufgeführt wurde und an dem damit bekanntlich eher nicht Goethe gefeiert wurde, der 1899 offenbar in der öffentlichen Wahrnehmung wie in der Theaterlandschaft vollständig von Blumenthal/Kadelburg verdrängt wurde. Aber die wissen ja auch mit Effekten umzugehen und so ist das Haus hier natürlich festlich erleuchtet.

Doch auch der zweite Dichterfürst neben Johann Wolfgang von Goethe wird für die Beziehung und die Beschreibung des zeitgenössischen Stellenwerts der *Rößl*-Autoren bemüht. In der Schiller-Ausgabe 1905 sieht sich ein anlässlich seines Jubiläums inkognito auf die Erde zurückgekehrter Friedrich Schiller mit den Segnungen konfrontiert, die »Die Reklame«[40] zeitgenössischen Autoren beschert. Der »in einen Berliner literarisch-ästhetischen Five o'clock«[41] hineinkatapultierte Dichter erfährt im Salon, dass »Blumenthal und Kadelburg für eine einzige Aufführung des *Weißen Rößl*«[42] zehnmal so viel Tantiemen erhalten wie er für *Die Räuber* im Ganzen. Die noch nachträglich über Schillers Armut besorgten Damen erklären sich (und ihm) dies mit der fehlenden Reklame, die Schiller schließlich noch nicht zur Verfügung gestanden hätte, worauf dieser in sein Jubiläums-Tagebuch notiert: »Die Reklame scheint eine würdige und außerordentlich reiche Dame zu sein, die es sich zur Lebensaufgabe gemacht hat, junge Dichter zu unterstützen.«[43]

---

38 *Jugend.* Jg. 1899, Nr. 15, S. 247.
39 *Jugend.* Jg. 1899, Nr. 38, S. 624.
40 *Jugend.* Jg. 1905, Nr. 19, S. 359.
41 Ebd.
42 Ebd.
43 *Jugend.* Jg. 1905, Nr. 19, S. 359.

Dass Schiller und Goethe im Gegensatz zu Blumenthal und Kadelburg blutige Anfänger waren, was die Vermarktung ihrer Stücke anbelangt, wird auch im folgenden Kommentar deutlich, der vor allem aber den großen Publikumserfolg des *Rößl* aufs Korn nimmt und so geschickt die Frage stellt, ob das zeitgenössische Publikum nicht jene Kost bekommt, die es verdient beziehungsweise sich, und in dieser Lesart dann durchaus mit ernsthafter Note, redlich zur Entspannung verdient hat.

> Von der Buchausgabe des Dramas »Im weißen Rössel« sind bereits dreitausend Exemplare im Buchhandel abgesetzt worden. Es ist in der That erfreulich, wenn der sprichwörtliche Tadel, daß das Volk der Dichter und Denker keine Bücher kaufe, einmal Lügen gestraft wird. Das Aufsehen erregende Werk wird bald in dem Bücherschrank keines Gebildeten fehlen, und auf dem Lesetisch der schöngeistigen, eleganten Welt wird das *weiße Rössel* eine selbstverständliche Erscheinung sein.[44]

Beginnend mit dem »Drama«, das dem Buchhandel sensationelle Erfolge beschert, wird im satirischen Ausblick der *Jugend* zu Weihnachten ein »Prachtband«[45] aus dem *Rößl*, der vom Illustrator und Historienmaler Hermann Knackfuß gestaltet wird und so das Stück auch in die bildende Kunst überführt. Als staatlich verordnete Schullektüre hält es schließlich Einzug in alle Klassenzimmer, wird von Carmen Sylva alias Elisabeth zu Wied, der dichtenden Königin Rumäniens, in Odenform gebracht und schlussendlich von Lorenzo Perosi, dem italienischen Priester-Komponisten, vertont[46]. Die hier noch spöttisch fingierte Kette der Be- und Verarbeitungen des *Rößl* zeigt, dass bereits im Lustspiel angelegt ist, was als Definitionskriterium eines musikalischen Unterhaltungstheaters in Gestalt von Operette und Revue gelten kann. Das *Rößl* erweckt bereits bei seinem Erscheinen den Eindruck eines auf Weiterverwertung zielenden Massenprodukts, das bis in seine ästhetischen Strukturen hinein, oder vielmehr: bereits aus ihnen heraus, auf massenwirksame Vermarktungsstrategien ausgelegt ist.

Das *Rößl* als Goldesel

Und so unterhalten sich Goethe und Schiller dann auch noch einmal in der Festausgabe zu Goethes 150. Geburtstag über Theaterdirektoren, die eher das Publikum statt die hohe Kunst im Blick haben.

> Kotzebue, der eine meerschweinchenartige dramatische Produktionskraft besaß, verließ eben in heiterer Stimmung Goethe's Bureau; auf der Treppe begegnete er Schiller, den er aber nur mit einem geringschätzigen Blick streifte. Als dann der edle Dichter sich bei seinem großen Freunde darüber beschwerte, daß er ihre beider-

---

44 *Jugend*. Jg. 1899, Nr. 21, S. 344.
45 Ebd.
46 Vgl. ebd.

Abbildung 22: *Max Reinhardts Panne*. In: *Simplicissimus*. Jg. 1932, Nr. 3, S. 33.

seitigen Stücke so selten aufführe, seufzte dieser: ›Leider bin ich nicht nur Freund und Dichter, sondern auch Theaterdirektor! Bei Kotzebues *Charleys Tante* und *Weißem Rössel* ist das Haus jedesmal ausverkauft [...].‹[47]

August von Kotzebue, Theaterstar der Goethezeit[48] und Vielschreiber, verfasste über 200 Stücke, die ein großes Publikum fanden, bis heute aber vor allem mit dem Etikett der trivialen Dramenproduktion versehen und entsprechend nur zu-

---

47 *Jugend*. Jg. 1899, Nr. 35, S. 574.
48 Weiterführend hierzu: Gebhardt, Armin: *August von Kotzebue. Theatergenie zur Goethezeit*. Marburg 2003.

rückhaltend auf ihren literarischen Wert hin betrachtet werden. Mit der Verschränkung Kotzebues, der, wider jeden Kunstanspruch, schlicht ob seiner Einträglichkeit gespielt werden muss, mit Brandon Thomas' *Charleys Tante* von 1892 und eben dem *Rößl* spielt die *Jugend* auf vermeintlich moderne Marktmechanismen an, die auch schon den Theatermarkt des 18. Jahrhunderts formten und die am Beispiel des *Rößl* lediglich erneut sichtbar werden.

Alle *Rößl*-Beteiligten wissen ganz offenbar, wie das Haus voll zu kriegen ist, wie auch der *Simplicissimus* vom 17. April 1932 anhand einer Abbildung verdeutlicht (Abbildung 22).

Hier nun schon auf das Singspiel von Ralph Benatzky und Erik Charell anspielend, illustriert »E. Thöny« den »Thespiskarren«[49] der Reinhardt-Bühnen, die zwar im modernen (Automobil-)Gewand daherkommen, aber letztlich reparaturbedürftig und »steckengeblieben«[50] sind. Das vermeintlich altmodisch-überkommene Pferdefuhrwerk des *Rößl* dagegen trabt munter weiter. Hätte Max Reinhardt nur das *Rößl* fortwährend gespielt, so der bitterböse Tenor der Text-Bild-Komposition, wären seine privatwirtschaftlich geführten *Reinhardt-Bühnen* sicher eine Goldgrube geworden und nicht verkauft worden. Denn das *Rößl* steht auch für Beständigkeit in finanzieller Hinsicht, wie die *Jugend* im selben Jahr hervorhebt (Abbildung 23).

Die letzte Vorstellung des *Rößl* findet erst statt, wenn auch der letzte Erdenbürger seine letzte Vorstellung gibt. Der ist dann zwar nur noch eine Ein-Mann-Bühne, nimmt aber – ganz in der Goldesel-Tradition – »zeitgenössische Eintrittspreise« (siehe Schild, rechts unten) und bietet selbst abgezehrt und ausgemergelt in Lederhose, Haferlschuh und Tirolerhut den Touristen noch die Befriedigung ihrer »Sehnsucht nach den Bergen«.[51]

Rößl-Tourismus

Marion Linhardt konstatiert für die (Berliner) Revueform als massenwirksamste Dramaturgie des beginnenden 20. Jahrhunderts eine besondere Beziehung zwischen »Attraktion«, »Berlin-Touristen« und dem »Warencharakter«, den die Revue der modernen Großstadt reflektiere.[52] Dass nun ein solch enger Zusammenhang zwischen Attraktion (der Regen!), Revue, Geld und Tourismus auch im Falle des *Rößl* besteht und bereits von den Zeitgenossen der Benatzky-Revue wahrge-

---

49 *Simplicissimus*. Jg. 1932, Nr. 3, S. 33.
50 Ebd.
51 Aus der Programmankündigung für das *Weiße Rößl* im Theater Vorpommern. Abrufbar unter: www.theater-vorpommern.de/Ahoi-Mein-Hafenfestival-2015/programm-2015/Im-weissen-Roessl/ (letzter Zugriff am 30.7.2015).
52 Linhardt: *Einblicke in den Theateralltag der Moderne*, S. 35f.

Abbildung 23: *Der Welterfolg*. In: *Jugend*. Jg. 1932, Nr. 16, S. 249.

nommen wird, verdeutlicht ein Auszug aus der *Jugend* von 1932, der mit dem Titel »Gäste« überschrieben ist und vom hauseigenen Kolumnisten mit dem Pseudonym Salpeter stammt.

> »Sagen se mal«, fragte der Besucher, »det is nu det ›Weiße Rössel‹, wo in der Charell-revue vorkommt?« »Gewiß, bittschön«, versicherten die Kellner geschmeichelt. »Hm, hm«, witzelte der Gast, »Ihr seid ja jewissermaßen een literarisches Hotel!« Die Kellner grinsten pflichtgemäß. »Die Aussicht is wirklich jottvoll, eenfach knorke!«, lobte begeistert der Herr aus Berlin, nickte den Kellnern leutselig zu und wandte sich an seine Gattin: »Also, Aujuste, jesehn hätt'n wa nu alles, nu könn' wa ja wieder in unsan Jasthof jehn, dort is der Kaffe doch bedeutend billiga!«[53]

Das *Rößl* ist nicht nur zum schier unbezahlbaren Werbeträger für den Markt St. Wolfgang geworden,[54] sondern zu einem Ort, an dem sich realiter revueartige Dialoge verfolgen lassen. »In der Scheinwelt der Operette werden die Verhaltensstandards erfunden, die hernach in der Wirklichkeit plagiiert werden.«[55] In einer dreifachen Schleife perpetuiert sich das *Rößl* als touristische Attraktion und kanonisiert dergestalt den Topos der Urlaubsfreude.

So entsteht bereits das Lustspiel mit den Vorzeichen der Freizeitwirtschaft(lich)keit. Oscar Blumenthal nutzt nämlich seine Sommerfrische 1896 in der Nähe von Bad Ischl und verlegt die beobachteten amourösen Bemühungen eines Kellners mit der künstlerischen Freiheit eines Theaterstücks an die als größer vermutete touris-

---

53 *Jugend*. Jg. 1932, Nr. 37, S. 584.
54 Vgl. Rohrhofer, Franz Xaver: *St. Wolfgang und Oberösterreich. Krone, Krummstab, Seidenfaden. Ein Streifzug durch 1000 Jahre Landesgeschichte*. Linz 2006, S. 174.
55 Abels: *Operettenfinale und Weltverspottung*, S. 16.

tische Attraktion – den Wolfgangsee. Hier nutzt die der Presse zugetane Wirtin des *Weißen Rößl*, Antonia Drassl, die Gelegenheit und verlegt die Legende der Entstehungsgeschichte kurzerhand auf ihre Hotelterrasse. Und auch die Umarbeitung zur Revueoperette 1930 stimmt, nun in einem dritten Schritt, in diese Tourismuslegende ein, die man nur allzu gerne glauben möchte. Emil Jannings und Erik Charell befinden sich nämlich auf der *Rößl*-Terrasse, als der Oscar-prämierte Schauspieler den Giesecke des Lustspiels mimt und damit den Startschuss für eine Revuebearbeitung gibt.[56]

Das *Rößl* ist zur Marke geworden und gerinnt damit selbst zu einer »Satire auf die moderne Kontraktion von Landschaft und Kommerz mit geradezu ostentativer Verhöhnung der Reisegewohnheiten des Publikums«[57]. So sehr, dass der Wolfgangsee auch in Brasilien zu finden ist und jetzt – endlich! – unter »Internationale Kunst« (Abbildung 24) firmiert.

Fazit

Wenn gilt, was Volker Klotz in seiner Monografie zum *Bürgerlichen Lachtheater* 1980 über die Operette schreibt, nämlich, dass »sie die Werte, die sie eifrig verficht, aber auch die eigene Dramaturgie, die eben diese Werte szenisch in Umlauf setzt, dem Gelächter«[58] preisgebe und damit (selbst-)ironisch vorgehe, dann ist *Im Weißen Rößl* eine Operette reinsten Wassers – und das schon als Lustspiel! Denn bereits hier ist die »kolossale Verspottung eines spezifisch modernen Phänomens«[59] angelegt und bricht sich in der Rezeption des Stücks durch die zeitgenössischen Satirezeitschriften Bahn. Die im *Simplicissimus* und der *Jugend* leitmotivisch wiederkehrenden Themenfelder, mit denen die öffentliche Kritik das Stück belegt, sind keine angetragenen Diskurse, sondern entstammen der ästhetischen Struktur des Stücks selbst. Auf diese Weise reflektieren die Zeitschriften, das »Reklame-, Schlager-, und Rekordmeldungsunwesen«[60], das das *Rößl* seinerseits schon aufs Korn nimmt, und greifen diese Verspottung auf bzw. nehmen sie in Teilen vorweg. Das Parodistische der Beiträge liegt so in der Dopplung des Geschehens auf der Bühne vor der Bühne und in das Publikum hinein. Die satirischen Kommentare fungieren als kanonisierende Kritik, die Ironie als Teil des Stücks, der Inszenierung und der Rezeption etabliert und die ranzige Gemütlichkeit des *Rößl* in der Trias von Kunst, Kommerz und Kitsch als Markenkern herausarbeitet und als Bewertungsfolie für die folgenden Fassungen festigt. So kann

---

56 Vgl. Hennenberg: *Es muss was Wunderbares sein …*, S. 156f.
57 Abels: *Operettenfinale und Weltverspottung*, S. 7.
58 Klotz, Volker: *Bürgerliches Lachtheater. Komödie – Posse – Schwank – Operette*. München 1980, S. 187.
59 Abels: *Operettenfinale und Weltverspottung*, S. 6.
60 Ebd.

Abbildung 24: *Internationale Kunst.* In: *Simplicissimus.* Jg. 1932, Nr. 1, S. 8.

Im Weißen Rößl auch noch 118 Jahre nach seiner Uraufführung liebevoll bespöttelt, aber ungestraft Hauptattraktion des Hafenfestivals (!) in Greifswald und Stralsund sein und als »heitere Abwechslung im trüben Urlaubsalltag eines missratenen Sommerbeginns an der Ostseeküste«[61] beworben werden.

---

61 Zerban, Michael S.: *Beinah die ganze Welt ist himmelblau.* Rezension vom 27. Juni 2015 zur Inszenierung des *Rößl* im Rahmen von *Mein Hafenfestival* der Theater Stralsund, Greifswald, Putbus. Abrufbar unter: www.opernnetz.de/seiten/rezensionen/Greifswald_Im_ weissen_ R%C3%B6ssl_Zerban_150626.html (letzter Zugriff am 30.7.2015).

Leopold Kern und Herbert Wolfgang

Man kommt ins Theater und steht im Hotel
Unmittelbarkeit, Aktualität und Schärfe in der ›kleinen Fassung‹ des *Rößls*

Wir haben 2009 mit unserem Freiburger Musiktheater »Die Schönen der Nacht« die »kleine Fassung« von *Im weißen Rößl* produziert und seither einige hundert Vorstellungen gegeben, allerdings mit noch weniger Personal, als 1994 in der ›Bar jeder Vernunft‹ auf der Bühne stand (siehe hierzu www.dieschoenen.com). Wir haben ein kleines Theater mit entsprechend beschränkten Möglichkeiten. Deshalb war es eine besondere Herausforderung, ein Stück, das, wenn man von der ursprünglichen Version ausgeht, ein Stück des ganz großen Unterhaltungstheaters ist, so zu reduzieren, dass die Geschichte in ihrer Ernsthaftigkeit lebendig sichtbar wird. Wir greifen oft und ganz bewusst Stücke des großen Unterhaltungstheaters, vor allem aus der Zeit vor dem Zweiten Weltkrieg, auf. Dadurch, dass wir sie in minimalistischer Form präsentieren, kommen wir zu einer ganz scharfen Zeichnung des Inhalts, und so entsteht eine neue Aktualität.

Wir haben uns schon sehr früh um Musik und Theater verfolgter Künstler und um die verschiedenen Ansätze der Zeit vor 1933 bemüht, wobei uns wichtig war, zu der Doppelbödigkeit, Vielschichtigkeit und zur knisternden Erotik, die in der Nachkriegszeit oft verloren ging, zurückzufinden. Es ist doch ungeheuer spannend, wie frech und mit was für einem guten Gespür für musikalische Wirkung Charells Produktion war.

Dabei hat das Stück eine Kraft, die immer noch zum Tragen kommt, sowohl von der Musik als auch der Geschichte her. Besonders spannend ist hier die Schichtung von Ernsthaftigkeit und Leichtigkeit. Wenn man die Operette nicht nur als seichte Unterhaltung betrachtet, sondern ernst nimmt, dann kommt eine sehr schöne Geschichte zum Vorschein. Gerade der Handlungsstrang Josepha und Leopold mit seinen Eroberungsversuchen kann sehr unmittelbar wirken, wenn man ihn direkt und ehrlich spielt. Giesecke und Tochter stehen für eine Gesellschaftsschicht, die sich alles leisten kann, die aber im Land dieser derberen »Eingeborenen« ihre archaischen Erfahrungen macht, wenn sie mit High Heels in den Kuhstall stapft und er auf die Berge wandert – und dabei doch wieder überall auf sein Geschäft trifft. Auch das ist ja eine Situation, zu der man viele Parallelen ziehen kann in die Gegenwart. Letztendlich wird ja sogar der Kaiser, bei aller Ironie und Komik, ungeheuer melancholisch in dem dramaturgisch sehr schwierigen Lied *'S ist amal im Leben so.*

Abbildung 25: Herbert Wolfgang, Leopold Kern, Juliane Hollerbach und Andreas Binder, Produktionsfoto Musiktheater ›Die Schönen‹, Freiburg, 2009.

Außerdem hat das Thema Salzkammergut und Sommerfrische und die klischeehafte Vision von den »Eingeborenen« an diesem See bis heute ungebrochene Aktualität. Und die Songtexte und Dialoge sind einfach nach wie vor unglaublich gut. Es ist doch spannend, dass eine Komödie aus dem frühen 20. Jahrhundert noch im 21. so prägnante Texte hat, die unmittelbar die Emotionen berühren.

Die Zuschauer sitzen bei uns so nah an der Bühne, dass man schnell das Gefühl hat, sich in der Mitte des Geschehens zu befinden. Aber das fängt eigentlich schon beim Eintreten in das Theater an, denn schon vor dem Stück treten die Darsteller in Aktion. Da das ganze Ensemble im ersten Kostüm als Kellner und Kellnerin präsent ist, können wir schon beim Ankommen das Publikum als Hotelgäste begrüßen und bedienen. So ist man gleich von Anfang an mittendrin. Erst später haben wir erfahren, dass auch bei Charell 1930 das Publikum schon beim Betreten des Theaters von kostümiertem Hotelpersonal empfangen und das Große Schauspielhaus als Hotel dekoriert wurde.

Aber so ist unser Konzept: Ein ganz kleines Ensemble springt in verschiedene Rollen. Es ist in der Lage, ganz schnell umzuschalten und die Charaktere zu wechseln. Aufgrund der Nähe zum Zuschauerraum können wir uns nie verstecken. Die Faszination für die Zuschauer ist es dabei nicht zuletzt, dass sie diese Verwandlung mitverfolgen und akzeptieren, statt sich zu wundern, dass jemand, der eben noch den Giesecke gespielt hat, jetzt der Kaiser ist. So wandern sie in diesen »Mutationen« mit uns, ohne dass Irritationen entstehen. Durch diese Unmittelbarkeit erlebt und erleidet das Publikum die Geschichte stärker mit und reagiert sehr emotional, wie wir immer wieder erleben (Zurufe aus dem Zuschauerraum: »Lies den Brief!«). So wird auch die Unterhaltung sehr ernst genommen. Der Zauber, der dadurch entsteht, kommt nicht durch Bühnentechnik und Maschinerie zustande, sondern durch die Darsteller und die Handlung.

Ein Vorteil für uns ist, dass wir *en suite* spielen und somit an der Produktion auch nach der Premiere feilen können, so dass sich das Stück immer weiterentwickeln kann. Es gibt auch Leute, die zehnmal und öfter kommen und die Veränderungen bemerken.

Die Reduktion hat uns gezwungen, jeden Zentimeter zu nutzen, um einen Raum zu schaffen, der Weite und Tiefe annimmt und der die Geschichte unterstützt, ohne dass Realismus durch Umbauten hergestellt wird. Bei der optischen Gestaltung bemühen wir uns darum, dem Publikum Angebote zu machen, Visionen in den Köpfen entstehen zu lassen. So kann ein Balkon oder ein Pool in der Imagination des Publikums entstehen. Bei der optischen Konzeption und der Realisation des Bühnenbildes spielen ja die räumlichen Gegebenheiten eine zentrale Rolle.

Das Bühnenbild und die Räume unseres *Rößls* waren inspiriert von der Op-Art und Pop-Art. Die Berge, die den Raum umschließen, sind Styropor-Berge im Stil der Pop-Art, die mit Schwarzlicht bestrahlt werden können und so in der Nacht leuchten. Die Kostüme dagegen sind folkloristisch, vorwiegend authentische Kostüme aus Österreich, und stehen so im deutlichen Kontrast zu den von der Pop-Art inspirierten Bildern. Das ergibt dann eine sehr dichte Synthese.

Die Tatsache, dass es sich um eine Revueoperette handelt und damit auch Freiheiten verbunden sind, war auch für unsere Produktion wichtig. Hier ergab sich für uns die Möglichkeit, die Tableaus für sich zu betrachten und nach ihrer Bedeutung zu befragen. So gelangten wir von einer direkten hin zu einer eher collagierten Erzählweise, die etwas Bestimmtes hervorheben und wie in einer Karikatur sichtbar machen kann. Ein realistischer Kaiser war in einem solchen Konzept nicht möglich. Unsere Antwort, eine Lösung, die uns immer noch sehr gelungen scheint, war, den Kaiser in einem Bilderrahmen auftreten zu lassen. Das gibt der Figur von Anfang an eine epische Einfassung. Eine Folge davon ist, dass er beim Frühstück nicht selbstständig essen kann, weil er den Rahmen halten muss, so dass Josepha ihm die Semmel streichen und ihn füttern muss.

Unser Publikum ist eher jenes vom Stadttheater und Konzert, weniger das der Comedy, also Menschen mit einem Bedürfnis nach guter und anspruchsvoller Unterhaltung. Unterhaltung ist eine wichtige und ernst zu nehmende Kategorie des Theaters. Wir können im Theater nicht immer nur Probleme abarbeiten und weinen. Das Lachen hat eine gesellschaftlich ganz wichtige therapeutische Funktion.

Carolin Stahrenberg

»Vision aus der Heimat«
Das ›Österreichische‹ in der Wiener Stadttheater-Produktion von *Im weißen Rößl* (1931)

Einleitung

»Es gibt ein berückendes Finale, wenn die jungen Damen in traumvollen Phantasiekostümen unsere schönsten Orte in den Alpen repräsentieren«, schrieb der Kritiker Rudolf Holzer in der *Wiener Zeitung* 1931 über die österreichische Erstaufführung[1] des *Weißen Rößls*, eine, so seine Worte, »Vision aus der Heimat, von österreichischer Art und Kunst«[2], und die *Neue Freie Presse* sprach bezüglich der »Salzkammergutrevue« sogar von einer erfolgreichen Rückkehr des »unverwüstlich lustige[n] Gauls [...] in die Heimat.«[3] Hier (wie auch in anderen Kritiken zu dieser Produktion) wird nicht nur das ursprünglich für Berliner Bühnen produzierte Stück[4] aufgrund des Handlungsortes zu einem »österreichischen« umgedeutet,[5] und damit die komplexe Struktur von Urhebern, Zielpublikum, Genre-

---

1   Eintrag »Im weißen Rössl«. In: Siedhoff, Thomas: *Handbuch des Musicals. Die wichtigsten Titel von A bis Z.* Mainz 2007, S. 276–279.

2   Holzer, Rudolf: *Stadttheater. »Im weißen Rössl«.* In: *Wiener Zeitung*, 29.9.1931. Der Autor spielt ironisch auf Johann Gottfried Herders »Von deutscher Art und Kunst« (Hamburg, 1773) an.

3   »Favorit der vorigen Berliner Saison, Derbysieger der Londoner Sommerseason, kehrt der unverwüstlich lustige Gaul jetzt in die Heimat zurück und wird auch hier das Rennen machen.«, L. Hfd.: »Salzkammergutrevue im Stadttheater. Das ›Weiße Rössl‹ als Singspiel«. In: *Neue Freie Presse*, 27.9.1931. Die *Reichspost* sprach anlässlich der 300. Aufführung des Stückes sogar ganz selbstverständlich von einem »Wiener Singspiel«, O.R.: *Dreihundertmal »Im weißen Rößl«*, in: *Reichspost*, 14.5.1932, S. 8.

4   Sowohl das Singspiel als auch die vorherige Lustspielfassung stehen in Berliner Tradition und wurden für Berliner Aufführungsstätten produziert. Vgl. Doppler, Bernhard: *Das Glück steht vor der Tür. Österreich im Berliner Schwank und der Berliner Operette (Im weißen Rössl).* In: *Modern Austrian Literature*, 1998, Vol. 31(1), S. 20–38.

5   Ein ähnliches Phänomen war z.B. auch in der Spielzeit 2013/14 angesichts der Produktion des Salzburger Landestheaters des (Broadway-)Musicals *The Sound of Music* zu beobachten, vgl. z.B. Hammerl, Ulli: »*The Sound of Music – Ein Musical kehrt heim*«, http://magazin. salzburgerland.com/kunst-kultur/the-sound-of-music-ein-musical-kehrt-heim/ (letzter Abruf am 24.2.2016) oder die Stückbeschreibung auf der Homepage des Salzburger Landestheaters:

tradition und institutionellem Kontext verschleiert. Die Aussage des Kritikers verweist implizit auch auf eine besondere Schwierigkeit, die sich bei der Aufführung des Stückes in Österreich stellt: Die Berg- und Seenkulisse des Handlungsortes wird im Alpenraum statt als Exotisch-Fremdes als Alltägliches, Eigenes empfunden, als »unsere schönsten Orte« – die damit verbundene Figurenkonstellation von »Eingeborenen«[6], wie es im Libretto der Uraufführung heißt, und großstädtischen Touristen als Spiegel des Berliner Publikums dreht sich vor einem österreichischen Auditorium um. Damit verschieben sich aber auch grundsätzliche Wertungen und Wahrnehmungen, hat doch das *Othering*, beispielsweise von Teilen der Landbevölkerung in der Berliner Fassung des *Rößls,* eine kollektiv identitätsstiftende Funktion durch die Abgrenzung von Eigenem und Fremdem, die durchaus auch mit der Selbstvergewisserung der eigenen (in diesem Fall großstädtischen Berliner) Überlegenheit einhergeht.[7] Um die kollektive Identität und damit das Identifikationspotenzial eines österreichischen Publikums zu stärken, müssen Teile des *Otherings* folglich in eine andere Richtung erfolgen – oder es wird eine enorme Reflexivität und Selbstdistanz beim Auditorium vorausgesetzt. Dabei ist erhellend, dass die Wiener Fassung trotz des eigentlich großstädtischen Kontextes des Aufführungsortes, der zunächst durchaus mit Berlin vergleichbar erscheint, gezielt Änderungen enthält, die dieser Problematik Rechnung tragen.

Hubert Marischka und Karl Farkas, als Direktor und Regisseur die Hauptverantwortlichen für die Produktion, waren sich dieser besonderen Situation sehr wohl bewusst – auch wenn sie gleichfalls an zahlreiche Elemente der Berliner Erstproduktion anknüpften. Es schält sich auf diese Weise eine spezifisch österreichische Version, die »Wiener Einrichtung« des *Weißen Rößls* heraus, die 1932–33 nicht nur in Österreich gespielt wurde, für dessen Gebiet (ausgenommen Vorarlberg und Burgenland) Marischka per Verlagsvertrag die exklusiven Aufführungsrechte innehatte,[8] sondern die, zumindest laut Farkas-Biograph Georg Markus, auch in Teilen Kroatiens, in Rom und in Kairo zur Aufführung gekommen sein soll.[9]

»Ein Musical ist nach Hause zurückgekehrt«, www.salzburger-landestheater.at/de/produktionen/the-sound-of-music--wa.html (letzter Abruf am 24.2.2016).

6 *Regie- und Soufflierbuch Im weißen Rößl, Singspiel in 3 Akten (frei nach dem Lustspiel von Blumenthal und Kadelburg) von Hans Müller, Musik von Ralph Benatzky, Texte der Gesänge von Robert Gilbert. Vier musikalische Einlagen von Bruno Granichstaedten, Robert Gilbert und Robert Stolz.* Berlin 1931, S. 16.

7 Vgl. die zusammenfassenden Erläuterungen zum »Othering« auf Basis von Said, Edward, Pratt, Mary Louise u.a. im Kap. »Koloniale und Postkoloniale Diskurstheorie«. In: Mills, Sara: *Der Diskurs. Begriff, Theorie, Praxis.* Tübingen und Basel 2007, S. 115–141.

8 Tournee-Vertrag mit Theater-Verlag Otto Eirich, 23.10.1931, gültig ab 14.10.1931 bis 31.12.1933. Marischka wird »das ausschließliche Recht zur bühnenmäßigen Aufführung in deutscher Sprache des Werkes: ›Im weissen Rössel‹ [sic], Operette von Ralph Benatzky, für seine Tournee in Nieder-Österreich, Ober-Österreich, Salzburg, Kärnten und Steiermark,

Fakten und Quellen

Die Produktion im Stadttheater in der Skodagasse in Wien, einem mit einer Kapazität von ca. 1250 Personen deutlich kleineren Haus als die Uraufführungsstätte in Berlin,[10] hatte am 25. September 1931 Premiere. Marischka hatte laut Programmheft die »künstlerische Gesamtleitung«[11] inne. An der Außenfassade des Theaters, die wie in der Berliner Produktion als »Gasthof zum weißen Rößl« dekoriert wurde, prangte ein großes Banner mit dem Schriftzug: »Marischka sagt Grüss Gott, Farkas Herzlich Willkommen«[12] (s. Abbildung 26), so dass die beiden Hauptverantwortlichen bereits vor dem Eintritt ins Theater als gleichrangige Akteure präsentiert wurden. Die persönliche Ansprache des Zuschauers vom Theatereingang setzte sich im Programmheft fort, auf dessen Titel Marischka alias Oberkellner Leopold durch ein vom Leser zu öffnendes Fenster blickt und per

---

sowie Tirol, u.z. für solche Orte, wo sich kein ständiges Theater befindet, wie z.B. Graz, Salzburg, Innsbruck, ~~etc.~~« überschrieben. Dieser und weitere Verträge: Österreichisches Theatermuseum Wien [im Folgenden: ÖTM], Sammlung Handschriften und Nachlässe, Nachlass Marischka, unbeschrifteter Ordner, Mappe »Im weißen Rössl«. Ob ein ebenfalls verhandelter Prolongationsvertrag für das Jahr 1934 zum Abschluss kam, konnte ich bisher nicht eruieren.

9 Markus, Georg: *Das große Karl Farkas Buch. Sein Leben, seine besten Texte, Conférencen und Doppelconférencen.* Wien und München 1993, S. 99 (dort ohne Nachweis). Markus' Aussage muss wissenschaftlich noch weiter abgesichert werden. Zumindest für die Gastspiele von »Al cavallino bianco« der unter der Leitung der Brüder Arthur und Emil Schwarz stehenden »Compagnia della Rivista Italiana«, die vor allem das italienische Sprachgebiet umfasste, die aber auch in Kairo gespielt haben soll, erscheint eine Beeinflussung durch die Wiener Produktion naheliegend, hatten doch die Schwarz-Brüder in Wien in Zusammenarbeit mit Karl Farkas in den 1920er-Jahren Ausstattungsrevuen im Ronacher produziert und auch für das Stadttheater gearbeitet (vgl. Reitterer, H.: *Schwarz, Emil (Emilio).* In: *Österreichisches Biographisches Lexikon 1815–1950,* Bd. 11 (Lfg. 54, 1999), S. 431, Online-Edition, www.biographien.ac.at/oebl/oebl_s/Schwarz_Emil_1874_1946.xml). Für die italienische Produktion scheinen allerdings noch weitere Änderungen, insbesondere im Hinblick auf die Kaiser-Figur, vorgenommen worden zu sein (vgl. Freiherr von Nadherny, Ernst: *Erinnerungen aus dem alten Österreich.* Hg. von Peter Panholzer und Christiane Reich-Rohrwig. Wien u.a. 2009, S. 218ff.).

10 Wiener Stadttheater (Architekt: Oskar Kaufmann): Fassungsvermögen 1258 Personen, vgl. *Wiener Adressbuch. Lehmanns Wohnungsanzeiger für Wien, Bd. 2.* Wien 1942, S. 37. Der dort abgedruckte Plan entspricht dem von 1931, bei diesem wird im *Wiener Adressbuch* jedoch keine genaue Zuschauerzahl angegeben.

11 »Im weißen Rößl«, Singspiel in drei Akten, Programmheft zur Produktion im Wiener Stadttheater, 1931, S. 1. Die im österreichischen Theatermuseum erhaltenen Programmhefte unterscheiden sich (bis auf zwei identische) durch kleine Details und enthalten 16–18 Seiten. ÖTM, Sammlung Druckschriften, Plakate, Programme [ohne Signatur].

12 Schreibung folgt der damaligen, vgl. Foto.

Abbildung 26: Die Außenfassade des Wiener Stadttheaters anlässlich der Produktion von *Im weißen Rößl* (1931). Auf dem Banner wurde das Publikum in Großbuchstaben begrüßt: »Marischka sagt Grüss Gott, Farkas Herzlich Willkommen«. ÖTM, Fotosammlung, E1057/70.687Th.

Schriftzug »Wohl zu speisen« wünscht.[13] Für die Ausstattung der Inszenierung zeichneten Alfred Kunz (Kostüme), Franz Marischka (Dekorative Raumgestaltung) und das Atelier Ferdinand Moser (Bühnenbilder) verantwortlich. Ballettmeister war Hans Heinz Klüfer; die musikalische Leitung übernahm Anton Paulik, der auch zusätzliche Musik zu neuen Texten von Farkas beisteuerte.[14]

---

13 Titelseite, Programmheft zur Produktion im Wiener Stadttheater, ÖTM, Sammlung Druckschriften, Plakate, Programme. Die Titelseitseite war mit einer Art ausgeschnittenem »Durchblick« aufwändig gestaltet. Reproduktion abgedruckt in: Patka, Marcus G.: *Die Welt des Karl Farkas* (Begleitpublikation zur Ausstellung *Sie werden lachen! Die Welt des Karl Farkas* des Jüdischen Museums der Stadt Wien vom 4. April–1. Juli 2001). Wien 2001, o.S.

14 *Ischl*, Musik von Karl Farkas und Anton Paulik, und *Quodlibet*, musikal. Arrangement von Karl Farkas und Anton Paulik, aus dem Bild »Auf der Ischler Promenade«, außerdem *Ich hab es fünfzig Mal geschworen*, Text von Karl Farkas, Musik Bruno Granichstaedten (vgl. Programmheft zur Produktion im Wiener Stadttheater, ÖTM, Sammlung Druckschriften,

Unter den Schauspielerinnen und Schauspielern stechen als ›Stars‹ vor allem die beiden federführend Verantwortlichen der Aufführung selbst hervor: Farkas als ›schöner Sigismund‹ und Marischka als Leopold, in einer Rolle also, die im früheren Lustspiel in Wien sein großes Vorbild Alexander Girardi verkörpert hatte. Marischka hatte als junger Mann bereits mehrfach *Rößl*-Erfahrung als Piccolo in Blumenthals und Kadelburgs Lustspiel gesammelt, jedoch noch nie zuvor den Leopold gespielt.[15] Die weiteren Beteiligten waren zum Teil bewährte Kräfte, wie *Rößl*-Wirtin Paula Brosig, Fritz Imhoff (Giesecke), Otto Marau (Dr. Siedler) und Karl Kneidinger (als Hinzelmann), oder es waren jüngere Nachwuchsschauspieler und -schauspielerinnen wie Lizzi Holzschuh (später ersetzt durch Polly Frank, als Ottilie), Mimi Shorp (Klärchen), Mia Kainz (Kathi) oder Rudi Merstallinger als Piccolo. Die bereits in Berlin vorhandene »komische Figur« des Kellners Franz wurde für Wien merklich aufgewertet und von Eugen Günther verkörpert. Den Kaiser spielte in einer Art ›Doppelrolle‹ Oberregisseur Otto Langer, der gleichzeitig die Abendspielleitung innehatte. Bei seiner Darstellung wurde in den Kritiken vor allem die »glänzende Maske« sowie der »Takt und Geschmack« bei der, wie es in der *Neuen Freien Presse* heißt, »heiklen Stelle« hervorgehoben.[16]

Von *Im weißen Rößl* wurden im Wiener Stadttheater insgesamt 700 Vorstellungen, Dauer zunächst ca. 4 ½ Stunden, gegeben, es lief fast ohne Unterbrechungen vom September 1931 bis zum Ende des Jahres 1932. Im Dezember 1933 feierte es noch einmal eine kurze Wiederaufnahme im ebenfalls von Marischka geleiteten Theater an der Wien.[17] Ein Kuriosum am Rande: Für die Silvestervorstellung 1931/32 verfasste Farkas einen zusätzlichen 4. Akt, eine Fortsetzung mit den glei-

---

Plakate, Programme, je nach Fassung S. 12 oder 13). Die Musik zu diesen Nummern konnte bisher noch nicht aufgefunden werden, es besteht jedoch die Möglichkeit, dass sich im Nachlass Karl Farkas', der zurzeit in der Landesbibliothek Niederösterreich in St. Pölten katalogisiert wird, etwas findet. Auch das *Rauschlied*, in diesem Fall wohl insbesondere dessen Text, der Berliner Uraufführung stammte von Karl Farkas, dort in der Szene »Im Rathaus von St. Wolfgang« (vgl. Programmheft der Berliner Produktion, Reproduktion im Bildteil dieses Buchs).

Der Nachlass Anton Paulik ist bisher nicht öffentlich verzeichnet (Recherche in div. Datenbanken, 9.9.2015). Paulik wurde als musikalischer Leiter später durch Max Schönherr ersetzt. Beide sind in Österreich keine Unbekannten, Paulik dirigierte später u.a. das Orchester der Wiener Staatsoper, Schönherr verfasste u.a. eine Dissertation über Carl Michael Ziehrer.

15 Folgt man den Rollenbüchern sowie den gesammelten Unterlagen im Nachlass Marischka, Ordner »Kassabücher, Aufführungsverzeichnis 1927–1935« und »Theaterzettel u. Plakate«, ÖTM, Sammlung Handschriften und Nachlässe, Nachlass Marischka.

16 L. Hfd.: *Salzkammergutrevue im Stadttheater. Das »Weiße Rößl« als Singspiel*. In: *Neue Freie Presse*, 27.9.1931. Vgl. auch: »Otto Langer zeichnete diskret die Gestalt des alten Kaisers Franz Joseph«, B.: *Stadttheater*. In: *Wiener Bilder*, 4.10.1931, S. 10.

17 Vgl. Rollenbuch, ÖTM, Sammlung Handschriften und Nachlässe, Nachlass Marischka, Ordner: »Kassabücher, Aufführungsverzeichnis 1927–1935«.

chen Figuren, die das Hotel »Zum weißen Rößl« an einem Silvesterabend einige Jahre später zeigt. Der Text dieser Episode konnte bisher nicht aufgefunden werden.[18] Farkas zeichnete auch für eine zeitgleich im Kabarett Simpl produzierte Parodie des Stückes mit dem Titel *Im schwarzen Rößl* verantwortlich.[19]

Während der Laufzeit des Stücks wurde es von zunächst 16 Szenen[20], darunter auch die neue Einlage »Auf der Ischler Esplanade«, auf schließlich 13 Szenen gestrafft (Programmheft nach »über 450 Aufführungen«[21], ca. Mai 1932). Der 1. und 2. Akt blieben dabei unverändert, lediglich im letzten Akt wurde gekürzt. Die erste Veränderung findet sich schon zwischen Oktober und Dezember 1931: Die erste Szene des 3. Aktes, »Vor dem Hotel ›Im weißen Rößl‹«, die in Berlin u.a. den zweiten Auftritt des Kaisers, das Morgenständchen und seinen Auszug zur Jagd enthält, entfiel, ebenso die Zwischenepisode »Im Fichtengrund« (»Die Wandervögel«). Im Mai ist dann noch zusätzlich die Szene »Zur Waldeinsamkeit« (Untertitel: »Das Mädchenpensionat von 1932«) mit der Tanzeinlage von »Lizzy Balla und [den] Girls« gestrichen worden. Das Stück wurde folglich immer kürzer und dürfte bereits nach der ersten Anpassung eine Spieldauer von 4 Stunden unterschritten haben.

Zur »Wiener Einrichtung« und ihren Besonderheiten

Farkas schreibt in seinem Programmheftbeitrag zur Produktion, er habe den Proben unter Charells Leitung im Großen Schauspielhaus in Berlin selbst als Gast beigewohnt und legitimiert auf diese Weise seine Regie als eine ›aus erster Hand‹ informierte.[22] Gleichzeitig betont er, dass in »fruchtbare[r] und erfreuliche[r] Zusammenarbeit mit Hubert Marischka [...] das Werk ganz in die richtige österrei-

---

18 Zeitungsausschnittsammlung, ÖTM, Sammlung Handschriften und Nachlässe, Nachlass Marischka, Ordner »Ausgleich«. Auch hier besteht die Möglichkeit, dass dieses und evtl. noch weitere Dokumente im Nachlass von Karl Farkas in St. Pölten gefunden werden.

19 Vgl. *Wiener Salonblatt*, 25.10.1931, S. 10 und A.M.: *Meisls Geburtstagsrevue. Fußballerfest auf der Kleinkunstbühne*. In: *Wiener Sporttagblatt*, 18.11.1931, S. 3. Des Weiteren gab es in Wien auch noch die Parodien *Das braune Rößl*, aufgeführt u.a. im Westend-Varieté, sowie *Im schwarz-weißen Rößl* im Favoritner Collosseum. Vgl. *Die Rote Fahne*, 12.10.1932, S. 7; *Die Rote Fahne*, 28.10.1932, S. 8 und *Das Kleine Blatt*, 28.10.1932, S. 11.

20 Laut einem handschriftlich auf den 14.10.1931 datierten Programmheft zur Produktion im Wiener Stadttheater, ÖTM, Sammlung Druckschriften, Plakate, Programme. Die später folgenden Kürzungen lassen sich anhand der verschiedenen, aber nur teilweise datierten Programmhefte in der Sammlung ungefähr zeitlich einordnen und nachvollziehen.

21 In dem entsprechenden (undatierten) Exemplar findet sich der zitierte gedruckte Hinweis auf S. 12; gleicht man dies mit den Eintragungen in Marischkas Rollenbuch ab, ergibt sich eine ungefähre Datierung auf Mai 1932.

22 Für die Korrektheit dieser Angabe spricht, dass Karl Farkas im Programmheft der Berliner Inszenierung als Texter und Arrangeur des »Rauschliedes« (bei dem es sich wohl um das

Abbildung 27: Szenenfoto *Im weißen Rößl*, Wiener Stadttheater 1931, mit Hubert Marischka als Kellner Leopold in der Mitte und dem Tanzensemble. Bei den Paaren im inneren Kreis wird der ›Herren‹-Part von Damen in Hosenrolle übernommen. Im Hintergrund die realistisch anmutende Szenerie mit schneebedeckten Bergen. ÖTM, Fotosammlung, E105X/70.693Th.

chische Atmosphäre getaucht wurde, die uns so lieb und vertraut ist«, so dass »aus dem internationalen Erfolg ein spezifisch österreichischer wurde.«[23] Hier wird die Rezeption der Aufführung im Programmheft bereits gezielt gesteuert, indem das Augenmerk auf »österreichische« Aspekte der Produktion gelenkt wird.

Tatsächlich schlossen sich allerdings zahlreiche Elemente, wie z.B. Bühnenbild und Kostüme, recht eng an das Vorbild aus Berlin an (wie beispielsweise auch die schon erwähnte Dekoration des Theaterbaus als Hotel zeigt, s. Abbildung 26). So entwarf Kunze keinesfalls ›authentische‹ oder authentisch anmutende Trachten, wie man es für eine »richtige österreichische Atmosphäre« vielleicht hätte erwarten mögen, sondern farbenfrohe, moderne und zum Teil erotische »Visionen« von Trachten für die Wiener Produktion (s. die Figurinen im Bildteil dieses Bandes). Für die Tänze wurde auch das verfremdende und erotisierende Cross-

---

Quodlibet der Szene im Rathaussaal handelt) genannt ist. Programmheft zur Berliner Produktion im Großen Schauspielhaus, vgl. Reproduktion im Farbteil dieses Buchs.

23 Programmheft zur Produktion im Wiener Stadttheater, o.S., ÖTM, Sammlung Druckschriften, Plakate, Programme.

Dressing genutzt, die Kostüme changieren zwischen ländlich anmutenden und revueartigen Konzeptionen (s. die Abbildungen im Farbteil sowie Abbildung 27). Wirken die Entwurfszeichnungen frech und lebendig, zeichnen die Produktionsfotos ein eher statisches Bild, aus dem kaum Bewegungsabläufe abzuleiten sind (s. Abbildung 27). Allein die Menge der Tänzerinnen und Tänzer lässt aber darauf schließen, dass diesen ein wichtiger Part in der Produktion zukam und mit Revuechoreographien gearbeitet worden sein muss. Die realistische Bühne zeigt, wie schon in der Berliner Produktion, im Hintergrund deutlich erkennbar Gletscher und Schnee – diese Darstellung, die Farkas-Biograph Markus in Zusammenhang mit der Berliner Produktion als »schwerwiegende[n] Fehler«[24] bezeichnet (da im Sommer kein Schnee von St. Wolfgang aus zu sehen sei), war also mitnichten in der Wiener Aufführung behoben, wie Markus suggeriert. Offenbar war auch in Wien die dekorative Aussicht auf schneebedeckte Berge wichtiger als ein kompromissloser ›Realismus‹. Auch Markus' Aussage, Farkas wäre zu eitel gewesen, den Sigismund ohne Haupthaar zu spielen,[25] lässt sich zumindest anhand der Dokumente zur Aufführung nicht bestätigen: Die Glatzen-Episode taucht im Textbuch der Produktion (fast) unverändert auf,[26] und auf den Szenen- und Rollenfotos der Inszenierung ist Sigismund mit auffälligen Kopfbedeckungen zu sehen.[27]

Ähnlich erscheinen in beiden Städten auch die Werbestrategien in Zusammenhang mit den Produktionen: Über einen Zwischenvorhang wird in Wien beispielsweise zur Pause Werbung für »Stadtbräu-Märzen« geschaltet, und das Programmheft enthält zahlreiche Anzeigen, die inhaltlich auf das *Rößl* Bezug nehmen (ein im Genre der Revue durchaus übliches Verfahren).[28] Besonders prominent sind in Berlin wie in Wien die Verweise auf die Schallplattenaufnahmen der Schlager platziert.

Neben den Anlehnungen an die Berliner *Rößl*-Produktion lassen sich aber auch deutliche Änderungen im Vergleich zur Uraufführung nachweisen, die auf die von Farkas geschilderte »spezifisch österreichische« Bearbeitung des *Rößls* hin-

---

24 Markus: *Das große Karl Farkas Buch*, S. 95.

25 Ebd., S. 98.

26 Textbuch *Im weißen Rößl*, Wiener Einrichtung, Typoskript, ÖTM, Nachlass Marischka, S. 68. Die Seiten des Typoskripts sind aufeinanderfolgend durchnummeriert, so dass von einem vollständigen Exemplar ausgegangen werden kann.

27 Vgl. ÖTM, Fotosammlung, »Im weißen Rössl Benatzky, Ralph Stadtth. 25.IX.1931«.

28 So z.B. Versicherungswerbung: »Auf's hohe Roß und sei es noch so weiß dürfen Sie sich nicht setzen«, oder »Die Badetrikots, Badeschuhe, weißen Golfer und Herrensporthemden (Farkas, Imhoff, Marau und Ensemble) stammen aus dem Strickmodeatelier Raimund Ittner«, Programmheft zur Produktion im Wiener Stadttheater, ÖTM, Sammlung Druckschriften, Plakate, Programme. Zur Werbestrategie in anderen Revuen vgl. z.B. die Reproduktionen in Jansen, Wolfgang: *Glanzrevuen der zwanziger Jahre*. Berlin 1987.

weisen. Nachvollziehen lassen sie sich vor allem in der Wiener Bearbeitung des Textbuchs, die im Nachlass von Hubert Marischka überliefert ist. Inwieweit die Fassung von Farkas oder von Marischka stammt, ist anhand des Skripts nicht nachvollziehbar. Zwar ist auf dem Titelblatt von unbekannter Hand vermerkt: »Wiener Einrichtung, Dir. Hubert Marischka«[29] – dies muss aber nicht auf den Verfasser, sondern kann auch auf den Besitzer bzw. Adressaten des Manuskripts hinweisen. Viele der maschinenschriftlich festgehaltenen Veränderungen entsprechen – so zumindest mein Eindruck nach dem Vergleich mit anderen Werken – dem Stil Farkas'. Für seine (Mit-)Autorschaft bei der Wiener Bearbeitung spricht auch ein Brief vom 21.7.1931, in dem ihn Marischka um die Zusendung der Änderungen zum *Rößl* bittet[30], sowie auch der bereits zitierte Einleitungstext des Programmheftes. Dieses verzeichnet im Übrigen (wie 1930 in Berlin) als Textautor – neben Blumenthal und Kadelburg – ausschließlich Hans Müller.[31]

Inwieweit der im Typoskript der »Wiener Einrichtung« abgedruckte Text tatsächlich unverändert auf der Bühne gespielt wurde, lässt sich heute nicht mehr im Detail nachvollziehen. Handschriftliche Änderungen und Striche, primär den Text von Leopold betreffend, zeigen auf jeden Fall, dass das Exemplar modifiziert wurde, vermutlich im Laufe eines Einstudierungsprozesses. Die folgenden Ausführungen, in denen einige Veränderungen der Wiener gegenüber der Berliner Textfassung thematisch gebündelt und exemplarisch erläutert werden, basieren auf dieser Quelle, gelegentlich auftretende Diskrepanzen von Textbuch, Programmheft und/oder Produktionsfotos werden im Detail erläutert. Vieles deutet darauf hin, dass das Typoskript den Stand der bereits eingekürzten Fassung abbildet, die spätestens ab Mai 1932 gespielt wurde (s.o.).

Musikalische Modifikationen ließen sich, bis auf die Tatsache der eingeschobenen Farkas-Lieder, aufgrund fehlender Quellen (vor allem eines Notenmaterials, aber auch beispielsweise fehlender Orchester-Besetzungslisten o.Ä.) bisher nicht nachweisen. Fest steht aber, dass es in der Wiener Fassung wie in Berlin eine Jazz-Band[32] sowie Zither-Duette, hier des Ensembles »Tiroler Heimatkunst im Lied« gab.[33]

---

29 Titelblatt Textbuch *Im weißen Rößl*, Wiener Einrichtung, Typoskript, ÖTM, Nachlass Marischka, hier Ordner »Betreffende W«.

30 Zitiert nach Markus: *Das große Karl Farkas Buch*, S. 95 (dort ohne Nachweis).

31 Programmheft zur Produktion im Wiener Stadttheater, S. 1. ÖTM, Sammlung Druckschriften, Plakate, Programme. Erik Charell findet als Ko-Autor erst später Eingang in die Druckfassungen des Stücks.

32 Hier »The blue Boys«, die in den Szenen »Im Kuhstall«, »Familienbad am See« und »Vor der Dependance« (»Mein Liebeslied muss ein Walzer sein«) eingesetzt wurden, Programmheft zur Produktion im Wiener Stadttheater, ÖTM, Sammlung Druckschriften, Plakate, Programme.

33 Vgl. Theaterzettel zur Produktion im Wiener Stadttheater, ÖTM, Sammlung Druckschriften, Plakate, Programme.

Darstellungen von Stadt, Land und deren Bewohnern

Gleich in der ersten Szene finden sich in Berlin verschiedene Anspielungen, die die Bergbevölkerung mit mangelnder Bildung und einer übersteigerten Sexualität assoziieren. Diese entfallen in der Wiener Fassung bzw. sind entschärft. So ist die Bemerkung des Piccolo zur Postbotin Kathi, dass sein »Verhältnis« als Kuhhirtin vermutlich nicht schreiben könne, gestrichen, ebenso fehlt sein darauf folgender Dialog mit Zenzi, in dem sexuelle Anspielungen[34], körperlicher Kontakt[35] und die Beschwörung des ländlichen Friedens[36] sich in skurriler Weise vermischen. Zenzis Auftritt erschöpft sich in Wien 1932 darin, beim Singen des Liedes mit ihrer Ziege die Bühne zu queren. Damit entfällt aber auch die gleich zu Beginn inszenierte ironische Brechung, die sich in der Diskrepanz zwischen dem Dialog bzw. der Aktion und dem Lied der Zenzi »O, heiliger Frieden / Gesegnet seiest du« an dieser Stelle äußert. Auch die noch in der Berliner Fassung an dieser Stelle als Bruch angelegte Ankunft des Autobusses »mit ohrenzerreißendem Geknatter«[37] in die »ländliche Ruh« ist in der Wiener Fassung geglättet, dadurch dass sie an eine andere Stelle verschoben wird: Hier wird die Handlung erst abgeschlossen, und zwar einerseits durch den Abgang des Oberförsters mit der Postbotin (die dieser in Wien übrigens nicht wie in der Berliner Fassung mit zu sich ins Forsthaus nimmt[38]), andererseits durch eine eingefügte Kellnerverbeugung als zusätzlich retardierendes Element.

Deftiger gibt sich im Wiener Textbuch dagegen der Berliner Giesecke, wenn seinem Bericht über den Ahlbecker Sommer, wo er »den jungen Flundern zugeguckt«[39] habe, die Ergänzung »wie sie mit den Sardellen gespielt haben«[40] hinzugefügt wird.

---

34 Z.B. »Na endlich! Treuloses Weib! Warum lässt du mich denn so allein – in den Sommernächten?« – »[…] ich hab müssen Würscht machen« – »Würscht? Ohne mich? Ich wechsel das Verhältnis«; »Ein tolles Weib!«, *Regie- und Souffllierbuch Im weißen Rößl*, Berlin 1931, S. 6ff. Deutlich herausgearbeitet wurde das Potential dieser Textstelle beispielsweise in der Inszenierung von Sebastian Baumgarten an der Komischen Oper Berlin.

35 »(Er umschlingt sie temperamentvoll)«, ebd., S. 7.

36 Lied »O, heiliger Frieden, Gesegnet seiest du, Ein Glück nur hienieden: Die ländliche Ruh!«, ebd.

37 Ebd.

38 »Na, kommen's, wir haben ja denselben Weg«, Textbuch *Im weißen Rößl*, Wiener Einrichtung, Typoskript, ÖTM, Nachlass Marischka, S. 6. In Berlin: »Na, kommen Sie, wir gehen in's Forsthaus, wir haben ja denselben Weg!«, *Regie- und Souffllierbuch Im weißen Rößl*, Berlin 1931, S. 6.

39 Ebd., S. 56.

40 Textbuch *Im weißen Rößl*, Wiener Einrichtung, Typoskript, ÖTM, Nachlass Marischka, S. 70.

Neben kleineren dialektalen Anpassungen[41] ans Österreichische zeigen sich im Verlauf des Stückes inhaltliche Veränderungen, die die Bevölkerung von St. Wolfgang teilweise in besserem Licht darstellen und somit das Identifikationspotential erhöhen können. Bedenkt man, dass diese Textfassung aller Wahrscheinlichkeit nach auch die Grundlage für Gastspiele in kleineren Städten und ländlichen Gebieten darstellen sollte, leuchten diese Änderungen umso mehr ein. Der Streit der St. Wolfganger Wirtsleute um die Unterbringung des Kaisers inklusive der deftigen Rauferei und ihrem Innehalten und Bekreuzigen beim Klang des Ave-Glöckchens entfällt. Im Textbuch der »Wiener Einrichtung« fehlt auch der groteske Schützenaufmarsch (»Rechtes Bein und linkes Bein, die Männerbrust heraus«). Ebenso wird der Auftrittsdialog Leopold – Dr. Siedler, in dem der Kellner ironisch die ›Plagen von St. Wolfgang‹ schildert (schlechtes Essen, Mücken, Erdbeben …), gestrichen. Allerdings versucht die Wirtin weiterhin, altes Paprikahuhn an die Gäste zu verkaufen, und der respektlose Umgang mit den Touristen wird teilweise sogar noch verstärkt. So kommentiert Leopold den Satz des Hochzeitspaares »Das ist uns ganz gleich« in der Wiener Fassung brüsk: »Das ist der Gans gleich«.[42]

Die Figur des Städters Giesecke wird leicht umformuliert, indem bestimmte Eigenschaften sprachlich verstärkt und mehr Scherze auf seine Kosten in die Handlung eingefügt werden. Schroffer erscheint er vor allem durch den gröberen Umgang mit seiner Tochter, der er z.B. ein saftiges »Halt die Schnauze«[43] an den Kopf wirft, und die statt des liebevollen »Widersprich nicht deinem guten alten, dicken Papa«[44] ein »Widersprich nicht, sonst spring ich [aus dem Fenster der Dependance] herunter auf dich«[45] zu hören bekommt. Leopold dagegen vermerkt gleich zu Beginn über Giesecke: »Das ist ein ekelhafter Kerl!« – der Gegensatz von Stadt und Land, »Preuße« und »Österreicher«, Berlin und Salzkammergut, ist so umso deutlicher markiert. Die Szene rund um die Speisekarte wird in Wien zur Kellnernummer erweitert, in der Leopold, Franz und der Piccolo den Berliner Fabrikanten hinter seinem Rücken nachahmen und so lächerlich machen. Das schier endlose Warten auf die Bestellung wird pantomimisch kommentiert, zu-

---

41 So wird beispielsweise im *Zauber der Saison* das kleine Wörtchen »neppt« (»Ein jeder neppt nach seiner Fasson«) in das österr./bayer. »wurzt« verändert, das laut Duden »ausnutzen, übervorteilen« bedeutet, also dem norddeutschen »neppen« weitgehend entspricht, Textbuch *Im weißen Rößl*, Wiener Einrichtung, Typoskript, ÖTM, Nachlass Marischka, S. 19. Das »patriotische Menü« des Kaisers ist ebenfalls verändert und besteht nun aus Kaiserschöberlsuppen, Kaiserfleisch und Kaiserschmarrn, ebd., S. 84.

42 Textbuch *Im weißen Rößl*, Wiener Einrichtung, Typoskript, ÖTM, Nachlass Marischka, S. 20.

43 Ebd., S. 36.

44 *Regie- und Soufflierbuch Im weißen Rößl*, Berlin 1931, S. 28.

45 Textbuch *Im weißen Rößl*, Wiener Einrichtung, Typoskript, ÖTM, Nachlass Marischka, S. 36.

dem werden allerlei Slapstick-Elemente ergänzt, wobei u.a. das Beuschel mehrmals auf den Boden fällt und der Kellner Franz schließlich auf Gieseckes Schoß landet.[46]

Auffällig ist schließlich auch der unterschiedliche Umgang der Produktion mit desillusionierenden Mitteln: Während in der Berliner Fassung gleich zu Beginn anhand des falschen Echos die Idylle als gezielte Illusion offengelegt wird (»Er [Piccolo] kräht zweimal melodisch und leiser«[47]), heißt es in der Wiener Einrichtung kurz: »Echo antwortet«[48]. Die ländliche Idylle in St. Wolfgang ist hier also keine Show für Touristen, sondern ›authentisch‹, das Theater Illusionsort, nicht Ort der Darstellung.

Neue Szenen, neue Texte, neue Profile

In Wien werden neue Elemente in das Stück eingefügt bzw. Teile der Textvorlage durch Neufassungen ersetzt. Rein dekorativ ist z.B. ein Einschub im 2. Akt, der den Dialog von Giesecke und Siedler über ihren juristischen Prozess unterbricht. Unter dem Titel »Alm-Lied und Jodler« agieren butternde Sennerinnen, zwei Zitherspieler, ein Bub mit zwei Ziegen und ein Sennerbub mit einer »Kraxen« (österr. für Rückentragekorb/Kiepe) inmitten einer Bergidylle, außerdem noch »Jägerburschen, Schützenlieseln, Sennerinnen«[49]. Ausführende auf der Bühne waren laut Programmheft »Edi Jellin, Hans Seidel und die ›Watschentänzer‹«[50] – was für eine große Ausstattungsszene mit Tanzeinlage spricht, die den Dialog unterbrochen haben muss. Auch in Berlin war die Szene »Auf der Alm« laut Programmheft mit großer Ausstattung gerahmt[51], allerdings schließt hier der Auftritt in Form eines ›Nachtanzes‹ die Szene ab und unterbricht sie nicht in der Mitte.

Anderweitige Änderungen profilieren Personen anders, wodurch auch neue Gewichtungen innerhalb der Gesamtfigurenkonstellation entstehen. Gestärkt werden vor allem die Figuren Sigismund und Leopold. Letzterer erscheint souveräner, frecher und selbstbewusster als in Berlin, an manchen Stellen agiert er fast schon unverschämt. Seine Empfindungen Josepha gegenüber formuliert er von

---

46 Ebd., S. 21–23. Auch an anderen Stellen agiert Franz in der Manier des Slapstick, stolpert über Stühle, verschluckt sich an Brot, fällt in den See usw.

47 *Regie- und Soufflierbuch Im weißen Rößl*, Berlin 1931, S. 6.

48 Textbuch *Im weißen Rößl*, Wiener Einrichtung, Typoskript, ÖTM, Nachlass Marischka, S. 5.

49 *Im weißen Rößl*, Singspiel in drei Akten, Programmheft zur Produktion im Wiener Stadttheater, 1931, S. 9. ÖTM, Sammlung Druckschriften, Plakate, Programme.

50 Ebd.

51 U.a. mit Sennerinnen und Sennern, Kuhhirten und -mägden, Jägerburschen, Schützenmädels, Bläsern, einem Jodlerinnen-Quintett, Schuhplattlern, Watschentänzern und dem Duo »Die Maquartsteiner«, vgl. Reproduktion im Farbteil dieses Buchs.

Beginn an klar.[52] Die Wirtin lässt sich häufiger von ihm unterbrechen und geht teilweise sogar auf seine Zwischenbemerkungen ein,[53] ihn unterbricht sie dagegen seltener als in Berlin.[54] Nicht zufällig entfällt im Duett wohl auch ihre deutliche Replik »Ihr Herz das ist mir ganz wurscht«[55], so dass sie Leopolds Avancen gegenüber weniger verschlossen erscheint als zu Beginn der Berliner Fassung. Auch die Kuhstallszene, in der die Wirtin in Berlin Leopold gegenüber handgreiflich wird, ist in der Wiener Fassung stark gekürzt. So entfällt nicht nur die Ohrfeige (die allerdings an anderer Stelle, in der Kofferszene, hier freilich gerahmt von anderen Ohrfeigen, eingebaut ist[56]), sondern der gesamte Dialog einschließlich des Kusses und der brüsken, durchaus preußisches Arbeitsethos formulierenden Feststellung Josephas: »Der Mensch darf nur hoffen, wenn er arbeitet«[57], fehlt. Die spätere Entscheidung der Wirtin, Leopold zu heiraten, wird hier folglich dramaturgisch anders vorbereitet.

Für das sentimentale Lied »Zuschaun kann I net« des Wiener Komponisten Bruno Granichstaedten wählte Farkas in Wien den originalen Text aus dem Jahr 1910 (»Ich war halt wie die Kinder sind, ein recht ein verspielter Fratz«[58]). Es ist möglich, dass diese Version in Wien noch so bekannt war, dass Robert Gilberts Text die Zuhörerinnen und Zuhörer irritiert hätte. Vielleicht erschien Farkas und Marischka der alte Text aber auch als geeigneter für ihre Auffassung der Figur des Leopold. Auf jeden Fall ergibt sich hinsichtlich der Rezeption eine Doppelwirkung: Einerseits erscheint das »Lied vom Zuschau'n«, zumindest wenn man von einer gewissen Bekanntheit in Wien ausgeht, als Zitat, als ein ›fremdes‹ Element innerhalb der Handlung. Auf die Figur des Leopold projiziert, ergibt sich gleichzeitig aber auch eine inhaltliche Verschiebung, wenn es zur Selbstcharakterisierung der Figur herangezogen wird. Im Lied geht es nun nicht mehr um die Liebe zu Josepha; es erzählt von einem allgemeinen, in der Kindheit angelegten Problem des lyrischen Ich mit der Wechselhaftigkeit der Liebe, wobei es immer wieder als Verlierer erscheint. Seine Selbstbezeichnungen als »Dummkopf« und »blöder Bua« zeigen eine Distanz der Figur zu sich selbst und zum sentimentalen Tonfall des Liedes, die im Laufe des Stücks noch gesteigert wird. So trocknet Leopold nach

---

52 »Die [Abendeinnahme] is' ja Nebensach'! Hauptsach' sind wir!«, Textbuch *Im weißen Rößl*, Wiener Einrichtung, Typoskript, ÖTM, Nachlass Marischka, S. 15.

53 Z.B. »Leopold, hörens mich an« – »Stundenlang könnt ich Ihnen zuhören« – »So lang haben wir keine Zeit.«. Vgl. Textbuch *Im weißen Rößl*, Wiener Einrichtung, Typoskript, ÖTM, Nachlass Marischka, S. 12–16, hier: S. 13.

54 Vgl. zweite Hälfte Duett, ebd., S. 14f.

55 *Regie- und Soufflierbuch Im weißen Rößl*, Berlin 1931, S. 13.

56 Textbuch *Im weißen Rößl*, Wiener Einrichtung, Typoskript, ÖTM, Nachlass Marischka, S. 31. In Berlin bleibt es bei der pantomimischen Drohung.

57 *Regie- und Soufflierbuch Im weißen Rößl*, Berlin 1931, S. 32.

58 Textbuch *Im weißen Rößl*, Wiener Einrichtung, Typoskript, ÖTM, Nachlass Marischka, S. 46f.

Abbildung 28: Rollenfoto von Karl Farkas als Sigismund und Mimi Shorp als Klärchen in der Wiener Stadttheater-Produktion.

Ende der Reminiszenz im letzten Akt nicht nur das Papier seines »Arbeitszeugnisses« mit einer Löschwiege ab, sondern auch seine Tränen – die Sentimentalität wird also durch eine Art ›Kalauer‹ übersteigert und dadurch ironisiert.[59] Gilbert zieht dagegen über seinen Liedtext in der zweiten Strophe eine ernsthafte Reflexionsebene ein, die keine ironische Distanz zum musikalischen Gestus des Liedes erkennen lässt. Leopold wird hier zum Philosophen:

> Auf der Welt wär's so schön, doch die Menschen sind dumm, Denn sie zanken sich wild herum! […] Menschen, seid's gscheit, Kurz ist eure Zeit! Wenn ich euch so streiten seh' – Kinder – Kinder: Zuschau'n tut halt gar so weh![60]

Die größten Änderungen betreffen aber die Figur des Sigismund (hier aus Proßnitz, nicht aus Sangershausen), die merklich aufgewertet und an Farkas' komödiantisches Profil angepasst wird. Nicht nur der Text des Auftrittsliedes wird verändert und erweitert, ganz im Sinne der Conférencen, für die Farkas als Kabarettist in

---

59 Ebd., S. 101.
60 *Regie- und Soufflierbuch Im weißen Rößl*, Berlin 1931, S. 39f.

Wien bekannt war.[61] Es gibt auch ein neu kreiertes Bild »Auf der Promenade von Ischl« (anstelle der Rathausszene), das u.a. dazu genutzt wird, Farkas in einer komischen Szene, in der er einen Hexenschuss markiert, und mit einem zusätzlichen Lied herauszustellen.[62] Dieses thematisiert Ischl als Produktionsstätte und Treffpunkt der Operettenschöpfer und beginnt mit dem Zungenbrecher: »Ischl, Ischl, Ischl, für Librettisten gibt's in jedem Nischel Tischel«[63]. Farkas hatte offenbar eine Schwäche für Kalauer und Wortspiele, die sich im gesamten Wiener *Rößl*-Libretto verstärkt finden.[64] Auch ist zu beobachten, dass es insgesamt in der Wiener Einrichtung mehr drastische Scherze auf Kosten anderer gibt, sei es Giesecke, der Kellner Franz (Leopold: »Entschuldigen Sie, den haben's beim Hagenbeck ausgelassen. Im Herbst schicken wir ihn wieder zurück.«[65]) oder Klärchen. Ihr Lispeln wird übersteigert, indem es mit einer feuchten Aussprache verbunden wird.[66] Das daraus folgende ständige Spucken (das, dem Lama vergleichbar, ein tierisches Element assoziiert) macht Klärchen, deren Figur mit Sigismund als ›komisches Paar‹ angelegt ist (vgl. Abbildung 28), zusätzlich lächerlich und nimmt ihr jegliche Würde. Sigismund wird – trotz Glatze – klar in die überlegene Position gesetzt, lässt er doch keine Gelegenheit aus, Klärchens ›Gebrechen‹ zu kommentieren. In den Szenen »Im Familienbad« und »Im Gebirge«[67] wird der Scherz weidlich ausgekostet,

---

61 Textbuch *Im weißen Rößl*, Wiener Einrichtung, Typoskript, ÖTM, Nachlass Marischka, S. 57–61. Bezeichnend ist auch, dass das Lied aus dem Dialog herausgelöst wird und ohne Ein- und Ausleitung auskommt.

62 Ebd., S. 75–77.

63 Es folgt: »Ischl, Ischl, Ischl. Für Komponisten stehen Klaviere im Gebüschl! Man sitzt behaglich dichtend im Sonnenschein / Und teilt das Leben in drei Aktschlüsse ein.«, Textbuch *Im weißen Rößl*, Wiener Einrichtung, ÖTM, Nachlass Marischka, S. 75. Es ist möglich, dass es sich hierbei um eine Einlage handelt, die bereits in einer anderen Revue von Farkas verwendet wurde, vgl. Grünwald, Henry A.: *Ein Walzer muß es sein. Alfred Grünwald und die Wiener Operette*. Wien 1991, S. 90.

64 Z.B.: »So oft ich was sagen will, krieg ich einen Dämpfer durch 'n Dampfer« (S. 17), »Wann er kommt, bring ich ihn um. [...] Ich hab nur gesagt, i dreh mi um« (S. 16), »jrüne Aale« – Grüne Allee (S. 21), »Haben Sie Boletten? [...] Epauletten – die dürften a bisserl zu hart sein. [...] Kartoffelpuffer? Ja, Puffer haben wir bei der Eisenbahn [handschr. erg.]« (S. 27), »Schuberts unvollendete Symphonie, die haben Sie sicher schon oft gehört! Aber so unvollendet wie bei uns, bestimmt noch nicht!«, »Das Glöckchen des Antisemiten« (S. 58) usw., jeweils Textbuch *Im weißen Rößl*, Wiener Einrichtung, Typoskript, ÖTM, Nachlass Marischka.

65 Ebd., S. 26.

66 »Klärchen: Ich lispele nämlich! – Sigismund: Das hätten Sie gar nicht zu sagen brauchen. Das merkt man an den Niederschlägen! (Klärchen spuckt ihn nämlich bei jedem ›S‹ an.)«, Textbuch *Im weißen Rößl*, Wiener Einrichtung, Typoskript, ÖTM, Nachlass Marischka, S. 67.

67 Die in Berlin laut Programmheft noch »Auf der Kurpromenade« spielte, vgl. Reproduktion im Farbteil dieses Buchs.

indem sich Sigismund nach Wörtern mit »s« das Gesicht abwischt[68], Klärchen an der Aussprache von Wörtern mit »s« zu hindern sucht,[69] oder wenn er beispielsweise »fröhliche Grüße« mit »feuchtfröhliche Grüße«[70] kommentiert. Selbst ihre Liebeserklärung »O, du süßer Sigismund Sülzheimer aus Proßnitz« wird mit der Bemerkung »Der reinste Spritzwagen« abgebügelt.[71] Dass Klärchen dennoch dem Sohn des Trikotage-Fabrikanten verfällt, ist eigentlich nur durch die Masse an Alkohol zu erklären – eine Flasche Schnaps –, den sie mit Sigismund in luftiger Höhe konsumiert.[72] Das im Vergleich zu Berlin noch gesteigerte Ungleichgewicht der Figuren, in dem trotz der komischen Rolle des Sigismund die männliche Überlegenheit voll ausgespielt wird, kulminiert am Ende der Szene in Klärchens schwärmerischen Worten: »Du bist ja so schön! Für dich müsste man direkt Lustbarkeitssteuer zahlen!«, und Sigismunds Replik: »Und für dich Wasserzinssteuer!«[73].

Die Wiener Darstellung des Kaisers

»Die Rolle des Kaiser Franz Joseph ist keineswegs als Operettenfigur gemeint und darf daher nicht als trottelhafter oder seniler Charakter erscheinen«, heißt es in einem dem Wiener Textbuch vorangestellten »Avis für den Regisseur«[74]. Die wohl tiefgreifendsten Veränderungen im Typoskript der Wiener Einrichtung betreffen neben der Figur des Sigismund sicherlich die Passagen rund um den Kaiser, der als nationale Symbolfigur in Österreich, trotz der bereits einige Jahre währenden Republik, eine andere, emotional aufgeladenere Bedeutung innehatte als in Berlin. Im Hinblick auf dessen Auftritte ergibt sich nun auch erstmals eine Diskrepanz zwischen dem Typoskript des Textes der Wiener Einrichtung und den im österreichischen Theatermuseum befindlichen Programmheften zur Aufführung. So weist das Programmheft vom 14.10.1931 zu Beginn des 3. Aktes noch den Auftritt »Vor

---

68 »Sigismund (wischt sich ab und wendet sich weg.): Mitten in's Gesicht – mein Ehrenwort!«, Textbuch *Im weißen Rößl*, Wiener Einrichtung, Typoskript, ÖTM, Nachlass Marischka, S. 67. »Klärchen (am Salzstangel essend): Aber es kommen zwei ›S‹ und ein ›z‹ darin vor! – Sigismund (wischt sich ab): Hopp! (Nimmt ein Stückchen Kümmel von seiner Wange und legt es ihr aufs Salzstangel): Kümmel kommt auch vor!«, ebd., S. 97.

69 »Ich bitt' Sie, warum sagen Sie nicht: Eigenheiten! Da kommt kein S drin vor!« [statt: Spezialitäten]. Ebd.

70 Textbuch *Im weißen Rößl*, Wiener Einrichtung, Typoskript, ÖTM, Nachlass Marischka, S. 96.

71 Ebd., S. 99.

72 Ebd., S. 97f.

73 Ebd., S. 99.

74 Textbuch *Im weißen Rößl*, Wiener Einrichtung, Typoskript, ÖTM, Nachlass Marischka, hier Ordner »Betreffende W«. Dieser »Avis für den Regisseur« findet sich auch im Nachlass Benatzky im Archiv der Akademie der Künste, Berlin (freundlicher Hinweis von Nils Grosch).

dem Rössl« aus, der der Berliner Fassung entspricht und an dem neben dem Kaiser auch der Gesangsverein Sankt Wolfgang, Kinder, Jäger, Jägerburschen, der Bürgermeister, der Büchsenspanner sowie »Die Begleitung des Kaisers« beteiligt sind.[75] Im Typoskript wie auch in den späteren Programmheften fehlt diese Szene. Da sich im Fotobestand des Theatermuseums einige Produktionsbilder mit Langer als Kaiser mit Wanderstab und Gewehr befinden, liegt der Schluss nahe, dass die Szene in den ersten drei Wochen der Aufführungsserie tatsächlich auch in Wien gespielt wurde – ob es Textänderungen oder -kürzungen im Vergleich zur Berliner Fassung gab, kann angesichts der bisherigen Quellenlage nicht beantwortet werden. Spätestens ab Dezember 1931 kann man aber davon ausgehen, dass nur noch die gekürzte Version, die sich auch im Textbuch der »Wiener Einrichtung« widerspiegelt, gespielt wurde.

Grundsätzliche Veränderungen im Vergleich zu Berlin betreffen schon die vorangehende Schlussszene des 2. Aktes, die in allen Programmheften der Wiener Fassung gleichermaßen enthalten ist. In der Berliner Uraufführung wird das zweite Finale durch verschiedene Aktivitäten vorbereitet, u.a. probt der aufgeregte Leopold mit Hilfe des Bürgermeisters und des Oberförsters in einer kurzen Episode seine Rede zur Ankunft des Kaisers, danach folgt das Finale mit dem einleitenden großen Schützenaufmarsch in seiner grotesken Kakophonie (die Märsche erklingen gleichzeitig in verschiedenen Tonarten) und mit dem komischen Text »Rechtes Bein und linkes Bein, die Männerbrust heraus – So seh'n wir aus«. In einem großen Durcheinander legt schließlich der Dampfer, begleitet von den Klängen des Radetzkymarschs und dem hymnischen Chor »O du mein Österreich«, an. Während der anschließenden Ansprache Leopolds kommt es zum Eklat aufgrund seiner Eifersucht, und der Kaiser erweist sich als freundlicher, verständnisvoller älterer Herr, dem vom Librettisten gekonnt einige politische Seitenhiebe in den Mund gelegt werden.[76]

Von dieser Szene ist in Wien nur Weniges bestehen geblieben. Zwar erscheint der Kaiser unter derselben musikalischen Umrahmung mit dem Dampfer, er trifft jedoch Leopold gar nicht mehr an. Denn dessen Eifersuchtsausbruch ist hier bereits in die ›Probe‹ mit dem Bürgermeister verlegt worden, so dass sein unkontrolliertes Verhalten nicht vor der kaiserlichen Autorität, sondern lediglich vor den Einheimischen von Sankt Wolfgang und den Touristen stattfindet. Da somit auch seine Rede vor dem Kaiser entfällt, gibt es in Wien keine Gelegenheit zu einem Dialog – der Wortbeitrag des Kaisers reduziert sich auf zwei (unpolitische, satirefreie) Sätze: »Ich danke für den herzlichen Empfang! Ich freue mich, wieder einmal im schönen Wolfgang zu sein und hoffe, daß das morgige Schützenfest etwas Freude unter die

---

75 *Im weißen Rößl*, Singspiel in drei Akten, Programmheft zur Produktion im Wiener Stadttheater, 1931, S. 14.

76 *Regie- und Soufflierbuch Im weißen Rößl*, Berlin 1931, S. 68–72.

Bevölkerung bringt«, woraufhin Josepha ihm Blumen überreicht und der Vorhang fällt.[77] Der musikalische Aktschluss mit Leopolds Reminiszenz *Es muss was Wunderbares sein* kann hier also nicht stattfinden. Gleichfalls entfällt im »Aufmarsch der Schützen, Vereine, Bauern, Jungfrauen, Kinder, Feuerwehr«, der in Wien ohne Jungfrauen, dafür mit »Trachten« erfolgt, das groteske Marschlied. Angesichts dieser doch erheblichen Änderungen in Text und Ablauf scheint es kaum vorstellbar, dass in dieser Szene nicht auch musikalische Anpassungen stattgefunden haben, die jedoch nicht nachweisbar sind.

Im Typoskript der »Wiener Einrichtung« bleibt dies der einzige Auftritt des Kaisers. Der dritte Akt beginnt sofort mit dem Auftritt Leopolds, der das »Rößl« verlassen will. Es findet folglich kein morgendliches Ständchen des Chores und kein Auszug zur Jagd statt; auch das Frühstück, bei dem Josepha durch das Melodram des Kaisers darauf vorbereitet wird, »hübsch bescheiden« zu sein, entfällt. Ihr Sinneswandel wird einzig und allein durch die Beobachtung von Ottilie und Siedler beim liebevollen Poussieren und das dadurch erfolgende Erkennen der Realität herbeigeführt: »Mein Sommertraum ging zu Ende – und jetzt bin ich wieder allein!«[78], stellt sie nach dem Duett von Siedler und Ottilie resigniert fest. Der Kaiser nimmt in dieser Fassung folglich nicht mehr direkten Einfluss auf die Geschicke seiner Untertanen oder lässt sich gar zu einem kleinen ›Plausch‹ beim Frühstück mit ihnen herab. Er ist hier nur noch eine k.u.k.-Dekoration und seine dramaturgische Funktion beschränkt sich darauf, als verschärfendes Element die Steigerung des Konflikts bzw. dessen Ausbruch herbeizuführen; seine Aufgabe ist es nicht mehr, diesen auch wieder aufzulösen.[79]

Fazit – Österreich-Darstellung im Wiener *Rößl*

Marischkas Produktion des *Weißen Rößl* wurde von der Kritik in Wien gefeiert und einhellig als nationale Version des Erfolgsstücks akzeptiert. Man zeigte sich nicht nur stolz auf die in Wien dargebotenen Leistungen des Balletts und der Aus-

---

77 Textbuch *Im weißen Rößl*, Wiener Einrichtung, Typoskript, ÖTM, Nachlass Marischka, S. 91. Damit entspricht diese Version einer Kritik, die anlässlich der Uraufführung in Berlin in der *BZ am Mittag* formuliert wurde – dort wünscht sich der Rezensent, der Kaiser hätte lediglich diese wenigen Worte gesprochen. Stefan Frey zitiert diese Kritik in seinem Beitrag zu diesem Band, vgl. dort, *BZ am Mittag*, 10.11.1930.

78 Textbuch *Im weißen Rößl*, Wiener Einrichtung, Typoskript, ÖTM, Nachlass Marischka, S. 94.

79 Wie erwähnt muss die Eröffnungsszene des dritten Aktes in der Premierenfassung in Wien noch erhalten gewesen sein. Die bisher von mir eruierten Kritiken von Aufführungen in der ›Provinz‹, beispielsweise in Baden bei Wien, lassen noch keinen Schluss zu, in welcher Form das Stück bei Gastspielen gezeigt worden ist. Es liegt jedoch nahe, auch angesichts der Datierung des Vertrages über die Aufführungsrechte, dass die gekürzte Version eingesetzt wurde.

stattung, die mit denen in Berlin und London vergleichbar gewesen seien,[80] sondern vermerkte den »gemütlichen österreichischen Rahmen«[81], in den das Stück gestellt sei, und die »viel anheimelndere Note«[82], die es durch Marischkas Inszenierung bekommen habe. Das Stück sei »wesentlich von der Fassung der Berliner Uraufführung abgerückt« und »vor allem österreichischer geworden«[83], schrieb der Kritiker der *Reichspost* – was dies bedeutete, zeigt die Zusammenfassung der *Neuen Freien Presse*, das Stück sei »aus der parodistisch-ironischen Berliner Tonart Erik Charells ins Realistisch-Liebenswürdige transponiert«[84] worden. Die Regieleistung, die in den Kritiken fast durchweg Marischka zugeschrieben wird, wurde mit Adjektiven wie »liebevoll«, »bodenständig«[85] und »reizend«[86] belegt, gewürdigt wurde außerdem die »farbenprächtige Huldigung des Salzkammerguts«[87] und die geschmackvolle Umsetzung der Kaiserszene, dessen Auftreten laut Rudolf Holzer »in diesem Singspiel als historische Stilbeglaubigung«[88] anmute. Der Rezensent der katholisch-konservativ orientierten *Neuen Zeitung* fühlte sich sogar durch den spontan im Theater aufbrausenden Beifall beim Auftritt des Kaisers »in die in so mancher Beziehung bessere Zeit vor dem Kriege versetzt«.[89]

Dass das Stück als »österreichische Revue«, die »zuerst in Berlin aufgeführt« worden sei[90], von Publikum und Kritik angenommen wurde, ist grundlegend auf die von Farkas und Marischka durchgeführten Veränderungen zurückzuführen. Sie trafen offensichtlich die Bedürfnisse des damaligen Publikums. Darüber hinaus sicherte sich Marischka, wie eingangs erwähnt, durch einen Tourneevertrag die Rechte an der Aufführung des *Rößls* für große Teile Österreichs – kleinere Theater oder Amateurgruppen mussten bei ihm nach den Rechten sowie dem Textbuch anfragen.[91] Daraus müsste folgen, dass die Erstrezeption des Publikums im öster-

---

80 Vgl. L. Hfd.: *Salzkammergutrevue im Stadttheater. Das »Weiße Rößl« als Singspiel.* In: *Neue Freie Presse*, 27.9.1931.

81 Ebd.

82 gl.: *Stadttheater. »Im weißen Rössl«.* In: *Die neue Zeitung*, 1.10.1931.

83 h.: *Stadttheater Sensationspremiere: »Im weißen Rößl«.* In: *Reichspost*, 26.9.1931. Die Reichspost stand der Christlich-Sozialen Partei nahe und adressierte eine katholisch-konservative Leserschaft konzipiert.

84 L. Hfd.: *Salzkammergutrevue im Stadttheater. Das »Weiße Rößl« als Singspiel.* In: *Neue Freie Presse*, 27.9.1931.

85 h.: *Stadttheater Sensationspremiere: »Im weißen Rößl«.* In: *Reichspost*, 26.9.1931.

86 L. Hfd.: *Salzkammergutrevue im Stadttheater. Das »Weiße Rößl« als Singspiel.* In: *Neue Freie Presse*, 27.9.1931.

87 h.: *Stadttheater Sensationspremiere: »Im weißen Rößl«.* In: *Reichspost*, 26.9.1931.

88 Rudolf Holzer: *Stadttheater. »Im weißen Rössl«.* In: *Wiener Zeitung*, 29.9.1931.

89 gl.: *Stadttheater. »Im weißen Rössl«.* In: *Die neue Zeitung*, 1.10.1931.

90 Ebd.

91 Im Nachlass finden sich diverse Dokumente, in denen um die Rechte und das Textbuch angesucht wird bzw. wo es um Abrechnungen für Aufführungen geht. ÖTM, Sammlung

reichischen Gebiet fast ausschließlich über seine Fassung und über das veränderte Textbuch erfolgte, gerade auch in der ›Provinz‹. Zu seinem Ärger stellte Marischka allerdings fest, dass das *Rößl* angeblich in vielen Städten bereits vor seiner Vertragsunterzeichnung gespielt worden war.[92] Der Verlag bestritt diese Information.[93] Auch für Rumänien und Jugoslawien verhandelte Marischka im Juli 1932 über die Aufführungsrechte, wobei die Aussparung Zagrebs zu Differenzen führte. Ob ein Vertrag zustande kam, war aus den Quellen bisher nicht zu eruieren.

Selbst wenn die »Wiener Einrichtung« nicht in ganz Österreich die Grundlage für die Erstaufführung des *Rößls* dargestellt haben sollte, so lässt sich doch allein aus der Popularität in Wien und der mutmaßlichen Verbreitung in Österreich schließen, dass diese zusammen mit dem 1935 in Österreich ko-produzierten Film einen wichtigen Baustein für die Rezeptionsgeschichte des *Rößls* in Österreich und evtl. auch anderen Ländern darstellt. Dies gilt insbesondere auch für die unmittelbare Nachkriegszeit, in der das Stück beispielsweise am Salzburger Landestheater mit großem Erfolg gespielt wurde.[94] Die oft geäußerte Feststellung, das *Rößl* sei, ähnlich wie *The Sound of Music*, für ein österreichisches Publikum nicht attraktiv gewesen, lässt sich zumindest für die Wiener Einrichtung nicht halten. Der Kritiker der *Neuen Freien Presse* konnte zumindest zufrieden feststellen:

> [...] im Ausland war ja das »Weiße Rößl« zum Teil ein Lacherfolg auf unsere Kosten. In der Wiener Fassung können wir selber mitlachen.[95]

Handschriften und Nachlässe, Nachlass Marischka, Ordner Diverse Korrespondenz (unsortiert), Mappe Marischka (Verlag Karczag), »Weisses Rössl«.

92 U.a. Baden bei Wien, Städtische Bühnen Graz, Städtische Bühnen Innsbruck, Stadttheater Korneuburg, Stadttheater Leoben, Stadttheater Linz a.D., Landestheater Oberhollabrunn, Retz, Städtebundtheater (Dir. Knappl), Salzburg, Stadttheater, St. Pölten, Stadttheater, Wiener-Neustadt, Stadttheater, hs. erg.: Altaussee: 2 Dilettanten-Vorstellungen, Gastein: 2 Dilettanten-Vorstellungen. ÖTM, Sammlung Handschriften und Nachlässe, Nachlass Marischka, Ordner Diverse Korrespondenz (unsortiert), Mappe Marischka (Verlag Karczag), »Weisses Rössl«.

93 ÖTM, Sammlung Handschriften und Nachlässe, Nachlass Marischka, Ordner Diverse Korrespondenz (unsortiert), Mappe Marischka (Verlag Karczag), »Weisses Rössl«. In St. Wolfgang plante Marischka Freiluft-»Festspiele« mit dem »Weissen Rössl«, ebd.

94 Spielzeiten 1947/48, 49/50, 51/52 und 52/53. Hier stellt sich die Frage, aus welchem Notenmaterial das Stück musiziert wurde, oder ob das angeblich verschollene Material der 1930er-Fassung erst später verloren ging (s. auch die Ausführungen hierzu in der Einleitung zu diesem Band). Vgl. Kazianka, Thomas: *Das Landestheater im Wandel der Zeit. Spielplanprofil des Salzburger Landestheaters von 1920 bis 1955*, Diplomarbeit Universität Salzburg, 2004 sowie *Verzeichnis der Produktionen des Salzburger Landestheaters von 1943/44 bis 1995*, Salzburger Landestheater, Theaterarchiv, freundlicherweise bereitgestellt von Regina Öschlberger. Das »Rößl« wurde außerdem bereits 1931/32 und 1932/33 sowie in der Spielzeit 1935/36 am Salzburger Theater (damals noch Stadttheater) gespielt.

95 L. Hfd.: *Salzkammergutrevue im Stadttheater. Das »Weiße Rößl« als Singspiel*. In: *Neue Freie Presse*, 27.9.1931.

Olaf Jubin

Horses for Courses oder Mehr als »Zuschau'n Kann I Net«
White Horse Inn als anglifizierte bzw. amerikanisierte
Version von *Im weißen Rößl*

Wenn ein Kulturgut seinen Entstehungsraum verlässt, muss es zwangsweise den Besonderheiten einer fremden Kultur angepasst werden, um auch außerhalb des eigenen Beziehungsrahmens verstanden zu werden. Das betrifft zunächst einmal die Sprache. Da sich die jeweilige Kultur eines Landes aber aus vielen Modalitäten zusammensetzt, tritt das Problem auf, an welche dieser zahlreichen Ausprägungen nationaler bzw. sprachlicher Gebräuche es angeglichen werden kann, ohne seinen besonderen Charakter zu verlieren.

In dieser Hinsicht stellt *Im weißen Rößl* ein faszinierendes Untersuchungsobjekt dar, denn obwohl Erik Charell sowohl die Berliner Uraufführung als auch die Londoner und New Yorker Erstaufführungen inszenierte, unterscheiden sich die englischsprachigen Fassungen doch mehr oder weniger deutlich von der Originalproduktion.

Weil amerikanische und britische Theaterproduzenten seit Beginn des 20. Jahrhunderts in Berlin und Wien als den Zentren des deutschsprachigen Operettengeschehens »ein Netzwerk lokaler Repräsentanten« unterhielten,[1] wurde das Ausland noch vor der Premiere auf das dritte gemeinsame Großprojekt von Regisseur und Choreograf Charell und Komponist Ralph Benatzky aufmerksam.[2] Und so schaffte das Singspiel bereits 1931, fünf Monate nach seiner umjubelten deutschen Premiere, den Sprung nach England, wo es im West End als *White Horse Inn* in der Übersetzung von Harry Graham von der Presse als »das größte

---

1 Vgl. Norton, Richard: »*So this is Broadway*«. *Die abenteuerliche Reise des Rössl durch die englischsprachige Welt*. In: *Im Weißen Rössl. Zwischen Kunst und Kommerz*. Hg. von Ulrich Tadday. München 2006, S. 151–169, hier: S. 151.

2 Internationale Aufmerksamkeit bekam das Werk des Weiteren, als Charlie Chaplin die Aufführung im März 1931 besuchte, was von der englischsprachigen Presse dezidiert zur Kenntnis genommen wurde. (Vgl. Clarke, Kevin und Peter, Helmut: *The White Horse Inn. On the Trail of a World Success*. Sankt Wolfgang 2009, S. 102.)

Theaterereignis seit Jahrzehnten«[3] gefeiert wurde und mit 651 Aufführungen nicht weniger erfolgreich war. Jener Erfolg war in hohem Grad den neu eingefügten Liedern und der gezielten Ausrichtung des Stückes auf das Londoner Publikum zu verdanken.

Als das Werk schließlich 1936 am Broadway gespielt wurde, war es nur bedingt wiederzuerkennen – mit mehreren neuen Liedern von US-Komponisten und -Textdichtern war es konsequent den Gewohnheiten und Erwartungen des New Yorker Publikums angepasst worden. Es ist anzunehmen, dass die übrigen Künstler, welche neben Charell für das Original verantwortlich zeichneten (Hans Müller-Einigen,[4] Benatzky[5] und Robert Gilbert), von dieser schrittweisen Revision des ursprünglichen Werkes alles andere als begeistert waren, auch wenn sie den Prozess nicht aufhalten konnten, denn es war Charell, welcher in seiner Funktion als Produzent die Entscheidung traf, welche Lieder in welcher Fassung und welcher Instrumentierung Verwendung fanden.[6] Ihnen mussten Charells drastische Eingriffe in die Spielvorlage und seine konsequent arbeitsteilige Herangehensweise an jedwede neue ausländische Produktion des Weißen Rößl klar vor Augen geführt haben, dass niemand unersetzlich ist, und ihnen zudem die bittere Erkenntnis vermitteln, dass die Musiknummern des Singspiels mehr oder weniger beliebig waren.

Im weißen Rößl benötigte ein Theater mit großer Bühne (für die extravagante Ausstattung und die Ensembleszenen) und mit großem Zuschauerraum, um die enormen Produktionskosten möglichst schnell zu amortisieren und die hohen wöchentlichen Ausgaben zu decken. In London wurde das Stück vom englischen Impresario Oswald Stoll, der sich einen Namen mit Aufführungen der *music hall* gemacht hatte, finanziert und war im Coliseum zu sehen, noch heute das größte Theater der britischen Hauptstadt, wo es zweimal täglich auf dem Programm stand. Dafür gab es mehrere Gründe: Erstens kannte das West-End-Publikum das Coliseum vorrangig als Varieté-Theater und war daher zwei Vorstellungen pro Tag gewohnt, und zweitens fürchteten die Theaterdirektoren die Konkurrenz des

---

3 So beschreibt Ralph Benatzky die Reaktion der englischen Zeitungen am 10. April 1931 in seinen Tagebüchern. (*Ralph Benatzky. Triumph und Tristesse. Aus den Tagebüchern von 1919 bis 1946.* Hg. von Inge Jens und Christiane Niklew. Berlin 2002, S. 104.)

4 Ralph Benatzky zufolge war Müllers fünfmonatiger Aufenthalt in New York, im Vorfeld der *Rößl*-Premiere am Broadway im Jahre 1936, von Enttäuschungen und Frustrationen gekennzeichnet (vgl. ebd., S. 214).

5 Der Komponist äußert sich in seinen Tagebüchern zwar nicht über die Londoner Proben – bei denen in New York war er nicht zugegen –, aber er kommt mehrmals auf die »Reibereien und Krachs« (ebd., S. 130) zu sprechen, die es in den Wochen vor der Erstaufführung des *Weißen Rößls* in Paris gab.

6 Vgl. Clarke, Kevin: *Zurück in die Zukunft. Aspekte der Aufführungspraxis des Weißen Rössl.* In: *Im weißen Rössl. Zwischen Kunst und Kommerz.* Hg. Von Ulrich Tadday. München 2006, S. 101–126, hier: S. 113.

neuartigen Tonfilms und hofften, durch Doppelaufführungen rascher in die Gewinnzone vorstoßen zu können.[7]

Englischsprachige Adaptionen deutscher und österreichischer Operetten gingen mit dem Original in den 1920er- und 30er-Jahren sorgsamer um als noch in den Jahrzehnten zuvor; auch wenn die Werke weiterhin dem jeweiligen Publikumsgeschmack angepasst wurden, kam es seltener zu radikalen Eingriffen in den Handlungsverlauf und die Partitur.[8] In dieser Hinsicht bildet *White Horse Inn* eine Ausnahme: Obwohl das Werk als ›package‹, also als Gesamtproduktion inklusive Libretto, Partitur, Bühnenbild, Volkstänzern bzw. Volksmusikanten und Kreativteam eingekauft und nach London gebracht wurde,[9] betrachtete Erik Charell die Berliner Uraufführung weniger als endgültige Fassung denn lediglich als eine Art Grundgerüst, d.h. als Ausgangspunkt für landesspezifische Variationen. Tabelle 1 zeigt, wie die Namen der Charaktere anglisiert bzw. amerikanisiert wurden, während Tabelle 2 auflistet, welche Änderungen an der Abfolge der Lieder respektive an der Zusammensetzung der Partitur vorgenommen wurden.

Es war weithin bekannt, dass sowohl die Theaterbesucher des West End als auch des Broadway von musikalischen Darbietungen – seien sie nun als Operette oder *musical comedy* angekündigt – eine größere Anzahl von Musiknummern erwarteten als sie deutsche und österreichische Werke gemeinhin enthielten.[10] Dementsprechend fügte Charell in die Londoner Produktion ein weiteres Lied von Robert Stolz ein, sehr zum Ärger Ralph Benatzkys.[11] Des Weiteren ersetzte er Ottilie und Siedlers zweites Duett (»Es ist wohl nicht das letzte Mal«) durch »You Too«, die englische Fassung von Stolz' »Auch Du wirst mich einmal betrügen«.

Eines der neuen Lieder von Stolz avancierte in London zum Hit der Saison,[12] und noch heutzutage ist *White Horse Inn* in Großbritannien vor allem aufgrund einer Gesangseinlage bekannt, die im Original gar nicht vorkommt, nämlich »Good-Bye«, die englische Fassung von »Adieu, mein kleiner Gardeoffizier« aus dem Film *Das Lied ist aus* (1930), wobei die Gesangstexte der britischen Version nicht mehr viel Ähnlichkeit mit der deutschen Fassung haben. Das facettenreiche Sze-

---

7   Vgl. Norton, »*So this is Broadway*«, S. 155.

8   Vgl. Platt, Len und Becker, Tobias: »*A happy man can live in the past*« – *musical theatre transfer in the 1920s and 1930s*. In: *Popular Musical Theatre in London 1890–1939*. Hg. von Len Platt, Tobias Becker und David Linton. Cambridge 2014, S. 118–132, hier: S. 126.

9   Vgl. ebd. sowie Norton, Richard: »*So this is Broadway*«, S. 152.

10 Vgl. Scott, Derek B.: *German operetta in the West End and on Broadway*. In: *Popular Musical Theatre in London and Berlin 1890–1939*. Hg. von Len Platt, Tobias Becker und David Linton. Cambridge 2014, S. 62–80, hier: S. 69.

11 Vgl. Semrau, Eugen: *Der erfolgreiche Rivale von Ralph Benatzky: Robert Stolz*. In: *Im weißen Rössl. Zwischen Kunst und Kommerz*. Hg. Von Ulrich Tadday. München 2006, S. 81–99, hier: S. 86.

12 Vgl. Clarke und Peter: *The White Horse Inn*, S. 132.

nario des dreistrophigen Originals (in dem ein junger Soldat jeweils von seiner Mutter, seiner Geliebten und seinem Vorgesetzten verabschiedet wird und das auf diese Weise seinen Weg von der Einberufung bis zur Entlassung aus der Armee am Ende des Krieges nachhält) wurde ersetzt durch Leopolds vergleichsweise kampflustige Ankündigung, der Fremdenlegion beitreten zu wollen: »I'll join the Legion, that's what I'll do./[…]/And so I go, to fight a savage foe,/[…]/And fall for the flag if must/[…]/I'll do or die/You'll know why/When told of bold Leopold's/›last stand‹ for the Fatherland.«[13] Der englische Text bietet zwar genügend Raum, jenen scheinbar martialischen Grundtenor ironisch zu unterlaufen, aber eine solche Interpretation gegen den Strich scheint im Laufe der Jahrzehnte immer abwegiger geworden zu sein.[14]

Sowohl die zentrale als auch die sekundären Liebesgeschichten im *Weißen Rößl* ähneln in ihrer Vorhersehbarkeit sehr einer zeitgenössischen britischen *musical comedy*;[15] diesbezüglich stellt es eine weitere landeseigene Besonderheit dar, wenn die Theaterkritik im klassenbewussten England mit Freude registrierte, dass sich Leopold nicht als verkleideter Prinz entpuppt (wie in so vielen anderen Operetten)[16] und somit ausnahmsweise am Ende des Stückes keine Verbindung zwischen Mitgliedern der gleichen (Ober-)Schicht zustande kommt, sondern eine klassenübergreifende Hochzeit zwischen Arbeitgeber und Arbeitnehmer steht.

Der Darstellungsstil der Londoner Aufführung entsprach hingegen vollständig den bewährten Gepflogenheiten des West End und bewegte sich damit ebenfalls im Bereich des Gewohnten; so lobte die *Sunday Times* den Schauspieler Clifford Mollison, welcher den Leopold gab, mit den Worten: »Mollison […] sticks manfully to the English tradition of musical comedy.«[17]

Grahams englische Textfassung ist seit 1931 von verschiedener Seite als unzulänglich kritisiert worden, denn mit ihren gestelzten und altertümelnden Formulierungen und Ausdrücken wie »where'er«[18], »an art sublime«[19], »O'er Valley and hill/Not an echo is stirred«[20] oder »There's a spot for which I'm not ashamed to

---

13 *White Horse Inn. Vocal Score.* English Book and Lyrics by Harry Graham. Adapted for Production by Amateur Societies by Eric Maschwitz and Bernard Grun, London o.J., S. 75–77.

14 Die Version des irischen Tenors Josef Locke, welche auf Youtube zu finden ist, kann als typisches Beispiel dafür gelten, wie das Lied in Großbritannien traditionell vorgetragen wird. www.youtube.com/watch?v=xVxvYsBq7GI (zuletzt abgerufen am 14.4.2015).

15 Vgl. Platt und Becker: »*A happy man can live in the past*«, S. 128.

16 »The story is thin but for a musical comedy startingly original, in as much as the waiter was really a waiter and not a prince in disguise« (zitiert nach Clarke und Peter, *The White Horse Inn*, S. 138).

17 Zitiert nach Norton, »*So this is Broadway*«, S. 153.

18 *White Horse Inn. Vocal Score*, S. 28.

19 Ebd., S. 140.

20 Ebd., S. 9.

Abbildung I: Alfred Kunz schuf farbenfrohe Kostüme für die Wiener Erstaufführung des *Rößls* im Stadttheater, hier sein Entwurf für das Festgewand der Rößlwirtin.

Abbildungen II und III: Kunz' »Visionen« von Trachten für die Wiener Erstproduktion.

Abbildungen IV und V: Auch in der Wiener Fassung des *Weißen Rößls* gab es revuenahe, knappe Kostüme und erotische „Spielereien“: Links Tänzerinnen im kurzen, wattierten Rock, rechts die „Schützenbuben“, verkörpert von jungen Damen.

Abbildung VI: Kunz' Entwurf für das Kostüm des schüchternen Klärchens.

Abbildung VII: Programmheft *Im weißen Rößl* von 1930 (vgl. auch die folgenden Seiten).

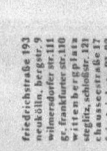

SPIELZEIT
1930/31

GROSSES
SCHAUSPIELHAUS

Im weissen Rössl

Magazin und Programm

SCHRIFTLEITUNG: EDWIN FRANK

Künstlerische Ausgestaltung: Conny

Ansicht von St. Wolfgang mit dem Hotel „Weißes Rößl"

„... Und dann reißt's mich hinauf in die Berge, in den finsteren Wald hinein! Und wenn ich dann so durch den stillen Morgen gehe und das Auge so offen wird für all das Schöne, — da fange ich ihn an, zu fühlen, den Reisezauber. Und alles, was noch vor kurzem mir so wichtig erschienen ist und mich so geärgert hat, es kommt mir auf einmal so kleinwinzig vor, von da oben! Wie vernarrt und verschollen ist alles, was unten liegt. Ich kann mich nicht mehr besinnen, welchen Wochentag wir haben, und welches Datum — und wenn mich einer fragen sollte: „Ja sind Sie denn der Herr Doktor Walter Hinzelmann, den ich zu Haus oft so gräulich gesehen habe ...?" da glaube wahrhaftig, ich würde ihm antworten: „Sie müssen sich irren ... das tut ein viel ältrer Onkel von mir" — und das macht alles der Reisezauber. Möht es nur versuchen!"

Vorwort aus Blumenthal und Kadelburg
„Im weißen Rößl"

Tamara Desni
Im Kleid aus Bemberg-Georgette

J. P. BEMBERG A. G.

MAGAZIN GROSSES SCHAUSPIELHAUS · HEFT Nr. 11

Die Verfasser des alten Lustspiels

Szenenbild aus der Erstaufführung 1. Januar 1898 im Lessingtheater Berlin

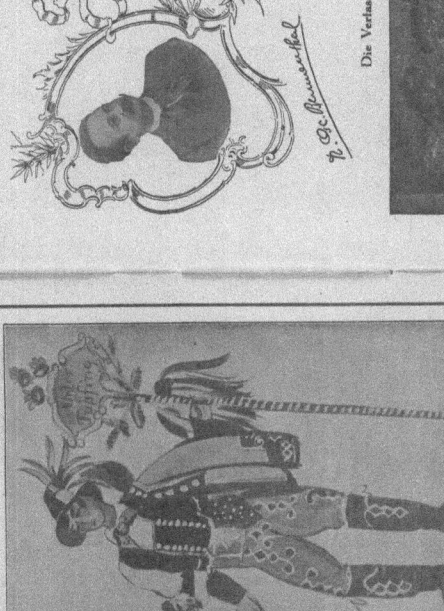

CHARELL PROBT

Proben zu einer großen Neu-Inszenierung. Was hängt alles daran! Der Regisseur, der Komponist, die Librettisten, das Ballett, der Chor, die Musiker, die Dekorateure, die Beleuchter, die Schneider, die Bühnen- und Werkstattarbeiter, — alle sind in fieberhafter Tätigkeit. Drei, vier, sechs Wochen lang.

Im Foyer geht es los. Dort, wo sonst repräsentativer und genossener Glanz herrscht, sieht es aus wie in einem Neubau. In einer Ecke haben die Instrumentateure ein improvisiertes Büro aufgeschlagen. Musikalische Expreßlieferung. Alle Augenblick kommt der Komponist und hat eine neue glänzende Idee, eine fabelhafte Aenderung, einen wunderbaren Vorschlag. Ein paar Schritte weiter hat die Malerwerkstatt eine Filiale aufgeschlagen. In einer andern Ecke werden an Versatzstücken elektrische Leitungen montiert, ein paar Meter weiter macht irgend jemand bei Würstchen und Senf eine kurze Arbeitspause.

Auf der Bühne ein Toben von Stimmen: der Regisseur redet mit den Darstellern, der Darsteller mit den Inspizienten, der Inspizient mit dem Leiter des Balletts, der Leiter des Balletts mit dem Dirigenten. Die Bühne ist jeder Romantik entkleidet. Auf den nackten Brettern in fahler Beleuchtung steht ein Klavier und hämmert immer wieder den Girls die Rhythmen vor. In der dritten Reihe der Parkettsessel sitzt die Prominenz, die gerade nichts zu tun hat. Dafür macht sie Kalauer und Glossen. (Man kann immer durch freundlichen Humor dazu beitragen, die allgemeine Nervosität zu steigern.)

Lärm, Nervosität, Hege finden kein Ende. Selbst am Tage der Generalprobe noch nicht. Immer fehlt irgend etwas, immer ist irgend etwas zuviel. Erst am Abend der Premiere, wenn der Applaus in der Tür und vor dem Vorhang steht, und nur noch das Lampenfieber zittert, ist der Gespensterspuk der Proben vergessen.

Aus der Hamburger Illustrierten

Photo:
New York Times

Erik Charell

Regiebesprechung

Phot. New York Times

von links nach rechts: Hans Müller, Erik Charell, Prof. Ernst Stern, Max Hansen, Camilla Spira.

DAS GROSSE ENSEMBLE DES WEISSEN RÖSSL VON 1930

Marianne Winkelstern

Käthe Lenz

Tamara Desni
Photo. von Gudenberg

Paul Hörbiger

Willi Schaeffers

Gustl Stark-Gstettenbauer

Camilla Spira

Walter Jankuhn

Otto Wallburg

Max Hansen

Trude Lieske

Siegfried Arno

Original Tiroler Watschentänzer
Wastl und Hirsl

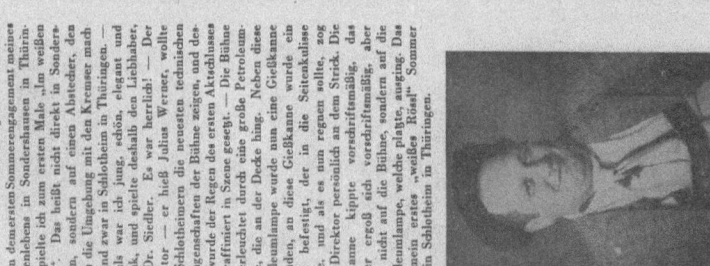

Schwarz Trio Schliersee
Photos: v. Gudenberg

Damhofer Jodlerinnen
Quintett

Cyril FRolls

Erinnerungen:

Von
Otto Wallburg

In demersten Sommerengagement meines Bühnenlebens in Sondershausen in Thüringen spiele ich zum ersten Male „im weißen Rössl". Das heißt nicht direkt in Sondershausen, sondern auf einen Abstecher, den wir in die Umgebung mit den Kreuzer machten, und zwar in Schlotheim in Thüringen. — Damals war ich jung, schön, elegant und schlank, und spielte deshalb den Liebhaber, den Dr. Siedler. Es war herrlich! — Der Direktor — er hieß Julius Werner, wollte den Schlotheimern die neuesten technischen Errungenschaften der Bühne zeigen, und deshalb wurde der Regen des ersten Aktschlusses sehr raffiniert in Szene gesetzt. — Die Bühne war erleuchtet durch eine große Petroleumlampe, die an der Decke hing. Neben diese Petroleumlampe wurde nun eine Gießkanne gebunden, an diese Gießkanne wurde ein Strick befestigt, der in die Seitenkulisse führte, und als es nun regnen sollte, zog Herr Direktor persönlich an dem Strick. Die Gießkanne kippte vorschriftsmäßig, das Wasser ergoß sich vorschriftsmäßig, aber leider nicht auf die Bühne, sondern auf die Petroleumlampe, welche platzte, ausging. Das war mein erstes „weißes Rössl" Sommer 1911 in Schlotheim in Thüringen.

Von
Camilla Spira

Camilla Spira

Lieber Gott, wenn ich noch daran denke, wie ich vor 9 Jahren (15 Jahre war ich gerade, falls es interessiert) auf der riesigen Bühne des großen Schauspielhauses, die bis zu den Orchesterlogen reichte, als eine, unter mindestens 50 armen, zerlumpten „Jacobinerinnen" mit roten Mädchen in Romain Rolands „Danton" herumhopste und glücklich war, jeden Abend einen „Solodreier" für Leoni Duval ausstoßen zu dürfen (hinter der Szene, da diese ihre Stimme schonte), da ahnte ich nicht, daß ich schon 5 Jahre später bei Charell in „Wie einst im Mai" die Hauptrolle spielen würde. Und wo ich als „Jacobinerin aufrührerische Lieder singend über die Bühne stampfte, tanzte ich in der rosa Biedermeierkrinoline und sang: „das war in Schöneberg, im Monat Mai". — Heute bin ich sogar Hotelbesitzerin geworden und noch dazu im herrlichen Salzkammergut! Wahrscheinlich bin ich auch die einzige Jacobinerin, die solch eine Karriere zu verzeichnen hat!

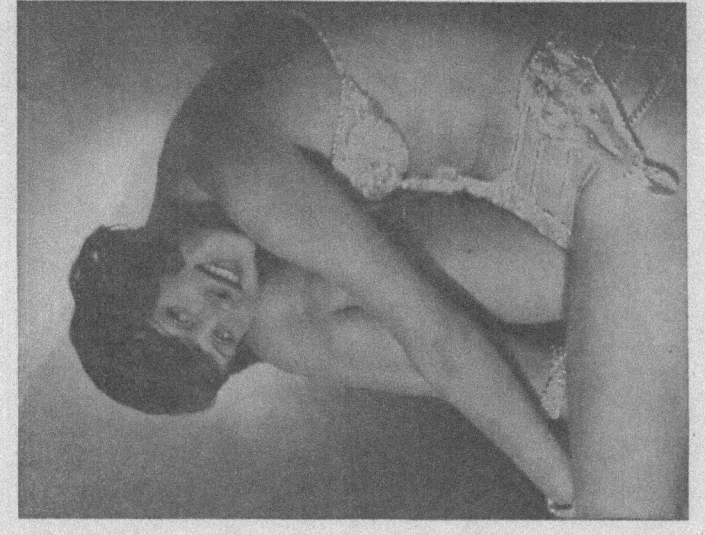

Phot. Vogelbane

Tamara Desni

Marianne Winkelstern

Phot. New York Times

Im weißen Rössl!
von Max Hansen

Schöne Erinnerung. Weißes Rössl — St. Wolfgang — Salzkammergut! Noch schönere Erinnerung, — noch weiter zurück. München. Ich ging noch in die Schule (gezwungenermaßen) und statierte nebenbei im Gärtnerplatz-Theater in „Schneewittchen und die 7 Zwerge". Ich war der 7. Zwerg, aber nicht lange.

Der Regisseur sagte zu mir: „Wenn du den Zwerg gut spielst — bekommst du im ‚Weißen Rössl', das wir demnächst herausbringen, die Rolle des Piccolo zugeteilt. Meine Freude war unbeschreiblich. Ich wollte mir Visitenkarten drucken lassen.

Max Hansen.
Deutschlands bester Zwergendarsteller.

Rollen: Der 7. Zwerg in „Schneewittchen und die 7 Zwerge"
und der Piccolo im „Weißen Rössl".

Aber so weit kam es nicht: Bei einer Vorstellung von „Schneewittchen" entdeckte ich im Zuschauerraum einige Schulkameraden von mir. Damit die mich nun auch erkennen, nahm ich den Umhängebart ab. — Ich wurde erkannt — auch vom Regisseur. Kraftidiot war der mildeste seiner Kosenamen für mich. Meinen Einwand, daß das Publikum herzlich gelacht hatte, ließ er nicht gelten; denn es handelte sich um Schneewittchens Sterbeszene. Ich flog.

Viele Jahre später läutet mich ein bekannter Filmregisseur an. „Hansen, wollen Sie den Leopold im Weißen-Rössl-Film spielen?" — Na, ob ich wollte. Herrlich waren die paar Wochen Freiaufnahmen an Ort und Stelle in St. Wolfgang. Zum Pech waren sämtliche Hauptdarsteller leidenschaftliche Angler. Wenn einer zur Aufnahme gebraucht wurde, konnte er meistens nicht. Ich mir gerade einen „Biß". Damals wünschte ich mir schon schnelles, die Rolle des Oberkellners Leopold auch auf die Bühne zu geben. Ich muß an einem Sonntag geboren sein. Im letzten Sommer bekam ich von Erik Charell den Auftrag, den Leopold in seiner Inszenierung zu spielen. Charell kann von Glück sagen, daß man in der Spree von der Weidendammer Brücke aus nicht angeln darf. Das ist also nun das dritte Mal, daß ich mit der Rösslwirtin in Berührung komme. Das erste Mal — beinahe! Das zweite Mal — richtig, aber stumm. Jetzt aber — hoffentlich unberufen toi toi toi.

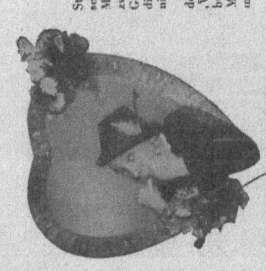

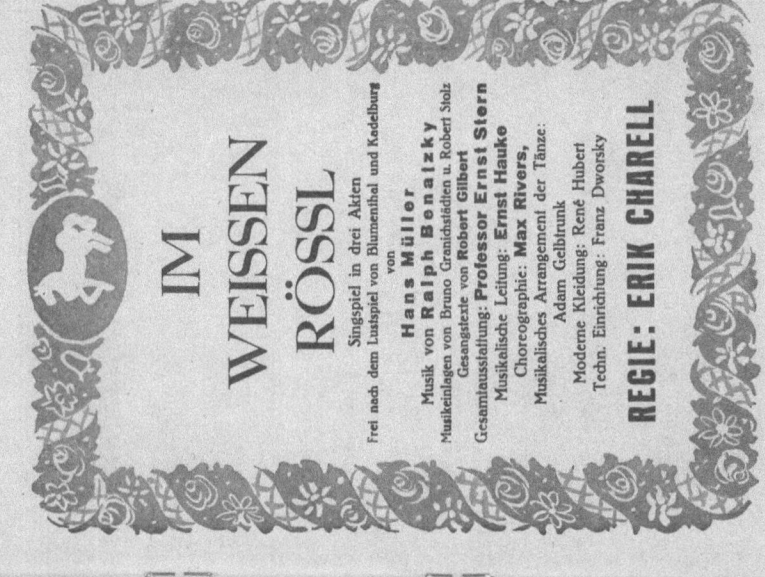

IM
WEISSEN
RÖSSL

Singspiel in drei Akten
Frei nach dem Lustspiel von Blumenthal und Kadelburg

von

Hans Müller

Musik von **Ralph Benatzky**
Musikeinlagen von Bruno Granichstädten u. Robert Stolz
Gesangstexte von Robert Gilbert
Gesamtausstattung: **Professor Ernst Stern**
Musikalische Leitung: **Ernst Hauke**
Choreographie: **Max Rivers,**
Musikalisches Arrangement der Tänze:
Adam Gelbtrunk
Moderne Kleidung: René Hubert
Techn. Einrichtung: Franz Dworsky

REGIE: ERIK CHARELL

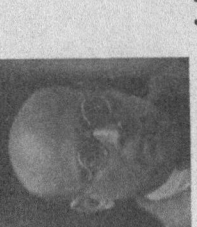

Hans Müller

Ralph Benatzky

1. Akt

Vor dem Hotel zum „Weißen Rößl"

Kathi, Postbotin	......	Mirzl Dreher
Piccolo	......	Gustl Stark-Gstettenbauer
Oberförster	......	Carl Geppert
Zenzi	......	Edith d'Amara
Josepha Vogthuber, die Rößlwirtin	......	Camilla Spira
Leopold Brandmayer, Oberkellner	......	Max Hansen
Dr. Otto Siedler, Rechtsanwalt	......	Walter Jankuhn
Wilhelm Giesecke, Fabrikant	......	Otto Wallburg
Ottilie, seine Tochter	..	Trude Lieske
Das Hochzeitspaar { Er	......	Fritz Berner
Sie		Edith d'Amara
Kapitän	......	Albert Berthold
Franz, Kellner	......	Theo Maal
Johann Martin		Leo Sloma
Hausknecht		Otto Greth

Reisegesellschaft, Dampfergäste, Kellnerinnen, Baublick-Bartmann, Bergführer, Hotelportiers, Kinder, Girls und Boys

Professor Ernst Stern

Ernst Hanke

Camilla Spira   Max Hansen   Trude Lieske

Im Kuhstall

Leopold .... Max Hansen | Ottilie .... Siedler | Trude Lieske, Walter Jankuhn
Josepha .... Camilla Spira

Kuhmägde, Stallburschen
Tamara Desni   Cyrill Reh   Fred Clement-Baud
Girls und Boys
"Die ganze Welt ist himmelblau", Komposition von Robert Stolz

Im Gartenrestaurant

Leopold .... Max Hansen | Ottilie .... Siedler | Trude Lieske, Walter Jankuhn, Carl Stark
Josepha .... Camilla Spira | Piccolo .... | Gustenbauer
Gisecke .... Otto Wallburg

Sommergäste, Kellnerinnen, Kellner, Bevölkerung von St. Wolfgang
Girls und Boys und das ganze Ensemble
Kurze Pause

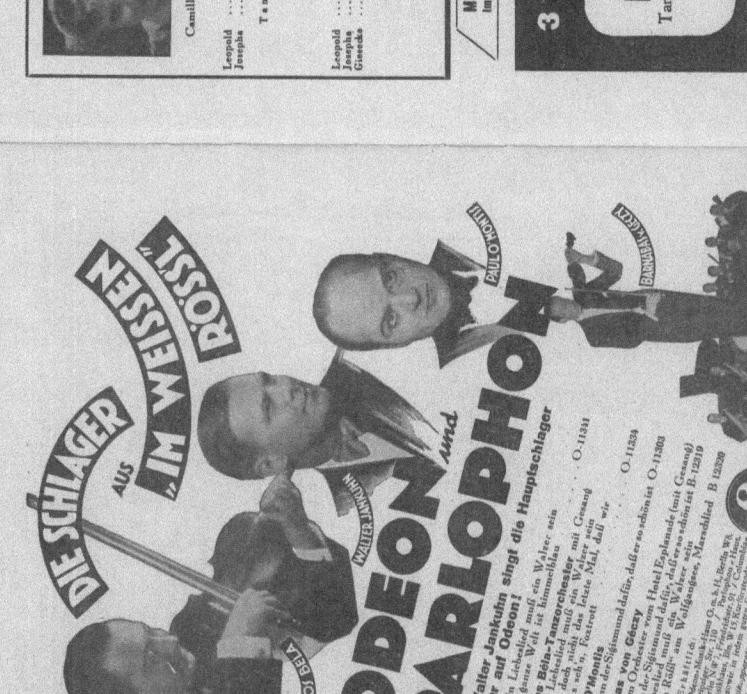

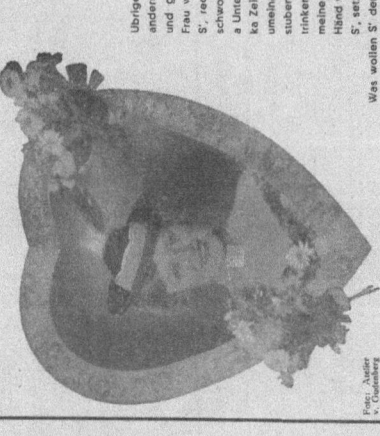

Marianne Winkelstein Willi Schaeffers Tamara Desni

Festplatz am Dampfersteg

Der alte Kaiser		Paul Hörbiger
Ketterl, sein Leib-Kammerdiener		
Leopold		William Huch
Josepha		Max Hansen
Giesecke		Camilla Spira
Ottilie		Otto Wallburg
Siedler		Trude Lieske
Bürgermeister		Walter Jankuhn
		Gustav Kntanyi

Oberförster	
Präsidentin des Jungfrauen-Vereines	
Lehrer	
Begleitung des Kaisers	Carl Geppert Ellen Plessow Albert Bertold John Raus Georg Gütlich Hans Orthmann Theodor Kjeldequist

Abordnungen aus: Ischl, Gmunden, St. Gilgen, Gossern, Hallstadt, St. Wolfgang
Schützengilde, Veteranenverein, Kriegerverein, Feuerwehr, Schulkinnen, Ehrenjungfrauen,
Schützenkapelle, Schiffskapelle, Bevölkerung von St. Wolfgang

Pause

Adam Geibtrunk spielt auf Bechstein-Meor-Flügel.

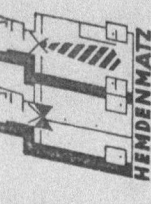

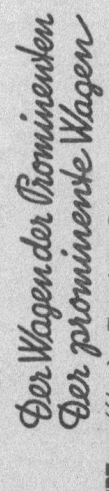

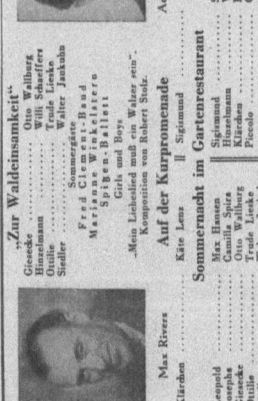

Fritz Plucke, Abendregie.
Kurt Reder, Beleuchtung.
Paul Bilin, Kapellmeister.
Kurt Ostenwalter, Inspizienten.
Erich Graver, Architekt.
Bühnen-Vertrieb: Felix Bloch Erben (Inh. Fritz
Werckel), Berlin-Wilmersdorf 1.
Musik-Verlag: „Charivari" G. m. b. H.,
Berlin SA.
Presse und Propaganda: Edwin Frank.
Das Titelblatt zeichnete Conny.

Franz Dworsky

Fritz Plucke

Gesamte kostümliche Ausstattung, Trachtenkostüme und moderne Kleider: Theaterkunst
Hermann I. Kaufmann, Berlin N54, Schwedter Str. 9.
Die gesamte moderne Herren-Kleidung für Solisten und Chor wurde von den S.S.-Kettenläden für gute Herrenkleidung (Schröder-Spezial G. m. b. H.), in allen Stadtteilen Berlins, geliefert.
Trachtenteile und Volkskunst lieferte das Haus für Volkstrachten und Kunst Walloch, München, am Hauptbahnhof.
Die Lautsprecher-Anlage auf der Bühne, im Theaterhaus und an der Fassade wurde von Telefunken ausgeführt. Die übertragenen Schallplatten sind Homocord-Fabrikate.
Der Flügel im Orchester, ein Bechstein-Moor-Flügel, wurde von der Fa. C. Bechstein, Budapester Straße, geliefert.
Die auf der Bühne verwendeten Koffer sind Reviriston-Fabrikate.
Die plastischen Figuren auf der Beleuchtungs-Anlagen: Schwabe & Co., Berlin SO 16.
Gesamtausstattung und Dekorationen: Theaterausgabenhaus G. m. b. H., Berlin, und Werkstätten der Großen Schauspielhauses.
Die Badeschuhe sind Treitom-Fabrikate. Die Lieferung erfolgt durch die Heiningburg-Gummifabrik-Gebrüder A.G., Hamburg.
Das gesamte Ensemble verwendet nur Schminken und Puder der Parfümerie-Fabrik
L. Leichner.

„Zur Waldeinsamkeit"

Giesecke .... Otto Wallburg
Heinzelmann .... Willi Schaeffers
Ottilie .... Trude Lieske
Siedler .... Walter Jankuhn

Sommergarten
Fred Clement-Band
Marianne Winkelstern · Spitzen-Ballett
Girls und Boys

Mein Liebeslied muß ein Walzer sein".
Komposition von Robert Stolz.

Auf der Kurpromenade

Max Rivern .... Adam Galbroin
Klärchen .... I Sigismund | Siegfried Arno

Sommernacht im Gartenrestaurant

Leopold .... Sigmund .... Siegfried Arno
Josepha .... Camilla Spira ...... Willi Schaeffers
Giesecke .... Otto Wallburg ...... Käte Lenz
Ottilie .... Trude Lieske .... Gustl Stark-
Siedler .... Walter Jankuhn ..... Gretenbauer
Marianne Winkelstern   Tamara Desni Cyrill Rolle
Fred Clement-Band
und das gesamte Ensemble

An den Ufern des Wolfgang-Sees

Käte Lenz II Sigismund

Eine Fahrt mit dem Raddampfer, — vorbei an den Bergen, der Fürsterei.
den Almenhütten — bis zur Seligpuwiese

ENDE

Änderungen in der angekündigten Rollenbesetzung begründen keinen Anspruch auf Preisermäßigung oder auf Rücknahme oder Umtausch der Eintrittskarten.

ENDE

Abbildung VIII: Fotopostkarte zur Produktion im Center Theatre, New York City.

Abbildung IX: Alphons Klaß: *Gruppen zu XVI Personen*.

Abbildungen X und XI: Mareike Morr, Ensemble, Carmen Fuggiss, Produktionsfotos der Staatsoper Hannover, 2009.

Abbildungen XII und XIII: Stefanie Verkerk, Leopold Kern und Martin Schurr, Produktionsfoto Musiktheater ›Die Schönen‹, Freiburg, 2009.

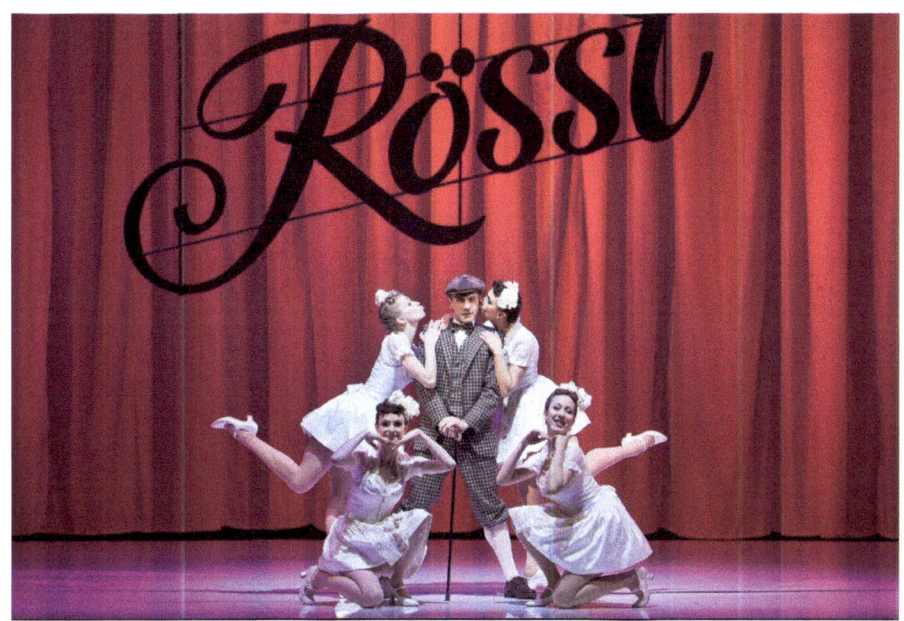

Abbildungen XIV und XV: Marco Dott, Ballettensemble, Produktionsfoto Salzburger Landestheater, 2014.

Abbildungen XVI und XVII: Armin Rohde, Diana Amft, Tobias Licht, Edita Malovčić, Fritz Karl und Ensemble in *Im weissen Rössl. Wehe du singst!*, 2013.

sigh …«[21] verlagert sie Ausdrucksweise und Handlung des Singspiels sowohl in weite Ferne als auch in die Vergangenheit. Grahams Wortwahl ist allerdings keineswegs nur Ausdruck seines persönlichen Schreibstils; vielmehr bedient er sich der damals für das West End gängigen Art und Weise, Gesangstexte zu formulieren, wie ausgerechnet ein Lied für die New Yorker Produktion des *White Horse Inn* belegt: Der Song »White Sails« des britischen Starkomponisten Vivian Ellis (*Mr Cinders*, 1929), welcher noch vor der Premiere aus der Broadwayversion entfernt wurde, enthält Zeilen wie »White sails a-drifting o'er the seas …«.[22] Die Londoner Fassung verwendet zudem viele Inversionen, etwa »for happiness stands at the door there«[23], »… heaven within them lies!«[24] oder »a feast we'll prepare!/Ev'ryone there we'll invite«[25], welche die Lieder ihrer zeitgemäßen Frische berauben und sie den *comic operettas* der Zeit Edward des VII. annähern.[26]

Bei Graham werden die Touristen in der Eingangsszene von der englischen Reiseagentur Thomas Cook & Son betreut[27] und weisen sich vor allem durch ihre kulinarischen Vorlieben (»Marmalade, please! Jam«[28], »Two buttered toasts, a pot of tea«, »A slice of ham and cherry jam« und »turnips«[29]) eindeutig als Engländer aus.[30] Wie im Vereinigten Königreich gibt es am Wolfgangsee nun die Vorschrift, eine Fahrkarte am Ende der Reise noch einmal vorzeigen zu müssen,[31] während man die Beschwerde des Fabrikanten Grinkle, dem Londoner Gegenstück zu Giesecke, über die einheimischen Getränke (»… I find no ›kick‹ in the beer, it's all foam!«[32]) ebenfalls als typisch englisch einordnen kann.

Der glückliche Umstand, dass die englische und die österreichische Landeswährung gleich klingen, auch wenn sie anders geschrieben werden (»shilling« bzw.

---

21 Ebd., S. 36.
22 *White Horse Inn. Typescript.* American Adaptation of Book by David Freedman, Lyrics by Irving Caesar, unveröffentlichtes Manuskript, New York 1936 (New York Public Library of the Performing Arts, RM4260), S. II–i–8.
23 *White Horse Inn. Vocal Score*, S. 37.
24 Ebd., S. 47.
25 Ebd., S. 103.
26 Vgl. Norton: *»So this is Broadway«*, S. 128.
27 Vgl. *White Horse Inn. A Musical Comedy. Libretto.* Music by Ralph Benatzky with Interpolated Songs by Robert Stolz. Original Lyrics by Robert Gilbert. English Book and Lyrics by Harry Graham, unveröffentlichtes Manuskript, London 1931, British Library, LCP 1931/12, S. I–4.
28 Hier und im Folgenden: *White Horse Inn. Vocal Score*, S. 16.
29 Ebd., S. 73.
30 Auf der Speisekarte des Hotels steht zwar »Shepherd's Pie«, aber »Lancastershire Hot-Pot« ist für Leopold dann doch ein Fremdbegriff (*White Horse Inn. A Musical Comedy. Libretto*, S. I–21 bzw. I–26).
31 Grinkle wird beinahe nicht von Bord des Dampfschiffes nach St. Wolfgang gelassen, weil er sein Billett verloren hat (vgl. ebd., S. I–18).
32 *White Horse Inn. Vocal Score*, S. 92.

»Schilling«), bedeutet, dass in der Londoner Fassung des *Weißen Rößl* diesbezüglich keine Änderungen notwendig sind. Sie macht indes insgesamt vier der Figuren zu Engländern und tauft Otto Siedler, Wilhelm Giesecke, Ottilie und Sigismund Sülzheimer um in Valentine Sutton, John Ebenezer Grinkle, Ottoline und Sigismund Smith. Diesem Nationalitätswechsel trägt Harry Graham als Autor der englischen Spielvorlage in mehreren neuen Witzen Rechnung, zum Beispiel wenn Leopold einer Kuh vorhält, sie gehe auf der falschen Straßenseite,[33] obschon die Versuche des Übersetzers, landesspezifische Bezüge einzubauen, häufig in bloßen Stereotypen und damit auf Kalauerniveau steckenbleiben, wie der folgende Dialog beweist:

> Sutton: ›How's the weather this year?‹
> Leopold: ›Terrible. Rain. Nothing but rain.‹
> Sutton: ›Fine. I'm used to it. I come from London.‹[34]

Auch Grahams Wortspiele sind mal mehr und mal weniger gelungen: Während man über Leopolds Reaktion auf das Pfeifen des Dampfschiffes – »Well, I'm glad somebody gives a hoot!«[35] – noch schmunzeln mag, dürfte seine Angewohnheit, die den täglichen Rosen für Josepha beigelegte Karte mit »your loving Schnückidoodle-ums«[36] zu unterzeichnen, wohl kaum Lachsalven nach sich ziehen.

Einige der gewagteren Pointen mussten von der offiziellen Zensurstelle des britischen Theaters, dem »Lord Chamberlain's Office«,[37] abgesegnet werden;[38] deswegen wurden Verweise auf die Gestapo,[39] die grobe Ausdrucksweise australischer Armeeangehöriger[40] und den 1902 erschienenen englischen Roman *The Four Feathers/Die Vier Federn* von A. E. W. Mason[41] erst in die Spielvorlage eingebaut,

---

33 »Leopold pushes aside the head of a cow that is in his way. ›Excuse me! But you ought to blow your horn. You're on the wrong side of the road anyway.‹« (*White Horse Inn. A Musical Comedy. Libretto*, S. I–36).

34 Ebd., S. I–28.

35 Ebd., S. I–13.

36 Ebd.

37 Die Theaterzensur in Form des »Lord Chamberlain's Office« wurde erst 1968 abgeschafft.

38 Dem unveröffentlichten Manuskript der englischen Spielvorlage in der British Library ist die Kopie einer Notiz beigeheftet, die vom 30. März 1931 datiert und an den Manager des Londoner Coliseums adressiert ist. Als »Lord Chamberlain's Licence No. I036I« gibt sie auf drei Seiten das Einverständnis für mehrere detailliert aufgelistete Textergänzungen.

39 Grinkle reagiert auf die Ankunft der beiden Diener, welche auf Josephas Anordnung seine Koffer aus dem für Sutton reservierten Hotelzimmer tragen sollen, mit dem Kommentar: »Ah! The Gestapo.« (»Lord's Chamberlain's Licence No. I036I«, S. 1).

40 Nachdem er seine Koffer getreten hat, ereifert sich Grinkle: »Oh, if I could only remember those words I heard yesterday – from a couple of Australian soldiers.« (Ebd.).

41 In Akt II beklagt sich Grinkle bei Josepha am Morgen nach seiner ersten Übernachtung im Weißen Rößl über seine Unterbringung: Josepha: »Didn't you have a good night, Sir?« – Grinkle: »A good night – who could have a good night in a room like that – besides, the bed

nachdem sie von der Behörde schriftlich genehmigt worden waren. Um eventuellem Ärger mit dem staatlichen Zensor von vornherein zu vermeiden, bleibt das Libretto an einige Stellen gezielt vage; so heißt es etwa am Ende des Stückes in den Regieanweisungen: »Leopold slaps [Josepha] on a suitable part of the person.«[42]

Das Londoner *White Horse Inn* wurde ein Sensationserfolg, welcher auf dem Höhepunkt seiner Beliebtheit Wocheneinnahmen von $40,000 verbuchen konnte und damit mehr als doppelt so viel einspielte wie all anderen Hits im West End.[43] Später vergab Stoll die Aufführungslizenz für das Stück an Prince Littler, der eine Tourneeproduktion größeren Ausmaßes organisieren wollte. Diese – nicht ganz so aufwändige Version – tourte drei Jahre lang von 1933 bis 1935 durch das Vereinigte Königreich und Südafrika.

Es brauchte sechs Jahre und mehrere Anläufe, bis *Das weiße Rößl* 1936 am Broadway Premiere feiern konnte, denn die Finanzierung derart kostspieliger Produktionen auf die Beine zu stellen – die Kosten der New Yorker Fassung werden je nach Quelle mit 200.000[44] oder 300.000 Dollar[45] beziffert –, war zur Zeit der Weltwirtschaftskrise ein schwieriges Unterfangen.[46] Es bestand zwar die Möglichkeit, das Budget mit Hilfe von Sponsoren zu unterfüttern, weil sowohl ein Whiskey-Hersteller als auch eine Brauerei sich daran interessiert zeigten, für entsprechende Werbung zu zahlen, aber die puritanischen Rockefellers, in deren Theater das Werk aufgeführt wurde, waren nicht willens, auf diese Weise den Konsum von Alkohol zu propagieren, und so wurden entsprechende Angebote abgelehnt.[47]

---

you've got up there reminds me of a film I once saw.« – Josepha: »What on earth's that?« – Grinkle: »The Four Feathers.« (Ebd., S. 2).

Masons Roman war bereits 1915, 1921 und 1929 verfilmt worden; die berühmteste Kino-Adaption entstand jedoch erst einige Jahre nach der Londoner Premiere des *White Horse Inn*, im Jahre 1939 unter der Regie von Zoltan Korda mit Ralph Richardson, John Clements, June Duprez und C. Aubrey Smith in den Hauptrollen.

42 *White Horse Inn. A Musical Comedy. Libretto*, S. III–19.

43 Vgl. Norton: »*So this is Broadway*«, S. 155.

44 Vgl. ebd., S. 158.

45 N.N.: »*White Horse Inn Reaching $40,000 Gross Weekly at Coliseum*«. In: *Variety. The International Entertainment Weekly*, 13.5.1931, S. 5.

46 Für eine detaillierte Chronik der gescheiterten Versuche, Geldgeber für eine Aufführung in New York zu gewinnen, siehe Norton, »*So this is Broadway*«, S. 156–158.

47 Vgl. ebd., S. 158.

Wie Norton ausführt, war die Firma, welche »White Horse«-Whiskey produzierte, bereit, $50.000 Dollar zu bezahlen, um ihr Logo auf dem Bühnenvorhang zeigen zu dürfen (vgl. ebd.).

Abbildung 29: Fotopostkarte zur Produktion im Center Theatre, New York City.

Da die Option des britischen Produzenten Stoll auf eine US-Produktion abgelaufen war, wurde eine zweite englischsprachige Version in Auftrag gegeben,[48] wobei einmal mehr Arbeitsteilung praktiziert wurde: Das neue Libretto wurde von David Freedman verfasst, während Irving Caesar für die Gesangstexte zuständig war.

Dieses Mal beließ es Charell nicht bei einer leichten Überarbeitung der Partitur; bis auf die größten Hits (das Titellied, »Es muss was Wunderbares sein« und »Im Salzkammergut«; für eine Gegenüberstellung der verschiedene Versionen dieser drei Lieder siehe Tabellen 3–5) wurden praktisch alle Gesangsnummern der Uraufführung gestrichen und gegen Songs amerikanischer bzw. englischer Komponisten und Texter ausgetauscht. Das Resultat war ein gigantisches Flickwerk mit Nummern von elf verschiedenen Komponisten und vier verschiedenen Textdichtern (Robert Gilbert eingerechnet), dessen Rechte dazu noch bei zwei verschiedenen Musikverlagen lagen (Chapell und Harms),[49] weshalb jahrzehntelange juristische Streitigkeiten um Tantiemen und Copyright vorprogrammiert schienen.[50]

---

48 Vgl. ebd.
49 Vgl. ebd., S. 166.
50 Jene juristischen Auseinandersetzungen sind vermutlich nur deshalb ausgeblieben, weil
    White Horse Inn nicht in das gängige Aufführungsrepertoire amerikanischer Bühnen eingegangen ist.
    Dass die Rechtssituation der ursprünglichen deutschen Autoren vom Weißen Rößl in Bezug auf Tantiemen von der Broadwayfassung alles andere als einfach war, belegt folgender Ta-

Entfernt wurden »Zuschau'n kann i net«, die beiden Stolz-Duette für Siedler und Ottilie, »Was kann der Sigismund dafür« und erstaunlicherweise auch der Publikumsfavorit der Londoner Aufführung, »Good-Bye«.[51] Letzterer wurde durch ein Lied von Eric Oates ersetzt, welches einen ähnlichen Titel besaß und eine vergleichbare Funktion in der Handlung erfüllte: »Good-Bye, Au Revoir, Auf Wiedersehen«.[52] Weitere Nummern wurden von Jàrà Benes (»Leave It to Katarina«), Gerald Marks und Sammy Lerner (»I Would Like to Have You Love Me«), Adam Gelbtrunk (»Cowshed Rhapsody«; »Alpine Symphony«), Richard Fall (»The Waltz of Love«), Vivian Ellis (»White Sails«) sowie Norman Zeno und Will Irwin (»In a Little Swiss Chalet«) beigesteuert.[53]

Geändert hatte sich beim Export in die USA auch das Verständnis der Öffentlichkeit, wer letztlich alle Fäden für die endgültige Fassung des *White Horse Inn* in der Hand hielt und wem damit die Ehre gebührte, das Singspiel zum Erfolg geführt zu haben. Rückblickend gibt es für Kevin Clarke keinerlei Zweifel, dass der von Musikkritiker Hans Heinz Stuckenschmidt als »genialische[r] Reformer der Revuebühne«[54] gefeierte Erik Charell als wahrer »Schöpfer des Rössl«[55] anzusehen ist. Die deutsche und englische Presse stimmte in dieser Einschätzung mit Clarke überein, aber in New York, wo gemeinhin die Person, welche die Schecks unterzeichnet, als mächtigstes und damit wichtigstes Mitglied des Produktionsteams betrachtet wird, zollte *New-York-Times*-Kritiker Brooks Atkinson in seiner Rezension dieses Lob dem US-Produzenten Rowland Stebbins.[56]

---

gebucheintrag von Ralph Benatzky, datiert vom 15. Januar 1937: »Verhandlungen mit Amerika wegen Tantiemennachlaß vom *White Horse* geben meinem Standpunkt, nicht ohne weiteres zuzustimmen, gegenüber dem von Hans [Müller] insofern recht, als wir, wenn auch wenig, für die ersten 25.000 Dollar doch eine Tantieme erzielen.« (Jens und Niklew (Hg.): *Ralph Benatzky*, S. 216).

51 Vgl. hierzu und zu folgendem Norton: *»So this is Broadway«*, S. 163.

52 In diesem Lied heißt es beispielsweise: »Auf Wiedersehen, I'm on my way girls/Farewell/I don't want to hear a parting cheer./You, who made of me a pastime,/You have done so for the last time.« (Caesar, Irving und Oates, Eric: *Good Bye* [sic], New York 1936, o.S.)

53 Die Lieder »White Sails« und »In a Little Swiss Chalet« wurden von Charell im Zuge einer Überarbeitung kurz nach der Premiere wieder entfernt; das Stück wurde insgesamt um 30 Minuten gestrafft, was zu einer Endfassung von knapp drei Stunden Länge führte. (Vgl. Norton: *»So this is Broadway«*, S. 164.)

54 Zitiert nach Semrau: *Der erfolgreiche Rivale von Ralph Benatzky: Robert Stolz,* S. 84. Der Rezensent der London Tageszeitung *The Era* wählte vergleichbare Superlative und verlieh Charell den Status des »German stage genius« (zitiert nach Clarke und Peter: *The White Horse Inn*, S. 138).

55 Clarke: *Zurück in die Zukunft*, S. 113.

56 »… Rowland Stebbins, the celebrated producer […], has once again gathered around him men and performers who can give a huge production the light and amiable charm of a comic storybook with colored illustrations.« (Atkinson, Brooks: *White Horse Inn, an Elabo-*

Mit der größeren geografischen Entfernung zum Handlungsort, den bestenfalls ein Bruchteil der New Yorker Theatergänger jemals besucht haben dürfte, schon allein weil die Reisekosten einen Aufenthalt in Österreich – speziell während der krisengeschüttelten 30er-Jahre – für Amerikaner illusorisch machte, wandelte sich St. Wolfgang von einer Touristenattraktion, die in wenigen Stunden/Tagen erreicht werden kann, zu einem *locus amoenus*, was das Stück auf der einen Seite unweigerlich wieder in die Nähe der klassischen (amerikanischen) Operette rückte, welche oftmals in Ruritania oder anderen Phantasieorten angesiedelt war.

Auf der anderen Seite enthält das Libretto von David Freedman zahlreiche Beispiele für einen Humor, wie er typisch ist für die *musical comedy* am Broadway der 30er-Jahre. Gleich zu Beginn des Stückes verkündet ein Reiseführer den von ihm betreuten amerikanischen Touristen: »And now you have seen everything – Schnatzberg – Schnitzberg – Pittsburgh – Goldberg – Hidelberg [sic].«[57]

Wenig später trifft McGonigle, das New Yorker Gegenstück zu Giesecke, genervt im Weißen Rößl ein. Bereits die Anreise hat ihn schwer mitgenommen: »I had to pay an extra fare on the bus from Schwartzspiegel Junction to Wasservogel Cross Roads and from there we had to go by donkey to Schmalzengenzel Gulch, and we got lost in the Schnitzelschwitzen Turnpike! And I didn't want to come here in the first place – I wanted to go to Frankfurter Turn-Over, Coney Island, U.S.A.«[58] Diese Verulkung der deutschen und österreichischen Ortsnamen steht ganz in der Tradition des ethnisch gefärbten Humors, wie man ihn im Vaudeville fand, und der seinerseits in der Regel das Markenzeichen jüdischer Komiker war.[59]

Ebenfalls typisch für die Blödeleien der *musical comedy* amerikanischer Prägung sind witzelnde Gesangstexte à la »You'll never find our scalps/Sliding down the Alps«,[60] scherzende Namen und Berufsbezeichnungen (wie »Miss Katzenjammer, Secretary of the Council and President of the Society for the Prevention of Gold-Digging in the Alps«[61]) und Pointen, wie man sie aus Farcen kennt:

> McGonigle: ›You know how to spell Machiavelli?‹
> Leopold: ›Sure. L-O-U-S-E.‹[62]

Nachdem sich der Kaiser auf Besuch angekündigt hat, wird die hitzige Diskussion darüber, wo seine Majestät untergebracht werden soll, mit folgendem Dialogwechsel beendet:

---

rate Musical Show, Opens the Season in Rockefeller City. In: *New York Times*, 2.10.1936, S. 14).

57 *White Horse Inn. Typescript*, S. I–I–5.
58 Ebd., S. I–i–21.
59 Mel Brooks' *The Producers* [2001] bietet eine zeitgenössische Variante dieses Humors.
60 *White Horse Inn. Typescript*, S. I–i–17.
61 Ebd., S. II–iv–28.
62 Ebd., S. I–i–27.

Leopold: ›… we have the only water closet in town!‹

Besitzer der ›Alpenrose‹: ›But it doesn't work!‹

Leopold: ›Well, maybe it doesn't always work, but for his Majesty it will work! Royalty has a way!‹[63]

Librettist Freedman, Gesangstexter Irving Caesar und der Rest des Produktionsteams gaben sich große Mühe, der österreichischen Kultur ihre Andersartigkeit zu nehmen, indem sie entweder bewusst Österreich-Klischees verwenden – an einer Stelle kommt die Rößlwirtin auf die Bühne mit den Worten: »I was in the kitchen making apple strudel.«[64] – oder St. Wolfgang amerikanisch einfärben, gelegentlich im wahrsten Sinne des Wortes, etwa wenn auf dem Markt des Ortes »Ink, red and white and blue«[65] angeboten wird.

Die Touristen in der Eröffnungsszene sind allesamt Amerikaner, die mit US-Währung bezahlen (Leopold: »You owe a dollar ten …«[66]/»So 50 cents«[67]) und denen von Zahlkellner Leopold ins Gewissen geredet wird: »You Americans should learn how to relax/[…]/Why do you destroy yourselves/With indigestion?/«[68]. Die Gäste bestellen »guava jelly and some toast«[69] oder bekommen »stew«[70], und das Libretto enthält außerdem Anspielungen auf Personen, welche dem Broadwaypublikum durch die einheimischen Printmedien wohlbekannt sind, wie die 1934 geborenen kanadischen Dionne-Fünflinge[71] oder die Astors,[72] zeitweise die reichste Familie der USA. Das Duett »I Would Love to Have You Love Me« zwischen Gretel und Sylvester in Akt II, Szene 3 schließlich ist in einem wenig österreichischen Solarium (!) angesiedelt.

---

63 Ebd., S. II–iv–30.
   Im englischen Libretto zeichnet sich das Weiße Rößl an dieser Stelle dadurch aus, dass es als einziges Hotel am Ort ein Badezimmer mit Dusche besitzt. (*White Horse Inn. A Musical Comedy. Libretto*, S. II–33.) Der Dialog in der deutschen Fassung:
      Leopold: ›…wir haben das einzige Wasserklosett im Ort!‹
      Besitzer der ›Alpenrose‹: ›Aber das funktioniert nicht.‹
      Leopold: ›Nun, vielleicht funktioniert es nicht immer, aber für Seine Majestät wird es funktionieren. Gekrönte Häupter finden immer einen Weg.‹

64 *White Horse Inn. Typescript*, S. II–iv–32.

65 Ebd., S. II–i–1.

66 Ebd., S. I–i–5.

67 Ebd., S. I–i–5.

68 Ebd., S. I–i–5.

69 Ebd., S. I–i–5.

70 Ebd., S. I–i–12.

71 Alpine Guides: »Yes, if we had to, we could guide/In safety, the quintuplets.« (Ebd., S. I–i–16).

72 »Each guest believes he's an Astor.« (Benes, Jànà und Caesar, W. [sic]: *Leave It to Katarina. Sheet Music*, New York 1936, o.S.).

Im New Yorker Libretto sind die einzelnen Gesangsnummern darüber hinaus dem Broadwaystandard entsprechend gekennzeichnet und beispielsweise als »specialty number«[73] oder »entrance song« ausgewiesen, und weil Katarina/Josepha in der ursprünglichen Fassung kein Auftrittslied hat, wurde für die US-Version eines eingefügt: »Leave It to Katarina«[74].

Irving Caesar nutzte auch die Gelegenheit, in seine Gesangstexte einige Zweideutigkeiten einzubauen; derartige Pikanterien waren im Hollywoodmusical nach Einführung der Filmzensur 1934 nicht länger möglich, und sicherten dem Bühnenmusical einen nicht zu unterschätzenden Geschäftsvorteil. Das Auftrittslied der Rösslwirtin enthält zum Beispiel die folgenden anzüglichen Zeilen: »If you come home at midnight and no one is here,/And you'd like a snack, some sausage and beer,/Or something more spicey – it's sure to appear/Leave that to Katarina.«[75] In einer anderen Strophe verspricht sie: »… I see that the linen is snowy and white/Put you to bed and turn down the light/And if you need someone to kiss you goodnight/Leave it to Katarina.«[76] Die Zimmermädchen wiederum lassen keinen Zweifel, wo ihre Prioritäten liegen: »When rooms need looking after/We mingle work with laughter!/Preferring brooms to sweep with/Than lazy grooms to sleep with!«[77] Nichtsdestotrotz wurde der Produktion von der *New York Times* bescheinigt, alles in allem biete sie »a hospitable evening seasoned by good taste«.[78]

Für das Berliner Publikum im Großen Schauspielhaus war die Figur des Hauptstädters Giesecke 1930 von enormer Bedeutsamkeit, bot sie doch von allen Charakteren die beste Möglichkeit zur selbstironischen Identifikation.[79] Grinkle bzw. McGonigle in der englischen respektive amerikanischen Fassung kommt eine vergleichbare Aufgabe zu, weshalb beide auch die Gelegenheit bekommen, sich per Gesang zu äußern, selbst wenn Grinkle nicht länger Repräsentant einer Metropole ist, sondern aus der Provinz stammt. Der Fabrikant aus Lancastershire beklagt sich ebenso lautstark wie sein Berliner Gegenstück über den von seiner Tochter ausgewählten Urlaubsort und vergleicht ihn mit mehreren (aus Sicht des Londoner Publikums) schäbigen und somit dezidiert nicht sehenswerten britischen Küstenstädten: »These foreign Spas/No Public Bars!/[…] I'd sooner spent

---

73 Diese Bezeichnung wird für die Gesangseinlage »I Would Love to Have You Love Me« verwendet (*White Horse Inn. Typescript*, S. II–3–25).

74 Vgl. Norton: *»So this is Broadway«*, S. 163.

75 *White Horse Inn. Typescript*, S. I–i–9.

76 Benes und Caesar: *Leave It to Katarina*.

77 *White Horse Inn. Typescript*, S. I–i–16.

78 Atkinson: *White Horse Inn, an Elaborate Musical Show …*

79 Dass dies nach wie vor perfekt funktioniert, belegen die Reaktionen der Theaterbesucher auf die *Im weißen Rößl*-Inszenierung von Ursli Pfister in der Berliner ›Bar jeder Vernunft‹.

Lent at Southend!/Give me Margate ev'ry time/Or Clacton on Sea! Clacton on Sea!«[80]

Der New Yorker McGonigle gibt sich ähnlich patriotisch: »Come home with me/ And you will see/Why Columbus sailed the ocean blue;/Russian and Turks/Cohens and McGurks/They all sing, ›My country 'tis of thee,‹/And though they cry/Taxes are high,/That is where they want to be –«[81]. Er seufzt am Ende seiner Gesangseinlage »Give me Coney Isle …«[82], nur um im weiteren Verlauf des Stückes genau wie Giesecke und Gringle erkennen zu müssen, dass er gegen den Charme des Wolfgangsees nicht immun ist.

Von mehreren Autoren ist betont worden, dass die Berliner Aufführung von 1930 schon allein durch ihre Besetzungsstrategie die scheinbar unabdingbar mit der Operette verbundenen Vorstellungen, das Genre (re)präsentiere nicht mehr als »Heile Welt«-Klischees und »wohlklingenden Gesang«, unterlaufen habe. Durch das Engagieren solcher Parodiekünstler wie Siegfried Arno und Max Hansen, so Kevin Clarke, sei sichergestellt worden, dass die Produktion im Großen Schauspielhaus »de[n] schroffe[n], zugleich vulgäre[n] *und* elegante[n] Klang der Berliner 1920er Jahre«[83] hatte, was automatisch »Ironiesignale«[84] ausgesandt habe (inwiefern die Zuschauer jene »Ironiesignale« auch empfangen und beachtet haben, steht indes auf einem anderen Blatt).

Da weder vollständige Plattenaufnahmen noch Filmmaterial von der West-End- und Broadway-Erstaufführung vorliegen, ist es schwierig einzuschätzen, bis zu welchem Grad Charell diesen ironischen Grundtenor bei späteren Inszenierungen beibehielt. Ein Beispiel mag genügen, um aufzuzeigen, dass sich hierzu allein basierend auf der Spielvorlage kaum eindeutige Aussagen treffen lassen: In der letzten Szene der New Yorker Produktion beruhigt Leopold die Rößlwirtin mit den Worten »Don't be afraid, Kitty …«[85] und scheint somit die Rolle (Katarina Vogelhuber) mit ihrer Darstellerin (Kitty Carlisle) zu verwechseln, zumal Katarina für gewöhnlich zu Katie oder Kathy abgekürzt wird. Wie nun lässt sich diese Dialogzeile interpretieren? Handelt es sich um einen selbstreflexiven Bruch der Theaterillusion, der am Ende des Stückes auf die Realität außerhalb des Bühnengeschehens verweist, oder um die gezielte Verschmelzung von Figur und Schauspielerin in der Absicht, den Ereignissen im *Weißen Rößl* mehr Authentizität zu verleihen?

---

80   *White Horse Inn. Vocal Score*, S. 92.
81   *White Horse Inn. Typescript*, S. II–i–11.
82   Ebd.
83   Clarke: *Zurück in die Zukunft*, S. 111.
84   Ebd., S. 104.
85   *White Horse Inn. Typescript*, S. III–xiv.

Dass sich das Theater als Form der »Wirklichkeitsflucht« während der Welt-wirtschaftskrise großer Beliebtheit erfreute, ist ein Phänomen, welches sich in al-len internationalen Großstädten beobachten lässt.[86] Es ist beileibe kein Zufall, dass Leopold in der Broadwayfassung folgende Bitte an seine Gäste und damit indirekt auch an das Publikum richtet: »I'm begging you upon my knees/To be at ease, will you please./For a while forget yourselves – and learn to play.«[87]

Dementsprechend verorten Len Platt und Tobias Becker auch den hauptsäch-lichen Grund für den Zuschauerzuspruch, den das Stück in London und New York erfuhr, nicht in seiner Kombination aus bewährten und neuen Elementen, wie sie sich besonders in der Musik für die Berliner Aufführung und der Original-orchestrierung zeigt: »what made *Im weißen Rössl* so much of its time was not its engagement with modernity but, as with so many ›Austrian‹ operettas of the pe-riod, its retreat into romance, escapism and the wonders of the spectacular.«[88]

Signifikanterweise stellte die Öffentlichkeitsarbeit die kernigen, urwüchsigen ›Original Marquartsteiner Jungs‹ groß heraus, die zunächst für die Berliner Pre-miere engagiert worden waren und später mit dem Stück sowohl nach England als auch in die USA reisten, um den dortigen Theatergängern einen richtigen ös-terreichischen Schuhplattler oder – wie es Bühnenbildner Ernst Stern in seinen Memoiren nennt – einen ›Schuhplättler‹[89] vorzuführen. Stern führt aus: »We in-troduced this virile male dance with its rhythmic slapping of calves, thighs and faces in *White Horse Inn*, and everywhere it created a sensation.«[90]

Trotzdem würde es zu weit gehen, wollte man behaupten, dass es Charell und seinem Produktionsteam vorrangig um Wirklichkeitsnähe gegangen wäre; schließlich hatte keiner der Verantwortlichen irgendwelche Skrupel, in die Broadwayversion ein Lied einzufügen, das im falschen Land angesiedelt ist, näm-lich das kurz nach der Premiere gestrichene »In a Little Swiss Chalet«.[91]

---

86 Vgl. Clarke und Peter: *The White Horse Inn,* S. 130.

87 *White Horse Inn. Typescript,* S. I–i–6.

88 Platt und Becker: »*A happy man can live in the past*«, S. 130. Kurt Gänzl behauptet, dass auch das reguläre Publikum des Großen Schauspielhauses in Berlin eher an Schauwerten denn am Inhalt eines Stückes interessiert gewesen sei (vgl. Gänzl, Kurt: *The Musical. A Concise History.* Boston 1997, S. 222).

89 Stern, Ernst: *My Life, My Stage.* London 1951, S. 203.

90 Ebd. Vielleicht um zu betonen, wie männlich die Marquartsteiner Darsteller waren, flicht Stern an dieser Stelle seiner Memoiren folgende Anekdote ein: Der Bürgermeister von Oberdorf habe darauf hingewiesen, dass die ausgewählten jungen Männer nicht nur ein ausgeprägtes Bedürfnis nach Schlaf und Verpflegung hätten, sondern auch an regelmäßi-gen Sex gewohnt seien, und habe deswegen vorgeschlagen, neben den zwölf Tänzern auch zwölf einheimische Mädchen mit nach Berlin zu nehmen, um sicherzustellen, dass die Bur-schen ihren Sexualdrang ausleben konnten (vgl. ebd.).

91 Die Nummer beginnt mit den Zeilen: »The goats on the mountain top are gay/The run and jump in the sun and play all day/The birds in the trees sing loud and clear,/Their songs they

Es ist kennzeichnend, dass sowohl in London als auch in New York die Kritiker ebenso wie das Publikum das Singspiel zunächst einmal als Ausstattungsorgie rezipierten, zumal sie auch von der Werbung für das Stück dazu ermutigt wurden: am Broadway wurde *White Horse Inn* mit den Worten annonciert »Music, maids and minstrels by the millions. The biggest thing in town for the money.«[92] Die britischen und amerikanischen Rezensenten waren sich einig in ihrem Urteil, dass vor allem die Bauten und Kostüme von »Professor Ernst Stern« überschwängliches Lob verdienten. Stern, von der englischen Zeitung *The Era* als »der beste Bühnenbildner der Welt«[93] gepriesen, beschere dem Publikum – so die Sonntagszeitung *The Observer* – »an experience not to be missed«[94].

Er hatte sich zum Ziel gesetzt, die ganze Welt der »fröhlichen, gesunden, gutaussehenden Einwohner von St. Wolfgang«[95] im Theater nachzubilden. Wie in Berlin wurde deshalb in London und New York nicht gekleckert, sondern geklotzt: Am Broadway etwa gehörten 162 Darsteller zum Ensemble, und das Orchester bestand aus 65 Musikern, während das technische Bühnenpersonal 56 Personen stark war.[96] Obwohl die britische Tourneeproduktion, die von 1932 an mehr als drei Jahre durch das Vereinigte Königreich und Südafrika reiste, insgesamt »nur« knapp 100 Schauspieler, Techniker und Musiker beschäftigte, wurde sie dennoch als »Erik Charell's mammoth musical play« angekündigt.[97]

Für die britische und amerikanische Erstaufführung wurde einmal mehr nicht nur die komplette Fassade des Weißen Rößl, sondern auch das gesamte übrige Dorf errichtet, hinzu kamen Eselskarren, lebende Tiere (Ziegen, Gänse und Hühner, am Broadway auch Kühe), Seitenrampen für die Prozessionen von Mensch und Tier sowie ein Dampfschiff, für das im New Yorker Rockefeller Theatre die ersten sechs Sitzreihen entfernt werden mussten, da die Bühne um 4,80 Meter zu kurz war.[98] Doch nicht nur die szenischen Elemente verliehen dem *White Horse Inn* das Prädikat eines ›spectacle‹ von außergewöhnlichen Dimensionen, auch der Regensturm am Ende des ersten Aktes wurde von Kritik und Publikum mit Begeisterung aufgenommen.

---

sing merely say/That our wedding day is near.« (Zeno, Norman und Irvin, Will: *In a Little Swiss Chalet*. Sheet Music, New York 1936, o.S.). Offenkundig war es den Autoren mehr um das Beschwören einer generellen Berglandschaft zu tun, als um lokalspezifische Details.

92 Zitiert nach Norton: »*So this is Broadway*«, S. 164.

93 »… Ernst Stern, the greatest scenic artist in the world« (zitiert nach Clarke und Peter: *The White Horse Inn*, S. 138).

94 Zitiert nach Norton: »*So this is Broadway*«, S. 155.

95 »… the cheerful, healthy, good-looking inhabitants of Sankt Wolfgang.« (Stern: *My Life, My Stage*, S. 197).

96 Vgl. Norton: »*So this is Broadway*«, S. 161.

97 *White Horse Inn Touring Production*. Souvenir Brochure, Liverpool 1935, S. 1.

98 Vgl. Norton: »*So this is Broadway*«, S. 158, sowie Hart, Kitty Carlisle: *Kitty. An Autobiography*. New York 1988, S. 81.

Sterns Kostüme waren inspiriert von den reich bestickten österreichischen Landestrachten aus schwerer Seide und Satin und den Tiroler Schürzen mit ihren vielen Schleifen.[99] Mit ihrer Farbenpracht verfehlten sie nicht ihre Wirkung auf die englischsprachigen Journalisten; sogar die Modeseite der Londoner *Times* zollte der Aufführung im Coliseum und ihrer Ausstattung Anerkennung:

> the unending change of scene provides a wonderful grouping of colours. [...] In this production constant use is made of greens, reds, yellows, and blues, and also of brown, a colour not much in favour with producers but which is introduced with excellent effect in the skirts of the women and the suits of the men.[100]

Es kann daher nicht verwundern, dass die Schauspieler weniger Eindruck hinterließen als die Ausstattung. In London hieß es in der Rezension der Times: »... it is the scenery and the costumes that always engage our attention«[101], und Kitty Carlisle Hart, welche am Broadway die Rößlwirtin spielte, erinnerte sich später in ihrer Autobiografie sarkastisch: »People talked more about the scenery than the actors.«[102]

Sowohl in der englischen als auch in der amerikanischen Version erfährt das Brimborium, welches um den Kaiser veranstaltet wird, eine ironische Brechung, wovon ›Seine Majestät‹ selbst aber bezeichnenderweise ausgenommen ist. In diesem Zusammenhang erweist sich die Broadwayfassung von Irving Caesar einmal mehr als witziger und satirisch pointierter als Harry Grahams Übersetzung für das West End.

Graham präsentiert die paradierenden örtlichen Feuerwehrmänner mit sanfter Ironie als gutmeinende, wenn auch steife Amateure, die sich vor allem durch ihren Alkoholkonsum hervorheben: »With backs stiff as starch,/Gaily we march!/Hooray!/Here comes the fire brigade/The fiercest flames they love to fight,/Day and night/Though they're quite unpaid/[...]/And though they handle water well,/They excel when they handle beer!«[103]

Im Vergleich hierzu charakterisiert Caesar die Freiwillige Feuerwehr von St. Wolfgang als leicht zu begeistern, aber unbedarft und unfähig:

> Young man and older/Side by side we go!/Waist in and chest out;/Oh so proud are we!/We are real patriots,/No idiots, you see./To keep us marching/Give us a martial air,/If you have patience,/You'll find that we get there./[...]/On heel and toe,/We all go/To the Empr'or Francis Joe./Don't we look pretty?/We're the Fire Brigade,/Don't burn the City/While we're on parade.[104]

---

99 Vgl. Stern: *My Life, My Stage*, S. 202.
100 Zitiert nach Scott: *German operetta in the West End and on Broadway*, S. 76.
101 Platt und Becker: »*A happy man can live in the past*«, S. 129.
102 Hart: *Kitty. An Autobiography*, S. 81.
103 *White Horse Inn. Vocal Score*, S. 119.
104 *White Horse Inn. Typescript*, S. II–iv–36.

Das salopp-informelle »Empr'or Francis Joe« impliziert eine despektierliche Haltung zum Repräsentanten von Macht und Autorität, die weder in der englischsprachigen Fassung von 1931 noch in der von 1936 ersichtlich wird, wenn der Kaiser selbst auf der Bühne erscheint. Erik Charell mag die Figur des Franz Joseph in seiner Funktion als *deus ex machina* ursprünglich als Karikatur angelegt haben,[105] aber davon ist in den späteren Produktionen im Ausland nicht mehr viel zu spüren. Wie Len Platt und Tobias Becker anmerken, sorgte in London bereits die authentisch-ländliche respektive traditionsbewusste Ausstattung für einen Interpretationsrahmen, durch welchen der Stellenwert des Herrschers nicht desavouiert, sondern ganz im Sinne konservativer Traditionspflege bestätigt und somit automatisch gerechtfertigt wird,[106] zumal es »Seine Majestät« ist, die letztendlich als weiser Ratgeber für das Glück ihrer Untergebenen sorgt.

In New York werden dem Kaiser von Irving Caesar Worte in den Mund gelegt, welche mit ihrer Botschaft, dass selbst die härtesten Zeiten einmal vorüber sein werden und man deswegen nicht verzagen solle, auch aus dem Mund des noch amtierenden (und in den Präsidentschaftswahlen im November des Jahres mit überwältigender Mehrheit im Amt bestätigten) US-Präsidenten Franklin D. Roosevelt stammen könnten: »For this good old world, so wise,/Wants us all to realize/That when our darkest night is gone,/Life goes on.«[107] Sieht man Franz Joseph als Stellvertreter desjenigen Präsidenten, welcher die Vereinigten Staaten durch das schwierige Jahrzehnt der ›great depression‹ brachte und welcher auch und gerade bei Künstlern und Intellektuellen großes Ansehen genoss, ist verständlich, warum sich eine satirische Überzeichnung dieser Figur 1936 von selbst verbot.

Ganz im Sinne sowohl einer richtigen *musical comedy* als auch der mit den Reformen des *new deal* eng verknüpften Hoffnungen endet die Broadwayfassung des *White Horse Inn* »in a general mood of happiness and gaiety«[108]. Nachdem die Produktion in 25 von den 28 Wochen, in denen sie in New York zu sehen war, Gewinn eingespielt hatte[109] und zum Teil wöchentlich bis zu $53.000 einnahm,[110] ging am 10. April 1937 die letzte Aufführung im Rockefeller Theatre über die Bühne. Eine bereits angekündigte US-Tournee und die geplante Verfilmung durch Warner Brothers kamen nicht zustande – Letzteres vermutlich, weil der ›Anschluss‹ Österreichs im darauffolgenden Jahr und der Beginn des Zweiten Weltkriegs am 1. September 1939 den Witz und die Frohnatur des Stückes de-

---

105 Vgl. Clarke und Peter: *The White Horse Inn*, S. 94. Zur Kontextualisierung der Figur des Kaisers siehe auch den Beitrag von W. Drechsler und I. Edenhofer in diesem Band.

106 Vgl. Platt und Becker: »*A happy man can live in the past*«, S. 128.

107 *White Horse Inn. Typescript*, S. III–iv.

108 Ebd., S. III–xvi.

109 Vgl. Norton: »*So this is Broadway*«, S. 166.

110 Vgl. ebd., S. 165. Die laufenden Kosten lagen Norton zufolge bei $30,000 pro Woche (vgl. ebd., S. 157).

platziert erscheinen ließen.[111] Eine Hollywoodadaptation hätte dem Werk nicht nur im Amerika, sondern international dauerhafte Popularität sichern können – hier sei nur an den weltweiten Siegeszug der *West Side Story* im Anschluss an die Verfilmung des Stoffes im Jahre 1961 erinnert. Wie Richard Norton aufzeigt, stellte sich im Zuge der Jahrzehnte allerdings als weitaus folgenreicher heraus, dass das *White Horse Inn* niemals durch die Vereinigten Staaten getourt ist: »Ohne Tournee ging das Orchestermaterial verloren, ferner die Möglichkeit einer Lizenzierung an Amateurgruppen und kleine Theater, und damit die Chance einer späteren Plattenaufnahme.«[112]

Alles, was von der New Yorker Fassung des *Weißen Rößl* erhalten geblieben ist, sind ein (unvollständiges) Libretto in der *New York Public Library of the Performing Arts*, die Noten einiger der neu eingefügten Songs sowie eine Radioaufnahme vom 25. Oktober 1936 mit den Original-Hauptdarstellern, in welcher jedoch nur die bekannten Benatzky-Lieder, aber keine der sieben speziell für den US-Markt komponierten Nummern zu hören sind[113] – ein trauriges Resultat für ein musikalisches Werk, das mit Abstand das aufwändigste und am meisten erwartete Stück der Broadwaysaison 1936–37 war.[114] Erst im 21. Jahrhundert kam es zu weiteren Aufführungen in den USA, die sich aber an einer Hand abzählen lassen,[115] und so ist das *White Horse Inn* auf der anderen Seite des Atlantik heutzutage völlig in Vergessenheit geraten.

In Großbritannien hingegen war dem Werk ein anderes Schicksal beschieden; zwar hielten sich auch hier die professionellen Neuinszenierungen nach Ende des Zweiten Weltkrieges in Grenzen, nicht zuletzt weil sie sich auf die Provinz beschränkten und allein schon deshalb kaum Aufsehen erregten, aber zumindest eine Produktion erwies sich als zugkräftig: *The White Horse Inn on Ice* tourte ab 1954 für mehrere Jahre durch das Vereinigte Königreich und mag dafür ausschlaggebend gewesen sein, dass so viele Amateur-Schauspielgruppen das Stück in Angriff nahmen – doch das ist das Thema eines anderen Kapitels dieses Buches …[116]

---

111 Vgl. ebd., S. 167.

112 Ebd.

113 Erhältlich als Selections from White Horse Inn. CD. Sepia Records Limited, Sepia 1141, 2009.

114 Vgl. Norton: »*So this is Broadway*«, S. 164. Vgl. die Aufnahmen mit den Interpreten der Broadway-Produktion von 1936: *The White Horse In* – Titellied (www.ralph-benatzky.com/main.php?cat=8&sub_cat=22&task=20&down_id=6; zuletzt abgerufen am 23.2.2016) und *Time has ever taught me this* (*Ist einmal im Leben so*) (http://www.ralph-benatzky.com/main.php?cat=8&sub_cat=22&task=20&down_id=1) (zuletzt abgerufen am 23.2.2016).

115 Im Sommer 2005 wurde White Horse Inn in einer von Richard Traubner erstellen Fassung von der Ohio Light Opera aufgeführt. Für weitere Details zu dieser Version siehe ebd., S. 168.

116 Siehe hierzu den Beitrag von R. Gordon in diesem Band.

Tabelle 1: Verzeichnis der Hauptfiguren

Deutsche Fassung (1930)	Londoner Fassung (1931)	New Yorker Fassung (1936)
Josepha Vogelhuber, Wirtin	**Josepha Vogelhuber**	**Katarina Vogelhuber**
Leopold Brandmeyer, Zahlkellner	**Leopold**	**Leopold Brandmeyer**
Dr. Otto Siedler, Rechtsanwalt	**Valentine Sutton**, Engländer	**Donald Hutton**, Amerikaner
Wilhelm Giesecke, Fabrikant aus Berlin	**John Ebenezer Grinkle**, Fabrikant aus Lancastershire	**William McGonigle**, Fabrikant aus dem New Yorker Stadtteil Brooklyn
Ottilie Giesecke, seine Tochter	**Ottoline Grinkle**, seine Tochter	**Natalie McGonigle**, seine Tochter
Sigismund Sülzheimer aus Sangershausen	**Sigismund Smith**, aus dem Londoner Stadtteil Hammersmith	**Sylvester S. Somerset**, aus Massachusetts
Prof. Dr. Hinzelmann, Urlauber	**Professor Hinzel**	**Professor Hinzelman**
Klärchen Hinzelmann, seine Tochter	**Gretel Hinzel**, seine Tochter	**Gretel Hinzelman**, seine Tochter
Kathi, Postbotin	**Kathi**, Postbotin	**Hanni**,[117] Postbotin

Tabelle 2: Abfolge der wichtigsten Musiknummern

Deutsche Fassung (1930)	Londoner Fassung (1931)	New Yorker Fassung (1936)
416 Aufführungen	651 Aufführungen	221 Aufführungen
Gesangstexte: Robert Gilbert	Übersetzung: Harry Graham	Übersetzung: Irving Caesar
AKT I	**AKT I**	**AKT I**
Aber meine Herrschaften	*Entrance of Tourists*	*Arrival of Tourists*
		*Leave It to Katarina**
Es muss was Wunderbares sein	*It Would Be Wonderful*	*I Cannot Live without Your Love*
Im weißen Rößl	*The White Horse Inn*	*The White Horse Inn*
Im Salzkammergut		
Kuhstall-Ode	*Happy Cows*	*Cowshed Rhapsody**
Die ganze Welt ist himmelblau	*Your Eyes*	*Blue Eyes*
Wenn es hier mal richtig regnet	*(Rain) Finale Act I*	*(Rain) Finale Act I*
AKT II	**AKT II**	**AKT II**
Zuschau'n kann i net	*Good-Bye** (=Adieu, mein kleiner Gardeoffizier)	*Good-bye, Au Revoir, Auf Wiederseh'n**
	*You too** (=Auch Du wirst mich einmal betrügen)	
	In Salzkammergut	*High Up on the Hills*
Was kann der Sigismund dafür …	*Sigismund*	
	Fairies	*I Would Love to Have You Love Me**
AKT III	**AKT III**	**AKT III**
's ist einmal im Leben so	*My Philosophy/In This Fickle World*	*We Prize Most the Things We Miss*
Mein Liebeslied muss ein Walzer sein	*My Song of Love*	*The Waltz of Love**
Lasst uns Champus trinken …	*Finale Ultimo*	*Finale*

* = neue bzw. eingefügte Nummer

---

117 Da Josepha für die Broadwayversion in Katharina umbenannt wurde, musste im Gegenzug für Postbotin Kathi ebenfalls ein neuer Name gefunden werden, um Verwechslungen der zwei Figuren zu vermeiden; aus diesem Grunde wurde aus Kathi in New York Hanni (vgl. Norton: »*So this is Broadway*«, S. 162).

Tabelle 3: Gegenüberstellung der deutschen und englischen Versionen von
Es muss was Wunderbares sein, von Dir geliebt zu werden

Deutsche Fassung (1930) Gesangstext: Robert Gilbert[118]	Londoner Fassung (1931) Lyrics: Harry Graham[119]	New Yorker Fassung (1936) Lyrics: Irving Caesar[120]
Es muss was Wunderbares sein, Von Dir geliebt zu werden. Denn meine Liebe, die ist dein, Solang ich leb' auf Erden.	It would be wonderful indeed If you could love, as I love; If in your eyes I could but read Your heart's reply to my love.	I cannot live without your love Though I'm not worthy of you I'm reaching for the skies above Yet it's true I dare to love you!
Ich kann nicht Schöneres mir denken, Als Dir mein Herz zu schenken, Wenn Du mir deins dafür gibst Und mir sagst, dass auch Du mich liebst.	Then take the love that we are giving, And make our lives worth living For all my dreams would come true If I knew that you loved me, too.	I cannot live and still forget you I bless the day I met you And now I pray you may see You can be life itself to me

Tabelle 4: Gegenüberstellung der deutschen und englischen Versionen von *Im weißen Rößl*

Deutsche Fassung (1930) Gesangstext: Robert Gilbert[121]	Londoner Fassung (1931) Lyrics: Harry Graham[122]	New Yorker Fassung (1936) Lyrics: Irving Caesar[123]
Im weißen Rössl am Wolfgang- see, Da steht das Glück vor der Tür Und ruft Dir zu »Guten Morgen, Tritt ein – und vergiß' Deine Sorgen.«	The White Horse Inn! At the White Horse Inn, There's joy the whole summer through. There's sunshine ever in store there. For Happiness stands at the door there.	The White Horse Inn on a silver lake, Where romance waits at the door, With open arms will receive you While all of your cares seem to leave you
Und mußt Du dann einmal fort von hier, Dann tut der Abschied Dir weh, Denn dein Herz das hast du verloren Im weißen Rößl am See.	The days fly past, you must leave at last, But still, whatever you do, You'll hear, when twilight is falling, The White Horse calling to you.	To share its peace is to live at last To leave is always a sin For you have given forever Your heart to the White Horse Inn

118 *Im weißen Rössl. Singspiel in 3 Akten. Regie und Soufflierbuch.* Berlin 1930, S. 12.

119 *White Horse Inn. A Musical Comedy.* French's Acting Edition. London 1957, S. 7.

120 *White Horse Inn. Typescript.* Unveröffentlichtes Manuskript. New York 1936, New York Public Library for the Performing Arts, RM4260, S. I–iii–43.

121 *Im weißen Rössl. Singspiel in 3 Akten. Regie und Soufflierbuch.* Berlin 1930, S. 23.

122 *White Horse Inn. A Musical Comedy.* French's Acting Edition. London 1957, S. 15.

123 *White Horse Inn. Typescript.* Unveröffentlichtes Manuskript. New York 1936, New York Public Library for the Performing Arts, RM4260, S. I–i–29.

Tabelle 5: Gegenüberstellung der deutschen und englischen Versionen von *Im Salzkammergut*

Deutsche Fassung (1930) Gesangstext: Robert Gilbert[124]	Londoner Fassung (1931) Lyrics: Harry Graham[125]	New Yorker Fassung (1936) Lyrics: Irving Caesar[126]
Im Salzkammergut, Da kann man gut lustig sein, Wenn die Musik spielt, / Holdrioh!	In Salzkammergut, Salzkammergut, Come what may, Life's as bright and gay as can be.	High up on the hills, Up on the hills, Life begins Live and love are twins, you'll agree.
Im Salzkammergut, Da kann man gut lustig sein, So wie nirgendwo, / Holdrioh!	There's joy to be found All Summer round, Night and day. That's the time for play, you'll agree.	You dance when you walk – Sing when you talk – You're so gay On a holiday, constantly.
Es blüht der Holunder Den ganzen Sommer mitunter – Und nur die Liebe, die blüht's ganze Jahr!	There's happiness there You can banish trouble and care, Finding fun and laughter where'er you may go	There's grape on the vine You can have your favourite wine, Wines to cheer and steins that with beer overflow
Im Salzkammergut, Da kann man gut lustig sein, Ja, hier san m'r immer so – /Holdrio!	For there in the Spring, Young lovers bring Songs to sing And you hear them yodeling, holdrio	And when your're alone Your telephone Starts to ring And a girl starts yodeling, holdrio

---

124 *Im weißen Rössl. Singspiel in 3 Akten. Regie und Soufflierbuch.* Berlin 1930, S. 46.
125 *White Horse Inn. A Musical Comedy.* French's Acting Edition. London 1957, S. 88.
126 *White Horse Inn. Typescript.* Unveröffentlichtes Manuskript. New York 1936, New York Public Library for the Performing Arts, RM4260, S. II–i–10.

Robert Gordon

Kept Alive by Amateurs

White Horse Inn as an »English« Classic

In 1840 the poet Heine reported from Paris in a German newspaper, »These people [the English] have no ear, neither for the beat nor indeed for music in any form, and their unnatural passion for piano-playing and singing is all the more disgusting.«[1] In 1866, Carl Engel opined in his *Introduction to the Study of National Music* that the English are »the only cultured nation without its own music (except street music).«[2] Such views of British music-making persisted throughout the century and in 1904 Oscar Adolf Hermann Schmitz entitled a book, *Das Land ohne Musik*.[3] While such views are in some respects incontestable, they ignore the huge tradition of folk and popular song that constituted a significant part of Victorian family life – that very tradition which Heine found disgusting. Amateur music-making was an essential feature of British cultural life in the 18th and 19th centuries, spreading from aristocratic to middle-class homes in the 19th century. The English national genius appeared to express itself in literature and theatre, which explains why popular music manifested itself from the late 18th century histrionically in mongrel forms such as ballad opera, extravaganza, burlesque, melodrama and pantomime. Amateur theatricals were well-established as a tradition in England by the 1840s, with Charles Dickens and Wilkie Collins among the most famous practitioners of the art.

The British tendency to privilege both commercialism and amateurism in the arts is directly opposed to the German tradition of court music, opera and theatre. Lessing's understanding of theatre as an educational institution was unthinkable

---

1   Heine, Heinrich: *Brief aus Paris, 29. Juli 1840*. In: Heine, Heinrich: *Zur Geschichte der Religion und Philosophie in Deutschland*, 1852, p. 212–215, here: 213. The original reads: »Diese Menschen haben kein Ohr, weder für Takt noch für Musik überhaupt, und ihre unnatürliche Passion für Klavierspielen und singen ist um so widerwärtiger. Es gibt auf Erden wahrlich nichts so schreckliches wie diese englische Tonkunst, es sei denn die englische Malerei.«

2   Engel, Carl: *An introduction to the study of national music comprising researches into popular songs, traditions, and customs*. London 1866.

3   Schmitz, Oscar A.H.: *Das Land ohne Musik: Englische Gesellschaftsprobleme*. München 1914.

Figure 30: Scene from The Princess Theatre's *The White Horse Inn* production, 1982.

in Britain until the circumstances of WWII promoted the notion of subsidy for the arts in the 1940s.[4] In addition to its network of commercial theatre and opera producers, Britain – uniquely perhaps – could boast the most complex web of amateur drama and operatic societies in the world. A few of these (e.g. the Tower Theatre and Questors Theatre in London) have for decades been regarded as the equal of respected professional theatre companies, but, as one might expect, standards vary widely. In 1919 the British Drama League was formed. Its first director, Geoffrey Whitworth, asserted that »Drama was par excellence the art of the people, and the Theatre everyone's business«.[5]

The Drama League was an association composed of individual amateur drama specialists and affiliated amateur dramatic groups and was very active in supporting the creation of a National Theatre. It also promoted new writing through competitive festivals. The League provided a central organization for amateur societies throughout England, conducting summer schools and running an important drama library. By 1927 sales of the League's monthly journal *Drama* had reached 3,000 copies. By 1953 there were 5,500 members, including amateur and professional organisations. The League made a substantial contribution to the Stratford-on-Avon Memorial Theatre, and organised visits to Europe to help es-

---

4   Instead of the *Schauspielhaus,* Britain had a vast system of commercial theatre in London and the provinces; the idea of a subsidized theatre was in many quarters regarded as anathema. »Officialism is the enemy of art« was the argument most often made against the proposal to establish a National Theatre, regional repertory theatres being promoted seriously only after 1907 by a handful of female producers such as Annie Horniman and a few male directors.

5   Quoted in All-England Play Festival website, http://www.aetf.org.uk; accessed August 7, 2015.

tablish theatre festivals.[6] The League changed its name to the British Theatre Association in 1972 and closed for lack of finance in 1990. The National Operatic and Dramatic Association (NODA), which was founded in 1899, currently has more than 2,500 amateur groups and 3,000 individuals affiliated to it and it is now the leading organization for amateur performance in the UK – and there are many more groups that are not associated.[7]

Im Weissen Roessel or *White Horse Inn* as it is known in English was published in a revised version, licensed by Samuel French for production by amateurs in 1957[8], and one must assume that the immensely popular touring production on ice (broadcast on television in July 1954) was responsible for popularising the work around the country in the preceding years. The purpose of the French's acting editions was originally to supply scripts of West End successes to the hundreds of weekly and fortnightly rep theatres around the United Kingdom. German and Austrian scholars and theatre practitioners working in traditions of theatre as moral education established in the 18th century by Lessing and accustomed to what by British standards are enormous subsidies, might be surprised to know that for close to a century a system of commercial theatre known as repertory theatre (rep) existed in hundreds of small towns in Britain in which actors rehearsed a play for a week while playing another play in the evenings before opening in the new play the following Tuesday evening; a variant of this was fortnightly rep in which the turn-around of plays was every fortnight. This was how British actors learned their craft after leaving drama conservatoires and before making a debut in the West End.

So the French's acting editions were initially intended as a guide to stage managers on how to realize the mise-en-scene in the most economical way. They are primitive production scores, which might not satisfy Stanislavski but were used to rehearse and play Noel Coward, Terence Rattigan, J.B. Priestley, Harold Pinter, Agatha Christie mysteries and some of Bernard Shaw's plays. Amateur societies also made extensive use of these editions and by the sixties constitute the chief market for their sale. The advantages of the piece for amateur societies are overtly stated by its adapters, Eric Maschwitz[9] and Bernard Grun,[10] in the Samuel French version:

---

6   See Browne, E. Martin: *The British Drama League.* In: *Educational Theatre Journal,* 5.3 (October 1953), pp. 203–206.

7   See https://en.wikipedia.org/wiki/National_Operatic_and_Dramatic_Association, accessed August 7, 2015.

8   *White Horse Inn. A Musical Comedy.* Music by Ralph Benatzky with Interpolated Songs by Robert Stolz, Original Lyrics by Robert Gilbert, English Book and Lyrics by Harry Graham. Adapted for Production by Amateur Operatic Societies by Eric Maschwitz and Bernard Grun, London 1957. Page numbers given in the text for quotations refer to this edition.

9   Maschwitz was an interesting figure in the British entertainment world. By origin a Lithuanian Jew, he was a book writer and lyricist who wrote one of the most popular English

In this present version, prepared for performances by Amateur Operatic Societies, the adapters have added additional opportunities for both singing choruses and dancers. With its many characters, colourful Tyrolean setting and costumes and glorious music, there can be no doubt that *White Horse Inn* remains one of the happiest and most exciting musical comedies of all time. (vii)

The 1931 production at the London Coliseum emphasized the exotic spectacle as nostalgia for a pre-World War Austria less troubled than the Depression years of the thirties: in the English version the opening stage directions indicate specifically that it is a »a Summer's day prior to 1914« – indicating that this is before the First World War and therefore set in a country that was then neutral towards Britain in political terms. Visual illustrations[11] and verbal descriptions of stage settings resemble a holiday brochure, indicating the fantasy of what to English theatregoers is an idyllic and unspecific theatrical environment with just enough local detail to be realistic in touristic terms but enough fanciful elaboration to foreshadow the escapist »Ruritanian« settings of Ivor Novello's thirties operettas, which were among the biggest successes on the London stage during their time. *The Times* reviewer in April 1931 described the spectacle thus:

> On one side of the auditorium a gaily decorated hotel projects a wing, and on the other stands an equally solid chalet, so that we are assailed on all sides by the yodelling of the dairymaids, Alpine guides, cowherds, foresters and what not, who appear at windows and on balconies whenever a chorus strikes up from the stage. In the background Professor Stern has set an enticing vista of mountains, lake, and vale. Thunder rolls among the mountain and the heavy clouds disgorge real water. Steamers come up the lake and motor cars unload crowds of singers at the doors of the hotel. There are innumerable processions of children, shepherds, town councillors and Tirolese dancers among the ever changing strips of scenery, but it is the scenery and the costumes that always engage our attention.[12]

In 1929 Noel Coward had had a huge hit at His Majesty's Theatre with the operetta *Bitter Sweet,* which ran until 1931, being given another production on

songs »These Foolish Things«, screenplays for three films, a radio operetta called *Goodnight Vienna,* which in 1932 was made into a film with the famous but somewhat bland film and stage star, Anna Neagle. He later became Head of Light Entertainment for BBC television, before moving to its rival commercial company, ITV.

10 Grun was an Austro-British composer who created music for 26 operettas and 50 film scores.

11 A postcard for the setting of Scene 1 outside the inn was produced. See Arthur Lloyd, The Music Hall and Theatre Website, www.arthurlloyd.co.uk/LondonColiseum/WhiteHorseInn Programme.htm.

12 Quoted in Platt, Len, Becker, Tobias and Linton, David (eds.): *West End and Friedrichstrasse: A Comparative Study of Popular Musical Theatre in London and Berlin, 1890–1939.* Cambridge 2014, p. 129.

Broadway later in 1929. Coward established a new vogue for Viennese-flavoured operetta in London, which might have prepared the way for Oswald Stoll's production of Charell's *White Horse Inn* at the Coliseum. Although advertised as a musical comedy in London, *White Horse Inn* certainly matched the expectations that *Bitter Sweet* would have created for operettas with some kind of Austrian setting. Although nothing in Coward's operetta directly anticipates the rural idyll of »Salzkammergut«, *Bitter Sweet* utilises its scenes in Vienna to emblematise a nostalgia for the heroine Sari's vanished past, and the relationship between present-day London and nineteenth century Vienna is a key to the romantic vision of the past that the piece exploits.

It also seems likely that the success of *White Horse Inn* affected Novello's decision to write and perform in the hugely successful series of »Ruritanian« musicals set in a mythical »mittel-European« operetta-land. No coincidence either perhaps that six months after the opening of *White Horse Inn,* Coward's technologically complex and spectacular epic of modern British history, *Cavalcade,* incorporating seven songs, was to open triumphantly at the Theatre Royal, Drury Lane. The fashion for spectacular operetta and musical theatre was now established as the thirties equivalent to the small-scale and jazz-oriented musical comedies and more topical if occasionally spectacular revues of the twenties.[13] *White Horse Inn* had it both ways: its operetta-style orchestra to give the lush sounds of operetta and its jazz band to provide a sense of the modernity associated in London with American musical comedy and English revue. The advertising for the show was very careful to stress its links with the modernity of 1920s English and American musical comedy rather than operetta (which at this moment might have seemed old-fashioned).

Perhaps to compensate for the loss of some of the sophisticated word play in the original German, Stoll emphasized what was for an English audience the exotic nature of the spectacle:

> One's immediate reactions blend awe with pleasure and the impressions that remain are a dream such as might trouble the journey home from narrowly escaped avalanches and Baedeker gone-mad. Yet it is an experience not to be missed.[14]

Most popular among the many adjectives such as »wonderful« and »glorious« used to praise the production was »kolossal«[15], which oddly makes the show more rather than less attractive for performance by amateurs who can often call on ar-

---

13 Spectacular melodrama had been the staple of Drury Lane and other large theatres in London until WWI; becoming outmoded in the twenties the popular taste for spectacle began to be catered to by large-scale musicals.

14 H.H. in *The Observer,* April 1931.

15 The German word »kolossal« is used by London reviewers as an equivalent to »colossal«, most probably to provide a German ring.

mies of workers over a period of a year to construct sets, make costumes and plan the lighting. The Coliseum production employed what now seems like a staggering 160 performers, but it must be said that some amateur operatic societies have deployed between fifty and ninety performers.[16] In fact it is the socializing that goes on throughout the six months of rehearsals that is one of the key motives for joining an amateur dramatic or operatic society – the more the merrier!

Stoll licensed the show for touring by a younger producer, Prince Littler, so that in the mid-thirties audiences throughout England had an opportunity to become acquainted with the show at first hand. In 1940 Prince Littler revived the show, again at the Coliseum, for 270 performances, quite a coup at the start of the war. Many of the songs had become popular hits by then and the show had toured Australia and South Africa by 1935. Robert Stolz's song »Goodbye« for Leopold in Act 2 became the popular hit of the show, sung by Irish tenors for decades.[17]

Over the last five decades, the most popular works of musical theatre performed by British amateur operatic and dramatic societies have been works by Gilbert and Sullivan, *The Merry Widow,* the five most popular of Rodgers and Hammerstein's works and *White Horse Inn.* In 1961 *The Merry Widow* was given 45 productions, *The Mikado* 32, *Carousel* and *South Pacific* 28 each and *White Horse Inn* 24. What is astonishing about the history of amateur productions of *White Horse Inn* is that they continued fairly regularly until the 1980s. And even now, a production pops up somewhere amid all the performances of *The Boy Friend, Guys and Dolls, Oliver!, West Side Story, Legally Blonde, Oklahoma!* and *Annie.* (The most recent was a production in Derby in 2013.) In 1960 ›Musical Stage‹ listed 113 productions of *White Horse Inn,*[18] which is astonishing, given that the French's acting edition for amateurs by Maschwitz and Grun was only published in 1957. This edition reveals something of the values that might be expected of amateur productions of *White Horse Inn.* The text of this edition supports the claim that the emphasis on choral singing in the amateur version will fit the needs of a large amateur group.

The advertising for the French's edition includes the following: »Casting attributes: Expandable casting.« In this way, the attention of amateur societies is drawn to the fact that they can satisfy the particular casting requirements of their own group by expanding the number of singers or dancers *ad lib.* An obvious attraction of the piece for a large choral ensemble is also plainly stated in the advertisement:

---

16 Thirty performers would constitute a large cast for a spectacular commercial musical in the West End today.

17 The song and one of its most famous singers, Joseph Locke, also appears in a British comedy, *Hear My Song,* directed by Peter Chelsom, Miramax, 1991. Locke is played by Ned Beatty.

18 See Lowerson, John: *Amateur Operatics: a Social and Cultural History.* Manchester 2005, p. 107.

It is difficult to open the vocal score at a page which does not contain work for chorus and/or dancers. Undoubtedly a »big company« production, strong harmony singing is essential, with six-part chorus work the rule rather than the exception.[19]

The assumption appears to be that most amateurs with no acting experience have sufficient ability to sing in a choir but that the performance of a speaking part requires specialized acting skills or talent. A comparison between the original text licensed for performance at the London Coliseum[20] and the French's edition reveals five additional appearances of choral singers and five of dancers contrived for amateur productions, but also the excision of one solo song for Josepha (»Woman's Work«, just before the entrance of the Emperor) and one choral appearance. The addition of singers and dancers at various points tends to undermine dramatic credibility at a number of moments, creating a convention that virtually every solo or duet will be augmented by some choral singing or dancing whether this is appropriate to the dramatic context or not.

The first interpolation occurs in *It Would Be Wonderful* (7) where a chorus of waitresses and other maids enters for no apparent reason but to echo his unrequited love for Josepha with their own for him. Although this may be wryly amusing, it is the most hackneyed operetta or musical comedy convention, unmotivated in any convincing way by character or situation. A singing chorus and dancers are added in Sutton and Josepha's duet, *The White Horse Inn* (15), presumably because by 1957 this song had become famous for its chorusing of the show's title. In fact the extra singing and dancing again detracts from the drama of their respective moments and holds up the comedy of Leopold and Sutton's rivalry for Josepha (16). A *Clog Dance* indicated as part of the *Happy Cows* ensemble number, which while it might have no adverse effect on the routine, is unnecessary but perhaps increases the touristic *Tyrolean* atmosphere for an English audience, unaware that a clog dance is not Austrian but exclusively Dutch. Robert Stolz's song *Good-bye* (27) is enhanced by a group of male singers and three extra choruses – possibly because this became the most popular song from the show in Britain, but also perhaps to reinforce the masculine stoicism displayed in Leopold's departure from the White Horse Inn, an attitude whose sentimentality is parodied by Leopold. Ironically, Joseph Locke's popular version of the song has been regarded as a fond farewell to loved ones for decades.

The only possible reason for the addition to the end of Sigismund's song in Act II Scene 1 of a female chorus and dancers is to provide an extra opportunity for the

---

19 http://musicaltheatreguide.com/composers/benatsky/white_horse_inn.htm
20 »Lord Chamberlain's Licence No. I036I.« In: *White Horse Inn. A Musical Comedy. Libretto.* Music by Ralph Benatzky with Interpolated Songs by Robert Stolz. Original Lyrics by Robert Gilbert. English Book and Lyrics by Harry Graham, unpublished manuscript, London 1931, British Library, LCP 1931/12.

ensemble: »SIGISMUND then re-enters with CHORUS and the GIRL TYROLEAN DANCERS for a burlesque tango.« (34) Later in the scene, the bathers who perform the ballet indicated in the original playscript (37) are replaced by »DANCERS« – most probably on the assumption that ladies in an amateur society will be more modest than professional West End dancers! It is difficult to determine exactly why Josepha's solo, *Woman's Work*, has been cut for the amateur version, unless it was thought to slow down the action at this point. In the 1931 version it enables Josepha to deliver a proto-feminist coda to her capitulation to Leopold and allows for a more realistic passage of time after Leopold's announcement of the Emperor's imminent arrival at the *White Horse Inn* during which an audience might imagine preparations being made to receive such an august person. In Act III Scene 2 at *The Travellers' Rest* the only example of the deletion of a singing chorus occurs but, to compensate, a dance in which Alpine guides and climbers »›whoop‹ and make merry« has been added. (54) At the end of Ottoline and Sutton's love duet (*My Song of Love*) later in the scene (56) a chorus of singers and dancers has been added as well, reinforcing the carnival celebration of love without adding anything to the plot or its motivation.

The dialogue scenes remain almost identical in both versions, so that amateur performers are faced with the same acting challenges as the professionals in 1931 and 1940. Reading the amateur version as a scenario for performance, it is obvious that, although originally conceived with the lavish resources of a large company of professionals in mind, the show could easily be re-imagined somewhat differently for an operatic or dramatic society. The orchestration of the show for 65 instruments – by today's norms an increase of about 50 on the average size of a professional pit band for a commercial musical – has been reduced for an orchestra of 18–20 musicians as follows:

> 1st and 2nd Violins
> Viola
> Cello
> Double Bass
> Flute
> Oboe
> 1st and 2nd Clarinets
> Bassoon
> 2 Horns
> 2 Trumpets
> 2 Trombones
> Drums
> Harps

This is likely to be the maximum number of musicians employed in a commercial West End production should the show be put on today.

From the point of view of the acting, one must assume that the values of an amateur production would be very different from that of a professional company. A director can often reckon on one or two genuinely talented amateur actors, who, given the right motivation or opportunity might well have been successful as professionals. So it is reasonable to assume that the actors playing Leopold and Josepha and, if one were lucky, Karl, Sutton, Grinkle or Ottoline, could be relied on to produce inventive and seemingly spontaneous performances.

By contrast with professionals, most »competent« amateur performers enunciate clearly and move with focus and clear motivation on stage, allowing them to be seen and heard at the right moments. The problem is that the same stage »technique« that has stood them in good stead as amateurs, often restricts their liveliness and spontaneity onstage, so they give the impression of moving and speaking by rote, overemphasizing their line readings and attitudes in a sincere effort to put the meaning of the dialogue across to an audience. While it is relatively easy to rehearse this kind of performer to move to the right place and to deliver their lines intelligently and with a certain kind of vivacity, there is a tendency for them to appear carefully rehearsed and therefore not fully life-like on stage. Often those amateurs, while really useful as singers who know how to carry out the instructions of the Musical Director with aplomb, are »hammy« or wooden in the dialogue scenes.

A director is therefore most likely to decide to cast all roles other than Leopold or Josepha according to physical and temperamental type: one might imagine a stout, red-faced, middle-aged and volatile Grinkle, a tall, slim and slightly younger man with a suave personality as Sutton, an elderly, bespectacled, timid Hinzel, a hearty, large and assertive middle-aged woman for Kathi, and a Karl, who is a contrasting physical type to Leopold enabling them to play off each other as a »Laurel and Hardy« double act. Sigismund Smith could be a younger and more obviously attractive suitor than Grinkle or Sutton, while Gretel might be a pert soubrette in contrast to the more romantic actress who might play Ottoline. A cursory examination of the programme for the original Coliseum production[21] reveals how precisely the cast has been chosen according to their acting »type«. It is possible merely to look at the portrait photographs for every actor to identify the character each is playing. These are not photographs taken of the production itself but publicity headshots supplied by the performers themselves to advertise their own particular stock »playing type«.

Lea Seidl (who played Josepha) is posed with head down but eyes looking up as the glamorous but not entirely youthful »woman of the world« while Bernard Clifton (Leopold) is photographed in profile, with the handsome face and fine

---

21   See Arthur Lloyd, The Music Hall and Theatre Website, http://www.arthurlloyd.co.uk/ LondonColiseum/WhiteHorseInnProgramme.htm

bone structure of a romantic leading man. Below him in the playbill, Rex Rodgers (Sutton) looks of an age with Leopold. He is fairly rugged but suave nonetheless, a convincingly virile, sportsman-like rival for Josepha's affections. By contrast with Lea Seidl, the actresses playing Ottoline (Molly Fisher) and Gretl (Mary Lawson) appear to be no older than twenty: they are both pretty, Miss Fisher appearing perhaps more sympathetic and sensuous than Miss Lawson. Jack Barty is easily recognizable as Grinkle (consistently spelt as Ginkle in the programme, possibly for a crude comic effect), his full round face positioned at a slightly skewed angle in the portrait, wearing a jaunty hat that clearly marks him as a stage comedian. Although Barty is not posed to resemble Grinkle in any way, you can see how funny an actor of such stout physical appearance and seemingly quizzical sensibility might be in the role. Jimmie Hanley looks like a schoolboy suggesting the extremely youthful Piccolo (Karl) required by the script, while Stanley Lathbury, photographed in round spectacles and straw hat, instantly evokes Professor Hinzel. George Gee is posed as the most eccentric »character« actor in the cast: his small round face with its tiny moustache and wearing a sideways-tilted beret constitute an obvious way of distinguishing Sigismund from Sutton and Grinkle and making him an amusing type. As Kathi, Amy Augarde looks both stern and sturdy, though her very tall hat and her upward-directed eyes contrast with her assumed grumpiness, showing some signs of a sense of humour.

From the outline of this typical »stock« company of actors, one can imagine the strategies employed by the director to generate comic effects in performance. Such comic »types« provide a blueprint of the easiest way in which the acting performances in *White Horse Inn* may be rendered effective. A brief look at the only production filmed and uploaded to the internet, that of the Swindon Amateur Light Operatic society in 1975[22], suggests the problems an amateur production might face when putting on the show, even with such a blueprint in mind: clearly the director of this production was unable to typecast the actors and was obliged to cast according to their ability as singers. While the production is beautifully sung by soloists and chorus alike, who give the impression of having been painstakingly drilled by an efficient Musical Director, the acting is poor and the rationale for the casting difficult to grasp, because it seems likely to have been dictated by the talent and stage experience of individual performers, rather than their suitability for each role. While Josepha looks old enough to be Leopold's mother, she is clearly the performer with the most secure acting technique in the production. She plays conventionally – in a lively but slightly generic way, signaling every response by expressing it rhetorically through the words rather than indicating the possibility of any psychological motivation or sub-textual complexity to emerge beneath what the character says. One might call this »acting-out« rather than acting.

---

22 https://vimeo.com/7620805

The man playing Leopold is quite wooden on stage, moving stiffly and without focus, his delivery somewhat mechanical if not unintelligent, but he sings beautifully with fine musicality and a tone that is perfect for the »light operetta« quality of his songs. Leopold and Karl look the same age (in their early twenties) and are equally tall, but Karl is the more lively and instinctive actor. Leopold's ironic humour goes for nothing in the production because the actor is clearly reciting lines the way he has been taught and the actor has a rather innocent, fresh-faced personality. The man playing Grinkle is very oddly cast. As young and almost as slim as Leopold and Karl, he can only depict the character by adopting a very crude and stereotypical Yorkshire accent, reciting loudly and by rote but never managing to suggest Grinkle's jingoistic obsession with the clichéd tawdriness of the conventional British seaside holiday with which he feels comfortably familiar. It appears to be the case that the Swindon society have problems in finding men of over thirty to act in their productions, so that while the female characters appear to range from eighteen to seventy, the men seem mainly between twenty and twenty-five, with a few rather odd old actors who give the bit parts a quality of uncalled-for eccentricity.

The exchange in Act 1 Scene 1 between Kathi and the tall, old actor, unintentionally representing the forester as a rather strange misfit constitutes a typical example of the effect of such odd miscasting. Kathi is played by a refined-looking woman in her early sixties, who rather than responding tartly to the forester's flirtatious suggestion that they walk through the woods together, rejects his advance as if he were hinting lewdly at some perverse sexual practice. There is no irony or charm in the playing, so the comedy of the scene is entirely missed as is her joking dialogue with Karl about Zenzi preferring her pigs to her boyfriend. Unsurprisingly, the actress has a very strong, almost operatic soprano voice, leaving little doubt that she was cast for her singing rather than acting ability. To generate laughs the scene needs to be played »deadpan«, so that the sexual innuendo is animated. This is something that very few amateur performers would be capable of and it cannot really be taught by a director. The interaction of Karl and Zenzi the fifteen year-old goatherd who enters with a live goat would be difficult to bring off in an amateur production, which even if it could source a goat, requires very young actors who can knowingly parody a stereotypical love scene:

> KARL: […] Faithless woman! Where were *you* all last night?
> ZENZI: We were killing a pig, and somehow you were always in my thoughts. […]
> KARL: (*speaking over the music; to the Goat*) Did you hear that, Fritz? … I've done with women. All is over between us.
> ZENZI: (*shrugging; to the Goat*) Come along Fritz. We're spurned, cast aside. (8)

As she exits she sings another chorus of her song. This broad comic scene would be more obvious when played by amateurs, but if you cast precocious teenagers as

Karl and Zenzi they could be funny just by overacting the stereotypical facetiousness of youth.

Some of the gags in *White Horse Inn* provide indication of elementary physical slapstick, while lines like »I'm Sigismund Smith. From Hammersmith« hardly require the comic timing of a Noel Coward. But the ironic attitude and witty innuendo of Leopold and Josepha or the slyly facetious jocularity of Karl, is often difficult for amateurs to achieve. One method of signaling comedy to which amateurs have habitual recourse is the assumption of a note of jocularity that spells out the comic intention of a quip without actually providing the surprise effect that produces laughter. In my opinion much of the wit and humour inscribed in the playtext will be lost by such an obvious mode of acting. It is easy to see how such running gags as the need to palm off the stale curried carp on unsuspecting tourists could be rendered extremely amusing by professional comedians. Leopold's repeated mock-heroic protestations of love for Josepha, Karl's consistently precocious treatment of Kathi, Zenzi, Leopold and some of the guests, Grinkle's blustering outrage and »little Englander« ignorance, Sutton's suave and sly seduction of Ottoline under Josepha's nose and Sigismund and Gretl's eccentricity supply an excellent groundwork for the comic effects professionals can achieve with good timing and the appropriately knowing attitude.

A formalized dialogue exchange such as Sutton and Leopold's first encounter (Act I Scene 1) also demands sophisticated delivery in order for the badinage not to fall flat:

> SUTTON: (gaily) Are you the new head waiter?
> LEOPOLD: Leopold is the name. Herr Sutton, I believe?
> SUTTON: Correct. I hope you'll give satisfaction.
> LEOPOLD: (aside) I hope I'll get it.
> SUTTON; How's the weather this year?
> LEOPOLD: Terrible. Rain. Nothing but rain.
> [...
> ....]
> SUTTON: And the cooking?
> LEOPOLD: Filthy. Our new chef's a dying man.
> SUTTON: Dear me! What's he dying of?
> LEOPOLD: Starvation. He just can't eat anything he cooks himself [...] (16)

The set pieces of physical slapstick indicated in the script were obviously very carefully devised by Müller and Charell to make full use of the acrobatic skills of well-trained comedians. Not only must the porters, waiters and maids in the major scene of farcical misunderstanding as to whether Grinkle or Sutton should have the best room with a balcony be painstakingly choreographed, the timing of Leopold and the servants must attain split-second precision so that it seems both aesthetically satisfying and spontaneous as physical clowning. (17, 18) The comic business climaxes with Leopold being hit by a bag thrown from the balcony and Karl then jumping into his arms, a moment that requires comic expertise in order not to appear obviously contrived. Amateurs are seldom if ever capable of such timing.

The many big group scenes with tourists demand a stage larger than that which an average amateur society has at its disposal but they are a gift for a talented director and choreographer who is able to devise staging by a regimented deployment of smaller groups of waiters, tourists, porters, maids, flower-sellers, market women, Tyrolean dancers, council members, teachers, firemen, policemen et al. What is surprising is the advertising of »additional opportunities« for dancers. One might assume that many of the women in the society had some rudimentary ballet training as girls but it is highly unlikely that any of the male chorus members had ever attempted more than a waltz or a foxtrot.[23] Although five dances have been added to the amateur version, it seems to me that the dancing which was so central to Charell's conception of the »revue-musical« would have to be radically simplified to include a minimum of dancing for men with simple choreography for women or mixed groups. Photographs of small groups of young and somewhat fey-looking English dancers in faux lederhosen[24] suggest that the *Schuhplattler* would not be very effective in amateur performances. The fact that Charell brought his own group of specialist male dancers to the Coliseum is symptomatic of the difficulty in the 1930s of finding professional male dancers in the West End who could perform the Plattler with the kind of virility that such a dance should evince. This would be quite different in professional companies today when there are many well-trained male dancers more than equal to the task. Preston Musical Comedy Society[25] lists in their programme thirteen »Lady Dancers« and six »Gentleman Dancers«, which would appear to indicate the difficulty of finding sufficient numbers of men willing or able to dance. Nevertheless the inclusion of the largest possible cast of singers and dancers gives a society the chance not only to attract a wide range of participants but also as a result of the relatives and friends who will come to see them in the show, the largest possible audience, making the communal ritual of entertainment and socialising genuinely inclusive and collaborative.

Interpreted as a scenario for professional performance *White Horse Inn* intercuts the dramaturgical shape and tone of Blumenthal and Kadelburg's gentle farce with the utopian sounds and atmosphere of a romantic musical. It is easy to see

---

23 With the various dance crazes that followed in the wake of sixties and seventies discos, it is probable that many more men – and in particular after *Saturday Night Fever* (1977) celebrated urban masculinity through dance prowess – were willing and able to participate in group dances.

24 www.topsmusicalproductions.com/1966whitehorseinn.htm, accessed August 5, 1915.

25 www.prestonmusicalcomedy.co.uk/wp-content/uploads/2011/11/1958-White-Horse-Inn-Part-2.pdf, accessed August 5, 1915.

how effective a piece of theatre the 1931 production must have been, the farce elements carefully interwoven with spectacular sung and danced sequences that were wryly satirical of the commercial exploitation of the kind of Tyrolean tourist idyll that the audience were at the same time invited to wonder at. Only minutes after the show begins, the picture postcard effect of the scene accompanied by the lyrical opening song is undermined by the appearance of the busload of tourists who are hurried on to the stage by the impatient tour guide who permits them only ten minutes for their morning repast. As Karl sarcastically remarks to a fellow-waiter, »Hurry up! They're not here to enjoy themselves. They want breakfast.« (4) The action which ensues suggests a virtuoso piece of musical staging in which waiters rush around the stage attempting to serve the tourists in double-quick time, the tourists shout and sing their orders in chorus, Leopold tries to slow them down by singing of the wonderful scenery, the guide paints a ludicrously brief verbal sketch of the landscape (»On your right the famous Schnutzberg, on your left the Schnatzberg, in front of you the Schnitzberg, behind you the Poopsberg«) as the waiters scurry backwards and forwards, trying to keep up with the orders. (4)

While Leopold hurriedly attempts to write the bills for the departing tourists, he himself satirizes their unrealistic expectations and the commercial exploitation of simple pleasures that forms the business basis of the tourist trade:

> Two buttered toasts, a pot of tea.
> A slice of love – that's one and three.
> A lemon sole, with sauce and frillings
> A saucy look, that's just three schillings.
> Some coffee miss? With bread and cheese?
> A tiny kiss – six pfennigs, please. (5)

The satire on the commercial motivation behind the pretended pastoral idealism of the tourist industry is even more bluntly articulated in the choral number on the »Arrival of the Guests«:

> This is the season of the year
> When bees go seeking honey
> And like those bees, we're gathering here
> To make a pot of money.
> Now when tourists take their summer trips,
> We can batten and get fat on
> Tips, tips, tips.
> We raise our fees
> And that's why you hear
> Folks call this season
> And with good reason
> The »dearest:« season of the year. (10)

Leopold's verse would not be beyond the comic range of a competent amateur, but it would be difficult to ensure that an amateur chorus could sing the latter chorus sweetly as required by the music while pointing the lyrics in a sharply ironic tone. The contrasting tone of music and lyrics here is what Brecht and Weill called »gestic music« and requires highly sophisticated musical »acting«. As a consequence of the beauty of the vocal work and the corresponding inadequacy of the acting, amateur productions would surely tend to lessen the impact of any satire, and this, together with the kind of recordings of the show's highlights made with professional British singers rather than actors[26] over the years would certainly have sentimentalised the work and dulled the wit and astringency of the original. One character whose appearance would be the same in professional and amateur productions is the Kaiser, typically presented in Britain in a wholly un-political way. Perhaps the British love affair with royalty inures the majority of audiences to the politics of monarchy but whatever the case the Kaiser is a fairy-tale character who as an individual is shown to be sympathetically human.

Examination of the scenery, furniture and property list at the end of the play-script (62–65) reveals the system devised by Samuel French for simplifying the scenic staging of the shows they license for rep and amateur companies: this is based on the conventions of nineteenth-century proscenium arch theatre in which scenes are conceived as a series of painted, two-dimensional »backdrops« or »cloths« which are curtains pulled taut across the stage. These provide a series of huge scenic paintings one behind the other that can be raised and lowered (»flown in and out«) or opened to reveal a further backdrop behind and closed so that the painted front cloth hides the one behind, allowing for scene changes be-hind. These are named Sky Cloth for the scenes outside the inn, Cowshed Cloth for the interior of the cowshed that is drawn across immediately behind the No 1 Tabs for Act I Scene 2, Town Hall Cloth for Act II Scene 3 and ›Travellers Rest‹ Cloth for Act III Scene 2.

Amateur companies are not likely to have »flying« equipment so the French's edi-tion assumes only curtains being drawn open or shut. The stage is framed or masked at the side edges by appropriately painted canvas or ply-wood pieces, in-dicated in the sketch for Act I Scene 1 as Fir Legs (fixed painted fir trees) or Fir Trailers (painted fir trees that can be moved sideways to make more space). Run-ning Tabs are plain cloth curtains used to hide the opening and closing of scene cloths behind. The scene for Act I Scene 1 also illustrates free-standing three-dimensional scenic pieces for the mayor's house, the steamer and the inn itself, with indications for »practical« doors and windows – those that are opened and

---

26 This is especially true of the recording by the Mike Sammes Singers/20th Century Sympho-ny Orchestra/Johnny Douglas, Benatzky and Stolz, *Highlights from The White Horse Inn*, Warner, 2005.

closed by actors so they must not be painted on the set pieces. The text provides a lighting plot, props plot and furniture plot so that a stage manager for an amateur production has instruction for every detail that would enable the setting up of a workable production.

The French's text of *White Horse Inn* often announces that the dance concludes in a »picture« – a convention in English theatre derived from nineteenth century melodrama in which scenes often end in a frozen tableau that signals a climax or a major turning point in the action. What becomes apparent very quickly is that the French's amateur version provides a blueprint that the vast majority of companies would follow quite slavishly, thereby ensuring that one particular scenic staging of *White Horse Inn* would become standard for the majority of amateur productions and as it is these productions that have kept the piece alive in Britain for over eighty years, it is not Charell's astonishing »immersive« staging at London's largest theatre that people in Britain now remember but the lovely music of Benatzky and Stolz in somewhat staid and kitsch productions performed by amateur societies. While keeping the score alive for generations of music lovers and theatregoers the image of *White Horse Inn* perpetuated by amateurs is now inevitably overlaid with dated and sentimental associations that do not reflect the sharply satirical and comic attitude of the original. In fact the show's depiction of the beauty of the Austrian pastoral is much less sentimental than that purveyed by *The Sound of Music,* which is still immensely popular on professional British stages. It may therefore be time for an adventurous management to revive the original English version in a witty and spectacular production. This might be most effective if undertaken by the English National Opera at its Coliseum home – the original English venue for Charell's production of *White Horse Inn.*

Andreas Gergen

Unterhaltendes Theater heißt nicht, dass man das Gehirn an der Garderobe abgeben muss

Ich glaube, dass zu jeder Zeit funktioniert, was damals funktioniert hat – wenn man nämlich einfach großes Unterhaltungstheater auf die Bühne bringt, quasi die große Samstagabend-Show, allerdings frech und frivol, nicht als Kinderstück, sondern als »Erwachsenenunterhaltung«. Für unser Team bei der *Rößl*-Produktion des Salzburger Landestheaters 2014/15 war es spannend, zum ursprünglichen Gedanken des *Rößls* zurückzugehen und diesen mit einer heutigen Sicht zu versehen: Was war das *Rößl* in der damaligen Zeit an der Friedrichstraße, was wurde dort gespielt, in welcher Stilistik? Wir wollten das *Rößl* als große Ausstattungsoperette oder Revueoperette ernst nehmen, d.h. es gibt eine Geschichte, die der Vorwand ist für große, vielfältige Revuebilder, die auf eine sehr frivole, sexy-unterhaltende Art und Weise dargeboten werden. Die besondere Qualität des *Weißen Rößls* ist dabei, dass dieser Vorwand einer Geschichte auch noch sehr gut gebaut ist und allein diese Geschichte auch schon Spaß macht – es funktioniert im großen Stil, als Revueoperette, aber auch als kleines Kammerspiel, wenn man sich ganz auf die Geschichte konzentriert.

Während der Beschäftigung mit dem Stück haben wir immer mehr Freude an der Rekonstruktionsfassung mit ihren musikalisch schmissigen, jazzigen Elementen gefunden. Die langen Instrumentalteile hatten zunächst zu einer gewissen Skepsis im Team geführt: Was macht man in der Zeit, wie kann man diese Instrumentalteile füllen und wozu sind sie überhaupt da. Hinzu kam die Befürchtung, dass durch die großen Nummern die Dramaturgie zerstört würde – doch das Gegenteil ist der Fall. Wir mussten uns das Stück eben wie in einer Revue Nummer für Nummer vornehmen und eine eigene Konzeption für jeden Teil entwickeln. Man muss das Publikum mit immer neuen überraschenden Momenten »überfallen«. Wir haben Spaß an der eigenen Phantasie entwickelt, als wir die Regieanweisungen der Rekonstruktionsfassung gelesen und gesehen haben, was für einen Quatsch und Nonsens damals auch schon Erik Charell auf der Bühne betrieben hat – damals schienen der Phantasie keine Grenzen gesetzt!

Abbildung 31: Georg Clementi und Franziska Becker, Produktionsfoto Salzburger Landestheater, 2014.

Wenn wir in der Revue sind, brauchen wir auch »Acts« – also Dinge, die man normalerweise nicht in einem Musical oder in einer Operette im Landestheater zu sehen bekommt. So haben wir als Jodlerin eine Spezialistin engagiert, unsere exotische »Rasta-Resi«, die auch Ukulele spielt und eine »soulige« Einlage hat. Wir hatten einen Geräuschemacher und haben Bodybuilder als Statisten für die Stallburschen geholt – hier konnte man nacktes Fleisch und Muskeln zeigen. Uns war es wichtig, dass auch die Kerle in knappen Höschen zu sehen sind, wie eben auch damals bei Charell. Wir haben die heterosexuellen Liebesbeziehungen ernst genommen, aber wir nutzen schon auch eine gewisse schwule Ästhetik oder Optik. Die Inszenierung allgemein kann man sicherlich nicht »schwul« nennen, es war eher der Gedanke, dass für jeden etwas dabei ist, mit einem gewissen »schwulen« Aspekt, der ja auch für eine gewisse Unterhaltung steht.

Eine sehr ungewöhnliche Lösung ist wohl auch die Darstellung unseres Kaisers – wir haben uns für eine Puppe entschieden. Eigentlich wollten wir, tatsächlich wie in einer Revue, zunächst einen Bauchredner engagieren, aber durch einen »normalen« Schauspieler hatten wir die Möglichkeit, die Doppelfunktion mit Kaiser und Ketterl noch besser herauszuarbeiten. Es ist eben ein und derselbe Darsteller, der dem Kaiser die Stimme verleiht und dann quasi einen Schritt aus der Rolle zurücktreten kann und zum Kammerdiener wird.

Tatsächlich haben gerade in dieser Hinsicht viele Kolleginnen und Kollegen am Landestheater im Vorfeld gewarnt und diese Operette quasi als ihr Gut beansprucht: »Ihr könnt den Kaiser nicht als Puppe darstellen, das ist doch unser Kaiser und das ist doch unser Stück« – da haben wir sehr schnell gemerkt, dass diese Fassung auch eine Entdeckung für Salzburg ist. Wir haben bewusst diese Perspektive eingenommen und dem Salzburger

Publikum die Berliner Operette gezeigt, als »Stück von uns« (unser künstlerisches Team ist ja nun mal von »Piefkes« dominiert), als ein Stück von Berlinern »über euch«, mit dem Ziel, das Publikum damit zu überraschen, mit wie viel Phantasie diese Welt auf die Bühne gebracht wurde und mit welchen Klischees die Autoren gearbeitet haben. Es ist auch aufschlussreich, wenn man sieht, dass das *Weiße Rößl* ja einfach nur ein Motto unter vielen war, das von Charell sehr bewusst, eben wegen der Exotik gewählt wurde – als Mittel zum Zweck und nicht, um österreichisches Nationalgut widerzuspiegeln.

Wir haben schon bei *Sound of Music*, das ja eine ähnliche Problematik bezüglich des Salzburger Handlungsortes hat, die Erfahrung gemacht, dass es für unser Publikum umso besser ist, je abstrakter und je indifferenter wir in der örtlichen Charakterisierung bleiben. Deshalb haben wir eine Showbühne hergestellt, ganz in Weiß mit weißem Vorhang und weißem Lackboden, einer Revuetreppe und anderen kleineren Elementen, die hereingefahren werden und als »pars pro toto« die unterschiedlichen Orte symbolisieren, so dass wir immer der Revue verpflichtet bleiben. Auch bei den Trachten sind wir mit Pastelltönen farblich in eine Abstraktion gegangen – das wurde innerhalb des Hauses auch mit großer Skepsis diskutiert, die Salzburger Kolleginnen und Kollegen haben sich mit großer Vehemenz für ihre »authentischen« Trachten eingesetzt. Doch das Prinzip, keinen Realismus auf die Bühne zu bringen, hat sich bewährt. Wir sind da rangegangen wie an ein Musical, Vieles erinnert mich auch dramaturgisch z.B. an »Ich war noch niemals in New York«. Der Unterschied – also wo ich sagen würde, wir haben es nicht im Operetten-Sinne inszeniert – ist, dass wir nicht dem Realismus von Zeit und Ort verbunden geblieben sind, auch nicht in den Duetten. Vielleicht bergen die Verfremdungseffekte, also z.B. der Kaiser, der Stall, die Tracht, für das Salzburger Publikum sogar eine gewisse Exotik oder zumindest Überraschung, die es damals in Berlin auch gab, als man den Wolfgangsee an die Friedrichstraße geholt hat. Das Salzkammergut ist ja innerhalb der Operette, ähnlich wie es jetzt auch in der Neuverfilmung gezeigt wird, eine Utopie – die Fassade ist eine Utopie. Wir haben u.a. den Koch des *Weißen Rößls* »exotisch« mit einem farbigen Statisten besetzt, um die Fassade dieser angeblichen »Authentizität« zu brechen und die Scheinwelt am Wolfgangsee zu verdeutlichen.

Der Kontext unserer Produktion in Salzburg ist eben nicht eine Art »Heimat«-Operetten-Gedanke, sondern unser programmatischer Schwerpunkt in der Musik der 20er- und 30er-Jahre. Das *Rößl* reiht sich also ein in Produktionen von *Wozzeck* und *Jonny spielt auf*. Unterhaltendes Theater heißt ja nicht unbedingt, dass man das Gehirn an der Garderobe abgeben muss. Unterhaltendes Theater bedeutet eben auch relevantes Theater, d.h. dass man sich trotzdem mit Politik oder mit gesellschaftlich relevanten Themen auseinandersetzt oder dass mit dem »Vorwand« einer unterhaltenden Geschichte eine wichtige Botschaft transportiert werden kann. Da bin ich auch ein Verfechter des Musicals, 80% der Musicals kommen wirklich mit einem gesellschaftlich relevanten Background und einer Geschichte, die es zu erzählen und herauszuarbeiten gilt. Beim *Rößl* sollte schon unser kleines »Intro« einen gewissen Dämpfer verleihen, wenn am Anfang die Drehscheibe das Personal des *Weißen Rößls* über die Bühne befördert und sich am Ende der »böse

Mann« mit einem großen *Jonny-spielt-auf-* bzw. Entartete-Kunst-Schild einreiht. Damit haben die Salzburger sofort verstanden, dass es bei uns nicht um Heimatseligkeit geht, sondern dass dieses Stück unterbunden, verboten wurde von den Nazis und in die Reihe von *Jonny spielt auf* und der Musik der 20er-Jahre gehörte. Den Professor Hinzelmann haben wir »jüdisch« dargestellt, als kleine Albert-Einstein-Anspielung, aber auch in seinem Couplet von der Himmelsbahn, wo wir mit einem Klarinetten-Spieler und einer Klezmer-Anspielung gearbeitet haben. Und am Ende werden Klärchen und Sigismund dann auch nach jüdischer Tradition getraut, mit einem »Masel tov«, wobei Hinzelmann ein Glas in ein Tuch einwickelt und auf dem Boden zertrümmert. Ich glaube, dass das nicht jeder verstanden hat und es musste auch nicht jeder verstehen, aber für die, die es verstehen wollten und konnten, war das sogar ein Grund, sich für diese Anspielung zu bedanken. Es gab tatsächlich einige jüdische Zuschauer, die gerade diese Anspielung positiv hervorgehoben haben und es gut fanden, dass dadurch deutlich wurde, dass Charell selbst und viele seiner Mitarbeiter bei dieser Operette später als Juden verfolgt wurden.

Viele große Unterhaltungskünstler bringen das Publikum zum Lachen, aber es gibt dann so einen »Dreh« ins Ernsthafte – es ist eben eine große Kunst, beides zu verbinden; diesem Vorbild will ich nacheifern.

Joachim Schlör

»Schalömchen!«
Das Jüdische im *Weißen Rößl*

Mit dem schönen Gruß »Schalömchen!« sprang Ursli Pfister, als Sigismund Sülzheimer, an einem Oktoberabend 1994 auf die Bühne der Berliner ›Bar jeder Vernunft‹, um bald darauf mit Meret Becker, als Tochter Klärchen des vom Reisezauber ergriffenen Professors Hinzelmann, das Lied vom schönen Sigismund zu singen. Das Publikum der seither als Kultaufführung angesehenen Inszenierung nahm Sprung und Gruß – wie so ziemlich alles, was geboten wurde – mit Lachen und Beifall auf.[1] Aber es waren auch einige skeptische oder zumindest fragende Gesichter zu sehen: Darf der das? Ist es (der Begriff war noch nicht so verbreitet) politisch korrekt, eine jüdische Figur so prominent, so fröhlich und vor allem so selbstverständlich auf die Bühne zu bringen?

Die Inszenierung in der Wilmersdorfer Schaperstraße hat dem in Seichtigkeit und Harmlosigkeit schier versunkenen Stück, »schon ein wahrhaftiger Schmachtfetzen, eine kaiserliche Klamotte, bei der es sich königlich amüsieren läßt«[2], einiges von seiner ursprünglichen Widerborstigkeit zurückgegeben und »mit Witz und Verve« eine ganze Reihe von Reibungsflächen spielerisch herausgearbeitet: Dazu gehören mit Sicherheit die Klischeebilder vom Salzkammergut und vom idyllischen Österreich, die Peinlichkeiten im Auftreten von lederhosentragenden Großstädtern in der Sommerfrische, wohl auch die altmodischen Verhältnisse zwischen den Geschlechtern und die Treuherzigkeit der Kaiserverehrung. Das sind nun alles Dinge, über die man sich recht risikolos lustig machen kann. Wie steht es aber mit Sigismund Sülzheimer aus Sangerhausen? Haben wir nur über

---

1 Es ist wohl nicht übertrieben zu sagen, dass im Gefolge dieser Aufführung erst Texte erschienen, die grundlegende Informationen über das Stück, seine Vorgeschichte und sein weiteres Schicksal bieten: *Im weißen Rössl. Zwischen Kunst und Kommerz.* Hg. von Ulrich Tadday. München 2006, (darin vor allem Norbert Abels: *Operettenfinale und Weltverspottung. Das Weiße Rössl, Robert Gilbert und das Ende einer Kunstform*, S. 5–24), und der von Kevin Clarke und Helmut Peter hrsg. Band *Im weißen Rößl. Auf den Spuren eines Welterfolgs*. St. Wolfgang im Salzkammergut 2007.

2 Müller, Peter E.: *Im »Weißen Rössl« an der Schaperstraße*. In: *Berliner Morgenpost*, 11.10.1994.

die Eitelkeit und das Lispeln und die Entblößung des kahlen Schädels gelacht, oder auch über den Juden, als den sein salopper Gruß ihn ja ausweisen sollte?

Ich will den Gruß zum Anlass nehmen, über »das Jüdische« im Stück und in seiner Rezeption nachzudenken. Selbst auf der Tagung, aus der die meisten hier versammelten Beiträge hervorgingen, wurde das gesamte Stück gelegentlich als »ein jüdisches« bezeichnet, wenn auch ohne weitere Erklärung oder Diskussion. Die soll nun hier, ansatzweise, nachgeholt werden. Auftreten soll dabei zunächst die Familie Sülzheimer und ihr Textilbetrieb. Dann bitten wir das am Stück – vor allem an seiner Uraufführung am 8. November 1930 im Berliner Großen Schauspielhaus – beteiligte Personal auf die Bühne, den Autor und den Komponisten, den Regisseur, die Autoren der für den anhaltenden Erfolg so bedeutsamen Lieder, die Schauspielerinnen und Schauspieler. Im Weiteren soll eine durchaus schon etablierte Debatte – darüber nämlich, ob Kunst im Allgemeinen, und solche Operettenkunst im Besonderen, überhaupt als »jüdisch« bezeichnet werden kann – am Beispiel vom *Rößl* noch einmal aufgerollt werden, als eine Art Podiumsdiskussion nach dem Schließen des Vorhangs.

Denn diese Debatte hat sich doch in den letzten Jahren auf sehr positive Weise von den einfachen Zuschreibungen, vom schlichten »Ja« oder »Nein« entfernt und Fragen aufgeworfen, die für ein Verständnis sowohl jüdischer Kulturen wie der Beziehungen zwischen Juden und Nichtjuden von großer Bedeutung sind.[3] Sehr treffend wurde die Thematik bei einer anderen Tagung, »Music, Memory, and Emotions in the German Jewish Experience of Modernity« auf den Punkt gebracht: Es sollte dort erkundet werden,

> wie Emotionen und Erinnerung in musikalischen Begegnungen von deutscher und deutsch-jüdischer Moderne agierten und wie Musik auf vielfältige Weise die Emotionen und Erinnerungen im deutsch-jüdischen Leben und Bewusstsein seit dem späten 18. Jahrhundert geprägt hat.[4]

In diesen Zusammenhang gehört die Operette *Im weißen Rößl*, komponiert von Ralph Benatzky (auf der Grundlage des gleichnamigen Stücks von Oscar Blumenthal und Gustav Kadelburg), inszeniert von Erik Charell, mit Liedern von Robert Gilbert, Bruno Granichstaedten und Robert Stolz, auf jeden Fall – auch wenn die Frage, ob das Stück denn nun »jüdisch« sei oder nicht, natürlich nicht beantwortet werden kann. Aber es ist immerhin imstande, Emotionen und Erin-

---

3 *Jüdische Musik. Fremdbilder – Eigenbilder.* Hg. von Eckard John und Heidi Zimmermann. Köln 2004.

4 Michaelis, Jana: *Tagungsbericht: Music, Memory, and Emotions in the German Jewish Experience of Modernity, 14.03.2013–15.03.2013 Berlin.* In: H-Soz-Kult, 15.7.2013, www.hsozkult. de/conferencereport/id/tagungsberichte-4912 (letzter Zugriff am 4.9.2015). Die Tagung wurde veranstaltet von Yael Sela-Teichler, Max-Planck-Institut für Bildungsforschung (MPIB), Berlin und Philip V. Bohlman, University of Chicago.

nerungen aufzurufen, die über seinen auf der Bühne präsentierten Inhalt hinaus-
weisen.

I

»1938 meldete die Stadt Sangerhausen, dass es keine jüdischen Gewerbebetriebe
in der Stadt mehr gebe. Der Viehhändler Fleischmann, dessen Geschäft sich in
der Hüttenstraße 26 befand, hatte seinen Betrieb am 1. Februar 1938 aufgegeben.
[…] An die jüdischen Mitbürger in Sangerhausen erinnert heute eine Gedenkta-
fel, die am 7. Mai 1995 am Rathaus angebracht wurde.«[5] Es gab wohl, den lokalen
Geschichtsforschern zufolge, einige »jüdische Ladengeschäfte« in der Stadt
Sangerhausen, im Südwesten von Sachsen-Anhalt, nahe der Lutherstadt Eisleben
gelegen, aber mit der Textilindustrie war der Ort nicht auf besondere Weise verbunden. »Sangerhausen« ist ebenso ein Bild, eine Erfindung, wie »das Salzkammergut« – dem Berliner Fabrikanten Giesecke sollte der Dramaturgie halber ein
jüdisches Gegenüber aufgestellt werden (beide produzieren Hemdhosen, einmal
»vorne«, einmal »hinten zu knöppen«). Dennoch ist die Anspielung auf eine jüdische Präsenz in der Textilindustrie nachvollziehbar und war zumindest dem Publikum der Uraufführung verständlich. Beim Schreiben solcher Sätze wird auffällig, dass es doch noch immer keine angemessene Sprache für die Darstellung dieser Geschichte gibt: »Jüdische Ladengeschäfte«, was soll das heißen? »Jüdische
Präsenz«, was für eine umständliche Ausweichformel. Man verwendet fast
zwangsläufig Begriffe, die auch im antisemitischen Kontext – historisch wie gegenwärtig – zu finden sind.[6] Deshalb ist es vielleicht angemessen, die Bemerkungen zu diesem Thema mit Bezug auf die Erinnerung an die Zerstörung einer Tradition einzuleiten.

Am Berliner Hausvogteiplatz entstand im Frühjahr 2000 ein ganz besonderes
Denkmal.

> Der Kunstwettbewerb zum ›Denkzeichen Modezentrum Hausvogteiplatz‹ ist ent-
> schieden: Gewinner ist der Künstler Rainer Görß, der auf dem Platz drei große
> Spiegel aufstellen will. Das neue Denkzeichen beginnt eigentlich schon auf dem
> U-Bahnhof. Wenn die Fahrgäste zum Hausvogteiplatz hochlaufen, sollen sie an den
> Treppenstufen statt der Werbung Inschriften lesen. Sie enthalten die Namen und

---

5 http://erinnern-und-gedenken.de/Juden-in-Sangerhausen/fg03/fg03_161.htm (letzter Zugriff am 29.8.2015).
6 Die Ankündigung eines neu erschienenen Buchs *Berlin und die Juden*, herausgegeben von
   Laurence Guillon und Heidi Knörzer im Berliner Neofelis-Verlag, wurde von einem
   Freund mit dem Satz kommentiert: »Facebook schlägt mir 3 ›ähnliche Videos‹ vor: 1) ›die
   schockierende Wahrheit über den Zionisten-Terrorstaat Israel‹, 2) ›Der Holocaust am
   deutschen Volk. Die verbotene Wahrheit über den 2. Weltkrieg‹, 3) ›Die Herrschaft der zi-
   onistischen Juden über Deutschland und die Welt‹.«

Daten der 19 jüdischen Konfektionshäuser, die bis 1939 am Hausvogteiplatz ansässig waren. Auf dem Platz selber werden drei Spiegel aufgebaut. Görß bezeichnet sie als ›Reflexum‹, in dem sich Architektur und Betrachter spiegeln sollen. Jeder Spiegel ist 2,70 Meter hoch und 65 Zentimeter breit. In den Boden wird eine Gußplatte eingelassen, auf der die Bedeutung des Hausvogteiplatzes nachgelesen werden kann. Der Hausvogteiplatz bildete das Zentrum der Mode- und Bekleidungsbranche in Berlin. Es waren vor allem jüdische Konfektionäre, die dort ihre Geschäfte eröffneten. Die Nationalsozialisten verdrängten ab 1933 systematisch jüdische Beschäftigte aus der Modebranche. Mit dem Denkzeichen soll der Menschen gedacht werden, die im Viertel tätig waren und von denen 4 000 in Konzentrationslagern ermordet wurden. Es soll bis Ende 1996 auf dem Platz stehen.[7]

Erst vier Jahre später war es dann endlich soweit, die Spiegel wurden aufgestellt.[8] Es ist Rainer Görß (der Anfang der neunziger Jahre, als es in der Berliner Linienstraße noch wilder zuging, mit den Überresten einer ausgezogenen Fabrik – im besten Sinne – merkwürdige Installationen produzierte) wirklich gelungen, nicht allein die Zerstörung einer Berliner jüdischen Tradition anschaulich zu gestalten, sondern zugleich unser zeitgenössisches Interesse daran – eben mit den Spiegeln – zu wecken. Mitten in der Stadt, nur ein paar Schritte vom Gendarmenmarkt, steht seitdem ein Denkmal, das an den bedeutenden Beitrag – noch so ein Problemwort – jüdischer Konfektionäre und Kaufleute zur Berliner Textilindustrie erinnert. Ihnen hat Uwe Westphal nicht nur eine Dokumentation gewidmet,[9] sondern auch eine literarische Würdigung.

> Durch Berlin-Mitte bummeln, ein Stück französisches Flair in den Galeries Lafayette genießen, sich etwas in dem Glanz der bunt-leuchtenden Modewelt sonnen und sich mit Uwe Westphals ›Ehrenfried & Cohn‹ erinnern an die einst bedeutende jüdische Textilindustrie des Hausvogteiplatzes. Bei ›Ehrenfried & Cohn‹ geht es nicht nur um Konfektion. Nein, es geht um urbane Mode und ein französisches Lebensgefühl, welches die Partner mit ihrer Marke Lafayette nach Berlin transportieren wollen. Sie sind erfolgreiche Konfektionäre. Sie sind nicht nur Deutsche. Sie fühlen sich auch als Deutsche. Ab 1933 ist das Deutschsein für sie gestrichen. Jetzt sind sie plötzlich nur ›Juden‹. Für Kurt Ehrenfried eine bittere Erkenntnis.[10]

---

7   Aulich, Uwe: *Hausvogteiplatz: Denkzeichen erinnert an Modeviertel. Im »Reflexum« spiegelt sich der Betrachter.* In: *Berliner Zeitung*, 30.11.1995. http://www.berliner-zeitung.de/archiv/hausvogteiplatz--denkzeichen-erinnert-an-modeviertel-im--reflexum--spiegelt-sich-der-betrachter,10810590,9045734.html (letzter Zugriff am 29.8.2015).

8   Ebd.

9   Westphal, Uwe: *Berliner Konfektion und Mode: Die Zerstörung einer Tradition 1836–1939.* Berlin 1992.

10 Levin, Soraya: *Ehrenfried & Cohn – von Uwe Westphal. Ein durchdringender Roman über die Vernichtung der Berliner jüdischen Konfektionäre. Rezension von Uwe Westphal, Ehren-*

Neben Uwe Westphal hat sich auch eine Gruppe von Autorinnen und Autoren in Südwestdeutschland mit dem Thema befasst, Grundlage ihrer Arbeit war eine Tagung »Juden in der Textilindustrie« (Oktober 2010 in Hechingen). Der frühere württembergische Landesrabbiner Joel Berger erklärt in diesem Band die »Jüdischkeit der Textilindustrie« aus den Gesetzen der Thora und ihren philosophischen Grundlagen: »Zum Beispiel erstrecken sich die gebotenen Beschränkungen bei der Nutzung der Schöpfung nicht nur auf die Speisen, sondern auch auf andere Lebensgrundlagen wie die Kleidung.«[11] Das Verbot der Vermischung von Wolle und Leinen könnte so am Anfang einer Geschichte stehen, die vom Engagement jüdischer Fabrikanten und Händler in diesem Bereich erzählt. Uri Kaufmann führt diesen Gedanken in seinem Beitrag zu »Warenhäusern in jüdischem Besitz in Südwestdeutschland« fort (über Warenhäuser wie Schocken oder Wertheim hat jüngst Paul Lerner ein herausragendes Buch publiziert[12]). Irene Scherer und Welf Schröter berichten über eine bekannte Mössinger Firma: »Jüdisches Weltbürgertum – die Pausa in Mössingen und das Bauhaus«. Die beiden Autoren haben ihr Thema »über die Suche nach Nachkommen der einstigen vertriebenen Firmenbesitzer Artur und Felix Löwenstein« erschlossen und auf diese Weise ein »Netz an Beziehungen« analysiert, das von Mössingen aus in die ganze Welt reicht – eine beispielhafte Recherche zum transnationalen Erbe der deutschjüdischen Emigrationsgeschichte.[13]

Ein »Gegenspieler Sülzheimer« (von Isidor Blumentopf) kommt übrigens schon im Herrnfeld-Stück *Der Fall Blumentopf* vor.[14] Aber davon unabhängig wird es sich wohl um die Konstruktion eines als »typisch« erscheinenden »jüdischen Namens« handeln. Sülzheimer Vater und Sohn sind also Repräsentanten einer im Jahr 1930 dem Publikum vertrauten Gruppe. Sie waren allerdings selten zuvor

---

fried & Cohn. Berlin 2015. http://www.lipola.de/printable/rezension/buecher/ehrenfried--cohn.php (letzter Zugriff am 29.8.2015).

11 *Juden in der Textilindustrie.* Hg. von Karl-Hermann Blickle und Heinz Högerle im Auftrag des Gedenkstättenverbundes Gäu-Neckar-Alb e.V. Horb 2015; die Zitate stammen aus der Ankündigung des Buchs: www.ehemalige-synagoge-rexingen.de/aktuelles/nachrichten/neu-erschienen-juden-in-der-textilindustrie (letzter Zugriff am 31.8.2015).

12 Lerner, Paul: *The Consuming Temple. Jews, Department Stores, and the Consumer Revolution in Germany, 1880–1940.* Ithaca 2015.

13 Schlör, Joachim: *German-Jewish Emigration after 1933 as a Transnational Phenomenon.* In: *Three Way Street: Germans, Jews, and the Transnational.* Hg. von Jay Geller und Leslie Morris. Ann Arbor (im Druck).

14 Hoffmann, Stefan: *Bürgerlicher Habitus und jüdische Zugehörigkeit. Das Herrnfeld-Theater um 1900.* In: *Jahrbuch des Simon-Dubnow-Instituts / Simon Dubnow Institute Yearbook* XII/2013, S. 445–481; zum populären jüdischen Theater vgl. die Standardwerke von Sprengel, Peter: *Scheunenviertel-Theater. Jüdische Schauspieltruppen und jiddische Dramatik in Berlin (1900–1918).* Berlin 1995 und *Populäres jüdisches Theater in Berlin von 1877 bis 1933.* Berlin 1997.

auf eine Theaterbühne außerhalb der populären jiddischen (und gelegentlich auch peinlich »jüdelnden«) Spielstätten gebracht worden – dort fanden sich seit langem die beiden gegensätzlichen Figuren des Nathan und des Shylock, Konstrukte des »guten« und des »bösen«, zumindest des sehr ambivalenten Juden.[15] Mit keinem von beiden hat der schöne Sigismund noch etwas gemeinsam, im Gegenteil könnte man ihn fast als fröhliche (und singende) Absage an die Gültigkeit solcher Konstruktionen auffassen. So ist wohl auch, um etwas vorzugreifen, die Fröhlichkeit, mit der Regisseure der verschiedensten Theater seit 1995 Sigismund Sülzheimer immer wieder auf die Bühne springen lassen, mit oder ohne »Schalömchen!«, dem Wunsch nach einer – wenn nicht gleich Wiederherstellung, so doch – Re-Inszenierung der Selbstverständlichkeiten von 1930, oder was man dafür hält, geschuldet.

> Die Freude über die Wiederentdeckung der Rössl-Orchesterstimmen ist ja auch deshalb so groß, weil den jüdischen Co-Autoren nun späte Anerkennung widerfahren kann. Die Operette kann nun tatsächlich wieder so gespielt werden, wie ihre Schöpfer es vorgesehen hatten. Trotz des Handlungsortes St. Wolfgang und der Trachtenkostüme war sie nämlich kein seichter, walzerseliger Volksschwank.[16]

Im Stück siegt ja sowieso die Liebe über die Unterschiede der vorne oder hinten zu »knöppenden« Hemdhosen. Die Konkurrenz von christlichen und jüdischen Fabrikanten, Giesecke hin, Sülzheimer her, löst sich im allgemeinen Wohlgefallen auf, wenn Sigi sein Klärchen bekommt und die Tochter Gieseckes, Ottilie, den Rechtsanwalt Siedler. Die jüdische Figur hat ihre Eigenheiten, aber alle anderen ja auch.

---

15 *Spiel-Räume: Juden im deutschen Theater. Sonderheft. – Aschkenas. Zeitschrift für Geschichte und Kultur der Juden.* 24/2. Hg. von Anat Feinberg. Berlin, München, Boston 2014; zu Nathan der Weise vgl. Möbius, Thomas: *Gotthold Ephraim Lessing: Nathan der Weise.* Königs Erläuterungen: Textanalyse und Interpretation (Bd. 10). Hollfeld 2011; zu Shylock vgl. neben anderen wissenschaftlichen Auseinandersetzungen einen bemerkenswerten Beitrag von Cuno Chanan Lehrmann: *Die Bosheit des Juden – historisch gesehen.* In: *DIE ZEIT*, 4.4.1969: »Bestand schon früher, vor Auschwitz, ein Unbehagen über die unbestreitbare Bühnenwirksamkeit dieser mit allen Sünden Israels und der Menschheit behafteten jüdischen Figur; so empfinden es viele heute nach dem millionenfachen Judenmord als geradezu aufreizend, dem deutschen Publikum eine solche Kost vorzusetzen. Den Verantwortlichen des WDR ist bestimmt nicht eine negative Absicht anzukreiden; es wirkt aber naiv, wenn sie zu ihrer Entlastung darauf hinweisen, daß die Shylock-Gestalt ja vom Juden Fritz Kortner dargestellt wird. Dieser geniale Schauspieler ließ sich die Gelegenheit nicht entgehen, aus seiner Rolle den letzten Tropfen theatralischen Effektes herauszupressen, und kreierte geradezu einen Super-Shylock, wobei die gutabgelauschte jüdische Gestik und Mimik diesen völlig unjüdischen Charakter als recht glaubwürdig erscheinen ließen.«

16 2008 fand der Verlag Felix Bloch Erben das historische Orchestermaterial. *Bewegte Geschichte(n) eines weißen Pferdchens*, 11. Juni 2009. https://auslassungspunkte.wordpress.com/2009/06/11/geschichten-ums-weisse-roessl/ (letzter Zugriff am 29.8.2015).

II

Lindenmeyer: Wer hatte denn den Beschluss gefasst, Wien zu verlassen?

Kreisler: Der Hitler hat diesen Beschluss gefasst![17]

Damit zu den an der Uraufführung beteiligten Personen – und zu einigen Bildern und Interpretationen, die einer genaueren Ansicht wert sind. Kaum eine Kritik kann darauf verzichten, die Beteiligung jüdischer Künstler an der Entstehung des Stücks hervorzuheben:

> ›Es muss was Wunderbares sein‹, ›Was kann der Sigismund dafür, dass er so schön ist‹, ›Aber zuschaun kann i net‹, ›Mein Liebeslied muss ein Walzer sein‹, ›Die ganze Welt ist himmelblau‹ – die Operette ›Im weißen Rössl‹ ist gespickt mit Arien, Duetten und Liedern, die schnell zu Hits wurden und heute Evergreens sind. Doch kaum hatten sie ihren Siegeszug angetreten, wurde die Operette ›Im weißen Rössl‹ verboten. Das Hitler-Regime verlangte vom ›Rössl‹-Komponisten Ralph Benatzky den Ausschluss aller jüdischen Künstlerinnen und Künstler aus dem Ensemble.[18]

Wenn »Reichspropagandaminister Joseph Goebbels«, wie es in diesem Text des *Hamburger Abendblatts* heißt, im September 1934 in der Zeitschrift für Musik die »jüdische Kitschoperette von Benatzky« denunzieren und ihre Aufführung durch das Deutsche Nationaltheater in Weimar »noch mitten in dieser Spielzeit« als »Gipfel der Verantwortungslosigkeit« bezeichnen lässt – können wir Heutigen dann diese Darstellung, nur mit positiven Vorzeichen versehen, übernehmen? Kein Kitsch natürlich, sondern eine widerborstige Angelegenheit, fast sogar ein Akt des Widerstands, das *Rößl*? Bei den Nazis schlecht, jetzt aber gut, weil irgendwie »jüdisch«? Wohl besser nicht. Die Zuschreibung »des Jüdischen« an kulturelle Aktivitäten hat ihre eigene, sehr problematische Geschichte; hier kann ich auf die Beiträge eines Wiener Symposiums am Österreichischen Museum für Volkskunde verweisen, in denen die Problematik solcher Charakterisierungen mit der klugen Leitfrage »Ist das jüdisch?« im Detail untersucht wurde.[19]

---

17 Interview mit Georg Kreisler auf Bayern Alpha am 23.11.2003, www.georgkreisler.net/georg-kreisler-allgemeines/interview-gk-auf-bayern-alpha/ (letzter Zugriff am 1.9.2015).

18 (lin): *Die Operette »Im weißen Rössl« ist gespickt mit Arien, Duetten und Liedern, die schnell zu Hits wurden und heute Evergreens sind.* In: *Hamburger Abendblatt*, 3.6.2001. www.abendblatt.de/incoming/article108016659/Die-Operette-Im-weissen-Roessl-ist-gespickt-mit-Arien-Duetten-und-Liedern-die-schnell-zu-Hits-wurden-und-heute-Evergreens-sind.html (letzter Zugriff am 31.8.2015).

19 *Ist das jüdisch? Jüdische Volkskunde im historischen Kontext.* Beiträge der Tagung des Instituts für jüdische Geschichte Österreichs und des Vereins für Volkskunde in Wien vom 19.–20.11.2009 im Österreichischen Museum für Volkskunde (= Buchreihe der Österreichischen Zeitschrift für Volkskunde, 24). Hg. von Birgit Johler und Barbara Staudinger. Wien 2010. *Tagungsbericht: Ist das jüdisch?*

Es ist doch auffällig, wie »das Jüdische« selbst in den Lebensbeschreibungen immer sehr verwischt daherkommt. Kevin Clarke, der das Sonderheft der Musik-Konzepte angeregt und den wunderbar illustrierten *Rößl*-Band aus St. Wolfgang mit herausgegeben (und seinen Text geschrieben) hat, der Leiter des Operetta Research Center in Amsterdam und Mitautor einer Ausstellung über Erik Charell, schreibt:

> Der Mann, der die siegreiche Operette ›Im weißen Rößl‹ schuf und für den internationalen Durchbruch und Ruhm des Stoffs, des Hotels und des Wolfgangsees verantwortlich ist, ist der Regisseur und Choreograph Erik Charell (1894–1974). Er kam aus Breslau und hieß eigentlich Erich Karl Löwenberg, verwischte aber alle Spuren seines jüdischen Elternhauses und seiner Kindheit in Schlesien, nachdem er sich seinen flamboyanten Künstlernamen zugelegt hatte, nach Berlin aufgebrochen war und als Tänzer Karriere machte.[20]

Im Rahmen einer deutsch-jüdischen Literaturgeschichte hat Andreas Kilcher deutlich gemacht, wie wichtig die Selbstdefinition und Selbstreflexion eines Autors, einer Autorin ist – wer sich selbst, wie etwa Kurt Tucholsky, ausdrücklich nicht als Jude verstand und auch nicht von anderen so definieren lassen wollte, hat in den einschlägigen Lexika auch keinen Eintrag; wir würden ihm oder ihr ja sonst nachträglich und aufgrund höchst fragwürdiger biologisch-genetischer Kriterien eine Identität zuschreiben (und daraus womöglich noch Schlüsse auf das Werk ziehen), die schon bewusst abgelegt wurde.[21] Wie der wohlmeinende Rezensent im *Hamburger Abendblatt* lassen sich aber viele *Rößl*-Analysten zu solchen Verallgemeinerungen verführen, weil wichtige Protagonisten der Berliner Aufführung – ja, was? Juden waren? »Juden« waren? Von den Nazis zu Juden oder »zu Juden« gemacht wurden?

> Die Texte schrieben fast ausnahmslos jüdische Textdichter, und auch unter dem [sic] Komponisten waren Juden. Grund genug für die Nazis, das Stück zu verbieten. Beispielsweise die Arie »Es muss was Wunderbares sein« von Robert Gilbert, Komponist aus einer jüdischen Künstlerfamilie, der obendrein noch ein Linker war. Gilbert wurde im letzten Jahr des Ersten Weltkriegs Soldat und traf auf den Spartakusbund, der das politische Bewusstsein des 19-jährigen weckte. Als die Nazis die Macht in Deutschland übernahmen, emigrierte Gilbert erst nach Wien, 1938 nach Paris. Am 25. März 1939 floh er in die USA.[22]

---

20 Clarke, Kevin: *Erik Charell – Meisterregisseur aus Berlin*. In: *Im Weißen Rößl. Auf den Spuren eines Welterfolgs*, S. 64.

21 *Metzler Lexikon der deutsch-jüdischen Literatur. Jüdische Autorinnen und Autoren deutscher Sprache von der Aufklärung bis zur Gegenwart*. Hg. von Andreas B. Kilcher. Weimar 2000; ders.: *Was ist »deutsch-jüdische Literatur«? Eine historische Diskursanalyse*. In: *Weimarer Beiträge* 45, 1999, S. 485–517.

22 (lin): *Die Operette ›Im weißen Rössl‹ ist gespickt mit Arien, Duetten und Liedern*. In: *Hamburger Abendblatt*, 3.6.2001.

Das ist ganz richtig dargestellt, und Robert Gilbert ist tatsächlich ein interessanter Fall.[23] Im hohen Alter zählte Robert Gilbert nicht nur die Schlager aus dem *Rößl*, sondern auch seine anderen großen Erfolge aus den Filmen der späten Weimarer Zeit, meist zusammen mit Werner Richard Heymann geschrieben, zu den seltsamerweise im öffentlichen Bewusstsein gebliebenen Nebenprodukten seiner Karriere. Er wäre lieber als Autor des »Stempellieds« und als Dichter der Arbeiterbewegung in Erinnerung geblieben. So stellte er es zumindest in einem im *Aufbau* erschienenen Gespräch mit sich selbst als »Ohle«, einem seiner Pseudonyme, dar (das hat Norbert Abels schon zitiert, aber hierher gehört es auch):

> Robert Gilbert: Merkwürdig, wie bekannt Sie mir vorkommen. Ich möchte fast sagen – als wär's ein Stück von mir. Wie heißen Sie?
>
> Ohle: Ohle.
>
> Robert Gilbert: Komischer Name. Nie gehört.
>
> Ohle: Möglich. Aber vielleicht kennen Sie das Lied ›Keenen Sechser in der Tasche, bloß 'en Stempelschein‹? Ernst Deutsch [recte: Busch] pflegte es zu singen.
>
> Robert Gilbert: Das Stempellied? Ja, das kenne ich. Sie haben das gemacht?
>
> Ohle: Yes, Sir. Und manches dergleichen – vor und nach dem Reichstagsbrand. Man tut, was man kann.
>
> Robert Gilbert: Sonderbar. Ich meine, daß Sie solche Sachen schreiben – wo Sie mir doch so ähnlich sehen, so ähnlich wie zum Beispiel der Tucholsky dem Theobald Tiger – oder wie der Schicklgruber dem …
>
> Ohle: Siegheil. Ich weiß schon. Ich muß gestehen, auch Sie erinnern mich an mich. Sie sind doch jener Robert Gilbert, der geschrieben – oder sagen wir, textiert hat …
>
> Robert Gilbert: Ich hab' kein Auto, ich hab' kein Rittergut. Ich bin ja heut' so glücklich. Das muß ein Stück vom Himmel sein. […]
>
> Ohle: Ich schrieb Gedichte für Zeitungen, Zeitschriften und ohne Ihnen aus dem Rahmen dieses Spiegels heraus zu nahe treten zu wollen, darf ich wohl behaupten, daß meine Lieder auf den Straßen gesungen, während die Ihrigen – pardon me – mehr auf den Gassen gehauen wurden. Zugegeben, Sie machten mehr money damit – aber, who cares?
>
> Robert Gilbert: Richtig. Who cares? Insbesondere, da wir ja beide kaum mehr als unsere gemeinsame Zahnbürste mitnehmen durften, als wir das Land unserer Vorfahren verließen.[24]

---

23 Schlör, Joachim: *Leerstelle Berlin 1951: Robert Gilbert und die Folgen dieser heillosen Jahre.* In: *Zwischen den Stühlen. Remigration und unterhaltendes Musiktheater in den 1950er-Jahren.* Hg. von Nils Grosch und Wolfgang Jansen. Münster 2012, S. 87–114, siehe auch den Eintrag *Robert Gilbert (1899–1978). Songwriter and translator of musical comedy.* In: *Transatlantic Perspectives*, October 8, 2013: www.transatlanticperspectives.org/entry.php?rec=149 (letzter Zugriff am 31.8.2015).

24 *Zwiegespräch. Ohle über Robert Gilbert – Robert Gilbert über Ohle.* In: *Aufbau,* 27.12.1940.

Es war die gezwungene Emigration aus Berlin, die Robert Gilbert, wie er auch am 15. Juni 1951 im Rahmen seiner Wiedergutmachungsforderungen – noch so ein seltsames Wort! – in einem Brief an das Landesamt für Entschädigung in Berlin schrieb, sein Jüdischsein, seine Jüdischkeit, seine Fremdbestimmung »als Jude«, wahrnehmen und auch auf souveräne Weise akzeptieren ließ:

> Ich brauche die Gründe nicht im Einzelnen zu erwähnen, die mich im April des Jahres 1933 zwangen, mit meiner Frau und meiner damals eineinhalbjährigen Tochter, wie so viele Deutsche jüdischen Glaubens, Deutschland zu verlassen. Man kann es in zwei Worten zusammenfassen: Adolf Hitler und der National-Sozialismus. (In der Anlage finden Sie eine notariell beglaubigte eidesstattliche Versicherung, die unter anderem auch eine detaillierte Aufstellung meiner verschiedenen Aufenthaltsorte nach 1933 enthält.) Welche Konsequenzen sich daraus ergaben, haben alle Deutschen selbst erfahren, im besonderen natürlich die deutschen Juden, zu denen ich auch gehöre.[25]

Das ist ein schöner und überzeugender Satz. Dennoch: Hätte er das »Land unserer Vorfahren« nicht verlassen müssen – und 1930, auf dem Höhepunkt seiner Karriere, war die künftige Entwicklung keineswegs abzusehen –, hätte Gilbert, geboren als Robert David Winterfeld 1899 in Berlin und nun schon namentlich seiner jüdischen Herkunft nicht mehr verbunden, sich als »deutscher Jude« vorstellen müssen?

Christian Walther hat herausgefunden, dass im Taufregister 1899 die Eltern wohl als »mosaischen Glaubens« eingetragen wurden und auch 1913 eine als »Einsegnung« bezeichnete Bar Mitzwa stattgefunden hatte. »Die im Berliner Centrum Judaicum erhaltene Austrittskartei der Jüdischen Gemeinde datiert [...] den notariell beurkundeten Austritt auf den 21.11.1929.«[26] Jude war Gilbert, so fügt Walther hinzu, »als er in die Emigration gezwungen wurde, nicht nach eigenem Verständnis und Bekenntnis, sondern lediglich nach dem Verständnis der Nazis und ihrer Rassenlehre«.[27] Danach hat er sich allerdings nicht mehr distanziert, »Robert never denied being Jewish and feeling strong cultural and historical ties to Judaism and the Jewish people«, wie die Tochter Marianne schreibt.[28]

Spielt solches Wissen für unsere Rezeption der Schlager aus dem *Rößl* eine Rolle? Von welcher Seite nähert man sich einer solchen Frage am besten? Es wäre ja

---

25 Landesamt für Entschädigung Berlin, Akte Robert Gilbert, 50836, M5.
26 Walther, Christian: *Robert Gilbert. Eine zeitgeschichtliche Biografie.* Frankfurt a.M., Bern, u.a. 2016, S. 399.
27 Ebd.
28 Marianne Gilbert-Finnegan in einer E-Mail an Christian Walther, 7.7.2013; ebd., S. 363; vgl. Gilbert-Finnegan, Marianne: *Das gab's nur einmal. Verloren zwischen Berlin und New York.* Zürich 2007 (im Original: »Memoirs of a Mischling. Becoming an American«; der Originaltitel setzt doch einen anderen Akzent!).

vermutlich auch ignorant, über die Tatsache hinwegzusehen, dass neben Gilbert auch einige andere unter den Beteiligten Juden waren (jüdisch waren, oder Deutsche oder Österreicher jüdischer Herkunft, was immer die aktuell korrekte Form ist). François Genton hat diesen Zusammenhang sachlich auf den Punkt gebracht:

> Um 1930 – so unsere These – entstand in Deutschland eine Populärkultur, die modern, ja avantgardistisch und zugleich in hohem Maße traditionsbewusst war und vielleicht in der Lage war, in Europa den Ton anzugeben. Die oft unbekannten Initiatoren dieser Kultur waren in der Regel gebildete und gut ausgebildete deutsche Juden.[29]

Auch Genton befasst sich in seinem schönen Text vor allem mit Robert Gilbert, dem (nach Hannah Arendt) »lorbeerlosen Künstler«.[30] Erik Charell haben wir erwähnt,[31] sein Werk wird auch an anderer Stelle in diesem Band behandelt. Ralph Benatzky war nicht jüdisch (und nicht »jüdisch«), auch über sein Werk wurde ausführlich gearbeitet.[32] Bruno Granichstaedten, Autor von »Zuschaun

---

29 Genton, François: *Freundschaft in Krisenzeiten*. In: *Lied und populäre Kultur / Song and Popular Culture. Jahrbuch des Deutschen Volksliedarchivs Freiburg*. Hg. von Michael Fischer und Fernand Hörner, 57. Jahrgang – 2012: Deutsch-französische Musiktransfers / German-French Musical Transfers. Münster 2012, S. 324.

30 Arendt, Hannah: *Robert Gilbert*. In: *Menschen in finsteren Zeiten*. Hg. von Ursula Lodz. München und Zürich 2001. Auch in: Gilbert, Robert: *Mich hat kein Esel im Galopp verloren. Gedichte aus Zeit und Unzeit. Mit einem Nachwort von Hannah Arendt*. München und Zürich 1972, S. 134f.

31 Vgl. auch Berg, Marita: *»Det Jeschäft is richtig!« Die Revueoperetten des Erik Charell*. In: *Im weißen Rössl. Zwischen Kunst und Kommerz*, S. 59–80.

32 Hennenberg, Fritz: *Es muß was Wunderbares sein. Ralph Benatzky zwischen »Weißem Rößl« und Hollywood*. Wien 1998; *Ralph Benatzky: Triumph und Tristesse. Aus den Tagebüchern von 1919 bis 1949*. Hg. von Inge Jens und Christiane Niklew. Berlin 2002; Clarke, Kevin: *Die Tagebücher des Dr. Ralph Benatzky. Zwischen Berlin und Hollywood: Eine Zeitreise in die 20er Jahre*, Duophon Records 2006; »Bereits 1932«, so heißt es im maßgebenden Lexikon, »ließ sich Ralph Benatzky mit seiner Frau Mela in der Schweiz nieder und verlegte seinen künstlerischen Lebensmittelpunkt nach Wien, wo auch seine neuen musikalischen Lustspiele uraufgeführt wurden. Daneben komponierte er Filmmusiken, darunter 1937 für den Ufa-Tonfilm ›Zu neuen Ufern‹, der zum ersten Filmerfolg für Zarah Leander wurde. Ein weiteres Filmangebot der Ufa, verbunden mit der Aufforderung, den sogenannten ›Ariernachweis‹ für sich und seine Frau zu erbringen, ließ Benatzky, der 1933 in der nationalsozialistischen deutschen Presse fälschlicherweise als Jude bezeichnet worden war und seine jüdische Frau schützen wollte, in der Schwebe und nahm 1938 das lukrative Angebot eines Jahresvertrages der amerikanischen Filmgesellschaft Metro-Goldwyn-Mayer an. Als sein Hollywood-Engagement in Deutschland bekannt wurde, kam es vermutlich zu einem Aufführungsverbot seiner Werke in Deutschland – das ›Weiße Rößl‹ war wegen seiner jüdischen Mitautoren bereits seit 1933 verboten –, denn im Juli (5., 12., 15. und 29.) rühmte sich Goebbels

kann i net«, war Jude – ebenso wie einige der Schauspieler und Schauspielerinnen der Berliner Uraufführung: Camilla Spira *ja*. Max Hansen *nein*. Oder doch? Da kommen die verdächtigen Formulierungen wieder:

> Hansen wurde als unehelicher Sohn der dänischen Schauspielerin Elly Benedicte Hansen (1873–1930), die damals als Eva Haller am Mannheimer Apollo-Theater auftrat, geboren. Die Identität des Vaters blieb lange im Dunkeln. Im Taufregister ist Joseph Walder als Vater eingetragen, ein ungarischer ›Artist‹ jüdischer Herkunft und Kollege der Mutter.[33]

Dieses Geraune ist unerträglich, so kommen wir, das sollte die unvollständige – und eben: nahezu belanglose – Aufstellung nur zeigen, jedenfalls nicht weiter. Unter den Autoren und unter den Darstellern dieser Aufführung waren, wie im gesamten Kulturleben der Weimarer Republik, auch Juden. Manche von ihnen legten Wert auf diese Tatsache, andere nicht. Wie die Textilindustrie, so ist auch die »Sommerfrische« ein Gegenstand, der im Zusammenhang einer deutsch- oder österreichisch-jüdischen Geschichte erforscht wurde.[34] Über »das Jüdische« erfahren wir weder da noch dort Wesentliches.

III

Den Zusammenhang unseres Stücks mit der Sommerfrische und mit der großen Attraktion Österreichs – oder jedenfalls eines Bildes von Österreich – für das Berliner Publikum und für die Kulturschaffenden der Zeit thematisiert Steven Beller. Seine Darstellung rückt vielleicht dem Klischeebild arg nahe, aber er trifft doch einen wichtigen Punkt:

> Juden waren auch sehr in die Versuche der Zwischenkriegszeit integriert, eine neue touristenfreundliche alpine Identität für Österreich im Genre der ›Heimatoperette‹ zu finden. Die berühmteste davon war *Im Weißen Rössl* (1930), die Reklame für die Schönheit der österreichischen Alpenlandschaft mit Nostalgie für die Habsburger und Kritik an den wirtschaftlich schweren Zeiten verband.[35]

Im Rahmen einer Geschichte Österreichs lässt sich das wohl schreiben. Aus der Berliner Perspektive war die Findung einer alpinen Identität für das Nachbarland wohl eher zweitrangig, hier ging es doch eher darum, den Berliner auf Sommerfrische (Giesecke in Lederhosen!) vorzuführen. Und wenn auch, worauf das Jüdi-

---

in seinem Tagebuch, Benatzkys Rehabilitierung durchgesetzt zu haben.« www.lexm.uni-hamburg.de/object/lexm_lexmperson_00001181 (letzter Zugriff am 1.9.2015).

33 https://de.wikipedia.org/wiki/Max_Hansen (letzter Zugriff am 1.9.2015).

34 Triendl-Zadoff, Mirjam: *Nächstes Jahr in Marienbad. Gegenwelten jüdischer Kulturen der Moderne*. Göttingen 2007; Bajohr, Frank: ›*Unser Hotel ist judenfrei*‹. *Bäder-Antisemitismus im 19. und 20. Jahrhundert*. Frankfurt a.M. 2003.

35 Beller, Steven: *Geschichte Österreichs*. Wien, Köln und Weimar 2007, S. 205.

sche Museum München in einer Ausstellung hingewiesen hat, »Dirndl, Truhen, Edelweiss« als Volkskunst-Mode von den aus Westfalen stammenden Brüdern Moritz und Julius Wallach geprägt (und »Wallach« so zu einem »Synonym bayerischen Wohn- und Kleidungsstils«) wurde – die jüdische Lederhose, so originell sie sein mag, wird schwerlich zum Argument.[36] Allerdings war sie den Nazis verhasst.

Im Juni 1938 erließ der Salzburger Polizeidirektor ein Trachtenverbot für die Juden in Salzburg, in dem es heißt:

> Juden ist im Bereich der Polizeidirektion Salzburg das öffentliche Tragen von alpenländischen (echten oder unechten) Trachten wie Lederhosen, Joppen, Dirndlkleidern, weißen Wadenstutzen, Tirolerhüten usw. verboten. Übertretungen werden mit Geldstrafen bis 133 Reichsmark oder Arrest bis zu zwei Wochen bestraft.

In einer Redaktionsnotiz zum Verbot schrieb das »Salzburger Volksblatt«:

> Diese Verfügung wird zweifellos von allen Kreisen begrüßt werden, die es seit langem hatten hinnehmen müssen, dass z.B. das Dirndl geradezu als ein jüdisches Nationalkostüm erschien. Hoffentlich kann bald auch der Gebrauch deutscher Vornamen verwehrt werden, wie es in jüdischen Kreisen derart häufig war, als wenn Siegfried und Siegmund ihre Heimat in Palästina gehabt hätten.[37]

Es sind häufig Quellen antisemitischen Inhalts und Charakters, die einem bei der Suche nach »dem Jüdischen« begegnen. Die kann man gelegentlich gegen den Strich lesen – aber die Suche selbst bleibt problematisch. Auch Beller weist in seiner *Geschichte Österreichs* darauf hin, dass weder Ralph Benatzky noch Robert Stolz als »Komponist des größten Schlagers der Operette« »jüdisch waren«, wohl dagegen die anderen Komponisten, Bruno Granichstaedten und eben Robert Gilbert. Und er verweist auf »jüdische Präsenz in der Besetzung«, nennt denn auch namentlich ›Sigi Sulzheimer‹ – wohl ein der ungenügend übersetzten amerikanischen Version zuzuweisender Fehler – als den »lispelnden Sohn eines Berliner Unterwäschefabrikanten« (auch nur fast richtig), und er schließt mit dem Satz:

> Sogar innerhalb dieses alpinen Märchenlandes der Heimatoperette konnte die ›jüdische‹ Wiener Moderne eine Kombination von technologischem Fortschritt und Freud'scher Psychologie in Form eines Witzes unterbringen.[38]

Auch darüber lässt sich trefflich streiten. War die Wiener Moderne »jüdisch«? Ist die Wiener Moderne der Berliner Moderne gleichzusetzen? War der »Witz«, den

---

36 www.juedisches-museum-muenchen.de/wechselausstellung/wechselausstellung-single/73. html (letzter Zugriff am 1.9.2015).

37 Zitiert nach: www.traunsteiner-tagblatt.de/includes/mehr_chiemg.php?id=169 (abgerufen am 6.1.2010; nicht mehr verfügbar 8.4.2014) – so zitiert bei Christian Walther.

38 Beller: *Geschichte Österreichs*, S. 205.

das *Rößl* ja zweifellos herausbrachte, ein jüdischer Witz? War also das *Rößl*, wie es in einem Text von Johannes Kamps auf der Ralph Benatzky gewidmeten Homepage heißt, »durch die Initiative jüdischer Künstler zu einem enormen Erfolg geworden«[39]? Und musste das Stück, um in Deutschland überleben zu können, deshalb »entjudet« werden? Dazu noch einmal Kevin Clarke:

> Als die Nationalsozialisten 1933 an die Macht kamen, begann eine vollständige Neudefinition der Operette, die weitreichende Folgen auch fürs Rössl haben sollte. Den Nazis galt die von amerikanischen Tanzrhythmen durchtränkte Silberne Operette der 1920er Jahre als ›entartet‹, weswegen sie die älteren, überwiegend auf dem Rhythmus des Wiener Walzers basierenden Werke von Johann Strauss, Millöcker und Zeller auf die Bühne zurückholten, als ›Golden‹ bezeichneten und als dem deutschen Singspiel à la Lortzing gleichberechtigt deklarierten. Gleichzeitig betitelten sie die nach 1900 entstandenen Operetten von Benatzky, Kálmán, Ábrahám, Granichstaedten, Leo Fall und Oscar Straus als ›Silbern‹ und suggerierten damit eine Minderwertigkeit der Werke gegenüber jenen aus dem 19. Jahrhundert.[40]

Ist es so gekommen, dass diese NS-Definition ihre Nachwirkungen bis in die Nachkriegszeit hatte, und dass das *Rößl* in seiner verflachten Interpretation der 1950er-Jahre wieder als halbwegs »golden« gelten konnte, weil ihm der »jüdische Stachel« gezogen war? Und wäre es dann doch nicht verkehrt, diesen »Stachel« – der aber nicht mehr der gleiche Stachel sein kann! – wieder auf die Bühne zu bringen? Auf der eingangs erwähnten Tagung »Music, Memory, and Emotions in the German Jewish Experience of Modernity«[41] sprach Magdalena Waligorska

> über das Phänomen des Klezmer-Revivals in Deutschland. Klezmer, das ursprünglich auf jüdischen Hochzeiten gespielt wurde, findet man nun in Deutschland auch in Konzerthallen, Clubs und Diskos, aber auch bei Gedenkveranstaltungen für den Holocaust. Sehr häufig wird die Musik dabei von nichtjüdischen Musikern für ein nichtjüdisches Publikum gespielt. Kritiker würden vor allem bemängeln, dass die Musik von Nichtjuden gespielt werde und das Augenmerk dabei mehr auf der folkloristischen Tradition des Judentums läge, wodurch die Darbietung nicht mehr authentisch sei. Laut Waligórska bieten diese Klezmerkonzerte jedoch einen Rahmen, in denen Juden und Nichtjuden aufeinandertreffen und miteinander in einen Dialog treten können. Zugleich hätten auch Nichtjuden die Möglichkeit, eine emotio-

---

39 Vgl. Kamps, Johannes: *Verliebte Kellner, Tankwarte und Schulmädchen. Zu Willi Forsts Remakes (I)*. In: *Willi Forst. Ein Filmstil aus Wien*. Hg. von Armin Loacker. Wien 2003, S. 478–529. www.ralph-benatzky.com/main.php?cat=4&sub_cat=12&task=3&art_id=000192 (letzter Zugriff am 1.9.2015).

40 Clarke, Kevin: *Zurück in die Zukunft: Aspekte der Aufführungspraxis des Weißen Rössl*. In: *Im weißen Rössl. Zwischen Kunst und Kommerz*, S. 101–126; hier: S. 106.

41 Michaelis, *Tagungsbericht*.

nale Bindung zu der jüdischen Kultur aufzubauen und sich mit ihrer eigenen Geschichte und Identität auseinanderzusetzen.[42]

Damit wären wir wieder beim Thema der – von Musik und Text, von Tanz und Choreographie, etwa von einem mit »Schalömchen!« begleiteten Sprung auf die Bühne – hervorrufbaren Emotionen angelangt. Sie zu untersuchen, kann vielleicht am besten im Rahmen einer interdisziplinären Zusammenarbeit gelingen, die Paul Lerner bei einem *round table* der Konferenz der Association for Jewish Studies 2008 mit »Jewish Studies meets Cultural Studies« umriss.[43] Wenn die aktuellen Aufführungen vom *Weißen Rößl*, von 1994 an bis heute und ganz offenbar auch in der Zukunft, ein (mehrheitlich) nichtjüdisches Publikum dazu anregen, Fragen zu stellen, wie sie in diesem Beitrag angerissen (noch einmal: und keinesfalls beantwortet) wurden; wenn aus dem emotionalen Eindruck, den das »Schalömchen!« ja zweifellos macht, ein Interesse an der Erinnerung an Menschen wie Robert Gilbert und ihrem Schicksal erwächst, ein Interesse etwa am Leben in der Emigration (in der ja, wie Susanne Korbel in ihrem Beitrag zeigt, das *Rößl* auf wundersame Weise weiterlebte); wenn sich womöglich, wissenschaftsstrategisch gesprochen, die Jüdischen Studien dem Thema der Popularkultur weiter öffnen und die Kulturwissenschaften ihre Köpfe aus den Texten heben und sich den Menschengeschichten (und den Liedern) zuwenden – dann war die Frage nach »dem Jüdischen« im *Rößl* nicht vergebens gestellt.

---

42 Ebd. Vgl. die großartige (und das will ich doch sagen: von mir am European University Institute in Florenz mitbetreute) Arbeit, die inzwischen publiziert wurde: Waligorska, Magdalena: *Klezmer's Afterlife. An Ethnography of the Jewish Music Revival in Poland and Germany.* Oxford 2013.

43 Lerners Einleitung und die Diskussionsbeiträge von Leora Auslander und Lisa Silverman wurden publiziert in: *Journal of Modern Jewish Studies*, 8/1, 2009; vgl. dazu auch Schlör, Joachim: *Jewish Cultural Studies – eine neue Heimat für die jüdische Volkskunde?* In: *Ist das jüdisch? Jüdische Volkskunde im historischen Kontext*, S. 415–434.

Susanne Korbel

Das weisse Roessel am Centralpark

Jimmy Bergs Kurzoperette »in schlechtem Deutsch und ebensolchem Englisch«[1]

Kurz nach seiner Ankunft in New York 1938 schreibt Jimmy Berg: »No more is that Vienna / which once I called my own / I wander, far alone / no more is that Vienna / to which I said goodbye […]«[2]. Waren Wien und Österreich nach 1933 für fünf Jahre gewissermaßen Exilland gewesen, musste sich mit der Manifestation des nationalsozialistischen Regimes das *Weiße Rößl*, wie viele seiner Protagonistinnen und Protagonisten, auf eine ›Reise‹ machen. Berg entwirft in New York, wie er selbst im Manuskript anmerkt, »eine musikalische Short Story in schlechtem deutsch[!] und ebensolchem Englisch«[3] und nennt sie *Das weisse Roessel am Centralpark*.[4]

Ab Freitag, den 21. November 1941,[5] wird *Das weisse Roessel am Centralpark* im Café Vienna, an der Westseite Manhattans, unweit des Central Parks aufgeführt. Es steht stellvertretend für Erfahrungen, die sein Verfasser sowie viele BesucherInnen des *Café Vienna* auf der Flucht vor den NationalsozialistInnen machten. Während das Hotelmotiv und Grundzüge der Handlung der Operette in der kabarettistischen Version erhalten blieben, wurden die Rahmenbedingungen neu adaptiert. Aus den positiven Beschreibungen der ländlichen Idylle wurde eine kritische Auseinandersetzung mit den politischen und kulturellen Verhältnissen.

---

1 Die Idee zu diesem Beitrag entstand aus einem Seminar von Joachim Schlör am Centrum für Jüdische Studien der Universität Graz im Sommersemester 2014. Bei der Recherche für dieses wurde ich auf den Nachlass Jimmy Bergs aufmerksam. Damals aufgeworfene Fragestellungen waren Anregung für mein Dissertationsprojekt. Dafür möchte ich mich nochmals bedanken.

2 *No more is that Vienna*, Nachlass Jimmy Berg, N1.EB-16/1.1.16, Österreichische Exilbibliothek im Literaturhaus (im Folgenden Exilbibliothek).

3 *Das weisse Roessel am Centralpark*, Nachlass Jimmy Berg, N1.EB16/2.1.2, Exilbibliothek.

4 Jimmy Berg benannte das Stück als »Das weisse Roessel am Centralpark«[!] Vgl. *Das weisse Roessel am Centralpark*, Nachlass Jimmy Berg, N1.EB16/2.1.2, Exilbibliothek. Es finden sich aber unterschiedlichste Schreibweisen auf Plakaten, Programmhinweisen etc.

5 Vgl. *Aufbau*, 14.11.1941, S. 8 und 21.11.1941, S. 6. Online verfügbar: https://archive.org/details/aufbau.

Im Folgenden wird der Weg der »musikalischen Short Story« (auch »Kurzoperette«)[6] nachgezeichnet. Ich möchte dabei auf drei Punkte eingehen, die sich bei der Analyse des Stückes als zentral herausstellten: Zum einen auf die Bedeutung des Café Vienna, der Spielstätte des Stücks, das Mikrokosmos für die vielschichtigen Interaktionen zwischen jüdischen und nichtjüdischen BesucherInnen war. Darüber hinaus wird das Stück *Das weisse Roessel am Centralpark* als Spiegel der Dislokationen, die Migration bedingten und die durch das Aufführen neuinterpretiert und verarbeitet wurden, beschrieben. Diese Aufarbeitung wird in den Variationen des Stücks *Vom weissen Roessel zur[!] White Horse Inn*[7], das letztendlich als *The White Horse Rides Again*[8] in den Catskill Mountains ›ankommt‹, augenscheinlich. Darüber hinaus wurde durch die Konzeption des Cafés und als allabendlich bis zu dreimal aufgeführtes Bühnenstück aus dem Text ein performativer Raum des Aushandelns von Identitäten.[9] Dieser Wandel soll abschließend skizziert werden.

Das Café Vienna, »Haus der Kurzoperette«, als Mikrokosmos

Das Café Vienna wurde 1939, wie der *Aufbau*, die Zeitung des »german-jewish Club New York«,[10] schreibt, von »Einwanderern mit Optimismus und wenig

---

6 Bei dem Genre der *musikalischen Shortstory* oder *Kurzoperette*, wie es Berg entwirft, handelt es sich um eine Mischung aus Kabarett und Operette, die etwa eine halbe Stunde dauert und allabendlich bis zu dreimal aufgeführt wird. Eine begriffliche Auseinandersetzung mit dem Genre, wie es in Migrantencafés am Central Park inszeniert wurde, blieb bislang aus. Zur Bezeichnungsverwendung für die Stücke von Jimmy Berg vgl. *Aufbau*, 21.11.1941, S. 6 sowie *Aufbau*, 14.11.1941, S. 8. Das Handbuch des deutschsprachigen Exiltheaters weist auf die *Kurzoperetten* Bergs hin, vgl. Trapp, Frithjof: *Handbuch des deutschsprachigen Exiltheaters*. München 1999, S. 68, S. 429, S. 543 und S. 555. Ingrid Maaß bringt das Café Vienna mit den zahlreichen Aufführungen von Kurzoperetten in Verbindung. Vgl. Maaß, Ingrid: *Repertoire der deutschsprachigen Exilbühnen 1933–1945*. Hamburg 2000, S. 99.
7 *Vom weissen Roessel zur White Horse Inn*, Nachlass Jimmy Berg, N1.Eb-16/1.1.11.3, Exilbibliothek.
8 *The White Horse Rides Again*, Nachlass Jimmy Berg, N1.EB-16/1.1.15, Exilbibliothek.
9 Anstelle starrer Manifestationen von Kultur wird der Fokus auf Praktiken, die von mindestens zwei AkteurInnen ausgeführt werden, verschoben. Vgl. Fischer-Lichte, Erika: *Performance, Inszenierung, Ritual. Zur Klärung kulturwissenschaftlicher Schlüsselbegriffe*. In: *Geschichtswissenschaft und „performative turn“. Ritual, Inszenierung und Performanz vom Mittelalter bis zur Neuzeit*. Hg. von Jürgen Martschukat und Steffen Patzold. Köln 2003, S. 33–54, hier: S. 39. Vgl. auch Hödl, Klaus: *Looking Beyond Borders: Performative Approaches to Jewish Historiography*. In: *Journal of Jewish Identities 1* (2008), S. 51–66.
10 Anm.: Der *Aufbau* wurde unter zahlreichen variierenden Untertiteln von 1934–2004 in New York herausgegeben. Seit 2005 ist der Redaktionssitz in Zürich. Die erste Ausgabe erschien zum zehnjährigen Bestehen des *German-Jewish Club* im Dezember 1934, als »Nachrichtenblatt des German Jewish Club Inc., New York« und wurde anfangs monatlich, ab

Geld [...] nicht auf kapitalistischer, sondern kooperativer Basis«,[11] gegründet. Keiner der Gründer habe mehr als 200 Dollar zur Verfügung gehabt und der einzige Fachmann sei William Kanter gewesen.[12]

Das Migrantencafé, das zum »Haus der Kurzoperette« werden sollte, erlangte schnell Bekanntheit. Ein eigenes Orchester garantierte die musikalische Begleitung der Kabaretts. Leo Pleskow, der aus Wien unter dem Beinamen »Meister der Geige« bekannt war, wurde von Anfang an als musikalischer Leiter engagiert und Eugen Hoffmann (er spielte bei der Inszenierung des *Weißen Rößls* in New York die Hauptrolle) sei fünf Tage nach seiner Ankunft in New York im Café Vienna vorstellig geworden. Auch Ernst Porten ist von Anfang an für die musikalische Begleitung zuständig, und Hermann Leopoldi schreibt immer wieder Stücke für das Café.

Zum zweijährigen Bestehen wird betont, dass das Café Vienna mehr als nur ein ›Migrantencafé‹ sei und die »allabendliche Mischung aus Kabarett und Tanz« weit über die sogenannte ›Migrantenszene‹ hinaus Gefallen fand: »Heute ist das Café Vienna auch in weiten amerikanischen Kreisen bekannt und beliebt und hat einen bedeutenden Teil des europäischen Publikums als feste Stammgäste.«[13]

Das Café Vienna wird – zeitnah – als ein Ort der Interaktionen von ›europäischen‹ und ›amerikanischen‹ JüdInnen und NichtjüdInnen beschrieben. Es handelt sich um eine Darstellung als Mikrokosmos der zahlreichen, vielschichtigen Prozesse, die Migration bedeuteten und die sich bekanntlich nicht in ›abgeschlossenen‹ Milieus vollziehen. Als realer Ort ist es Begegnungsraum, der von weiteren komplexen (Raum-)Strukturen überlagert wird.[14] Diese sind Rahmen für soziale Prozesse, in denen Identitäten beziehungsweise deren Facetten reflektiert und verhandelt werden. Der Raum oder vielmehr die Räume werden durch das performative Handeln der SchauspielerInnen wie auch von ihren Interaktionen mit dem Publikum zu unterschiedlichen Zeiten unterschiedlich konstruiert.[15] In diesem Sinn spiegelt das Café als Mikrokosmos jene Prozesse wider, die Gesellschaften (zu allen Zeiten) beeinflussen und zu Positionierungen von Identitäten führen.

1940 wöchentlich publiziert (ab 1988 nur mehr zweimal monatlich), *Aufbau*, 1.12.1934. Vgl. *Aufbau. Sprachrohr. Heimat. Mythos. Geschichte(n) einer deutsch-jüdischen Zeitung aus New York 1934 bis Heute*. Hg. von Elke-Vera Kotowski. Berlin 2011.

11 *Aufbau*, 21.11.1941, S. 6. Siehe auch: *Aufbau*, 14.11.1941, S. 8.

12 Vgl. *Aufbau*, 21.11.1941, S. 6.

13 *Aufbau*, 7.2.1941, S. 12.

14 Zu den Konzepten ›Raum‹ und ›Ort‹ in Jüdischen Studien vgl. Mann, Barbara E.: *Space and Place in Jewish Studies*. Piscataway, New Jersey 2012.

15 Vgl. Fischer-Lichte, Erika: *Performance, Inszenierung, Ritual*, S. 33–54, hier: S. 39.

Im Winter 1941/42 verpflichtet das Café Vienna erstmals Jimmy Berg, der in Folge viele Kurzoperetten, wie *Das weisse Roessel am Centralpark, Cowboy from Vienna* oder *The Dreimaedlehaus of 1942* schreiben sollte.[16] Da, wie ich meine, die ›transnationalen‹ Erfahrungen des Autors in seinem künstlerischen Schaffen evident sind und er Lebenserfahrungen immer wieder thematisiert, möchte ich kurz die Lebensgeschichte Jimmy Bergs skizzieren.

Jimmy Berg

Jimmy Berg[17] wurde 1909 als Symson Weinberg in Kolomea geboren. Sein Vater war Buchhalter einer Weingroßhandlung und wurde unmittelbar vor der Geburt seines Sohnes von Wien nach Galizien versetzt. Als der Sohn ein halbes Jahr alt war, übersiedelte die Familie nach Wiener Neustadt. Von seiner Mutter, die Zitherspielerin war, soll er das große Interesse an Musik erworben haben, das ihn 1931 dazu bewog, nach Berlin zu gehen um als Interpret aktiv zu werden und für amerikanische Firmen wie *Marks Music Corporation* zu arbeiten. Von der Machtergreifung der NationalsozialistInnen gezwungen, floh er 1933 nach Paris und kam 1934 nach Wien zurück, wo er als Künstler Fuß zu fassen suchte.[18]

Berg übernahm 1935 die musikalische Leitung der Kleinkunstbühne ›Brettln am Alsergrund‹, die unter der Abkürzung ABC Bekanntheit erlangte, und arbeitete eng mit Hermann Leopoldi und Jura Soyfer zusammen.[19] Nach dem sogenannten ›Anschluss‹ Österreichs 1938 war er politisch, als Mitglied der Theatergruppe des ABC, und rassistisch, als »Jude«, der Verfolgung durch die NationalsozialistInnen ausgesetzt. Gerade noch rechtzeitig gewarnt, verließ er in einer Nacht-und-Nebel-Aktion Wien und konnte über die Schweiz und Großbritannien in die

---

16 Vgl. Nachlass Jimmy Berg, N1.EB-16. *Der Aufbau* schrieb im Dezember 1941, dass Jimmy Berg eine Reihe weiterer Operetten-Parodien schreiben wird. Vgl. *Aufbau*, 5.12.1941, S. 14. Der Nachlass Jimmy Bergs enthält viele wunderbare Manuskripte und Notenmaterial sowie autobiografische Dokumente. Die Noten zu *Das weisse Roessel am Centralpark* sind leider nicht im Nachlass vorhanden.

17 Die Person Jimmy Berg blieb in der Forschung bisher ziemlich unbeachtet. Horst Jarka gab eine Auswahl seiner Werke und eine kurze Biografie in enger Zusammenarbeit mit Jimmy Bergs Frau, Trude Berg, heraus. 2002 koordinierten Christian Klösch und Regina Thumser eine Ausstellung im Literaturhaus in Wien, die den Nachlass Jimmy Bergs zum Anlass nahm und sich mit »Exilkabarett in New York 1938 bis 1950« auseinandersetzte. Vgl. *»From Vienna«. Exilkabarett in New York 1938 bis 1950.* Hg. von Christian Klösch und Regina Thumser. Wien 2002.

18 Vgl. Jarka, Horst und Berg, Jimmy: *Von der Ringstraße zur 72nd Street. Jimmy Bergs Chansons aus dem Wien der dreißiger Jahre und dem New Yorker Exil.* New York, Washington, San Francisco u.a. 1996, S. 1–5.

19 Vgl. Veigl, Hans: *Lachen im Keller. Kabarett und Kleinkunst in Wien 1900 bis 1945.* Graz 2013, S. 395–399.

Vereinigten Staaten gelangen.[20] Die Erfahrung der Flucht greift er vielfach in seinem künstlerischen Schaffen auf und verweist immer wieder auf »No more is that Vienna, which once I called my own«.[21]

Unmittelbar nach seiner Ankunft in New York wurde er an unterschiedlichen Kleinkunstbühnen tätig und verfasste Konzert- und Filmkritiken für den *Aufbau*. 1941 lernte er im Café Vienna Trude Hammerschlag kennen, die er 1942 heiratete.[22] Nach 1945 blieb er in New York, wo er, um sich finanziell über Wasser halten zu können, 1947 für Radiosender (*Voice of America*) zu arbeiten begann. Welch großer Beliebtheit sich Bergs Chansons erfreuten, sieht man an einem »Jimmy Berg Abend«, der vom Community Center Anfang März 1949 veranstaltet wurde.[23] Eine Gruppe erprobter KabarettistInnen (darunter auch Bergs Frau, die unter dem Künstlernamen Trude Hill auftrat), so hieß es, brachte Bergs *Chansons von der Ringstrasse zur 72nd Street* und wurden von ihm persönlich am Klavier begleitet.[24] Dennoch sollte er nicht ausschließlich von seinem künstlerischen Wirken leben können. In Österreich kannte man Jimmy Berg in den 1950er- und 60er-Jahren aus der Radiosendung »Stimme Amerikas« als humorvollen »Diskjockey aus New York«.[25] Künstlerisch zog er sich immer stärker zurück und schrieb nur noch vereinzelt Stücke. Er starb 1988 in New York.[26]

---

20 Vgl. Jarka, *Von der Ringstraße*, S. 9.
21 Zitiert nach: *Das weisse Roessel am Centralpark*, Nachlass Jimmy Berg, N1.EB16/2.1.2, Exilbibliothek.
22 Vgl. Jarka, *Von der Ringstraße*, S. 17–18.
23 Eine erste Voranzeige findet sich in *Aufbau*, 18.2.1949, S. 13; Werbeeinschaltungen folgen dann jede Woche bis der Abend am 5. März 1949 vonstattengeht. Ein wunderbarer Bericht über den Abend findet sich am 12. März 1949 im Aufbau: »Das war ein reizender Abend. Gutgelaunt und charmant präsentiert, und mit jenen würzigen Ingredienzen versehen, die die leichte Kost Jimmy Berg's so angenehm schmackhaft machen. Eine ganze Garde erprobter Kabarettisten, angefangen von der geistvoll sprühenden Else Kaufman bis zu dem sicher pointierenden Charlie Brock und dem in seiner stillen Komik unvergleichlichen Eugen Hoffman, und unterstützt von den hübsch aussehenden und geschmackvoll singenden Damen Ditta Daye, Susan Forest, Trude Hill und Phyllis Manning, unterstützte den am Flügel waltenden Komponisten, zu dessen Ehren dieser Abend veranstaltet worden war, und der nicht nur mit seinen zahllosen Chansons sein Publikum begeisterte, sondern auch mit der jungenhaften Verlegenheit, mit der er Erfolg und Anerkennung entgegennahm. Eine lustige Faust-Parodie, verfasst von Jimmy Berg und Erich Juhn, und mit Maximillian Schulz als ›Dr. Faust in Fleischmanns‹ rundete den wohlgelungenen Abend ab. Leitung und Conference lag in den bewährten Händen von Erich Juhn.«
24 Vgl. *Aufbau*, 25.2.1949, S. 10.
25 Aufnahmen von den Radiosendungen finden sich in der Österreichischen Mediathek, dem audiovisuellen Archiv des technischen Museums Wien. Online verfügbar unter: http://www.oesterreich-am-wort.at/ (letzter Abruf am 24.8.2015).
26 Österreichisches Kabarettarchiv, Jimmy Berg. Online verfügbar unter: www.kabarettarchiv.at/Bio/Berg_Jimmy.htm (letzter Abruf am 24.8.2015).

Es ist gerade das *Weiße Rößl*, dass aufgrund seiner Bekanntheit – seiner Popularität – in die Emigration ›mitgenommen‹ wird und zum größten Erfolg des Café Vienna werden sollte.[27] Das *Rößl* steht stellvertretend für jenes Österreich und auch Europa seiner ProtagonistInnen jenseits von Faschismus und Krieg (respektive des Ersten Weltkrieges).

Dass das ›Mitnehmen‹ bzw. die Transformation eines Stückes keineswegs ein linearer Prozess ist, zeigt ein ›Potpourri‹ Jimmy Bergs mit dem Titel *Vom Weissen Rössel zur[!] White Horse Inn*.[28] Es ist eine Sammlung und Variation von dreizehn Liedern aus dem *Rößl*, Wiener Liedern wie auch Schlagern Leopoldis, in denen die Figur der Rößlwirtin persönlich die Geschichte der Reise des *Weißen Rößls* nach Amerika erzählt und unter dem Motto »Hueaho, weisses Roessel, hueaho / Let us go to America, let's go / Von der gruenen Steiermark / Geht's direkt zum Central Park.«[29] steht. Das Potpourri kann gewissermaßen als Vorstufe der Kurz–operette bezeichnet werden und ist Zeugnis der Vielschichtigkeit des Transformationsprozesses.

Jimmy Berg verkürzt in seiner Version die Handlung und adaptiert den Text, „während die entzückenden Original-Melodien von Ralph Benatzky für die Musik beibehalten wurden."[30] Kabarettistische Verse passt er den Melodien der Operette an, greift aber auch andere populäre Titel der zeitgenössischen Unterhaltungsmusik als Grundlage auf.[31] Das Stück basiert auf gesungenen Dialogen, die vermeintlich zwischen den SchauspielerInnen stattfinden, und Szenen, in denen sich die Auftretenden direkt an das Publikum richten. Ein Ansager (auch Announcer), als aus der Handlung ausgenommener auktorialer Erzähler, erklärt örtliche Sprünge und gibt zusätzliche Informationen.

Zwei Wochen nach der ersten Aufführung Ende November 1941 wird das Stück im *Aufbau* wie folgt beworben:

> Allabendlich ausser Montag (und neuerdings auch Sonntag nachmittag) wird die reizende Parodie ›Das Weisse Rössl‹ von Jimmy Berg aufgeführt. Vilma Kuerer, Eugene Hoffman, Dolfi Morgens und Fritz Spielmann spielen gut gelaunt und mit viel Humor. Ein besonderer Erfolg, Robert Langfelder als Kaiser Franz Joseph, in seiner urwienerischen Gemütlichkeit. Der musikalische Erfolg Leo Pleskow und

---

27 Vgl. *Aufbau*, 5.12.1941, S. 12.
28 Vgl. *Vom Weissen Roessel zur White Horse Inn*, Nachlass Jimmy Berg, N1.Eb-16/1.1.11.3, Exilbibliothek.
29 Ebd.
30 *Aufbau*, 14.11.1941, S. 8.
31 Ebd.

sein Orchester; Jimmy Berg ist vom Café Vienna für die ganze Saison verpflichtet worden und wird eine Reihe weiterer Operetten-Parodien schreiben. […] [!][32]

Die Bezeichnung des Stücks als »Parodie« beinhaltet natürlich eine starke Deutung und eine gewissermaßen verklärende, wenn auch wohlwollende Interpretation. Wenn die inhaltliche Ebene des Stückes näher betrachtet wird, wird sehr schnell augenscheinlich, dass *Das weisse Roessel am Centralpark* viel mehr als eine ›Parodie‹ ist und Bühne des ›alten‹ Österreich und Europa wird.

Doch zuerst noch ein Blick auf die Rahmenbedingungen: Wegen der räumlich begrenzten Bühne im Café Vienna, die sich zwischen den Tischen befand, musste die Zahl der DarstellerInnen minimiert werden. Diese wurden teilweise aus dem bestehenden Ensemble des Cafés rekrutiert. Es fanden sich aber auch neue Namen in der Besetzung des *Roessels*: Vilma Kuerer[33] schlüpfte in die Rolle der Rößlwirtin (im Skript auch kurz als Wirtin bezeichnet): »Vilma Kuerer ist die bezaubernde Rösslwirtin – wenn sie singt, zaubert sie mit ihrer kapriziösen Melodik eine Atmosphäre, die Wolfgangsee und Central Park zugunsten einer geheimen Sehnsucht nach einer einsamen Südseeinsel vergessen lassen.«[34] Diese offenbar sehr betörenden Auftritte verhalfen ihr jeden Abend zu einem stürmischen Publikumserfolg[35] und ließen sie zum festen Bestandteil des Cafés werden.

Eugene Hoffmann, der schon länger im Ensemble mitwirkte, spielte Leopold. Der Verzicht auf die eine oder andere Rolle kommt Leopold zugute – am Central Park ist es er, der sich vor den Damen nicht retten kann und nichts dafür kann, so schön zu sein:

> Sie hat nebbich recht, denn alle Frauen sind nach mir toll. Ja ich bin wundervoll. Ich bin noch viel, viel schoener als der schoene Sigismund, Ja, neben mir ist das ein mieser Hund …
>
>> Was kann ich bitte denn dafuer, dass ich so schoen bin,
>>
>> Was kann ich denn dafuer, dass jede Frau mich liebt,
>>
>> Dass ich selbst von den Girls im Council gern gesehn bin –

---

32 Ebd. Eine ähnliche Kritik findet sich in *Aufbau*, 5.12.1941, S. 14.

33 Vilma Kuerer wurde 1914 in Melk geboren. Sie war Schauspielerin und trat in Kabaretts auf. Ihr Filmdebüt hatte sie in Österreich in dem Streifen *Die entführte Braut* 1937. Sie flüchtete im Oktober 1938 nach New York, wo sie anfangs in kleineren Theaterrollen auftrat und im Kabarett des Migrantencafés Arche mitwirkte, ehe sie ab 1941 auch im Café Vienna aufzutreten begann. Sie starb 2008 in New York. Vgl. Weniger, Kay: *„Es wird im Leben dir mehr genommen als gegeben ….".* *Lexikon der aus Deutschland und Österreich emigrierten Filmschaffenden 1933–1945. Eine Gesamtübersicht.* Hamburg 2011, S. 1957. Florian Traussnig beschreibt Vilma Kuerer als subversive Propagandastimme des US-Kriegsgeheimdienstes OSS. Vgl. Traussnig, Florian: *Geistiger Widerstand von außen – Österreicher in US-Propagandainstitutionen des Zweiten Weltkriegs.* Graz 2013.

34 Lloyd Cello: *Das „weisse Rössl" im Café Vienna.* In: *Aufbau*, 28.11.1942, S. 10.

35 Vgl. *Aufbau*, 12.12.1941, S. 10.

Abbildung 32: Von links: Ernst Porten, Eugene Hoffman, Robert Langfelder, Vilma Kuerer, Dolfi Morgens und Fritz Spielmann. Quelle: *Aufbau* 5.12.1941, S. 14.

Man soll doch froh sein, dass es sowas heut noch gibt.
Was kann ich denn dafuer, dass schoen meine Frisur ist.
Dass mir selbst Greta Garbo sagt ›I love you, dear‹
Dass wie vom John Weissmueller auch meine Figur ist,
Was kann ich bitte denn, ach bitte denn, dafuer. [!][36]

Das weiße Roessl am Centralpark als Ort der Aufarbeitung der Dislokationen

Geografische Dislokation

Das Stück unternimmt also in der »Parodie« dieselbe ›Reise‹ wie seine ProtagonistInnen: Die Kleinkunstszene der Zwischenkriegszeit von Wien findet an der Upper West Side am Central Park – im Café Vienna – wieder zusammen, das *Rößl* wird zu ihrem Ausdrucksmedium, indem es Erfahrungen der Emigration aufgreift:

Ein Bewegen zwischen Kontinuität und Diskontinuität und das Streben, irgendwo anknüpfen zu können und ›dazuzugehören‹, sind konstituierende Momente in Migrationsbewegungen. Dislokationen beziehen sich nicht nur auf lokale Verortungen, sondern auch auf soziale, sprachliche, kulturelle, ökonomische oder berufliche Ebenen.

Nachdem die Rößlwirtin und Leopold *Im weißen Rößl am Wolfgangsee* gesungen haben, treten sie ab. Ein *Steirerbua* kommt alleine auf die Bühne und bringt eine gewissermaßen reflexive Ebene des nationalsozialistischen Österreich ein, wenn

---

36 *Das weisse Roessl am Centralpark*, Nachlass Jimmy Berg, N1.EB16/2.1.2, Exilbibliothek.

er zur Melodie *Im Salzkammergut* folgende Gründe für die geographische Dislokation der Rößlwirtin und Leopolds zusammenfasst:

> Im Salzkammergut
>
> Kann man net gut
>
> Lustig sein
>
> Und die Steirerleut
>
> Jammern heut.
>
> Ja, i bin net froh
>
> Statt hollaroh
>
> Wie sich's g'hoert
>
> Rufen's allweil
>
> Nix wie ›Heil‹
>
> Statt Fensterln zu ueben
>
> Bei unsern Deandln, den lieben
>
> Muess ma marschieren bei Nacht,
>
> Dass es kracht,
>
> Auf's Salzkammergut
>
> Hab ich a Wut heute halt,
>
> Denn es is a ›Heil‹-Anstalt.[37]

Der für den Beginn gewählte Ausgangspunkt, das Salzkammergut, und die doppeldeutige Anspielung »Heil-Anstalt« verweisen auf das Motiv der Sommerfrische. Gerade für die jüdische Bevölkerung der Habsburgermonarchie hatte die Tradition der Sommerfrische besondere Bedeutung.[38] In den einstmals zu Erholungs- und Gesundungszwecken intendierten Destinationen wurde der immer manifester werdende Antisemitismus der Zwischenkriegszeit besonders augenscheinlich.[39] Noch lange vor dem vermeintlichen »Anschluss« Österreichs setzten Gemeinden wie auch Hotels durch, dass JüdInnen der Aufenthalt verboten wurde.[40] Dass gerade die Sommerfrische derart instrumentalisiert wurde und, wie Albert Lichtblau es formulierte, apartheidsähnliche »judenfreie« Räume entstanden, ist nicht zuletzt auch auf den vehementen Antisemitismus der alpinen Vereine in

---

37 Ebd.

38 Vgl. Haas, Hans: *Der Traum vom Dazugehören – Juden auf Sommerfrische.* In: *Der Geschmack der Vergänglichkeit. Jüdische Sommerfrische in Salzburg.* Hg. von Robert Kriechbaumer. Wien u.a. 2002. S. 41–58, hier speziell: S. 53–54; sowie Kriechbaumer, Robert: *Statt eines Vorwortes – »Der Geschmack der Vergänglichkeit …* In: ebd., S. 7–40.

39 Vgl. Pauley, Bruce F.: *From Prejudice to Persecution. A History of Austrian Anti-Semitism.* Chapel Hill und London 1992, S. 73–74.

40 Vgl. Fellner, Günther: *Judenfreundlichkeit, Judenfeindlichkeit. Spielarten in einem Fremdenverkehrsland.* In: Kriechbaumer: *Der Geschmack der Vergänglichkeit,* S. 59–126, hier speziell: S. 92–94.

Österreich zurückzuführen.[41] Der »Ansager« im Café Vienna fasst das Schicksal der Rößlwirtin und Leopolds knapp zusammen und spricht zur *Moritat* aus der *Dreigroschenoper*:

> Und so sprach die Roesselwirtin
> Zu dem Kellner Leopold,
> Packen wir halt uns're Koffer,
> Schicksal hat es so gewollt.
> Weil's Salzkammergut versalzen ist
> Sehnen sie sich, wie man sieht,
> Nach fernen, fernen Lande
> Wo das Pepsi Cola blueht.[42]

Die »versalzenen« Bergseen des nationalsozialistischen Österreich werden zurückgelassen für das Land, in dem »Pepsi Cola blueht«. Mit dieser Beschreibung einer Imagination über das Ziel der Migration, die Vereinigten Staaten, entwirft Berg nicht nur ein wunderbares Bild, sondern steuert einem Fehlen von Verortung gegen.

Anstelle von »Hueaho alter Schimmel« schunkeln die Rößlwirtin und Leopold »Hueaho, weisses Roessel, hueho. Roll along, White Horse Inn, just roll along. On Lake Wolfgangsee is ev'rything all wrong«, und der Wirtin bleibt nur mehr anzumerken: »Austria, you look so strange. Austria, how did you change.« Der der Melodie unterlegte Dialog fährt wie folgt fort:

> Beide: [Wirtin und Leopold, SK]
>   Hueaho, weisses Roessel, hueaho
>   And we know the direction, where to go,
>   There's a country oversee
>   That still likes your melody,
>   Hueaho, weisses Roessel, hueaho.
> Sie: Sag zum Abschied leise Servus,
>   Weil ich nach New York Dich lock,
> Er: Eines macht mich dabei »nervous«
>   Wie fensterlt man im hundertzwölften Stock?
> (Sie: Na, tru Dich nur …)
> Beide: Huaho, weises Roessl, hueho […][43]

---

41   Vgl. Lichtblau, Albert: *Antisemitismus 1900–1938. Phasen, Wahrnehmung und Akkulturationseffekte.* In: *Wien und die jüdische Erfahrung 1900–1938. Akkulturation – Antisemitismus – Zionismus.* Hg. von Frank Stern und Barbara Eichinger. Wien u.a. 2009, S. 35–58, hier speziell: S. 44.

42   *Das weisse Roessel am Centralpark*, Nachlass Jimmy Berg, N1.EB16/2.1.2., Exilbibliothek.

43   Ebd.

Am Beispiel der Schiffsreise von Europa in die Vereinigten Staaten kann die Auseinandersetzung mit örtlicher Dislokation beschrieben werden. Joachim Schlör weist darauf hin, dass die ›Reise‹ als Station zwischen ›Abfahrt‹ und ›Ankunft‹ einer Migration ein hochreflexiver Raum ist, indem Vorstellungen über das Ziel wie auch das Ankommen imaginiert werden, aber auch die eigene Positionierung hinterfragt wird.[44] Auch in der »musikalischen Short Story« widmen sich einige wenige Zeilen der Reise als Praxis in Migrationsprozessen. Zu *Und als der Herrgott Mai gemacht*, singen die Rößlwirtin und Leopold:

Sie:	Hat's auch der Herrgott schwer gemacht
	Bald hat ein Schiff uns hergebracht,
	Ins Land der Wolkenkratzer,
Er:	Jetzt steh ich da, ich Patzer [Leopold],
Sie:	Wir aus der gruenen Steiermark
Er:	Sind ›Gruene‹ jetzt im Centralpark
Beide:	Und auf der Bank wird nachgedacht,
	Wie man hier ein living macht.[45]

Sprachliche Dislokation

Nicht nur landschaftliche Versatzstücke werden versucht in ein selbstreflexives Koordinationssystem einzufügen. Das Prozesshafte des »Vertrautwerdens« mit neuen Örtlichkeiten, mit dem sich – »grün hinter den Ohren« seiend – auseinandergesetzt wird, ist spürbar. Teil dieser Auseinandersetzung ist neben einem vorerst örtlich erscheinenden Objekt natürlich auch die Frage nach Sprache. Gekonnt und mit viel Charme werden die Dislokationen, die Sprachverlust wie auch Spracherkundung miteinbeziehen, thematisiert. Mit Variationen wie »ein living machen« zeigt Berg, dass das Erlernen einer neuen Sprache immer Anknüpfen an bestehende Synapsen ist. Gerade KünstlerInnen, deren Ausdrucksmedium Sprache ist, sind gezwungen zu reflektieren, wie mit diesen alltäglichen Konfrontationen umgegangen wird. Der konstitutive Charakter dieser Desituierung und das Vermischen der Sprachen werden in der Kurzoperette permanent aufgegriffen und gewissermaßen als übergreifendes Thema in die Handlung inkludiert. Als Beispiel möchte ich hier aus dem Dialog zwischen der Rößlwirtin und dem Publikum zitieren:

So I tell him – Oh Darling,
Give me now a little kiss,

---

44 Vgl. Schlör, Joachim: »*Solange wir auf dem Schiff waren, hatten wir ein Zuhause*«. *Reisen als kulturelle Praxis im Migrationsprozess jüdischer Auswanderer. Voyage.* Jahrbuch für Reise- und Tourismusforschung, 10, S. 226–246, hier speziell: S. 3–6.

45 *Das weisse Roessel am Centralpark*, Nachlass Jimmy Berg, N1.EB16/2.1.2, Exilbibliothek.

But he doesn't get my Oxford English,
That's how it is …

Das, was in der Auseinandersetzung entsteht, ist gewissermaßen nicht Deutsch und auch nicht Englisch, sondern etwas Neues – wenn man es so möchte, etwas ›dazwischen‹. Das Dazwischenliegende wird sodann bewusst inszeniert. Zu *Mein Liebeslied muss ein Walzer sein* macht sich die Rößlwirtin am Central Park über Leopolds mangelhafte Englischkenntnisse lustig:

Drum sag ich's ihm halt im Walzertakt,
Nur dann versteht er, was man ihm sagt.
Ja, der Langenscheidt
Hat mit ihm ka Freud,
In der Berlitz School
War er immer ein Fool.
Sprech Englisch ich, sagt er, Schatzerl please,
Ach red mit mir bitte Viennese.[46]

Berufliche Dislokationen

In diesem geschickten Spiel mit den Sprachen wird mit Scherzen wie »Wir tryten jeden Job« oder »Salesman who were Doctors over there, drink here, a glass of wine or beer« die Tiefe beruflicher Dislokationen spürbar. Die Zeitung *Der Aufbau* stellt in alltäglichen Fragen eines der wichtigsten Medien der MigrantInnen dar. Er erleichtert das Finden von Arbeit und Wohnung, nimmt sich der Suche nach Familienmitgliedern, Bekannten oder Freunden an und stellt weitere wichtige Informationen (Sprachkurse etc.) bereit, die ein tatsächliches ›Ankommen‹ in New York erleichtern – welches natürlich nicht identisch mit dem physischen war.[47] Die Zeitung machte es sich sozusagen zur Aufgabe, den Dislokationen entgegenzuwirken. Diese Bedeutung des *Aufbaus,* als Publikationsorgan des Netzwerks deutschsprachiger MigrantInnen, wird im *weissen Roessel am Centralpark* zum Topos: Statt des Stammgasts und Rechtsanwalts Dr. Siedler ist es am Central Park der *Aufbau*-Redakteur, für den die Rößlwirtin Sympathie hegt. Dieser, nicht näher benannt, erhält persönlich das Wort und erklärt dem Publikum die Bedeutung von Inseraten in seiner Zeitung, denn

[…] will man hier ein G'schaeft probieren,
Muss zuerst man inserieren
In dem *Aufbau* grad
Der die reichsten Leser hat.

---

46 Ebd.
47 Vgl. Kotowski: *Aufbau*, S. 52–61.

Es fehlt aber auch hier nicht an Humor, und der besondere Charme des Genres Kurzoperette – die Mischung aus Operette und Kabarett – klingt durch, wenn Jimmy Berg den Ansager zu Leopolds »Schinkenfleckerl« wie folgt fortfahren lässt:

> Annoncen sind in jedem Eckerl
>
> Und der Text, der spielt Versteckerl.
>
> Doch grad das freut sehr,
>
> Den Herrn Aufbau Redakteur [!][48]

Der Redakteur, verkörpert von Fritz Spielmann, singt schließlich *Es muss was Wunderbares sein* – allerdings nicht, geliebt zu werden, sondern ein Inserat zu bekommen:

> Wir baun auf, Und wir sind stolz darauf – Wir sagen ehrlich, Es ist herrlich.
>
> Was passiert, Wird gleich, wie sich's gebuehrt,
>
> In uns'rer Zeitung inseriert.
>
> Es muss was Wunderbares sein
>
> Ein Inserat zu kriegen
>
> Ein Inserat kann doch allein
>
> Dem Herrn Kassier genuegen,
>
> Ich traeum davon ich erwuensch es
>
> Ein Ad von Fifty Inches.[49]

Nicht Leopold drückt seinen geheimen Wunsch, von der Rößlwirtin »geliebt zu werden« aus, sondern der *Aufbau*-Redakteur spricht aus einer kommerziellen Perspektive. Die Figur kann als personifiziertes Sprachrohr (der *Aufbau* bezeichnete sich als »Sprachrohr« der jüdischen MigrantInnen) gesehen werden. Verreißend wird Einblick in die vermeintlichen Geschäftsstrategien gegeben, wenn es noch konkreter wird:

> Er: [der *Aufbau*-Redakteur, SK] Es muss was wunderbares sein
>
>   Ein Inserat zu kriegen
>
>   Das sehen Sie auch sicher ein,
>
>   Wenn Sie im Arm mir liegen,
>
>   Mit Inseraten mach ich eben,
>
>   Wie man so sagt, mein Leben,
>
>   Ob fuer nen Room, fuer nen Job,

---

48   *Das weisse Roessel am Centralpark*, Nachlass Jimmy Berg, N1.EB16/2.1.2, Exilbibliothek. *Aufbau*-Redakteur war zu diesem Zeitpunkt der frühere Berliner Journalist Manfred George Cohn, welcher 1893 in Berlin geboren wurde und 1933 zuerst nach Prag ging und 1938 über Ungarn, Jugoslawien, Italien, die Schweiz und Frankreich in die USA flüchten konnte, wo er von April 1939 bis zu seinem Tod im Dezember 1965 als Chefredakteur des *Aufbaus* tätig war. Vgl. hierzu Kotowski: *Aufbau*, S. 31–33.

49   *Das weisse Roessel am Centralpark*, Nachlass Jimmy Berg, N1.EB16/2.1.2, Exilbibliothek.

| Sie: | Fuer nen Mann, |
| Beide: | Das ist ganz egal.[50] |

Dem Flirten der Rößlwirtin kann Leopold auch am Central Park nicht zuschauen – auch wenn dieses dem ökonomischen Nutzen geschuldet sei. Die Rößlwirtin erhält gewissermaßen eine ›emanzipierte‹ Position und wickelt den Redakteur um die Finger:

Er:	Zuschaun kann i net
	Zuschaun kann i net
	Wenn Du gleich flirtest, eins, zwei, drei,
	Hier mit dem Aufbau-Guy.
Sie:	Ich hab nur geblufft
	Tat es fuer's Geschäft.
	Ich war nett zum Redakteur
	Und gleich gab er mir drei Inches mehr.[51]

Transformation des Textes zum performativen Raum

Die performative Dimension von Theater sei dadurch gekennzeichnet, dass erst in dem Zusammenwirken von SchauspielerInnen und Publikum wie auch Aufführungsbedingungen Bedeutung entstehe, die sodann flüchtig ist und stets neu konstruiert wird.[52] Wenn im Café Vienna berufliche Dislokationen in soziale übergehen, ist das hierfür ein wunderbares Beispiel: Der Oberkellner übernimmt während der Aufführungen die Rolle des Kaisers. Die Gäste werden folglich von Kaiser Franz Joseph bedient, der nicht nur Getränke und Speisen serviert, sondern den Gästen – sprich dem Publikum – auch Orden verleiht. Das ganze Café wird zu einer zweiten Bühne und das Publikum noch stärker Teil der Performanz. Durch die Konzeption des Stückes und auch durch die Positionierung der

---

50 Ebd.

51 Ebd.

52 Vgl. auch Martschukat, Jürgen und Patzold, Steffen: *Geschichtswissenschaft und »performative turn«*. In: *Geschichtswissenschaft und »performative turn«. Ritual, Inszenierung und Performanz vom Mittelalter bis zur Neuzeit*. Hg. von dens. Köln 2003, S. 1–32, hier: S. 6. Die Bedeutungsverschiebung von der referenziellen Dimension von Theater hin zur performativen vollzog sich, wie Erika Fischer-Lichte betont, um 1900. Vgl. Fischer-Lichte, Erika: *Performance, Inszenierung, Ritual*, S. 33–54, hier: S. 34–35. In den Kulturwissenschaften hielt der sogenannte *performative turn* in den 1990er-Jahren des letzten Jahrhunderts Einzug. Es kommt zu einer Fokussierung der Frage nach den Zusammenhängen von Handlung(en) und Bedeutung(en); wie Bachmann-Medick es formuliert, zu einer Abwendung vom *Leitbegriff* »Struktur« hin zur *Leitvorstellung* des sozialen »Prozesses«. Vgl. Bachmann-Medick, Doris: *Cultural Turns. Neuorientierungen in den Kulturwissenschaften*. Hamburg, ⁵2015, speziell S. 104–133, hier: S. 104.

tatsächlichen Bühne zwischen den Sitzplätzen des Cafés wird der Text in den Aufführungen zum performativen Raum.

Von Trompeten begleitet, ergreift die Figur des Kaiser Franz Joseph in der Schlussszene das Wort: In der »Original-Tracht des Kaisers«[53] betont er, auch wenn er mit der neuen Sprache noch nicht ganz auf »Du und Du« sei, das Leben in den Vereinigten Staaten keinesfalls missen zu wollen, und verabschiedet die ZuschauerInnen mit seiner bekanntesten Aussage:

> Es war sehr schoen, es hat mich sehr gefreut,
>
> Ja, gruess Euch Gott, liebe Leut,
>
> Das Jahr fahr ich nicht nach Ischl,
>
> Ich leb am Centralpark heut.

Den »Kaiser« mit auf die ›Reise‹ zu nehmen, eröffnet natürlich zahlreiche Deutungsmöglichkeiten. Die ›jüdische‹ Bevölkerung der Habsburgermonarchie verehrte Kaiser Franz Joseph derart, dass sie als »kaisertreu« beschrieben und umgekehrt der Kaiser als »Judenkaiser« antisemitisch denunziert wurde.[54] Ein Loyalitätsbekenntnis, das Marsha Rozenblit untrennbar mit der Frage nach Identität verknüpft.[55]

Doch welche Bedeutung hat eine derartige Inszenierung? Performanz sei, wie Erika Fischer-Lichte betont, etwas, das unter der Anwesenheit von mindestens zwei Aktanden ausgeführt wird.[56] In der Wechselseitigkeit zwischen Publikum und AkteurInnen beim *Weissen Rössel am Centralpark* wird der Text Teil der Identitätsdiskurse. Im Stückverlauf verschiebt er sich auf die Ebene des »Wir« und evoziert Aushandeln von Identität(en) additiv. Es ist dies ein »Wir«, das ei-

---

53   Vgl. *Aufbau*, 5.12.1941, S. 12.

54   Vgl. Rechter, David: *Kaisertreu: The Dynastic Loyalty of Austrian Jewry.* In: *Jüdische Identitäten. Einblicke in die Bewußtseinslandschaft des österreichischen Judentums.* Hg. von Klaus Hödl. Innsbruck 2000, S. 189–208, hier: S. 191f.

55   Vgl. ebd. Marsha Rozenblit beschreibt jüdische Identität in der Habsburgermonarchie als eine »tripartite identity«: »In the second half of the 19th century the Jews of Habsburg Austria developed what I call a ›tripartite identity‹. They espoused a fervent Austrian state patriotism, and adopted the languages and cultures of one or another of the peoples of Austria if they modernized. But, they continued to regard themselves as members of the Jewish people. Hence, modernized Austrian Jews […] were Austrian politically; German, Czech or Polish culturally; and Jewish in an ethnic sense.« Dieses Bekenntnis zur Monarchie war vorwiegend an die Person Franz Josephs gebunden. Zitiert nach Rozenblit, Marsha L.: *From Habsburg Jews to Austrian Jews: The Jews of Vienna, 1918–1938.* In: *Jüdische Gemeinden. Kontinuitäten und Brüche.* Hg. von Eleonore Lappin. Berlin und Wien 2002 (Vorträge der 11. internationalen Sommerakademie des Instituts für Geschichte der Juden in Österreich), S. 105–130, hier: S. 110. Zu der Figur Kaiser Franz Josephs im *Weißen Rößl* siehe den Beitrag von Wolfgang Drechsler und Ingbert Edenhofer in diesem Band.

56   Vgl. Fischer-Lichte: *Performance, Inszenierung, Ritual*, S. 39.

nerseits die Rösslwirtin, Leopold und die jeweiligen auftretenden AkteurInnen meint und andererseits auch die ZuschaurInnen miteinbezieht. Es konstituiert sich ein Kollektiv – jenseits hierarchischer wie auch nationaler Vorstellungen.

Denn wenn sich zuletzt die Mission des *Aufbaus* – nämlich den Neuangekommenen ein möglichst schnelles »Einleben und Aufgehen in die amerikanische Gesellschaft« zu ermöglichen[57] – erfüllt und die Rösslwirtin und ihr Leopold schließlich am Central Park angekommen sind, sie den Aufbauredakteur zurückweist und mit Leopold zusammenfindet, singen alle gemeinsam zu der Melodie von *Im weißen Rößl am Wolfgangsee*:

> Im weissen Roessel am Central Park
> Da wird es schoen after dark
> Die boys und girlies von drueben
> Die sieht man La Conga hier ueben.
> Man denkt nicht mehr an den Wolfgangsee
> Hier ist es auch ganz o.k.

Die ganze Welt ist himmelblau, und die Welt des Rössl red-white blue.

> Our world today is red-white-blue
> America we fall for you,
> People from each land
> Think you're really grand
>
> And they say, let us stay, here forever.
> From East to West, from North to South,
> one slogan goes from mouth to mouth,
> With all kinds of accents we say to you,
> Our world is red-white-blue.[58]

Das Stück wurde als *Das weisse Roessel am Centralpark* bis Februar 1942 gespielt. Dies sollte jedoch nicht die einzige Adaption des *Rößl*-Themas von Jimmy Berg bleiben. Im November 1947 kam es zu einer neuerlichen Auflage. Wieder als Kurzoperette, wieder in derselben Spielstätte und wieder mit bekannten Melodien[59], ›wandert‹ das *Rößl* in die Catskills, wo sich so manche Dislokation aufzulösen scheint.

---

57 Vgl. Kotowski: *Aufbau*, S. 62–69.
58 *Das weisse Roessel am Centralpark*, Nachlass Jimmy Berg, N1.EB16/2.1.2, Exilbibliothek.
59 Vgl. *The White Horse Rides Again*, Nachlass Jimmy Berg, N1.EB16/1.1.15, Exilbibliothek.

The White Horse Rides Again

Beinhahe auf den Tag genau, sechs Jahre später, feiert *The White Horse Rides Again* am 28. November 1947 im Vienna Café[60] Premiere.[61] Statt am Wolfgangsee oder Central Park spielt das Stück 1947 in Fleischmanns, einem Ort in den Catskills, am Lake Switzerland, den Jimmy Berg und seine Frau bei der Suche nach einem Sommerfrische-Ziel nahe New York für sich entdeckten.[62] An die ursprüngliche Verortung im Salzkammergut erinnert auch in dieser Version wieder der Steirerbua, der Tracht – die traditionelle Kleidung der Sommerfrische – trägt und, wenn er sich an den Salzburger Schnürlregen erinnert, Parallelen im Wetter herstellt, denn »It's raining just like in Salzbourgh. That's why I dressed up like a ›Steirerbua‹.«[63]

Das Publikum, an das Berg mit dieser Transformation des *Rößl* dachte, ist jedoch, wie ich meine, ein anderes – ein verändertes, und das Stück kann als klares Bekenntnis zum Bleiben in den Vereinigten Staaten gelesen werden. Die 1947er-Version ist insgesamt länger gehalten und besteht beinahe ausschließlich aus englischem Text.[64] Lediglich das ›Urmotiv‹ und die Musik – »based on popular Vi-

---

60 Die Umbenennung von Café Vienna zu Vienna Café geht auf eine Neueröffnung am 8. April 1944 »Under New Management« zurück. *Aufbau*, 7.4.1944, S. 13. Vgl. hierzu auch Klösch und Thumser: *From Vienna*, S. 28.

61 *Aufbau*, 28.11.1947, S. 19.

62 Vgl. Brief von Trude Berg an Horst Jarka, abgedruckt in Jarka: *Ringstrasse*, S. 20: »Auf der Suche nach einer billigen Sommerfrische (erinnert sich Trude), entdeckten unsere Leute den Ort Fleischmanns. Er war aus der Mode gekommen, Gasthöfe und Hotels in Verfall geraten, und man konnte sie ganz billig mieten oder kaufen. Landschaftlich sehr schön in den Bergen gelegen, bot uns Fleischmanns die ideale Sommerfrische, besonders da sie mit dem Autobus in nur zweieinhalb Stunden von New York zu erreichen war. Wir waren glücklich mit unseren bescheidenen Mitteln für ein paar Tage der schrecklichen Hitze und Feuchtigkeit entkommen zu können. Anfangs wohnten wir ganz primitiv in Bruchbuden. Aber nach kurzer Zeit wurde manches verbessert und verschönert und unserem Geschmack angepaßt. Bald gab es eine Kaffee-Konditorei mit einem Vorgarten; Palatschinken und Marillenknödel gab's und eine Gulaschhütte, wohin wir spät abends oder bei Nacht auf einen ›Imbiß‹ gingen. Endlich gab es auch Musik und Tanz. Vortragskünstler aus Wien oder Berlin fanden einen fruchtbaren Boden für ihre Darbietungen, und Jimmy schrieb für die meisten von ihnen Material.«

63 *The White Horse Rides Again*, Nachlass Jimmy Berg, N1.EB-16/1.1.15, Exilbibliothek.

64 In der modernen Forschung zu Kulturtransfer wird auch die Begrifflichkeit der Übersetzung (translation) diskutiert, wobei diese eben im direkten Wortsinn der sprachlichen Übersetzung, aber auch im Sinne einer kulturellen Übertragung interpretiert werden kann und somit einen Schwerpunkt auf die Rolle der Sprache in Kulturtransferprozessen legt, wobei im vorliegenden Fall die Idee der sprachlichen und kulturellen Übersetzung dem Phänomen des *Weißen Rößls* meiner Meinung nach nicht gerecht wird. Vgl. Schmale: *Kulturtransfer*, S. 8.

ennese melodies mainly from the ›White Horse Inn‹« – blieben unverändert.[65] Der politische Witz und kabarettistische Charakter sind zu Gunsten der sich erfüllenden Liebe geschmälert worden.

Das Hotel verwandelt sich erst im Verlauf des Stückes durch die »Heilung« eines »nervösen Gastes« vom »Dark Horse Inn« zum »White Horse Inn«. Die musikalische Leitung oblag – wie auch schon 1941 – Leo Pleskow. Von der ursprünglichen Besetzung blieben nur Eugene Hoffman, der den nervösen Gast verkörperte, und Robert Langfelder, als Portier Mr. Hinterhuber, erhalten.[66] Seine Figur ist zwar grundsätzlich rückständig entworfen (er ist der Einzige, der Deutsch spricht), dennoch ist es die einzige, bei der sich persönliches Schicksal mit den politischen Verhältnissen verknüpft:

> Jeder kuesst, jeder liebt, wie man deutlich hier sieht,
>
> Jeder hat was fuer sein Gemuet.
>
> Jeder Mann denn ich kenn, hat wie sich's gehoert
>
> Wie man heut sagt, einen Flirt. […]
>
> Denn – Zuschaun kann ich nicht – zuschaun kann ich nicht
>
> Wenn ich nicht selber bin dabei
>
> Bricht das Herz mir entzwei.
>
> Neidisch bin ich nicht – meiner Seele nicht
>
> Aber zuschaun, ich gesteh,
>
> Zuschaun tut halt gar so weh.
>
> Wenn im Radio ich hoer was sich tut auf der Welt
>
> Seh ich nix was mir da gefaellt.
>
> Wieder zanken sich Laender, es is a Schand,
>
> Ja, haben's denn kan Verstand?
>
> Frieden ist auf der Welt erst seit kuerzerer Zeit,
>
> Drum frag ich die Leut, die die Laender regieren,
>
> Ja, wohin soll das alles noch fuehrn?[67]

Auch wenn er »nicht zuschauen kann«, hat das Ganze diesmal kein Happy End für ihn – die Rößlwirtin wendet sich letztlich dem »singer on the hotel stuff« zu. Auch mit diesen Veränderungen wurde diese Inszenierung einer weiteren Transformation des *Rößls* als ungemeiner Erfolg gefeiert und bis Ende Jänner 1948 gespielt.[68] Abschließend wird im Stück *White Horse Inn* die Entscheidung vieler ProtagonistInnen, nach dem Ende des Krieges in den Vereinigten Staaten zu

---

65 *The White Horse Rides Again*, Nachlass Jimmy Berg, N1.EB-16/1.1.15, Exilbibliothek.

66 Vgl. *Aufbau*, 5.12.1947, S. 19; Nachlass Jimmy Berg, N1.EB16/1.1.15, Exilbibliothek.

67 *The White Horse Rides Again*, Nachlass Jimmy Berg, N1.EB-16/1.1.15, Exilbibliothek.

68 Vgl. *Aufbau*, 12.12.1947, S. 19; *Aufbau*, 26.12.1947, S. 17; *Aufbau*, 2.1.1948, S. 17; *Aufbau*, 9.1.1948, S. 17; 23.1.1948, S. 17.

bleiben, unterstrichen – zu Robert Stolzs »Im Prater blueh'n wieder die Baueme«
wird gesungen:

> I don't need the Danube blue,
> Salzburg I don't rate,
> Grinzing is forgotten too
> 'Cause I'm up to date.
> I have nothing more to say
> 'Bout a Prater breeze,
> And the songs I sing today
> Are not Viennese.[69]

Jedoch gerade in der Betonung des »up-to-date«-Seins oder »not Viennese« zeigt
sich einmal mehr, dass Dislokationen immer wieder (neu-)verhandelt werden.
Auch wenn ein großteils (mittlerweile) englischsprachiges Publikum der Adressat
ist, wird doch auch davon ausgegangen, dass deutsche Zeilen verstanden werden,
und einmal mehr wird der ko-konstitutive Charakter des Publikums unterstrichen.[70]

Fazit

Das weisse Roessel am Centralpark zeigt, auf welchen unterschiedlichen Ebenen
Migration sichtbar werden kann. Es ist Anknüpfungspunkt für die Protago-
nistInnen. Durch die Art und Weise, wie Jimmy Berg es konzipiert, wird das
Stück ein performativer Raum, in dem Identitäten verhandelt werden. Diesen
Prozess unterstützen das ›Mitnehmen‹ der bekannten und populären Melodien
des *Weißen Rößls* und die räumlichen Strukturen des Café Vienna.

Das weisse Roessel am Centralpark ist in diesem Sinne einerseits ein wunderbares
Beispiel für die vielschichtigen Interaktionen zwischen JüdInnen und NichtjüdInnen
– für ebenjene Interaktionen, durch die Inhalte und Topoi transportiert, adap-

---

69 *The White Horse Rides Again*«, Nachlass Jimmy Berg, N1.EB16/1.1.15, Exilbibliothek.
70 Im November 1948 inseriert der *Continental Theater- und Musik-Verein* im *Aufbau*, dass
    am Samstag, dem 20. November, um 8.30 Uhr abends, im Community Center 270 West
    und 89. Straße das *Weiße Rößl* »auf vielseitiges Verlangen« bis Februar 1949 wiederholt
    wird. Mit diesem Inserat verlaufen sich die Spuren des *Weißen Rößls* jenseits der sogenann-
    ten großen Bühnen in New York, *Aufbau*, 12.11.1948, S. 13. Welche Version des *Rößls* wie-
    derholt wurde, wie auch nähere Details über die Inszenierung, konnte bisher nicht heraus-
    gefunden werden. Es wird lediglich der Hinweis »Schlager-Operette in 3 Akten« gegeben.
    Aufgrund der Besetzung (Zahl der SchauspielerInnen) ist sicherlich von einer Variation des
    Singspiels auszugehen, ziemlich wahrscheinlich sogar einer von Jimmy Berg. Denn unmit-
    telbar nach der letzten Aufführung des *Rößls* wurde im Community Center ein »Berg
    Abend, mit Chansons von der Ringstrasse zur 72nd Street« für und mit Jimmy Berg veran-
    staltet. Vgl. *Aufbau*, 25.2.1952, S. 13.

tiert, interpretiert und (neu-)konstruiert wurden. Andererseits spiegelt es die Vielschichtigkeit des Phänomens ›Migration‹ wider.

Durch das ›Mitnehmen‹ des *Weißen Rößls* an den Central Park und die Erfolge, die es auch abseits des Broadways in New York feierte, erweist sich das *Rößl* als ein transnationales und kosmopolitisches Phänomen. In den Kurzoperetten Jimmy Bergs zeigt sich zudem, wie aus den einstmals positiven Beschreibungen der ländlichen Idylle eine kritische Auseinandersetzung mit den politischen und kulturellen Verhältnissen wurde.

Wolfgang Drechsler und Ingbert Edenhofer

Der Kaiser kommt – Kontext und Politik im *Weißen Rößl*

Über meinen Auftritt im Weißen Rößl hat Rolf Nürnberg im 12-Uhr-Blatt etwa folgendes geschrieben: ›Paul Hörbigers hinreißende Darstellung des Kaisers wird zur gefährlichen monarchistischen Propaganda.‹ Zur gleichen Zeit machte ein gewisser Adolf Hitler von sich reden …

Paul Hörbiger, 1979[1]

Der Kaiser kommt

»Das Singspiel *Im weißen Rößl* wurde in der Fassung Erik Charells 1930 im Großen Schauspielhaus Berlin vor abendlich bis zu 3500 Zuschauern zum Massenerfolg und erwies sich als Paradigma der Unterhaltungsindustrie der Weimarer Republik« (so der *Call for Papers* zu diesem Symposium[2]). Bei dieser Original-Inszenierung, die ausverkauft über 400 Vorstellungen lief, war eine der am meisten umjubelten Szenen der Auftritt des Kaisers Franz Joseph I. von Österreich, den die Zuschauer mit stehenden Ovationen und häufiger großer Rührung begrüßten, fast, als sei es wirklich der Kaiser selbst, der da auftritt. So berichtet der hochkultivierte Jurist Joachim v. Elbe, ein ›klassischer Preuße‹, der als Mitarbeiter der Akademie der Wissenschaften intensiv am kulturellen Leben Berlins dieser Zeit teilnahm und der – mütterlicherseits der Familie Felix Mendelssohn-Bartholdys entstammend und daher »Vierteljude« – unter dem Eindruck der »Röhm-Putsch«-Morde des Sommers 1934 Deutschland relativ früh verließ[3], in seiner Autobiografie *Unter Preußenadler und Sternenbanner*:

Neben anderem ist mir noch heute die Schlußszene gegenwärtig, als ein Dampfschiff am Seeufer anlegt. Ihm entsteigt, von Paul Hörbiger täuschend dargestellt,

---

1 Hörbiger, Paul: *Ich hab für euch gespielt. Erinnerungen.* München ²1980, S. 180.

2 Call for Papers: Interdisziplinäres Symposium: »Im weißen Rößl«. Neue kulturgeschichtliche Perspektiven, www.w-k.sbg.ac.at/fileadmin/Media/mediating_contemporary_music/ CfP_ Weisses_Ro__ssl_WuK_141030.pdf (alle Weblinks zuletzt abgerufen am 1.6.2015).

3 Elbe, Joachim v.: *Unter Preußenadler und Sternenbanner. Ein Leben für Deutschland und Amerika.* München 1983. Vgl. Drechsler, Wolfgang: *Joachim v. Elbe, Witness to History. A Refugee from the Third Reich Remembers.* In: *Yearbook of German-American Studies* 24 (1989), S. 162–163.

Kaiser Franz Joseph. Der Jubel des Volkes auf der Bühne beim Anblick des alten Kaisers griff auf den Zuschauerraum über. Man klatschte dem würdevollen alten Herrn begeistert Beifall.[4]

Wenn wir davon ausgehen (und das tun wir), dass dieses Ereignis tatsächlich so stattgefunden hat, wie von v. Elbe erinnert, ist dies ein Phänomen, das gerade im Zusammenhang von Ort und Zeit von außerordentlicher, mehrdimensionaler Bedeutung ist. *Rößl*-Experten und -Kritiker sind heute geneigt, diesen Auftritt als nostalgisch, rückwärtsgewandt, als süßliche Altösterreich-Reminiszenz oder als Ironie, Persiflage oder Parodie anzusehen, auch je nachdem ob sie sich auf die heute generell als kritisch und subversiv erkannte 1930er-Originalversion beziehen oder auf die Nachkriegsversionen.[5]

In diesem Essay versuchen wir darzustellen, dass Zeit und Ort der Berliner Fassung aber auch eine ganz andere Interpretation ermöglichen und sogar nahelegen: die der Rezeption der Ankunft des Kaisers durch das Publikum in einer politischen, positiv-nostalgischen, den Zeitläufen – aber nicht Franz Joseph – kritisch gegenüberstehenden Weise.

In der Vorlage der Operette, einer sehr erfolgreichen Komödie von 1898, kommt die Kaiserauftrittsszene nicht vor, sondern sie wurde erst durch Hans Müller in seiner Adaption hinzugefügt, laut Kevin Clarke und Helmut Peter im Auftrag von Charell, um ihm zu ermöglichen, seinem bekannten Stil treu bleiben zu können:

> [Charell] war nach den zwei historischen Operetten ›Casanova‹ (1928) und ›Drei Musketiere‹ (1929) auf der Suche nach einem weiteren Stück mit berühmten Charakteren aus der Geschichte, das er im ›Rößl‹ fand, in das er sich von Hans Müller die Rolle des Kaisers Franz Joseph hineinschreiben ließ, um die Tradition der Historien-Operetten mit einer Premiere im September oder Oktober fortzusetzen.[6]

Richard Eckstein schreibt ganz im Sinne der üblichen Nachkriegs-*highbrow*-anti-*Rößl*-Häme:

---

4 Elbe: *Unter Preußenadler*, S. 87. In Wirklichkeit findet dies im Finale des 2. Aktes statt.

5 Bescheinigt etwa Richard Traubner dem *Weißen Rößl* schlichte Nostalgie (Traubner, Richard: *Operetta. A Theatrical History.* New York 1983, S. 426), stellt Richard Norton am Beispiel von Traubners Übersetzung des Singspiels für eine neue Fassung an der Ohio Light Opera Traubners Verständnis nicht nur des *Rößls*, sondern des gesamten Genres Operette in Frage. (Norton, Richard: ›So this is Broadway‹. *Die abenteuerliche Reise des Rössl durch die englischsprachige Welt.* In: *Im weißen Rössl. Zwischen Kunst und Kommerz.* Hg. von Ulrich Tadday. München 2006, S. 151–169, hier: S. 168; Veigl, Hans: *Das ›Weiße Rössl am Wolfgangsee‹ oder die Parodie des operettenhaften Seins.* Sendereihe *Contra – Kabarett und Kleinkunst.* ORF 1, 18.8.2013, 22:05 Uhr. http://oe1.orf.at/programm/346389.

6 Clarke, Kevin und Peter, Helmut: *Im Weißen Rößl. Auf den Spuren eines Welterfolgs.* St. Wolfgang 2007, S. 84.

Beim Literaten Hans Müller und dem Komponisten Robert Gilbert wurde ein Textbuch in Auftrag gegeben, das aufs Neue die Idylle im ländlichen, industriell unbefleckten Salzkammergut heraufbeschwören sollte. Abermals entstand ein drollig-verklärter Rückblick auf die vermeintlich gute alte Zeit der Doppelmonarchie vor dem Ersten Weltkrieg. Bis auf eine gewichtige Zutat haben sich die Librettisten an die Schauspielvorlage gehalten: In der Operette darf sogar Kaiser Franz Joseph – einem Deus ex machina gleich – auftreten, um den Liebeskonflikt zwischen der »Rössl«-Wirtin Josepha Vogelhuber und ihrem Zahlkellner Leopold Brandmeyer zu bereinigen. Also Nostalgie pur![7]

Es dürfte heute eher Konsens der *Rößl*-Experten sein, dass diese angebliche Biederkeit, wenn überhaupt, nur das später adaptierte *Rößl*, das im Ruf stand, »die Heile-Welt-Sehnsucht der Nachkriegszeit aufs Zuckrigste zu bedienen«[8], betrifft, sowie überhaupt die gesamte K.u.K.-Alpen-Glückseligkeit wie auch das Genre des Heimatfilms.[9] Dieses ist für die gegenwärtige Betrachtung aber, wie man sehen wird, nicht relevant.

Auf der anderen Seite nimmt Clarke, einer der besten und relevantesten Kenner des *Weißen Rößl* und zumal Erik Charells, wegen des ironischen Kontexts des 1930er-*Rößls* die Figur des Kaisers und ihren Auftritt ebenfalls (nur) als ironisch an, weil dies zu Charells generellen Intentionen – aber auch zu Clarkes Vision der ›authentischen‹ Operette – passen würde:

> Dr. Siedler, Ottilie und Sigismund Sülzheimer waren in der Bühnenfassung von 1930 zeitbewusst modisch gekleidet … – obwohl die Geschichte wegen des auftre-

---

7   Eckstein, Richard: *Paradebeispiel des österreichischen ›way of life‹: Ralph Benatzkys Im Weißen Rössl*. Abzurufen unter: www.oehmsclassics.de/cd.php?formatid=354.

8   J.S.: *Jazzige Klänge gegen das Biedermeier-Image. Dresdner Morgenpost*, 22. Juni 2009, zitiert in www.staatsoperette-dresden.de/presse/pressemeldungen/detailansicht/article/jazzige-klaenge-gegen-das-biedermeier-image/.

9   Ob dies selbst in diesem Falle eine sinnvolle ästhetische oder auch politische Kategorie ist, sei einmal dahingestellt; diese Anklage scheint aber oft mehr noch Klischee zu sein als die Kategorie selbst, und man fragt sich stets, auf welcher Grundlage derart schlichte ästhetische Urteile außerhalb des Bereichs persönlichen Geschmacksempfindens im Freundeskreis geäußert werden. (Vgl. eindrucksvoll Clarke, Kevin: *Zurück in die Zukunft. Aspekte der Aufführungspraxis des* Weißen Rössl. In: *Im weißen Rössl. Zwischen Kunst und Kommerz*. Hg. von Ulrich Tadday. München 2006, S. 101–126, hier: bes. S. 102–104.) Zumindest im Kontext politisch-kulturhistorischer Analysen ist der kommerzielle Erfolg ein entscheidendes Kriterium von Relevanz (wie etwa beim K-Pop heute, der sich ästhetischen Gesichtspunkten ja auch zuerst einmal entzieht; vgl. Seabrook, John: *Factory Girls. Cultural technology and the making of K-pop*. In: *The New Yorker*, 8.10.2012. www.newyorker.com/magazine/2012/10/08/factory-girls-2); wesentlich sind dann Fragen, was das eigentlich heißt und welche politische Bedeutung damit einhergeht. Dabei ist es dann so, dass von manchem als Kitsch empfundene Werke für die dementsprechende Analyse weitaus relevanter sein können als Hochkunst.

tenden Kaisers eigentlich vorm Ersten Weltkrieg spielen müsste. Dieser Anachronismus unterstreicht, wie unseriös der leibhaftig wandelnde Kaiserschmarrn Franz Joseph bei Charell gemeint ist. So unseriös, dass sich der politisch eher national-konservative Darsteller des Kaisers, Paul Hörbiger, anfangs weigerte, die Rolle zu spielen.

Ein solch kakanischer Witz-Kaiser »zum Anfassen für Berliner« – den Walter Schmidinger 1994 in der Bar jeder Vernunft genussvoll lallend wieder als solchen darstellte – widerspricht allen Interpretationen von Volker Klotz, der im Solo des Imperators ein »erhaben dahingenäselte(s), dümmlich bedachte(s) Melodram« sieht, »das ideologisch zurückfällt auf die kleinbürgerlichen ›Besserungsstücke‹ des Wiener Restaurationstheaters seit 1815«. Nichts könnte Charell ferner gelegen haben, nichts den dadaistischen Geist der Silbernen Operette mehr verkennen.[10]

Dies ist auch mehr oder weniger die Haltung Norbert Abels', der dies so darstellt:

> Zu kitschpostkartenhaft, um nicht aus dem Rahmen zu fallen, ist der aus der Kapuzinergruft hervorgeholte alte Kaiser, der als deus ex machina und dramatischer Drehpunkt die Dinge wieder ins richtige Lot bringt. Die plakative Entblößung seiner dramaturgischen Funktion ist nichts anderes als die Desillusionierung des Verklärungsscheines. Genial ist sein Lied als ein Konglomerat affirmativer Plattheiten, die man sich skandiert wünscht vom unendlichen »Ja, ja« eines alten Oberfösters, der dann beim Klange von Jagdhörnern die Bühne tatsächlich betritt. An Gilberts »Kaiserlied« zeigt sich, was für alle Lieder der Operette gilt: Sie sind Parodien und verulken geradezu mit bohrender Diktion den Warencharakter von Musik.[11]

Was nicht nur Eckstein und Klotz, sondern auch Clarke und Abels hier zu übersehen scheinen, ist, dass der Kontext von Zeitpunkt und Ort den Auftritt dieses Kaisers weder notwendigerweise satirisch noch im schlechten Sinne nostalgisch sein lässt. Dies betrifft nicht nur die Rezeption (durch das Berliner Publikum), von der wir eingangs schon hörten, sondern möglicherweise sogar die Intention Müllers und Charells. Bei dieser Perspektive kommt noch hinzu, dass das, was sich Müller und Charell bei dieser Szene dachten, selbstverständlich auch relevant ist, aber nicht nur – ein Text sagt ja immer sowohl mehr als auch weniger aus als vom Autor gewollt.[12]

---

10 Clarke: *Zurück in die Zukunft*, S. 117; vgl. Klotz, Volker: *Operette. Porträt und Handbuch einer unerhörten Kunst*. München 1997, S. 242, bei dem es allerdings »bedachtsam« heißt.

11 Abels, Norbert: *Operettenfinale und Weltverspottung. Das Weiße Rössl, Robert Gilbert und das Ende einer Kunstform*. In: *Im weißen Rössl. Zwischen Kunst und Kommerz*. Hg. von Ulrich Tadday. München 2006, S. 5–24, hier: S. 17.

12 Vgl. Drechsler, Wolfgang: *Gadamer in Marburg*. Marburg ²2013, S. 33–34.

Nostalgie und Ironie

Zuerst aber ist kurz die Juxtaposition von Nostalgie und Ironie im *Weißen Rößl* zu behandeln, denn hier scheinen die Experten häufig davon auszugehen, dass Nostalgie einerseits an sich etwas Schlechtes ist und andererseits Nostalgie und Ironie sich gegenseitig ausschließen. Dies ist aber nicht der Fall. Beim *Weißen Rößl* und zumal dem Kaiserauftritt handelt es sich angesichts des sehr spezifischen Kontextes möglicherweise um Nostalgie *gepaart* mit Ironie und/oder um eine sehr spezifische, geradezu politische Form der Nostalgie.

Zuerst: Nostalgie ist nur innerhalb ganz bestimmter und keineswegs selbstevidenter Episteme – wie den intellektuellen Modernismen der späten 1960er- und frühen 1970er-Jahre – pejorativ konnotiert; heute wird sie oft eher positiv gesehen: »Nostalgie ist also eine Art Korrektiv. Sie kommt auf, wenn Körper oder Seele im Ungleichgewicht sind, und stellt, zumindest kurzfristig, eine Balance wieder her. Sie ist ein Kraftspender, der in schweren Momenten einen emotionalen Ausweg bietet.«[13]

Wichtiger noch aber ist in diesem Zusammenhang, wie Linda Hutcheon eindrucksvoll dargelegt hat, dass Nostalgie weder apolitisch ist, noch dass sie unbedingt einen Gegensatz zu Ironie bilden muss, sondern im Gegenteil gerade mit dieser verschränkt sein kann, um die sentimentalen, eventuell retardierenden Elemente jener einzuschränken.[14] Zudem kann Nostalgie mehr auf das Publikum als auf die Autoren bezogen werden: Wie Hutcheon sagt,

> nostalgia is not something you ›perceive‹ in an object; it is what you ›feel‹ when two different temporal moments, past and present, come together for you and, often, carry considerable emotional weight. In both cases, it is the element of response – of active participation, both intellectual and affective – that makes for the power.[15]

Und wie wir bei von Elbe sahen, wurde er anscheinend sehr unironisch, oder eben bestenfalls nur teilironisch, vom Publikum aufgenommen. Die Satire, die Parodie, wenn es denn eine war, wurde von den doch als generell recht *sophisticated* anzunehmenden Zuschauern und Kritikern wohl als solche nicht erkannt. Und selbst wenn sie es wurde, so spricht dies nicht gegen eine Umdeutung kri-

---

13 Jiménez, Fanny: *In unsicheren Zeiten werden Menschen nostalgisch*. In: *Die Welt*, 22.12.2013. http://www.welt.de/gesundheit/psychologie/article123187692/In-unsicheren-Zeiten-werden-Menschen-nostalgisch.html; vgl. Tierney, John: *What Is Nostalgia Good For? Quite a Bit, Research Shows*. In: *The New York Times*, 8.7.2013. http://www.nytimes.com/2013/07/09/science/what-is-nostalgia-good-for-quite-a-bit-research-shows.html.

14 Vgl. Hutcheon, Linda: *Irony, Nostalgia, and the Postmodern*. In: *Methods for the Study of Literature as Cultural Memory. Studies in Comparative Literature*. Hg. von Raymond Vervliet und Annemarie Estor. Atlanta, Ga. 2000, S. 189–207. Zitierte frühe Version (1998): http://www.library.utoronto.ca/utel/criticism/hutchinp.html.

15 Ebd.

tisch-ironischer Werke zugunsten positiver Nostalgie, zumal in Krisenzeiten – *Downton Abbey* lässt grüßen.

Eine jüdische Operette

> An das Ende ihrer Entwicklung um das Jahr 1930 angelangt, offenbarte sich die Operette als satirisches Spiel mit der Verkehrung der Zustände von Sein und Schein, Kunst und Leben, als Parodie der gesellschaftlichen Wirklichkeit. In diesem Jahr 1930 betrat die Revueoperette ›Im weißen Rössl‹ die Bühne, und dies nicht ohne fachgerechtes Verwirrspiel.[16]

Hierzu ist zu konstatieren, dass zum Ersten *Im weißen Rößl* eine eminent jüdische Operette war und zum Zweiten dies nicht ohne den Kontext des bereits sehr präsenten Nationalsozialismus gesehen werden kann, in dem sie dann 1935 auch verboten wurde[17], und laut Kamps »das als ›jüdische Kitschoperette‹ diffamierte Stück bald nach 1933 nicht mehr auf reichsdeutschen Bühnen gezeigt wurde.«[18] Veigl formuliert wie folgt:

> Noch konnte niemand ahnen, dass selbst diese fröhliche Revue-Operette mit dem Jahr 1933 bald ›arisiert‹ und den künftigen Exilanten Charell, Müller oder Gilbert geraubt werden sollte. Offiziell zwar verboten, wurde das ›Weiße Rössl‹ dennoch auf der Bühne und im Film in gesäuberter Version verschiedentlich verwendet. Die zweifellos eindringlichste Erinnerung an die Operette während jener Jahre fand jedoch im Niederländischen KZ und Sammellager Westerbork statt, als im Schatten der planmäßig abfahrenden wöchentlichen Vernichtungstransporte nach Theresienstadt oder Auschwitz Camilla Spira noch einmal im Lagerkabarett ihre Erfolgslieder aus dem ›Weißen Rössl‹ vortrug.[19]

Aber konnte dies wirklich niemand ahnen? Es ist hier vielmehr Abels zuzustimmen, der dasselbe so formuliert: »Hinter der folkloristischen Fassade stand freilich bereits bei der Uraufführung jener blutige Ernst, der drei Jahre später dafür sorgte, dass die Autoren der Operette die Flucht über den halben Erdball antreten mußten.«[20]

---

16 Veigl: *Das ›Weiße Rössl am Wolfgangsee‹*.

17 Vgl. Tadday: *Im weißen Rössl*, S. 3.

18 Kamps, Johannes: *Verliebte Kellner, Tankwarte und Schulmädchen. Zu Willi Forsts Remakes. In: Willi Forst. Ein Filmstil aus Wien*. Hg. von Armin Loacker. Wien 2003, S. 478–529, hier: Band I m. Nachw.: www.ralph-benatzky.com/main.php?cat=4&sub_cat=12&task=3&art_id=000192.

19 Veigl: *Das ›Weiße Rössl am Wolfgangsee‹*; vgl. Völmecke, Jens-Uwe: *Die Stars von Charells Rössl-Inszenierung – vor und nach 1933. In: Im weißen Rössl. Zwischen Kunst und Kommerz*. Hg. von Ulrich Tadday. München 2006, S. 127–150, hier: S. 144–145.

20 Abels: *Operettenfinale und Weltverspottung*, S. 6.

Das ist der Kontext – eine jüdische, parodistische, revuehafte, riskante Operette[21], die in einer Zeit aufgeführt wird, die zwar noch nicht zum Nationalsozialismus gehört, in der dieser aber nach den Septemberwahlen 1930 mit dem »plötzliche[n] Massenerfolg der Nationalsozialisten«[22], zumal in Berlin, als Menetekel nur allzu deutlich an der Wand steht.[23] Wie Abels richtig feststellt: »Als am 8. November 1930 die Operette unter der Leitung des Revue-Genies Erik Charell unter tosendem Beifall uraufgeführt wurde, lagen die September-Wahlen noch keine zwei Monate zurück. Die NSDAP konnte ihre Mandate im Reichstag von 12 auf 107 [von 577] erhöhen.«[24] Es ist nachgerade auszuschließen, dass diese doch existentielle Bedrohung den Protagonisten des *Weißen Rößl* nicht präsent war – wie wahrscheinlich ist es, dass dies sich überhaupt nicht auf die Inszenierung eines auf Massenwirkung ausgerichteten Ereignisses ausgewirkt hätte? Nicht nur physisch lag der Reichstag keine 15 Minuten zu Fuß vom Großen Schauspielhaus entfernt.

Paul Hörbiger und die Intentionen

Über die Intention Müllers bei der Zeichnung des Kaisers wussten wir bisher nichts; hinsichtlich derer Charells geben uns Zeitzeugen weitere Hinweise, wobei die Meinungen auseinander zu gehen scheinen. In der Rezension in der *BZ am Mittag* vom 10. November 1930 urteilt Victor Wittner:

> Kein Mißverständnis, wir erwarten keine Literatur von Ihnen, keinen Oediups rex. Aber auch keinen übertrumpfenden Franz Joseph Imperator Rex, der plötzlich ein Chanson erläßt. [...] Nun würde man sagen, daß die Majestät keine anderen Worte ausspricht als die historischen: ›Es war sehr schön, es hat mich sehr gefreut.‹ Das hätte uns auch sehr gefreut. Leider genügte das nicht dem Bearbeiter. Er gibt dem alten Herrn allerlei Wörtchen und Gebärden ein, die nicht nur die historische Gestalt, auch die Theaterfigur entwürdigen (die Paul Hörbiger mit gutem Aug und Grazie darstellt).[25]

Auch andere Rezensionen bestätigen, dass gerade der weitere Auftritt des Kaisers und sein Couplet nicht nur positiv aufgenommen wurden. Einige konzentrieren sich wie Wittner auf die vielleicht allzu leutselig-gemütliche Darstellung, nicht aber auf die Ankunftsszene, wie etwa B.E. Werner in der *Deutschen Allgemeinen*

---

21 Vgl. Clarke: *Zurück in die Zukunft.*
22 Schieder, Wolfgang: *Die NSDAP vor 1933. Profil einer faschistischen Partei.* In: *Geschichte und Gesellschaft* 19/2 (1993), S. 141–154, hier: S. 147.
23 Vgl. Sturm, Reinhard: *Zerstörung der Demokratie 1930–1933.* In: *Die Weimarer Republik. Informationen zur politischen Bildung* 261 (2011). www.bpb.de/izpb/55973/zerstoerung-der-demokratie-1930-1933.
24 Abels: *Operettenfinale und Weltverspottung*, S. 22.
25 Zit. nach Clarke und Peter: *Im Weißen Rößl*, S. 108–109.

Zeitung oder eine unsignierte Besprechung in der *Neuen Preußischen Zeitung*. Emil Faktor im *Berliner Börsencourier* und Edwin Neruda in der *Vossischen Zeitung* bezeichnen sogar das gesamte Hineinschreiben der Kaiser-Rolle als Fehlgriff.[26]

Der Journalist und »Trendforscher«[27] Moritz Loeb hingegen verfasste die Premierenrezension in der *Berliner Morgenpost*. Und er betonte hinsichtlich des Kaiser-Auftritts, dass dieser gerade nicht überzeichnet, sondern eher zurückhaltend inszeniert wurde:

> Sehr glücklich der Gedanke, das Stück noch in der Vorkriegszeit spielen zu lassen. Sogar der alte Kaiser Franz Joseph wird von Ischl nach St. Wolfgang ins WEISSE RÖSSL bemüht, und Paul Hörbiger mimt ihn in einer Maske von kaum zu übertreffender Menschlichkeit, wenn auch Franz Joseph wohl noch größer und schlanker gewesen ist. Es zeugt von Geschmack, dass man seinen Auftritt nicht zu nationalistischem, hymnenbegleitetem Brimborium mißbraucht, und dass er nur mit ein paar Takten von ›O du mein Oesterreich‹ musikalisch begrüßt wird.[28]

Dies führt den Blick auf den Darsteller, der Auftritt und auch Rolle miterschuf. Der Schauspieler Paul Hörbiger, über den der *Spiegel* nach dem Krieg schrieb, dass »ein Österreich-Film ohne [ihn] in Deutschland undenkbar ist« und dass er »Wiens teuerster Filmstar (Gage von 500 000 Schillingen gleich ca. 98 000 DM)«

---

26 Faktor, Emil und Bie, Oskar: *Im Großen Schauspielhaus: »Im weißen Rößl«*. In: *Berliner Börsencourier*, 10.11.1930 (Ralph Benatzky-Archiv, Akademie der Künste); Neruda, Edwin: *Charells »Weißes Rößl«/Großes Schauspielhaus*. In: *VZ* (Postausgabe), 11.11.1930 (Ralph Benatzky-Archiv, Akademie der Künste). Wir danken Nils Grosch für den freundlichen Hinweis auf diese Rezensionen.

27 Thies, Ralf: *Ethnograph des dunklen Berlin. Hans Ostwald und die »Großstadt-Dokumente«*. Wien 2006, S. 203.

28 Loeb, Moritz: *Charells ›Weißes Rößl‹*. In: *Berliner Morgenpost*, 11.11.1930. www.ralph-benatzky.com/main.php?cat=4&sub_cat=10&task=3&art_id=000182. Diese Wirkung beschränkte sich im Übrigen nicht allein auf Deutschland. »If the British had shown an uneasiness for overtly Austrian (as opposed to Ruritarian) subjects after the Great War, White Horse Inn declared a total armistice.« (Traubner: *Operetta*, S. 327). Zur Londoner Inszenierung schreibt G.W.B. in *The Era* vom 15. April 1931: »I rarely remember a more thrilling scene than the procession that proceeded [sic] the arrival of the Emperor Francis Joseph (who by some miracle has been allowed to remain in the script). Here was colour, light, music, human interest, and very human comedy – all superbly blended. Eye and ear were satisfied, and at the end came Mr. Frederick Leister, whose performance as the old Emperor provided the one thing that might otherwise have been missing – a touch of genuine acting. His scene with Miss Seidl in the following act was an exquisite interlude, a serene silver-point in the boisterous excitement. It was partly due to the actor that the presence of Francis Joseph in the hurly-burly did not appear to be incongruous.« (zit. nach Clarke und Peter: *Im Weißen Rößl*, S. 140f.).

war[29], war mit Mitte dreißig eigentlich zu jung für die Rolle.[30] Er hatte *Rößl*-Erfahrung, da er in einer Prager Inszenierung der Komödie von Blumenthal und Kadelburg die Rolle des Kellners Leopold gespielt hatte[31], und Kaiser-Erfahrung, da er am Kabarett der Komiker diese Rolle im Einakter *Frau Pick in Audienz* gespielt hatte. Es war diese Darstellung, die Erik Charell wohl bewegt hatte, dies nun in der Operettenversion des *Weißen Rößl* zu wiederholen.[32]

Wie Clarke (s. *supra*) und auch Völmecke[33] unterstreichen, hatte Hörbiger nach Aussage seiner Autobiografie (die wie fast alle Werke dieser Gattung natürlich mit großer Vorsicht zu genießen sind, da sie meist doch eine spätere Selbstinszenierung darstellen)[34] Probleme mit der Anlage der Rolle des Kaisers – »Hörbiger, aufgewachsen und erzogen in der Tradition der k.u.k.-Monarchie, kaisertreu und schon 1914 Kriegsfreiwilliger, fühlt sich geehrt, als ihm Charell die Rolle des ›alten Kaisers‹ anträgt, und er reagiert zornig, weil das Libretto aus dem Monarchen eine Witzblattfigur zu machen droht.«[35] Hörbigers Erinnerungen an diese Begebenheit sind so signifikant für unser Thema, dass sie hier ausführlich zitiert seien. Der Anfang der eigentlichen Passage wird durchaus in der *Rößl*-Literatur wiedergegeben:

> Wie immer habe ich mir das Skript erst ziemlich spät angeschaut und war – entsetzt. Die wollten aus dem Kaiser eine lächerliche, senile Figur machen. Während der Probe wandte ich mich an Charell. ›Das mache ich nicht. Man kann über die Politik des Kaisers denken, wie man will, aber das Schicksal dieses Mannes erlaubt es nicht, dass man ihn so ins Lächerliche zieht. Was hat er durchgemacht! [...] Nein, ich halte es für geschmacklos, diesen Menschen jetzt als alten Trottel darzustellen. Tut mir leid, Herr Charell, Sie müssen sich einen anderen suchen, der den Franz Joseph spielt. Ich habe unter ihm gedient und trage seine Auszeichnungen, das kann ich nicht machen.‹[36]

Völmecke bemerkt dazu: »Er machte es dann doch und zwar sehr erfolgreich. Inwieweit dafür das Libretto durch Hans Müller geändert wurde, ist nicht bekannt.«[37] Bei Hörbiger geht es aber so weiter:

---

29   *Österreich: Schön ist's, wunderschön ist's.* In: *Der Spiegel* 40/52, 1.10.1952. www.spiegel.de/spiegel/print/d-21978095.html.

30   Vgl. Völmecke: *Die Stars von Charells Rössl-Inszenierung*, S. 148; Veigl: *Das ›Weiße Rössl am Wolfgangsee‹*.

31   Hörbiger: *Ich hab für euch gespielt*, S. 97.

32   Ebd., S. 173–174.

33   Völmecke: *Die Stars von Charells Rössl-Inszenierung*, S. 148.

34   Vgl. konkret ebd., S. 149.

35   Ebd., S. 148.

36   Hörbiger: *Ich hab für euch gespielt*, S. 176, auch zit. in Völmecke: *Die Stars von Charells Rössl-Inszenierung*, S. 148.

37   Ebd., S. 148.

Mittlerweile ist Hans Müller, der Bearbeiter des Stücks [...], zu uns gekommen. ›Hörbiger, mir scheint, Sie sind ein Monarchist‹, hat er gesagt.

›Schauen Sie, Herr Doktor Müller, was ich bin, ist uninteressant. Für uns Österreicher ist der Franz Joseph noch immer eine unvergeßliche Figur, auch das Publikum kennt sein Schicksal und empfände es als Geschmacklosigkeit, wenn man ihn hier so heruntermacht.‹ Man muß bedenken, dass der Kaiser damals erst seit vierzehn Jahren tot, also allen noch in guter Erinnerung war.

›Vielleicht hat der Hörbiger recht‹, schaltete sich jetzt wieder Charell ins Geschehen ein. ›Bitte, Herr Müller, ändern Sie den Text.‹[38]

Faszinierend ist nun, dass den *Rößl*-Experten, die diese Szene kommentieren, nicht aufgefallen zu sein scheint, was das eigentlich heißt – etwas, hinsichtlich dessen Auswirkungen sich die meisten zeitgenössischen Stimmen doch einig sind.

Erstens können wir sagen, dass der Auftritt des Kaisers ursprünglich als Satire angelegt gewesen sein mag, aber auf der Bühne selbst war er es nicht; ganz im Gegenteil. Franz Joseph wird von einem erstklassigen, ja genialen Schauspieler gegeben, der den Kaiser hoch schätzt, ihm bis auf die möglichen Kosten eines bedeutenden Verdienst- und Renommeeverlusts hin loyal gegenüber steht und der ihn deswegen nicht als Karikatur, sondern sehr sympathisch anlegt. Dies hat, wie wir nun wissen, auch funktioniert – genau so hat das Publikum die Charakterzeichnung auch angenommen, und Hörbiger galt und gilt seitdem als klassischer Franz-Joseph-Darsteller.[39] Dass diese positive Reaktion nicht eindeutig war, zeigen die oben zitierten, in dieser Hinsicht negativen Rezensionen (die eher auf übertriebene Volkstümlichkeit abstellen, kaum auf Satire); allerdings schließt sie nach den Berichten Hörbigers die Hocharistokratie – vom deutschen Kronprinzen über Prinz Henrik der Niederlande bis zu »Baron Spiegel, ein alter Jagdfreund des Kaisers« – ebenso ein wie Charles Chaplin.[40]

Dies – und anscheinend auch die im Ergebnis positive, nicht satirische Zeichnung des Kaisers durch Müller – wird nachhaltig unterstützt durch ein »Avis für den Regisseur und den Darsteller des Kaiser Franz Joseph«, der dem Exemplar des *Regie- und Soufflierbuchs* des *Weißen Rößl* von 1931 beigelegt ist.[41] Hier heißt es ganz eindeutig: »Die Rolle des Kaiser Franz Joseph ist keineswegs als Operettenfigur gemeint und darf daher nicht als trottelhafter oder seniler Charakter erscheinen. Vielmehr muß sie so wirken, wie es vom Autor beabsichtigt wurde und

---

38 Hörbiger: *Ich hab für euch gespielt*, S. 176.

39 Vgl. Völmecke: *Die Stars von Charells Rössl-Inszenierung*, S. 149. Hörbiger stellte den Kaiser noch in jeweils einem Vor- und Nachkriegsfilm dar, *Frühjahrsparade* (1933) und *Die Deutschmeister* (1955) (vgl. http://eichbergfilm.de/paul-hoerbiger/).

40 Hörbiger: *Ich hab für euch gespielt*, S. 178–179.

41 Exemplar im Ralph-Benatzky-Archiv, Akademie der Künste, Berlin, Signatur 89. Wir danken Nils Grosch für den Hinweis auf dieses Dokument.

bei der Berliner Aufführung auch vorbildlich herauskam: als eine liebenswürdige, gütige, volkstümlich ansprechende Gestalt.«

Zweitens war Hörbiger 1930 noch kein wirklich bedeutender Schauspieler, aber Charell war ein bedeutender, gerade auch für diese Inszenierung sehr mächtiger Regisseur und Produzent. Für eine Rolle wie diese muss es in Berlin auch kurzfristig Ersatzkandidaten gegeben haben. Dass er sich auf die Uminterpretation Hörbigers einließ – wenn wir diesem glauben, und warum sollten wir es in diesem Zusammenhang nicht –, war nicht selbstverständlich. Was mögen die Gründe gewesen sein? Eine Möglichkeit wäre, dass Charell die parodistische Zeichnung des Kaisers völlig egal war; eine andere, vielleicht mehr *in character*, dass ihm einleuchtete, dass die Hörbigersche Version publikumswirksamer war – zumindest, wie Hörbiger sagt, weniger publikumsschädlich. Wir können aber auch durchaus spekulieren, dass, zum Dritten, Charell, unterbrochen durch Hörbigers Intervention, bewusst oder unbewusst klar war, dass es kontextspezifisch sinnvoll war, Franz Joseph eben nicht als senilen Trottel, sondern sympathisch darzustellen.

Franz Joseph I., der ›Judenkaiser‹

Diese Möglichkeit bringt uns zurück zur Figur des Kaisers selbst. Was den heutigen Kritikern dieser Szene nicht präsent zu sein scheint, ist, dass dies eine deutliche politische Konnotation hatte, und zwar eine, die – weniger als 15 Jahre nach dem Tode des Monarchen – Autoren und Publikum zweifellos sehr präsent sein konnte. Man mag spekulieren, dass Musik- und Filmhistoriker seit der Renaissance der 1930er-Originalfassung des *Weißen Rößl*, also seit etwa 20 Jahren[42], Franz Joseph primär so sehen, wie es Filme und Operetten zeigten – entweder als den Franzl aus den *Sissi*-Filmen oder als den lieben, braven, leicht trotteligen Monarchen aus dessen Spätzeit (»Es war sehr schön, es hat mich sehr gefreut«).[43] Dies würde die Tendenz erklären, den Auftritt des Kaisers – wie oben gesehen – als entweder sentimental oder parodistisch zu bewerten.

1930 in Berlin im Kontext des *Weißen Rößls* war dies aber keinesfalls so. Franz Joseph I. von Österreich war sicherlich eine insgesamt konservative, ja zu Anfang seiner Regierung 1848 sogar reaktionäre Figur[44], aber im Hinblick auf die Juden und auch auf den Nationalsozialismus war das Gegenteil der Fall.[45] Franz Joseph

---

42 Vgl. Clarke: *Zurück in die Zukunft*, S. 102.
43 So auch die entsprechende Kapitelüberschrift in Hörbiger: *Ich hab für euch gespielt*, S. 172.
44 Vgl. Beller, Steven: *Franz Joseph. Eine Biographie*. Wien 1997, S. 9–16, S. 33–35.
45 Ganz im Gegenteil zum ehemaligen Deutschen Kaiser, Wilhelm II., der den Protagonisten wie dem Publikum der Premiere im Allgemeinen sehr präsent gewesen sein muss und der zu dieser Zeit ja auch noch im Exil im holländischen Doorn lebte. Der Antisemitismus Wilhelms II. während seiner Regierungszeit wird zwar kontrovers diskutiert, der seiner

war für Adolf Hitler eindeutig negativ besetzt, ebenso wie das ganze Habsburgerreich.[46] Die ironische Betrachtung des Kaisers als eher skurrile Figur, zwar populär, aber hoffnungslos überschätzt und inkompetent (wenn auch mit einem gewissen Respekt zumindest der Funktionalität einhergehend), finden wir auch in *Mein Kampf*.[47] Auf der anderen Seite waren Hitlers Vorbilder in seiner Wiener Zeit die Antisemiten Georg v. Schönerer und nicht zuletzt der Wiener Bürgermeister Dr. Karl Lueger, der wiederum einer der wichtigsten persönlichen wie auch politischen Antagonisten des Kaisers war.[48]

Diese Abneigung Hitlers, und (daher) auch des Nationalsozialismus generell, hatte nicht zuletzt mit dem zu tun, was man vielleicht den Anti-Antisemitismus Franz Josephs nennen könnte. Im Zusammenhang des populären und populistischen Antisemitismus seit dem ausgehenden 19. Jahrhundert in Österreich war es der Kaiser, der den »österreichischen Juden […] in zunehmendem Maße als ihr Schutzengel, Wächter und Schutzheiliger gegen die anschwellende Flut des Antisemitismus von unten« erschienen war.[49] Der Kaiser besuchte sogar gelegentlich Synagogen; aus seiner Privatkorrespondenz wissen wir, dass dies nicht nur seine öffentliche, sondern auch innere Einstellung illustriert. So schreibt er 1895 an seine Frau Elisabeth: »Der Antisemitismus ist eine bis in die höchsten Kreise un-

---

Exilzeit hingegen ist wohl unbestreitbar. (Vgl. mit aller Vorsicht Röhl, John C.G.: *Wilhelm II. Das Beste waere Gas!* In: *Die Zeit* 43, 25.11.1994, http://pdfarchiv.zeit.de/1994/48/wilhelm-ii-das-beste-waere-gas.pdf; als Gegengewicht Sombart, Nicolaus: *Wilhelm II. Sündenbock und Herr der Mitte.* Berlin 1996; dazu auch die Rezension von Drechsler in *History. Reviews of New Books* 25/3 (1997), S. 125).

46   Hitler, Adolf: *Mein Kampf.* München [651/655]1941, S. 174–179.

47   Ebd., S. 174–175.

48   Vgl. Wistrich, Robert S.: *Die Juden Wiens im Zeitalter Franz Josephs.* Wien 1999, S. 149; Hitler: *Mein Kampf*, S. 107–110; Bullock, Alan: *Hitler. Eine Studie über Tyrannei.* Düsseldorf 1961, S. 40–43; Beller: *Franz Joseph*, S. 122–123; Dickinger, Christian: *Franz Joseph I. Die Entmythisierung.* Wien 2001, S. 152–154. Es sei hier vermerkt, dass es auch eine – besonders Wiener – Lueger-Nostalgie gab und gibt, und dass ein zentraler Platz in Wien noch bis vor wenigen Jahren nach ihm benannt war. Auf der Musikbühne drückt sich das in dem Wiener Singspiel bzw. der Operette *Essig und Öl* (1932) aus, in dem ein sozial abgestiegener Greisler sich in einem Lied an seinen Status unter Lueger erinnert: »Der Doktor Lueger hat mir einmal die Hand gereicht.« Dieses Lied wurde in erster Linie durch die Interpretation von Hans Moser bekannt (http://de.wikipedia.org/wiki/Essig_und_Öl, www.youtube.com/watch?v=x8rH-DCLgI0). Es ist hierbei nicht zu übersehen, dass der Greisler eine der sozialen Gruppen repräsentiert, die den Aufstieg des Nationalsozialismus signifikant begünstigten und unterstützten, da diese sich deren Abstiegssorgen explizit annahmen (aber vgl. Hamilton, Richard und Homburg, Heidrun: *Die soziale Basis des Nationalsozialismus. Eine kritische Betrachtung.* In: *Geschichte und Gesellschaft*, Sonderh. 7 (1981) (*Angestellte im europäischen Vergleich. Die Herausbildung angestellter Mittelschichten seit dem späten 19. Jahrhundert*), S. 354–375; Schieder: *Die NSDAP vor 1933*).

49   Vgl. Wistrich: *Die Juden Wiens*, S. 147.

gemein verbreitete Krankheit und die Agitation ist eine unglaubliche [...] die Auswüchse sind entsetzlich.«[50] Die Antisemiten bezeichneten ihn deswegen gar als Judenkaiser.[51]

Es mag ja sein, dass Franz Joseph am Ende seiner Regierungszeit ›aus der Zeit gefallen‹ wirkte[52], aber bezogen auf die 1930er-Jahre in Deutschland war das, wie nicht oft genug betont werden kann, nichts Schlechtes. Eine Darstellung, die trotz aller Volkstümlichkeit – die dem ja nicht widerspricht – gar »zur gefährlichen monarchistischen Propaganda« zu werden drohte (so zitiert Hörbiger die hier sicherlich ironisch gemeinte Rezension Rolf Nürnbergs in der *Neuen Berliner Zei-*

---

50 Ebd., S. 149.

51 Vgl. ebd., S. 149, generell S. 146–153; www.misrachi.at/index.php/geschichte/geschichte-der-juden-in-wien/64-herrschaft-der-gnade. In diesem Zusammenhang ist interessant, dass in der 1952er-Willy-Forst-Verfilmung der Operette der Auftritt des Kaisers stattfindet (gespielt von Rudolf Forster, der im Jahre 1943 in dem Lueger-Drama *Wien 1910* ausgerechnet den Protagonisten darstellte; zu Forst in diesem Zusammenhang vgl. Clarke: *Zurück in die Zukunft*, S. 120), während er in den 1935er-, 1960er- und 2013er-Verfilmungen, auch aus Adaptionsgründen des Stoffes, der in diesen zu einer anderen Zeit spielt, nicht vorkommt. Hierzu berichtet Kamps: »Eine kuriose Episode rankt sich um die Erstaufführung des Forst-Films in Österreich: Dort werden nämlich kurz nach der Premiere alle Sequenzen, die den Kaiser Franz Joseph zeigen, herausgeschnitten, wie auch die entsprechende Musik. Diese Verstümmelung begründet man wie folgt: Die Schnitte habe man vorgenommen, weil die Fassung des Films den heutigen Vorstellungen nicht entspräche. Die alte österreichische Hymne *Gott erhalte, Gott beschütze ...* sei als ehemalige Nazihymne und jetzige Hymne der westdeutschen Bundesrepublik nicht tragbar. Der österreichische Monarch sei überdies als Kasperl und Clown dargestellt und eine derartige Lächerlichmachung eines Mannes, der immerhin eine Personifikation der Geschichte Österreichs darstelle, sei unhaltbar. Es gäbe keinen einzigen deutschen Film, in dem etwa der deutsche Kaiser zu einer solchen Maskerade herangezogen würde. Doch schon wenig später muss der Versuch, den alten Franz Joseph erneut auszutreiben, rückgängig gemacht und der Film in der integralen Fassung gezeigt werden. Der Kaiser ist wieder da.« (Kamps: *Verliebte Kellner, Tankwarte und Schulmädchen*, http://www.ralph-benatzky.com/main. php ?cat=4&sub_cat=12&task= 3&art_id=000191). Zwar mag es im politischen Klima 1935 notwendig gewesen sein, den Kaiser in der Verfilmung durch eine Figur namens Fürst zu ersetzen, was ja die These dieses Essays unterstützen würde. Dennoch ziehen sich auch durch diese Fassung Reminiszenzen an seine Relevanz für das Stück. Einerseits arbeiten in dieser Fassung zwei Kellner namens Franz und Joseph im weißen Rößl; andererseits zeigt auch die Notwendigkeit, überhaupt eine Ersatzrolle zu erfinden, dass die Rolle auch Bedeutung für die Dramaturgie hat. In der Filmfassung von 1960 erinnert zumindest eine Plakette am weißen Rößl, die darauf hinweist, dass er dort einst eine Nacht verbrachte, an den Kaiser, und der erste gesprochene Satz im Film lautet »Der Kaiser kommt«, was sich aber, wie sich schnell herausstellt, auf den Namen eines – nicht gerade prächtigen – Schiffs, das Touristen bringt, bezieht.

52 Vgl. Dickinger: *Franz Joseph I*, S. 185–187.

tung (12-Uhr-Blatt))[53], hängt hinsichtlich ihrer Bewertung auch davon ab, für welche Staatsform dies denn eine Gefahr wäre. »Im Volksmund, der freilich vor Irrtümern nie gefeit ist, hieß es nicht zufällig: ›Wenn der alte Kaiser stirbt, geht das Leuteumbringen an.‹«[54] Und schließlich – in der Rolle, die Hörbiger die Besetzung im *Weißen Rößl* einbrachte, in der er Charell überzeugte und die dieser also gesehen hatte, ging es »darum, dass eine kleine jüdische Ganslerin vom Monarchen empfangen wurde.«[55]

Coda

Im *Weißen Rößl* macht gerade die relative Unwahrscheinlichkeit und das wohl ursprüngliche Nichtvorhandensein einer Zuneigung ausgerechnet zu Kaiser Franz Joseph I. auf Seiten der Schöpfer der Operette die Bedeutung seines Auftritts im Zentrum von Berlin aus, wenn man den Hintergrund der letzten Jahre der Weimarer Republik und der kommenden Machtübernahme der Nazis mitbedenkt. Die Tatsache, dass dieser Kaiserauftritt, mit dem man sich durch Jubel selbst verorten und versichern konnte, in einer Art sicherem Kontext stattfand und eine Person umjubelt wird, die vergleichsweise harmlos erscheinen mochte, verstärkte dies möglicherweise für die Seite des Publikums noch.[56] Für die jüdischen und auch die nichtjüdischen Protagonisten des *Weißen Rößl* mag die Figur des Kaisers als *deus ex machina* zu dieser Zeit eben keine triviale Lösung, wie etwa Abels und Eckstein das nahelegen (s. *supra*), sondern – wie nicht umsonst in der klassischen Tragödie ja durchaus angelegt – eine Lösung einer »an sich unlösbaren Verwicklung kurz vor der Katastrophe«[57] gewesen sein. Der *deus ex machina* ist im Kontext des *Weißen Rößl* so eher als eine klassische Referenz zu sehen, die durchaus ursprünglich parodistisch gemeint sein könnte, was aber dem ganz unironischen Kernpunkt nichts nimmt.[58]

---

53 Hörbiger: *Ich hab für euch gespielt*, S. 180; verifizierbar ist dies nicht, da lt. Auskunft von Merkler von der *NBZ* »für den Zeitraum vom 1.10. bis 31.12.1930 keinerlei Exemplare mehr an deutschen Bibliotheken [existieren] (wahrscheinlich Kriegsschaden).« (Mail vom 21. Januar 2015.)

54 Dickinger: *Franz Joseph I*, S. 187.

55 Hörbiger: *Ich hab für euch gespielt*, S. 174.

56 Aus heutiger Sicht passt auch, dass Hörbiger zwar bis kurz vor Ende des Krieges kein Widerstandskämpfer und auf der Gottesbegnadetenliste, aber sicher auch keine Nazi-Galionsfigur und insofern auch ein ideales, nicht zu kontroverses Subjekt entsprechender Nostalgie und Sehnsüchte war. Vgl. Völmecke: *Die Stars von Charells Rössl-Inszenierung*, S. 149, http://eichbergfilm.de/paul-hoerbiger/.

57 Wilpert, Gero v.: *Deus ex machina*. In: *Sachwörterbuch der Literatur*. 8. Aufl. Stuttgart 2001, S. 160–161, hier: S. 160.

58 Vgl. Fösel, Karl Richard: *Der Deus ex machina in der Komödie*. Erlangen 1975.

Der Jubel um den Auftritt des Kaisers ist möglicher- und nicht ganz unwahrscheinlicherweise ein nostalgischer und dennoch hoffnungsvoller Applaus gegen die Nazis. Zumindest aus der Perspektive der Zeit 85 Jahre nach der Uraufführung liegt es nahe, ihn auch so zu interpretieren.

Die Autoren danken zuallererst Nils Grosch und Carolin Stahrenberg für die Konzeption, Planung und Durchführung der Konferenz und für unsere Einladung, ebenso aber für wichtige Hinweise zu unserem Essay und die Überlassung von relevanten Forschungsergebnissen. Ihnen, und auch den anderen Kollegen in St. Wolfgang, ist für eine ausgesprochen hilfreiche und komplexe Diskussion unseres Vortrags zu danken; Benjamin Merkler (Universitätsbibliothek Trier) für bibliographische Forschungsassistenz. *Funding for facilities used in this research was provided by the core infrastructure support IUT (19–13) of the Estonian Ministry of Education and Research.*

Christiane Tewinkel
Klärchens Lispeln
Zur Deutung eines besonderen Fehlers im *Weißen Rößl*

Klärchen Hinzelmanns Lispeln ist schon dem Blumenthal/Kadelburgschen Lustspiel von 1897 eingeschrieben und löst in Aufführungen des *Weißen Rößl* stets auf besonders zuverlässige Weise Gelächter aus. Doch worüber wird eigentlich gelacht, wenn Klärchen lispelt? In welcher Weise ist dieses Lispeln auf die Dramaturgie der gesamten Handlung zu beziehen? Immerhin handelt es sich um einen Fehler, der nicht behoben wird, dessen Konzeptionierung sich jedoch ändert, dergestalt, dass Klärchen selbst sich nach der Offenlegung ihres Sprechfehlers zu verändern scheint und auch die anderen Protagonisten mit neuen Augen auf sie[1] blicken. Diesen Vorgang haben Autoren und Regisseure im Laufe der Bearbeitungs- und Inszenierungsgeschichte des *Weißen Rößl* auf immer neue Weise beleuchtet, wie überhaupt Klärchens Lispeln eine Fülle von Möglichkeiten offeriert für Geschichten über Literatur, Religion und Kulturgeschichte, die erzählt werden können jenseits der Geschichte eines scheinbar unerheblichen Sprechfehlers. Von diesen Möglichkeiten soll im Folgenden die Rede sein. Zunächst wird es dabei um das Lispeln aus logopädischer Sicht und um die Etymologie des Verbums gehen. In einem zweiten Schritt wird die Aufmerksamkeit der Figurenkonstellation im Lustspiel und dem Libretto zur Operettenrevue, drittens dann Klärchens Lispeln und dem Lachen über dieses Lispeln gelten. Abschließend soll ein inhaltlich verwandtes Chanson von Ralph Benatzky in Augenschein genommen werden.

Der sogenannte Sigmatismus existiert in mehreren Ausprägungen[2], darunter das seitwärts gesprochene »s«, das überscharfe »s« und das labio-dentale »s«. Den größten Teil der Störungsbilder macht jedoch der Sigmatismus interdentalis oder Sigmatismus simplex aus, das nicht nur hörbare, sondern auch sichtbare Zwi-

---

1   Obgleich nicht grammatisch, wird im Folgenden auf Klärchen stets mit dem weiblichen Pronomen Bezug genommen. Weiter unten soll auf die Versächlichung durch die Namensgebung weiter eingegangen werden.

2   Folgende Ausführungen nach einem Gespräch mit der Berliner Logopädin Berit Groß am 26. März 2015 sowie in Anlehnung an Krech, Hans: *Beiträge zur Sprechwissenschaft II. Die Behandlung gestörter S-Laute. Sprechkundliche Beiträge zur Therapie der Sigmatismen* [Habilitationsschrift Halle 1954]. Hg. von Eva-Maria Krech. Frankfurt a.M. 2011.

schenzahnlispeln, wie es auch in den Inszenierungen des *Weißen Rößl* begegnet. Dieses Lispeln ist eine späte, dennoch natürliche Phase während des kindlichen Spracherwerbs, da die S-Laute als letzte erworben werden und hoch feinmotorisch sind; es erhält sich nur im Ausnahmefall bis in das Erwachsenenalter und wird für gewöhnlich spätestens mit dem Zahnwechsel durch den regulären S-Laut abgelegt.

Vor diesem Hintergrund kann es nun auch als ein Kunstmittel eingesetzt werden, um eine bereits erwachsene Person zu verniedlichen oder zu verkindlichen. Obwohl in der Realität eher Jungen als Mädchen einen S-Fehler haben, sind es in künstlerischen Kontexten vor allem Frauengestalten, die lispeln, beispielsweise die junge Heike Makatsch als Maren Krummsieg in der Filmkomödie *Männerpension* (Deutschland 1996), die durch ihr Lispeln eine ausgesuchte Naivität erhält. Auch Loriots Skript für Evelyn Hamann als lispelnde Fernsehansagerin kommt hier in den Sinn[3], auch wenn dieses Lispeln akzidentell ist auf der Grundlage der ins Leere laufenden Bemühungen, mit dem Aussprachesystem der englischen Sprache zurechtzukommen. Zusätzlich kann das künstliche Lispeln mit einer hohen, ebenfalls kindlich assoziierten Intonation kombiniert werden.

Während das Lispeln bei Erwachsenen heute selbst einer Laufbahn im öffentlichen Leben oder in der Unterhaltungsbranche nicht zwingend entgegensteht, gab es Zeiten, in denen es Sprecherinnen und Sprecher schwer belasten konnte. Nachdrücklich hat der Phoniater Hans Krech Mitte der 1950er-Jahre darauf hingewiesen, dass man bei der therapeutischen Behandlung von S-Fehlern »die starke Depression und den fehlenden Anschluss des Patienten an die Sprachgemeinschaft berücksichtigen«[4] müsse. Klärchens inneres Unglück und ihre Vermeidungsstrategien – ihr »ja, Papa«, »nein, Papa« hat überdies die Funktion, die Bezogenheit auf den Vater zu unterstreichen – mögen amüsant und wenig zeitgemäß wirken, doch ist der Sachverhalt der Vermeidungsstrategie auch uns Heutigen bekannt, greifen Sprecher mit anderen Schwierigkeiten noch immer zu besonderen Taktiken, um unauffällig zu bleiben. Personen, die stottern, legen sich ihr Vokabular ebenso zurecht wie solche, die an einer rhythmischen Regulierungsschwäche leiden und längere Wörter nicht korrekt aussprechen können.

Unterdessen ist etymologisch eine starke onomatopoetische Dimension belegbar. In der Literatur des 16. bis 19. Jahrhunderts tritt das Verb nicht als Bezeichnung für ein fehlerhaftes Sprechen, sondern als Synonym für »leise, verschämt sprechen« oder »flüstern« auf[5]. Während unzählige Gedichte und Prosatexte es in dieser Bedeutung verwenden, nimmt Heinrich Heines Gedicht »Sie saßen und

---

3   Die Erstausstrahlung der »Englischen Ansage« erfolgte am 7. November 1977 bei Radio Bremen.

4   Krech: *Die Behandlung gestörter S-Laute*, S. 98.

5   *Duden. Etymologie. Herkunftswörterbuch der deutschen Sprache.* Speyer 1963, S. 406.

tranken am Teetisch« aus dem *Lyrischen Intermezzo* von 1822–1823 den für die Moderne charakteristischen Wandel der Wortbedeutung auf geradezu geniale Weise vorweg: »Der Domherr öffnet den Mund weit: / ›Die Liebe sei nicht zu roh, / Sie schadet sonst der Gesundheit.‹ / Das Fräulein lispelt: ›Wieso?‹«[6] Obgleich eine Ersetzung der Wortbedeutung, d.h. des leise flüsternden durch das fehlerhafte Sprechen hier gar nicht nachzuweisen ist, scheint Heine hier doch beides zu umschließen, die Liebesdichtung vormaliger Jahrhunderte ebenso wie das fehlerhafte Sprechen als Ausweis von Kindlichkeit, damit einer noch ausstehenden Sexualisierung. Ein Indiz für diese Infiltration der alten Wortbedeutung mit der neuen ist, dass ein Fragewort mit »s« verwendet wird. Mit all dem verweist das Gedicht zugleich auf den schmalen Grat zwischen Lesen und Sprechen, zwischen stiller Aufnahme und Ausführung, wie überhaupt das Lispeln als fehlerhaftes Sprechen ja erst dort zu vernehmen ist, wo es auch hörbar und sichtbar wird.

In ähnlicher Weise aber, wie das lispelnde Fräulein bei Heine sich fragend an den Domherrn wendet, steht auch Klärchen im *Weißen Rößl* in einer engen Beziehung zu ihrem Vater und zu Arthur bzw. Sigismund[7] Sülzheimer als künftigem Ehemann. Schon bei Blumenthal und Kadelburg macht sich die besondere Nähe des Vater-Tochter-Verhältnisses in der Schilderung des Eisenbahn-Fahrens bemerkbar, »und ich sitze mit meinem Klärchen auf der Eisenbahn, und ich fühle das Rütteln und Schütteln im ganzen Körper […], das ist zu schön«[8], erklärt Hinzelmann in der Rückschau auf die gemeinsame Anreise. Die sexuell gefärbte Körperlichkeit, die aus dieser Schilderung spricht, wird im Libretto zur Operettenrevue noch einmal durch eine Bemerkung Sigismunds verstärkt, der sich bei Hinzelmann vergewissert: »[i]st doch Ihre Tochter?«[9] Zu gleicher Zeit, dies macht die Versächlichung bzw. Diminution des Vornamens deutlich, eignet Klärchen etwas Kindhaftes, Vor-Geschlechtliches. Schon in der Bedeutung ihres Namens, der zurückgeht auf das Lateinische »clarus« für »klar, hell, leuchtend, glänzend«, dürfen wir einen Hinweis darauf erkennen. Für die äußere Darstellung der Bühnenfigur eröffnen sich damit viele Möglichkeiten; der Rückgriff auf das Stereotyp der spröden jungen Frau mit Accessoires wie Brille, Strickjacke und dunklen Strumpfho-

---

6   Heine, Heinrich: *Buch der Lieder*. Frankfurt a.M. 1975, S. 94.

7   Bei Blumenthal und Kadelburg heißt Sigismund noch Arthur. Während die spätere Namensänderung vermutlich allein von der Einbindung des Schlagers »Was kann der Sigismund dafür, daß er so schön ist« herrührt, wird der Name »Sigismund« durch das zweifache »s« auch für die Vergegenwärtigung von Klärchens Lispeln produktiv. Im Folgenden wird ohne Ansehen der jeweiligen Vorlage stets von Sigismund die Rede sein.

8   Blumenthal, Oscar und Kadelburg, Gustav: *Im weißen Rößl. Lustspiel in drei Aufzügen.* Berlin [9]1924, S. 57.

9   *Im Weißen Rößl.* Singspiel in 3 Akten von Hans Müller und Erik Charell, Musik von Ralph Benatzky, Texte der Gesänge von Robert Gilbert, Berlin 1931 und München 1952 (im folgenden zitiert als *Regie- und Soufflierbuch*), hier: S. 51.

sen[10] kann hier ebenso Sinn ergeben wie die Zeichnung als Lolita-Figur mit Zöpfen und Kniestrümpfen über nackten Beinen[11].

Die enge Bindung an den Vater wird Klärchen durch die neue Bindung an Sigismund Sülzheimer ersetzen. Diesen Vorgang bildet der Stummfilm von Richard Oswald von 1926 auf eindrückliche Weise ab[12]. Hier wird Klärchen von ihrem Vater an Sülzheimer gleichsam abgegeben, mit Küssen, die sowohl ihrem lispelnden Mund als auch der Glatze Sülzheimers gelten. In diesen Küssen des Vaters werden die Fehler oder Makel der beiden jungen Leute symmetrisch aufeinander bezogen, und im selben Augenblick wird auch das Küssen von Neuem besetzt, in einer Vorwegnahme der Tatsache, dass es für die beiden Liebenden fortan um eine ganz andere Art des Küssens gehen wird.

Doch was für ein Paar findet damit zusammen? Eine Deutung der Konstellierung der zentralen Paare im *Weißen Rößl* von 1897 hat der Theaterwissenschaftler Peter Marx in einem Buch über *Bürgerliche Selbstinszenierungen um 1900* vorgelegt. Marx führt aus, dass in der Mitte des Theaterstücks mit seiner »konventionelle[n] Lustspieldramaturgie« das Liebespaar Ottilie Giesecke und Dr. Otto Siedler stehe, ein Paar also,

> das zunächst den Widerstand von Ottilies Vater, Wilhelm Giesecke, überwinden muss, um zum Happy-End zu kommen. Gespiegelt wird dieser Hauptstrang durch zwei weitere Liebespaare, nämlich Klärchen Hinzelmann und Arthur Sülzheimer sowie die Wirtin des ›Weissen Rössel‹, Josepha Voglhuber, und ihren Zahlkellner Leopold Brandmeyer.[13]

Während man bezweifeln darf, ob die hierarchische Anordnung der Paare sich im Libretto von Hans Müller und Erik Charell unverändert hält, da dort vielmehr Josepha und Leopold im Mittelpunkt zu stehen scheinen, bleibt gültig, dass Sigismund und Klärchen hier wie dort ein »Liebespaar mit ›Schönheitsfehlern‹«[14] darstellen. So kann man Peter Marx auch dahingehend zustimmen, dass die Idylle am Wolfgangssee als Gegenraum zur Großstadt ein »Residuum freier, natürlicher, ungezwungener Identität«[15] bietet, in dem nicht die Frauen und Männer der ländlichen Bevölkerung, sondern allein die von auswärts kommenden Städter mit körperlichen Makeln geschlagen sind, eine Glatze haben oder lispeln. Sehen wir

---

10 So bei den Seefestspielen Mörbisch von 2008, Regie: Karl Absenger.

11 Inszenierung von Volker Vogel, Musikalische Komödie an der Oper Leipzig, 2014.

12 Produzent des Filmes war die Richard Oswald Produktion GmbH, den Verleih besorgte Emelka.

13 Marx, Peter W.: *Ein theatralisches Zeitalter. Bürgerliche Selbstinszenierungen um 1900.* Tübingen und Basel 2008, S. 293.

14 Ebd.

15 Ebd., S. 243.

an dieser Stelle noch einmal auf die Schlüsselszene bei Blumenthal und Kadelburg, in der Klärchens Lispeln zum ersten Mal vernehmlich wird:

> Sülzheimer. Und gerade eine hübsche Stimme, die ist für mich eigentlich das Wichtigste bei der Frauenschönheit! Wenn die fehlt … Da habe ich jetzt zum Beispiel in Salzburg einen Spaß erlebt – den muß ich Ihnen erzählen. Da saß mir an der Table d'hôte eine Dame gegenüber, bildschön, so lange sie stumm war. Aber auf einmal fing sie zu sprechen an, und aus war's! Denken Sie nur, sie lispelte nämlich! (Lispelnd, mit der Zunge anstoßend und die Dame kopierend.) ›Darf ich Sie ums Selterswasser bitten!‹ Ich sage Ihnen, es war zu komisch, und ich mußte die Serviette vors Gesicht halten, um mein Lachen zu verbergen.
>
> Klärchen (in lebhafter Erregung, stark lispelnd). Das war aber sehr häßlich von Ihnen! Sie sollten sich schämen, daß Sie über so etwas lachen!
>
> Sülzheimer (betroffen). Mein Fräulein!
>
> Klärchen. Begreifen Sie jetzt, warum ich so schweigsam war? Ich lispele nämlich auch.
>
> Sülzheimer (verlegen). Das kommt mir allerdings so vor.[16]

Nichts ahnend nimmt Sülzheimer vorweg, wie Klärchen spricht, ohne dass er wissen kann, dass es ein Lispeln ist, das sie so zurückhaltend sein lässt. Schon hier dürfte das Berliner Premierenpublikum gelacht haben über die Vergegenwärtigung einer lispelnden Frau, ein Lachen ganz im Sinne Sigmund Freuds, der in seiner 1905 erschienenen Schrift *Der Witz und seine Beziehung zum Unbewußten* als »Mittel, die zum Komischmachen dienen«, »die Versetzung in komische Situationen« nannte, die Nachahmung, Karikatur, Parodie oder Travestie – und deren Gegenstück, die Entlarvung, die sich richtet »gegen Personen und Objekte, die Autorität und Respekt beanspruchen, in irgendeinem Sinne *erhaben* sind«[17], wie eben die »bildschön[e]« Salzburger Dame, über die im übrigen ja auch Sülzheimer nun selbst lacht. Zu bedenken ist dabei auch, dass der Gegenstand des gemeinsamen Gelächters ein S-Fehler ist, den für gewöhnlich nur Kinder haben; noch einmal Freud hat erläutert, dass »das Komische« nicht selten das »Ergebnis einer Vergleichung«[18] ist, die zugunsten des Betrachters ausgeht und dass das Lachen in einem solchen Fall »Ausdruck der lustvoll empfundenen Überlegenheit«[19] ist.

---

16 Blumenthal und Kadelburg: *Im weißen Rößl*, S. 58f.

17 Freud, Sigmund: *Der Witz und seine Beziehung zum Unbewußten* [1905]. *Der Wahn und die Träume in W. Jensens* Gradiva. *Der Dichter und das Phantasieren*. Leipzig und Weimar 1985, S. 174 und 184.

18 Ebd., S. 179.

19 Ebd., S. 180. Das Lispeln bzw. der Sprachfehler als komischer Effekt auf der Theater- bzw. Operettenbühne ist im Untersuchungszeitraum nicht unbekannt; auch die Herzogin Rosemarie von Morenien in Emmerich Kálmáns *Die Herzogin von Chicago* von 1928 lispelt,

Derweil herrscht im Theaterstück von 1897 noch eine gleichgewichtige Relation zwischen dem Sprechfehler Klärchens und der Kahlköpfigkeit ihres jungen Verehrers, deren überraschende Zurschaustellung ebenfalls auf die Provokation von Gelächter abzielt. Beide, so stellt sich heraus, haben sich bislang bemüht, den vermeintlichen Makel zu verbergen, Klärchen, indem sie sich beim Sprechen vorsah, Sülzheimer, indem er außer Haus einen Hut aufsetzte und sich deswegen auch als »Gartenschönheit«[20] bezeichnet. »Und ich kann doch nichts dafür! Ich kann doch nichts dafür! [...] Ich kann doch nur so reden, wie mir der Schnabel leider gewachsen ist!«[21], sagt Klärchen über ihr Lispeln, eine Bemerkung, die unterstreicht, dass auch ihr Makel ein körperlicher ist[22]. Um die Jahrhundertwende, daran hat Peter Marx erinnert, heben sowohl Freud als auch der französische Philosoph Henri Bergson in einer zeitnah erschienenen Schrift über das Lachen[23] »den Körper (besonders in seiner Abweichung von der Norm) als bevorzugtes Objekt des Lachens hervor«. Das Lachen gewinne dann eine

> disziplinierende, für den Zusammenhalt einer sozialen Gruppe konstitutive Funktion. Allerdings erschöpft sich die soziale Funktion keineswegs in der Disziplinierung, vielmehr kann das Lachen auch zum integrierenden und verbindenden Faktor werden – jedoch oft dadurch, dass der Ausschluss von Dritten die Gemeinschaft der Lachenden stiftet und bestätigt.[24]

Entsprechend deutet Marx die auffällige Konzentration des Theaters des späten 19. Jahrhunderts auf das komische Genre nicht als Anzeichen für eine ziellos schweifende Vergnügungssucht, sondern viel eher als ein Vehikel für das Bedürfnis, in einer von umwälzenden Veränderungen geprägten Zeit Gemeinschaftlichkeit zu erleben[25]. Darauf wird weiter unten zurückzukommen sein.

Nun können Klärchen Hinzelmann und Sigismund Sülzheimer, dies zeigt sich schnell, gut damit leben, dass der oder die andere nicht makellos ist. Mehr noch, ihr jeweiliges Hinwegsehen darüber vermag als Zeichen einer inneren Vollkommenheit den eigenen Makel auszugleichen und den Makel des oder der anderen abzumildern. Sülzheimers Galanz zum Beispiel, sein Urteil, der »kleine Sprachfehler« stehe Klärchen Hinzelmann »entzückend. Ich begreife gar nicht, wie eine

---

ebenso wie der Eugen Rümpel in *Pension Schöller* von Wilhelm Jacoby und Carl Laufs von 1890, der kein »l« aussprechen kann und stattdessen immer »n« sagt.

20 Blumenthal und Kadelburg: *Im weißen Rößl*, S. 60.

21 Ebd., S. 59.

22 Zu bedenken ist hier freilich, dass beider Makel eine performative Seite hat – Sigismunds, indem er seinen Hut nur wahlweise aufsetzt, Klärchens, indem sie sich dafür entscheidet, zu sprechen bzw. sich beim Sprechen zurückzuhalten.

23 *Le Rire. Essai sur la signification du comique.* Paris 1900.

24 Marx: *Ein theatralisches Zeitalter*, S. 203–204.

25 Vgl. ebd., S. 204.

Dame überhaupt anders reden kann«[26], enthebt Klärchen der Not, sich für ihr Lispeln weiter zu erklären und zu rechtfertigen. Umgekehrt findet auch Klärchen nun, dass die Glatze dem Mann gut stehe, »ich kann Sie mir gar nicht anders vorstellen«[27], sagt sie schon in Blumenthals und Kadelburgs Urfassung.

In der Textvorlage von Hans Müller, Erik Charell und beim Dichter der Gesangstexte, Robert Gilbert, nimmt sich die Situation jedoch gänzlich anders aus. Hier kommt ein ganzes Bündel neuer Deutungsschichten hinzu. Aus der Perspektive Freuds dürfte man zunächst davon sprechen, dass in der Textversion von 1930 zur Dimension des Komischen zusätzlich die Dimension des Witzes tritt, als eine Lachlust, die »aus *erspartem Hemmungsaufwand*«[28] hervorgeht. Bestandteil der Neubearbeitung ist die Auflösung der Gleichgewichtsbeziehung zwischen Klärchen und Sigismund und die Sexualisierung von Sigismunds Glatzkopf. Aus der vormaligen »Gartenschönheit« ist nun eine »Badeschönheit«[29] geworden, aus der Glatze ein besonders attraktives Merkmal, und so kann der ›schöne‹ Sigismund denn auch von der »[geradezu haarsträubenden] Wirkung meiner nackten Birne auf das weibliche Geschlecht«[30] sprechen. Und hatte Blumenthal/Kadelburgs Sülzheimer auf Klärchens Lispeln noch mit den Worten reagiert, dass er gar nicht verstehe, »wie eine Dame überhaupt anders reden kann«[31], so gesteht er im Libretto vom 1930, dass Klärchens Sprachfehler »direkt sinnlich«[32] auf ihn wirke.

Zu diesen Veränderungen gehört eine neue Kontextualisierung auch des Lispelns. Um ihr auf den Grund zu gehen, wollen wir den Blick über das *Regie- und Soufflierbuch* von 1930 hinaus auf eine längere Version des Textes zu »Und als der Herrgott Mai gemacht!« richten, eine Nummer, in der Kevin Clarke wohl nicht zu unrecht die Literarisierung von Oralsex erkannt hat.[33] Dieser längere Liedtext, der bereits 1930 in einem gesonderten *Liederbuch* mit *Rößl*-Gesängen publiziert wurde und seinerzeit auch als Einzelnummer »für Klavier und Gesang […] in jeder Musikalienhandlung erhältlich«[34] war, gewährt eine neue Sicht auf das Mitei-

---

26 Blumenthal und Kadelburg: *Im weißen Rößl*, S. 59.
27 Ebd., S. 60.
28 Freud: *Der Witz und seine Beziehung zum Unbewußten*, S. 219. Kursivierung im Original.
29 *Regie- und Soufflierbuch*, S. 53.
30 Ebd., S. 56.
31 Blumenthal und Kadelburg, *Im weißen Rößl*, S. 59.
32 *Regie- und Soufflierbuch*, S. 55.
33 Clarke, Kevin: *Zurück in die Zukunft. Aspekte der Aufführungspraxis des* Weißen Rössl. In: *Im weißen Rössl. Zwischen Kunst und Kommerz*. München 2006, S. 101–126.
34 *Im Weißen Rössl. Singspiel in drei Akten*. Frei nach dem gleichnamigen Lustspiel von Blumenthal und Kadelburg von Hans Müller, Musik von Ralph Benatzky, Musikalische Einlagen von Robert Stolz, Bruno Granichstaedten und Robert Gilbert, Gesangstexte von Robert Gilbert, Textbuch der Gesänge, Berlin 1930, hier: S. 24 (im Folgenden zitiert als *Textbuch der Gesänge*).

nander von Sigismund und Klärchen und auf die Bedeutungsdimensionen von Klärchens Lispeln. Aus diesem Duett stammt folgende Passage:

> Muttchen sprach:
> ›Dein Sprechen, Kind,
> Ertrage ich nicht!
> Ein Sprach-Unterricht wär' gut!‹
> Und so kam denn ein Mann ins Haus,
> Und der trieb mir das Lispeln aus!
> Schwer ist so ein Wort,
> Das mit dem ›S‹ gleich beginnt;
> Doch sprach er: ›Mein Kind, nur Mut!
> Einmal wird es schon geh'n,
> Und sie werden noch seh'n,
> Nächstens sprechen Sie wunderschön!‹[35]

Sehen wir kurz davon ab, dass die zitierte Passage mit Blick auf die Abfolge der geschilderten Ereignisse leise Verwirrung bringt, weil der Eindruck entsteht, als habe Klärchen ihr Lispeln längst überwunden bzw. als ob sie nicht länger als sie selbst, sondern in der Rolle jener Prinzessin spräche, um die es in diesem Duett geht. Anschlussfähig an die Handlung im *Weißen Rößl* jedoch bleibt das zeitliche Vorher und Nachher, in das ein junges Mädchen und ein erwachsener Mann involviert sind. Offenbar hat der Sprechunterricht nicht nur die potentielle Erlangung eines regulären ›s‹ oder die selbstverständliche Integration eines fehlerhaften ›s‹ zum Ziel, nicht nur das Eingeständnis der gegenseitigen Zuneigung, wie noch bei Blumenthal und Kadelburg. Stattdessen steht für die Lisplerin das Bekanntwerden mit einer neuen Lebensdimension an. Gelacht wird nicht mehr nur über das Lispeln als komische Zurschaustellung eines Fehlers, sondern zusätzlich über die Suggestion einer Gleichsetzung des Sprechunterrichts mit einer sexuellen Unterweisung.

Nun liegt hinter diesem gleichsam doppelten Angebot an die Lachlust des Publikums möglicherweise eine dritte Ebene. Ihr kommen wir auf die Spur, wenn wir eine Versfolge in demselben Duett betrachten: »Laß uns unter Mispeln lispeln, denn wie Konfekt, / O Sigismund, schmeckt Dein Mund!«[36] Abermals wird hier auf die komische Kopplung des Erhabenen mit dem Trivialen abgezielt, indem nämlich diese Zeilen eine Wendung im *Hohelied* paraphrasieren und parodieren: »Sein Mund ist voll Süße; alles ist Wonne an ihm. Das ist mein Geliebter, ja, das ist mein Freund, ihr Töchter Jerusalems!« (5,16)[37]. Dieser Zusammenhang aber

---

35 *Textbuch der Gesänge*, S. 25–26.
36 *Regie- und Soufflierbuch*, S. 89.
37 *Die Bibel. Einheitsübersetzung der Heiligen Schrift. Altes und Neues Testament*. Hg. im Auftrag der Bischöfe Deutschlands et al. Aschaffenburg 1980, S. 766.

rechtfertigt es möglicherweise auch, nach weiteren alttestamentarisch bzw. jüdisch assoziierten Kontexten Ausschau zu halten, die mit Klärchens Lispeln in Verbindung stehen könnten[38].

Zu bedenken ist in diesem Zusammenhang nicht nur, dass an den Textfassungen und Uraufführungsproduktionen verantwortlich Beteiligte wie Blumenthal, Charell oder Gilbert jüdischer Herkunft waren, sondern auch, dass der für seine Formulierungskunst ebenso wie für seine langjährige Theatererfahrung bekannte Ralph Benatzky in einer eigenen Parodie eines Programmzettels zu einer Jahresrevue »in 111 Auftritten, 23 Bildern und 12 Verwandlungen bei offener Szene« notiert hat, dass der »Text nach Gotthold Ephraim Lessing« entstanden sei, »mit Anlehnungen an das alte Testament von Mag. Phar. Macdonald Glühwurm (Verfasser von ›Sehderanda‹). Musik mit vollständig freier Benützung sämtl. lebender und toter Komponisten von Chaim Pollak.«[39] An anderer Stelle schreibt Benatzky jüdischen ZuschauerInnen eine besondere Rezeptionsfähigkeit zu: »Es gibt nur ein gutes, ideales Theaterpublikum: Die Juden«, heißt es in einer Tagebuchnotiz von 1928. »Die geistige Beweglichkeit dieser Rasse, die rasche Auffassung, die Kultur, der Sinn für die Pointe sind ideal für den Künstler, und nicht umsonst rekrutiert sich das Hauptkontingent der ausübenden und schaffenden Künstler aus dieser Nation.«[40]

Tastsächlich lässt sich ein entsprechender Kontext auch für Klärchens Lispeln definieren. Wir finden ihn in einer Erzählung aus dem *Buch der Richter*, deren zentrale Vokabel mit einem S- bzw. Zischlaut beginnt. Die Rede ist von dem Wort »Schibboleth« im *Buch der Richter* 12,5–6[41], über dessen korrekte Aussprache sich

---

38 Die Problematik einer Abgrenzung der jüdischen Bibel von den Schriften des Alten Testamentes ist ebenso bekannt wie komplex und kann hier nicht weiter diskutiert werden.

39 Eine Jahreszahl wird nicht genannt. Hennenberg, Fritz: *Es muß was Wunderbares sein. Ralph Benatzky. Zwischen »Weißem Rößl« und Hollywood*. Wien [1998], S. 100.

40 Benatzky, Ralph: *Triumph und Tristesse. Aus den Tagebüchern von 1919 bis 1946*. Hg. von Inge Jens und Christiane Niklew. Berlin 2002, S. 6.

41 »5Gilead besetzte die nach Efraim führenden Übergänge über den Jordan. Und wenn efraimitische Flüchtlinge (kamen und) sagten: Ich möchte hinüber!, fragten ihn die Männer aus Gilead: Bist du ein Efraimiter? Wenn er nein sagte,6 forderten sie ihn auf: Sag doch einmal ›Schibbolet‹. Sagte er dann ›Sibbolet‹, weil er es nicht richtig aussprechen konnte, ergriffen sie ihn und machten ihn dort an den Furten des Jordan nieder. So fielen damals zweiundvierzigtausend Mann aus Efraim.« (*Die Bibel*, S. 254)
»5The Gileadites held the fords of the Jordan against the Ephraimites. And when any fugitive from Ephraim said, ›Let me cross,‹ the mean of Gilead would ask him, ›Are you an Ephraimite?‹; if he said, ›No,‹6 they would say to him, ›Then say *shibboleth*‹; but he would say ›*sibboleth*,‹ not being able to pronounce it correctly. Thereupon they would seize him and slay him by the fords of the Jordan. Forty-two thousand Ephraimites fell at that time.« (*Tanakh. A New Translation of The Holy Scriptures. According to the Traditional Hebrew Text*. Philadelphia und Jerusalem 1985, S. 400).

die Gileaditer gegen die Ephraimiter an der Landesgrenze verlässlich bei ihren Landsleuten ausweisen konnten. Damit wurde die Vokabel zu einem Erkennungswort, das den Übergang vom Gebiet der einen zur anderen Sprach- und Kulturgemeinschaft ermöglichen und dessen falsche Aussprache umgekehrt zum Tode führen konnte. Während Sprachwissenschaftler und Theologen bis heute zu rekonstruieren suchen, um was für ein Phonem es bei diesem Anfangslaut gegangen sein mag und wie artikulatorische und sprachhistorische Faktoren auf die schriftsprachliche Überlieferung einwirkten[42], während im *Weißen Rößl* gewiss nicht von einem potentiell tödlichen Kriterium die Rede ist, geht es mit dem Lispeln doch um die »Grundlage von Gemeinschaft, als Grundlage eines immer vorgängigen Verbundenseins«[43], wie es der Literaturwissenschaftler Till Dembeck in einer ebenfalls dem Phänomen des Shibboleth gewidmeten Schrift zur Bedeutung der Tonaufzeichnung um 1900 erläutert hat.

Tatsächlich ist Klärchen über ihr Lispeln mit der Thematik von Inklusion und Exklusion und der Grenze zwischen zwei Lebenswelten in besonderer Weise konfrontiert. »Und darum rede ich lieber gar nicht mit fremden Leuten«, klagt sie bereits in Blumenthals Fassung mit Blick auf die sie ausgrenzende Gesellschaft: »Lieber soll man mich für dumm halten als daß sie mich auslachen!«[44] Die Offenlegung ihres Lispelns ebenso wie der Sprechunterricht bei Sülzheimer, wie erfolglos dieser auch verläuft, kann für sie zum Anzeichen des Beginns einer neuen Lebensphase bzw. der Initiation in die Gemeinschaft der anderen Erwachsenen werden, zum unverhofften Auftakt einer Reise nach innen, die die großen Ausflüge und Erlebnisse auf der Handlungsoberfläche des *Weißen Rößl* komplementiert. Zu diesem religionsgeschichtlichen Kontext gehört, dass er nur Eingeweihten zugänglich und darin seinerseits shibbolethhaft ist. Dabei ist es wohl von nachgeordneter Bedeutung, ob Angehörige der jüdischen Religionsgemeinschaft um 1900 oder 1930 einen Wissensvorteil gegenüber solchen mit christlicher Konfession hatten. Stattdessen dürfte dieser dritte Referenzrahmen für beide Gruppen gleichermaßen zugänglich, das wissende Lachen als Erlebnis einer Bildungsgemeinschaft noch einmal integrativ wirksam geworden sein.

Mit diesem Hinweis auf die integrative Funktion eines gleichsam mehrfachen Berichts über Inklusion und Exklusion, in dem implizit auch die Frage nach der

---

42 Vgl. dazu ausführlich Graham Davies und Robert Gordon: *Some Comments on the Shibboleth Incident (Judges xii 6)*. In: *Studies on the Language and Literature of the Bible. Selected Works of J.A. Emerton*. Leiden 2014, S. 250–257.

43 Dembeck, Till: *Schibboleth/Sibboleth: Phonographie und kulturelle Kommunikation um 1900*. In: *Medienmentalitäten. Zeitschrift für Literaturwissenschaft und Linguistik* 143 (2006), S. 43–68, hier: S. 54. Nur der Vollständigkeit halber sei darauf hingewiesen, dass ebenfalls Jacques Derrida das Phänomen des Shibboleth mit Blick auf Gedichte Paul Celans diskutiert hat (Derrida, Jacques: *Schibboleth. Für Paul Celan*. Wien 2002).

44 Blumenthal und Kadelburg: *Im weißen Rößl*, S. 59.

Grenze zwischen jüdischer und nichtjüdischer Alltagserfahrung gestellt wird, ist die Geschichte von Klärchens Lispeln noch nicht auserzählt. Ein 1912 publiziertes Chanson von Ralph Benatzky auf einen eigenen Text zeigt auf weitere Aspekte der Thematik, die ob ihrer Komplexität nurmehr angerissen werden können. Auch hier von einem [əs][45] ausgehend, wird noch einmal die Unterweisung einer jungen Frau durch einen Mann dargestellt und mit ihrer Sexualisierung verknüpft, nun in einem deutlich jüdisch geprägten Milieu. Weit ist es nicht von Klärchens »S«-Fehler zur Marie dieses Chansons, die lernen soll, ein »Es« zu singen:

> Die Mutter sprach: Marie, es scheint mir wichtig,
> Daß eine Tochter aus so einem feinen Haus
> Zum Beispiel Du, auch in Musik ist tüchtig,
> Man kann nie wissen, so was zahlt sich aus;
>
> Du nimmst deshalb von morgen an schon Stunde,
> Da vis-à-vis beim jungen Rosenblatt;
> Ich hab' gehört, daß er eine gesunde,
> Und äußerst faßliche Methode hat.
>
> Marie die zeigte sich auch willig
> Und Rosenblatt war äußerst billig,
> Mit einem Wort am andern Tage,
> Begann für Rosenblatt die Plage,
> Denn Mizzi war zwar sehr moralisch,
> Doch absolut nicht musikalisch.
>
> Nach ein paar Tagen ging die Mutter fragen,
> Zum jungen Rosenblatt von vis-à-vis,
> Sie kam und ohne guten Tag zu sagen,
> Sprach sie: nu, Rosenblatt, was is?
>
> Verehrte Frau, ich bin zwar sehr zufrieden
> Sprach Meister Rosenblatt, doch daß ich nicht vergeß',
> Das Fräulein Tochter muß noch fleißig üben,
> Es fehlt die Höh', zum Beispiel schon das Es.

---

45 Die Anleihe beim Internationalen Phonetischen Alphabet zeigt, wie kompliziert die Situation ist. Der Tonname »Es« ist phonetisch identisch mit dem (korrekten) »s«, um das es im *Weißen Rößl* geht, aber wiederum kategorial verschieden von der graphischen Notation der Tonhöhe, die auf dem Titelblatt der Musikalie für den Tonnamen einsteht. Einmal abgesehen von dem phonetisch ebenfalls identischen Pronomen »es« existiert ein wiederum damit homophones Substantiv »[Das] Es«, dessen Bedeutung durch Sigmund Freud eingeführt ist, unter anderem durch die Schrift *Das Ich und das Es* (Leipzig 1923).

Die Mittellage bis zum C da,
Ist gut entwickelt, doch ich seh' ja,
Das alles wird noch langsam kommen,
Bis öfter Stunden sie genommen.
Das Es wird sie ganz sicher kriegen,
Frau Bloch es war mir ein Vergnügen!

Und Meister Rosenblatt gab ohne Frage,
Sich mit dem Unterricht die größte Müh',
Er transponierte alles in die Lage,
wie es am besten schien für die Marie.

Doch wer viel singt, der mache auch gefaßt sich,
Daß sein Organ mit einem mal versagt,
S'is so ne Sache, jedem Menschen paßt's nicht,
Es kommt drauf an, wie man es halt vertragt.

Und einmal fragt Frau Bloch im Messton;
Herr Rosenblatt, nu hat sie's Es schon?
Und Rosenblatt sprach mit Erblassen:
Sie können sich auf mich verlassen,
wir haben alles durchgenommen,
Es ist schon längst dazu gekommen![46]

Nur angedeutet werden kann das Panorama möglicher Verweise und Kontexte, das die Betrachtung dieses Textes im Verbund mit jenen Passagen im *Weißen Rößl* eröffnet, die Klärchen und ihrem Lispeln gewidmet sind. Wäre genügend Raum, müsste man weit hinausgreifen über die Textvorlage zum Lustspiel und zur Operettenrevue, müsste nicht nur das Lachen über ein körperliches Versagen thematisieren, das Lachen über die Umdeutung des Sprech- oder Musikunterrichts in die sexuelle Initiation oder das Lachen über die Kopplung von gelispelten Liebesworten bzw. des S-Fehlers selbst an religionsgeschichtliche Motive. Zu sprechen wäre dann auch von den (musikalischen) Bildungswünschen und Bildungsansprüchen jüdischer und nichtjüdischer Familien, von Sprachgrenzen wie dem sogenannten Mauscheln als dialektaler Einfärbung durch das Phoneminventar des Jiddischen oder vom antisemitischen Stereotyp des sexuell überaktiven Mannes.

Vielleicht darf vorerst zusammenfassend und mit Blick auf den Schauplatz des Geschehens formuliert werden, dass es im *Weißen Rößl* eine Vielzahl von Etagen

---

46 Zitiert nach der Originalausgabe, München 1912. An- und Abführungszeichen der wörtlichen Rede sind im gedruckten Chanson inkonsistent gesetzt, weshalb sie hier gänzlich ausgelassen werden. Auch offensichtliche Druckfehler sind stillschweigend korrigiert worden.

und Bedeutungsräumen gibt, auf die sich Klärchens Lispeln in unerwartet komplexer Weise bezieht. Buchstäblich am eigenen Leibe erfährt Klärchen, was Ausgrenzung bedeutet. Ihre oft schmerzliche Erfahrung, durch die im Hintergrund wirksame Shibboleth-Erzählung vergrößert und spezifiziert, wird zumal in Zuschauern und Zuschauerinnen der ersten Jahrzehnte des 20. Jahrhunderts einen starken Resonanzraum gefunden haben. Mit dem Lachen über Klärchens Lispeln konfigurierte sich eine instantane Kulturgemeinschaft, die das potentiell belastende Bewusstsein über soziale Zusammenhänge in der Realwelt für Augenblicke zur Seite drängen und stattdessen große Heiterkeit in »erspartem Gefühlsaufwand«[47] finden konnte. Auf paradoxe Weise aber blieben Zuschauerinnen und Zuschauer auf dasselbe Bewusstsein über soziale Zusammenhänge angewiesen, um besonders ausgelassen lachen zu können.

---

47 Freud, Sigmund: *Der Witz und seine Beziehung zum Unbewußten*, S. 218. Kursivierung im Original.

Stefan Wieduwilt

Und das, obwohl gesungen wird ...
Emotionalität ohne Vereinnahmung im modernen Musicalfilm

Dass ausgerechnet ich die jüngste Verfilmung des *Rößl*-Stoffs (2013, *Im weissen Rössl – Wehe du singst*) als Produzent initiiert und mitverantwortet habe, hat viele, zum Teil ganz persönliche Vorgeschichten.

Zum einen hatte ich mich schon 1994 intensiv mit dem Stoff und seiner Geschichte befasst. Ich war damals stellvertretender Geschäftsführer der ›Bar jeder Vernunft‹ in Berlin, zuständig für Presse, Marketing, war aber auch mit Aspekten der inhaltlichen Aufbereitung der dortigen *Rößl*-Produktion beschäftigt. Somit hatte ich auch die Fassung von Blumenthal und Kadelburg sowie die Hintergründe der Produktion von Charell im Großen Schauspielhaus vor Augen, und nicht zuletzt die touristischen Gegebenheiten und den schon für die frühe Fassung wichtigen Aspekt des Social climbing. Da die Produktion aufgrund des für das kleine Theater relativ großen Ensembles unterfinanziert war, erfand ich damals die »Kulturaktie«, die man für 250 DM kaufen konnte. Das fanden viele Leute witzig und machten mit, und so konnten wir die Produktion stemmen; das war für mich auch ein persönlicher Erfolg.

Als Jahre später ein Fernsehredakteur, den ich wiederum aus der ›Bar jeder Vernunft‹ kannte, mit der Idee einer Musicalverfilmung auf mich zukam, war mir klar, dass es da nur ein Stück geben kann, das sich anbietet, sofern man einen deutschsprachigen Stoff zugrunde legen will: das *Rößl* – und wir waren gleich einer Meinung. Ich habe mir also sofort die Verlagsrechte für die Verfilmung gesichert. Trotzdem hat es dann noch fast zehn Jahre gedauert, bis der Film gedreht wurde. Und dass es dazu kam, hatte auch viel mit Zufall zu tun. Insgesamt ist man beim deutschsprachigen Film sehr skeptisch solchen Genrefilmen gegenüber (auch einer deutschen Horrorfilmproduktion würde man wenig Chancen beim Kinopublikum zurechnen). Deshalb drängte später auch beim Marketing der Verleih darauf, den Begriff Musical zu vermeiden und war insgesamt eher vorsichtig – was meiner Ansicht nach ein Fehler war, wir hätten das sogar viel offensiver angehen sollen! Denn der Film ist meiner Ansicht nach, auch wenn das *Rössl* 1930 allenfalls eine Frühform des Musicals war, doch ein wirklicher Musicalfilm geworden. Er trägt fast alle klassischen Elemente eines Musicals, insbesondere das Verhältnis der Songtexte zur Handlung. Es ist ein sehr spezieller, ungewöhnlicher Film, der auch eine entsprechend besondere Vermarktung und andere Wege, den Film dem Publikum zu erklären, gebraucht hätte. Dabei

Abbildung 33: Edita Malovčić und Ensemble, *Im weissen Rössl. Wehe Du singst!* 2013.

hätte man auch gegen den Kitsch- und Volksmusikverdacht angehen müssen, in dem der Stoff seit Peter Alexander steht. Auch das Schräge, Campe und Queere hätte dem Marketing wohl gut getan.

Man muss sich klar machen, dass in den 1950er- und 60er-Jahren Fernsehen und Kino die Möglichkeiten überhaupt waren, Genres wie Operette oder Musical, die man anderweitig nicht zu sehen bekam, zu sich nach Hause oder in die Kleinstadt zu bekommen. Heute sind ja viele Menschen bereit, für einen Musicalbesuch übers Wochenende zu verreisen. Außerdem kann man ein Musical mit einer Anfahrt von 50 km eigentlich überall sehen, irgendwo wird immer eines gespielt. Als die Idee zur Verfilmung des *Rößls* entstand, lief das Bühnenmusical in Deutschland mit sehr großem Erfolg, und die Filmproduktion ließ sich auf dieses Genre ein.

Noch während der Konzeptionsphase haben mich viele Leute für verrückt gehalten, aber ich bin doch der Meinung, dass dieses Genre immer wieder funktionieren kann. Dafür waren auch die Erfahrungen wichtig und inspirierend, die ich mit Ursli Pfisters Regie in der ›Bar jeder Vernunft‹ gemacht habe. Eine solche historizistisch-ironisierende Inszenierungsästhetik, die ich damals auch aus den Musik-Comedy-Programmen der Geschwister Pfister kannte, hatte sich als funktionierend und ganz modern erwiesen. Ein solcher Zugriff erlaubt dem Zuschauer einen emotionalen Zugang, aber ohne sich vereinnahmen zu lassen: Ich kann innere Distanz wahren und trotzdem emotional mitgehen. Das kann die jüdisch-amerikanische Comedy-Tradition, eben jenseits von deutsch-wagnerscher Schwere auf der einen und Klamauk à la Heinz Erhard auf der anderen Seite, viel besser als wir.

Wir dachten damals, wenn wir es schaffen, damit den emotionalen Moment herzustellen, dann gelingt das Ganze – und das, obwohl gesungen wird.

Es ist ja gerade der Wechsel vom Sprechen zum Singen, der für ein früheres Filmpublikum, zumal beim Musikfilm, selbstverständlich war, was heute eben nicht mehr selbstverständlich akzeptiert wird. Gerade darin liegt aber ein ungeheures Potenzial auch als Anti-Illusions-Mittel, mit dem wir in unserem Film umgehen wollten. Es ist ein bisschen schwierig zu verstehen, denn das Publikum muss sich darauf einlassen, dass überhaupt gesungen wird. Klar ist das heute im Film schwieriger geworden, weil uns all die entfremdenden Momente der Inszenierungsart und Methode des Theaters abhanden gekommen sind. Früher wusste man immer, ich bin im Theater und sehe in den Guckkasten. Durch das Kino mit seiner scheinbaren Realitätsnähe haben wir uns immer weiter davon weg bewegt, indem wir uns auf ein immer stärkeres illusionistisches Erleben eingelassen haben – bis hinzu 3D. Dem arbeitet eine Musicalverfilmung komplett entgegen. Hier wird mir jedes Mal klar, dass gesungen wird. Und wenn Ottilie nun auch noch sagt: »Wehe du singst«, schafft sie diese Brücke zwischen dieser pragmatischen, den Realismus einfordernden Haltung auf der einen und der künstlichen Musical-Welt auf der anderen Seite.

Die Entwicklung des musikalischen Profils des Films war ein harter Weg, an dem der Regisseur sowie eine ganze Reihe von Komponisten und musikalischen Beratern beteiligt waren. Die Wahl des Stils hat ja auch immer dramaturgische Gründe. Mir gefällt besonders unsere Version von *Es muss was Wunderbares sein*: Hier will Dr. Siedler sich bei Ottilie als moderner Mensch zeigen, deshalb musste auch ein zeitgemäßer Musikstil genutzt werden, damit er mit ihrer Modernität mithalten kann.

Ursprünglich hatte ich die Idee, diese Szene als männliches Wasserballett zu realisieren, was aber dann den dafür sehr schwierigen äußeren Bedingungen und nicht zuletzt dem Budget zum Opfer fiel. In dieser Szene sieht man auch noch ein Relikt meiner ursprünglichen Idee, den Film stärker als Revue – also in einzelne Revuebilder aufgelöst – zu strukturieren.

Für mich war es ein großes Glück, dass der Film am Ende gedreht wurde, auch wenn er nicht so erfolgreich war, wie wir uns das gewünscht hätten. Immerhin – der Stoff ist ja zeitlos und enthält viele Gesichtspunkte, die für die damalige Zeit sehr hellsichtig waren und bis heute wunderbar funktionieren. Zum einen hat das Stück eine wirklich schöne Liebesgeschichte, die sich im Original noch viel stärker als bei uns in einem sozialen Gefälle (Leopold – Josefa) abspielt. Bei uns wird die Geschichte in einer 21.-Jahrhundert-Variante erzählt, wo alle das Gefühl für romantische Liebesbeziehungen verloren zu haben scheinen. Botschafter dieser romantischen Liebe ist in unserer Version Dr. Siedler, der versucht, der modernen Berlinerin zu erklären, dass es ein solches Liebesgefühl durchaus gibt, dass es Sinn macht, dieses zu leben, und dass es die Basis für eine glückliche Beziehung ist. So eine romantische Haltung erscheint auf den ersten Blick konservativ, meiner Meinung nach ist sie aber ausgesprochen modern und bringt uns viel eher dorthin, wo die Zukunft einer funktionierenden Partnerschaft liegt.

Es gibt aber auch jenen anderen Aspekt, der schon bei Blumenthal und Kadelburg angelegt ist: Alle haben ein romantisches Verhältnis zu diesem alpinen Bergpanorama, von
dem sie glauben, da ist die Welt noch in Ordnung. In Wirklichkeit aber schlagen sich die
Leute dort am Wolfgangsee mit genau denselben weltlichen Problemen herum wie die
Leute in Berlin, das macht kaum einen Unterschied. Das ist die doppelte Botschaft hinter
der touristischen Sichtweise, die den Blick des Stückes bestimmt und die bis heute den
Stoff so reizvoll macht.

Michael Fischer

Volkstheater, Revue, Film
Intertextuelle und transmediale Aspekte beim Stoff ›Im schwarzen Rössl‹

Einleitung

Variation und Repetition können als Grundmuster des Populären, als Ingredienzen der Unterhaltungskultur namhaft gemacht werden. Mit dieser Feststellung ist kein Abwertungsdiskurs verbunden, vielmehr eröffnet die Wiederkehr des (scheinbar) Bekannten in neuen Formen und Formaten eine Vielfalt von Produktions- und vor allem Rezeptionsmöglichkeiten.

Dem Kulturwissenschaftler und Amerikanisten Frank Kelleter ist deshalb zuzustimmen, wenn er schreibt, »die Existenz von Erzählungen, von Kultur überhaupt, wäre ohne variierende Wiederholung kaum denkbar«.[1] Seit Menschen sich Geschichten erzählten, täten sie dies in Fortsetzung und Weiterführungen, »Popularität und Wiederholung gehören offenbar eng zusammen«;[2] mehr noch, die variierende Wiederholung sei »ein Grundelement von fast jeder Art von Kreativität«.[3] Dies gelte insbesondere für Artefakte der Populärkultur, die folgende Merkmale aufweisen: massenadressiert, kommerziell und arbeitsteilig hergestellt sowie durch technische Kommunikationsmedien vermittelt.[4] Kulturkritische Ablehnung der Populärkultur (Vorwurf geringer Komplexität, »Ausdruck ideologischer Verblendungszusammenhänge«) weist Kelleter ebenso zurück wie Parteinahmen, die eine widerständige Populärkultur annehmen oder eine stets eigenständige, kreative und emanzipatorische Rezeption.[5] Kelleter geht es in seinem

---

1   Kelleter, Frank: *Populäre Serialität. Eine Einführung.* In: *Populäre Serialität. Narration – Evolution – Distinktion. Zum seriellen Erzählen seit dem 19. Jahrhundert.* Hg. von dems. Bielefeld 2012, S. 11.
2   Ebd., S. 12.
3   Ebd., S. 13.
4   Ebd., S. 16.
5   Ebd., S. 16f.

Buch zunächst um populäre Serialität,[6] freilich sind seine Erkenntnisse auf Formen der Intertextualität und Transmedialität zu beziehen, wie sie beim Stoff ›Schwarzes Rössl‹ vorkommen.

Unter ›Intertextualität‹ wird hier zunächst verstanden, dass – literarische wie kulturelle – »Texte« auf andere Texte bezogen sind und direkt oder indirekt voneinander abhängen.[7] Dabei geht es zunächst um direkte Bezugnahmen, etwa in Form von Imitationen, Variationen, Zitaten oder Plagiaten. In einem weiteren Sinn meint Intertextualität auch unbewusste oder zufällige Anspielungen auf bereits vorhandene Texte, Paratexte (Titel, Einleitung, Vorworte) oder Metatexte (Kommentare zu einem Text). In diesem Sinn ist der Stoff bzw. das Motiv ›Schwarzes Rössl‹ vom ›Weißen Rössl‹ abhängig, aber auch die unterschiedlichen Texte und Textsorten, die jeweils mit den genannten Titeln versehen werden, sind aufeinander – absichtlich oder unabsichtlich – bezogen.

Medienwissenschaftlich könnten solche Bezugnahmen – wenn sie innerhalb eines Mediums stattfinden – als Intramedialität bezeichnet werden. Hierunter versteht man Bezugnahmen eines Einzeltextes auf einen anderen (eines Films auf einen zweiten) genauso wie die Bezugnahme auf eine bestimmte Gattung oder ein bestimmtes Genre, das im gleichen Medium angesiedelt ist.[8] In diesem weiten Begriffsverständnis wäre ein musikalisches Potpourri als Kombination verschiedener Einzelstücke bereits ein Phänomen von Intermedialität.[9] Transmediale Erscheinungen wären hingegen solche, bei denen es zu medienübergreifenden Wanderungsprozessen kommt. Irina O. Rajewsky nennt als Beispiel »das Auftreten desselben Stoffes oder die Umsetzung einer bestimmten Ästhetik bzw. eines bestimmten Diskurstyps in verschiedenen Medien«, wobei ein »Ursprungsmedium« nicht zwingend erforderlich ist.[10] Die Parodie eines Textes kann beispielsweise auch im Medium des Films umgesetzt werden; Stoffe und Motive können durch verschiedene Medien inszeniert und zur Darstellung gebracht werden.

Im Folgenden soll nun gefragt werden, wie der Stoff bzw. das Motiv ›Schwarzes Rössl‹ und seine künstlerisch-ästhetischen Verarbeitungen aufeinander bezogen sind und zugleich von ähnlichen Motiven und Stoffen – insbesondere vom Lustspiel *Im weißen Rössl* (1898) und seinen Fortschreibungen – abhängen. Es sind also die intertextuellen Bezüge in Motiven, Stoffen, Werktiteln und Genre-

---

6 Ebd., S. 18: »Es geht um Fortsetzungsgeschichten mit Figurenkonstanz, die produktions-ökonomisch standardisiert, d.h. in der Regel arbeitsteilig und mit industriellen Mitteln, sowie narrativ hochgradig schematisiert für ein Massenpublikum hergestellt werden.«

7 Vgl. Art. *Intertextualität und Intertextualitätstheorien*. In: *Metzler Lexikon. Literatur- und Kulturtheorie*. Hg. von Ansgar Nünning. 4. Aufl. Weimar 2008, S. 330ff.

8 Rajewsky, Irina O.: *Intermedialität*. Tübingen 2002, S. 12.

9 Ebd.

10 Ebd.

Zuordnungen zu untersuchen. Zugleich soll erhellt werden, welche inter- bzw. transmedialen Prozesse damit verbunden waren.

Ziel ist es also, ein Netzwerk von Abhängigkeiten offenzulegen, das verschiedene Medientypen berücksichtigt (Menschmedien, Druckmedien, Film) und künstlerische Formen bzw. Ausdrucksmedien umfasst (Schauspiel, populäres Musiktheater, Film), wobei konkrete Stücke affirmative oder parodistische Nachfolgeprodukte initiiert haben.

Volksstücke: Ausgangspunkt des Stoffes (1901 und 1949)

Bauernposse *Im schwarzen Rössl* von Christian Flüggen

Geht man chronologisch vor, steht am Anfang des Stoffes/des Motivs ›Schwarzes Rössl‹ die Bauernposse von Christian Flüggen von 1901. Ob dieser mit seinem Stück auf das Lustspiel von Oscar Blumenthal und Gustav Kadelburg[11] reagiert hat und damit ein bewusster erster intertextueller bzw. intramedialer Bezug vorliegt, muss Spekulation bleiben.

Beide Theaterstücke sind in eine interessante Facette populärer Unterhaltungskultur eingebettet, nämlich in die der Konstruktion des Alpinen und Volkstümlichen für urbane Rezipienten. Zugleich steht die Produktion und Aufführung solcher Stücke im Zusammenhang mit dem frühen Tourismus und einer werbenden Absicht, ein Aspekt, welcher die Stoffe ›Weißes Rössl‹ bzw. ›Schwarzes Rössl‹ durchgehend begleitet.[12]

Die Bauernposse von Flüggen gehört zum Genre und zur Institution des sogenannten Bauern- oder Volkstheaters. Wichtige Elemente waren neben dem Schauspiel die Bindung an lokales Kolorit durch Stoff, Kulissen, Kostüme und die Verwendung des Dialekts sowie die Einbeziehung anderer theatraler Elemente, nämlich Musik, Tanz und Bühnenzauber.[13] Gespielt und verbreitet wurden diese Theaterstücke durch kommerziell betriebene »Bauernbühnen«,[14] die als reisende Ensembles durch Deutschland, Europa und Amerika tourten und dabei haupt-

---

11 Neudruck: Blumenthal, Oskar: *Im weißen Rößl. Lustspiel in drei Aufzügen*. Berlin 2013.

12 Im Lustspiel *Im weißen Rössl* (1898) heißt es zu Beginn in der Regieanweisung: »Der ganze Anblick des szenischen Bildes muß sofort die ganze fröhliche Sommer- und Reisestimmung ausströmen« (ebd., S. 7).

13 Nied, Ernst Georg: *Almenrausch und Jägerblut. Die Anfänge des berufsmässigen oberbayerischen Bauerntheaters vor dem Ersten Weltkrieg*. München 1986, S. 38.

14 Unter ›Bauernbühnen‹ versteht man »kommerziell ausgerichtete, vorwiegend reisende Theaterunternehmen, in denen Spieler ländlicher Abkunft ohne reguläre Schauspielausbildung Stücke mit bäuerlicher Thematik aufführten« (ebd., S. 5).

sächlich vor städtischem Publikum in regulären Theatern auftraten.[15] Im Sommer wurden auch die Herkunftsorte der Theaterleute bespielt und damit die Feriengäste unterhalten.[16]

Verlegt wurde die Bauernposse *Im schwarzen Rössl* im 1869 gegründeten Rubinverlag in München. Louis Köhler erwarb diesen Verlag im Jahr 1898 und konzentrierte sich erfolgreich auf Bauern- und Volkstheater-Schauspiele.[17] Stolz wurde in der Eigenwerbung darauf verwiesen, dass der Verlag nahezu »alle oberbayerischen Stücke, sämmtliche Stücke des Schlierseer Bauerntheaters u. ›der Tegernsee'r‹, viele Lustspiele, Dramen, Schauspiele, Opern, Singspiele, vortreffliche Schwänke, Possen, Burlesken und Weihnachtskomödien« im Angebot habe.[18] Das genügte Köhler jedoch noch nicht, vielmehr übernahm er 1898 oder 1900[19] eine Tegernseer Theatergruppe, die sodann unter dem Namen »Louis Köhler's Tegernseer Bauerntheater« firmierte und international aktiv war.[20] Mit diesem Theater war auch der 1870 geborene Christian Flüggen verbunden. Er war zunächst als Redakteur des »Münchener Kunst- und Theateranzeigers« tätig, schloss sich aber 1898 der Tegernseer Theatergruppe an.[21] Bereits in der Saison 1898/1899 war er als Leiter mit der Truppe in New York und an der US-amerikanischen Westküste unterwegs. Das Ensemble zählte damals immerhin 26 Personen, »darunter vor allem auch vorzügliche Schuhplattler, Zitherspieler und ein Quartett«, wie zeitgenössisch berichtet wurde.[22] Aus dieser praktischen Bühnentätigkeit Flüggens entwickelte sich die Schriftstellerei: 1900 legte er die Stücke *Lenerl vom Oberammergau* sowie *D'Goldhex* vor, 1901 schließlich *Im schwarzen Rössl*.[23] Dass er als Autor von Bauernstücken aus dem Milieu der städtischen Bildungseliten stammte, ist typisch für das Genre und für die Institution »Bauerntheater«.[24] Genauso ist die Verbindung Theaterpraktiker – Volksstückautor be-

---

15 Ebd., S. 6.

16 Ebd., S. 145.

17 Dieser Verlag konnte die meisten Bauernstück-Autoren an sich binden, vgl. Nied: *Almenrausch und Jägerblut*, S. 44 (Anm. 2).

18 Flüggen, Christian: *Im schwarzen Rössl. Bauernposse mit Gesang und Tanz in drei Akten. Musik von Karl Horak*. München 1901, Innentitel.

19 Das Datum der Übernahme der Leitung ist unklar, vgl. Nied: *Almenrausch und Jägerblut*, S. 289 mit Anm. 1.

20 Laut Angaben des Rubin-Verlags (heute unter dem Namen Wilhelm-Köhler-Verlag) wurde sogar das »Metropolitan Opera House in New York« mit Benno Raucheneggers *Der Amerika-Seppl* zu Beginn einer dreimonatigen Amerikatournee bespielt, vgl. http://www.wilhelm-koehler-verlag.de/verlagschronik.html (zuletzt abgerufen am 16.3.2015).

21 Brümmer, Franz: *Lexikon der deutschen Dichter und Prosaisten vom Beginn des 19. Jahrhunderts bis zur Gegenwart. Bd. 2. 6. Auflage*. Leipzig 1913, S. 235, www.deutschestextarchiv. de/book/view/bruemmer_lexikon02_1913?p=239 (zuletzt abgerufen am 16.3.2015).

22 Nied: *Almenrausch und Jägerblut*, S. 284f.

23 Brümmer: *Lexikon der deutschen Dichter und Prosaisten*, S. 235.

24 Nied: *Almenrausch und Jägerblut*, S. 6.

zeichnend und sehr oft anzutreffen, weil die Stücke nicht literarisch konzipiert waren, sondern darstellerisch, wie der Forscher Ernst Georg Nied festhält.[25] Das *Schwarze Rössl* war allerdings nicht sehr erfolgreich und wurde zwischen 1901 und 1906 nur neunmal dargeboten.[26] Zugkräftige Stücke brachten es hingegen auf mehr als einhundert Aufführungen, zuweilen sogar auf mehrere hundert.[27]

Inhaltliche Aspekte der Bauernposse von Flüggen

Die »Bauernposse mit Gesang und Tanz« (Untertitel) von Flüggen spielt im bayerischen Oberland, und zwar im »Gasthaus zum schwarzen Rössl« und im »Gasthaus zum Mohren«.[28] Die Musik stammte von Karl Horak, dem Kapellmeister des Münchner Gärtnerplatz-Orchesters, der auf bühnengerechte »Alpenmusik« spezialisiert war.[29]

Nach Ernst Georg Nied gehörten »Musik-, Tanz- und Gesangseinlagen« ganz selbstverständlich zur »szenischen Grundausstattung der Bauernbühnen«:[30] Einerseits erhöhten diese Einlagen die Attraktivität der Stücke, andererseits dienten sie als Zeichen traditionaler Volkskultur, insbesondere Zitherspiel und Schuhplattler.[31] Dem gleichen doppelten Zweck entsprach die Einflechtung von »Volksliedern«, sie belebten die Stücke und sollten suggerieren, man erlebe authentisches »alpenländisches Volksleben«.[32] Schon beim Lustspiel *Im weißen Rössl* von Blumenthal und Kadelburg (1898) hieß es in der Regieanweisung zum ersten Akt: »Schon beim Aufgehen des Vorhangs hört man das Zitherspiel des Tiroler Volksliedes, mit welchem das Stück beginnt.«[33] Der Eingangsgesang gab dabei häufig ein Programm oder eine »Rezeptionsanleitung« vor. Bei Flüggen wird in der ersten musikalischen Nummer des Stücks affirmativ die schöne Landschaft als Heimat und Vaterland besungen:

> Du herrlichs Boarland
> Du schönes Obaland

---

25 Ebd., S. 42f.
26 Ebd., S. 383.
27 Vgl. ebd. und S. 45.
28 Flüggen: *Im schwarzen Rössl*, S. 2.
29 Nied: *Almenrausch und Jägerblut*, S. 127, Anm. 1. – Der genannte Musiker ist nicht zu verwechseln mit dem bekannten österreichischen Ethnologen und Volksliedforscher Karl Horak (1908–1992).
30 Ebd., S. 123.
31 Ebd. – Noch im Film *Im schwarzen Rössl* von 1961 treten beim »Sommerfest« Schuhplattler auf.
32 Ebd., S. 124f.: »Der Gesang kolorierte idyllische, amouröse oder folkloristische Szenen und drückte die Stimmungen der Rollengestalten sinnfällig aus.«
33 Blumenthal: *Im weißen Rößl*, S. 7.

I griaß Di tausadmal

Mein liabes Hoamatthal.

Bin treu mit Herz und Hand

Dir liabn Vataland:

I griaß Di tausadmal,

Mei liabes Hoamatthal.[34]

Die Posse *Im schwarzen Rössl* behandelt die üblichen, genretypischen Liebes- und Eifersuchtsgeschichten – dramatisch zugespitzt mit einer Kindsentführung. Natürlich endet alles glücklich, das Kind kehrt wohlbehalten zur Mutter zurück, die Paare finden wieder zueinander und die stolze Rösslwirtin fügt sich in ihr Schicksal und wird Bäuerin. Dass diese Art von Stücken keine soziale Mobilität oder Dynamik beinhalten, liegt im Genre und in der Erwartungshaltung des Publikums begründet, das im »Bauerntheater« eine »authentische«, d.h. aus städtischer Perspektive traditionale, sozial und kulturell geschlossene Kultur vorgesetzt bekommen wollte – als Kontrasterfahrung zur eigenen urbanen Lebensführung. Wie in vielen anderen derartigen Stücken gibt es zwar im *Schwarzen Rössl* Frauenfiguren, welche die Männer in ihre Schranken weisen und keineswegs devot auftreten. Freilich stellte dies eher ein komödiantisches Element dar, was allerdings emanzipatorische Momente keineswegs ausschließen muss. Was im *Schwarzen Rössl* von Flüggen noch fehlt, ist die Kontrastfigur des Städters, der in solchen Volksstücken entweder als »borniert-beschränkter« und arroganter Fremder auftritt oder die bäuerliche Bevölkerung »kritiklos bewundert und sich mit beiden Haltungen selbst lächerlich macht.«[35] Oft wird diese Rolle als Urlauber angelegt, was die wachsende touristische Erschließung und Bedeutung des Alpenraums unterstreicht.[36] Im Lustspiel (1898) wie im Singspiel *Im weißen Rössl* (1930) ist diese Figur zentral, auch in der Parodie von Farkas aus dem Jahr 1931. Der Film von 1961, wiederum mit dem Titel »Im schwarzen Rössl«, knüpft mit seinem Hotel- und Urlaubsambiente ebenfalls daran an.

Das Volksstück *Im weißen Rössl* von Michael Scheuer

Die Bauernposse von Flüggen blieb nicht das einzige Stück, das den Titel »Im schwarzen Rössl« verwendete. In dem 1921 gegründeten Theaterverlag Xaver Bauer in Mittenwald[37] erschien ein »Oberbayerisches Volksstück mit vielen Liedern in einem Vorspiel und drei Akten« von Michael Scheuer. Die Musik stamm-

---

34 Flüggen: *Im schwarzen Rössl*, S. 3.

35 Nied: *Almenrausch und Jägerblut*, S. 72.

36 Ebd., S. 73.

37 Vgl. http://www.theaterverlag-mittenwald.de/index.html.

te von Josef Küffner. Laut Angaben des Verlags ist das Stück seit 1949 im Programm, es wurde bis zum Jahr 1975 einhundertmal gespielt.[38]

Auch in diesem Volksstück ist die Protagonistin eine Frau, welche die »Wirtin zum schwarzen Rössl« darstellt. Sämtliche drei Akte spielen beim Rösslwirt; wie bei Flüggen ist also ein Bezug zum Gasthaus gegeben (allerdings waren es dort zwei verschiedene Gasthäuser).[39]

Im Vorspiel gibt es zu Beginn – ebenso wie in der Bauernposse von 1901 – ein Lied, das mit der Formulierung vom »verlorenen Herzen« möglicherweise eine Referenz auf das Singspiel *Im weißen Rössl* von 1930 darstellt:

> Im schwarzen Rößl, da hab ich
> mein Herz schon längst verlor'n.
> Die Wirtin dort, so wunderhübsch,
> hab ich mir auserkor'n.[40]

Auch den Schlussgesang kann man als eine – beabsichtigte oder unbeabsichtigte – Referenz an das *Weiße Rössl* begreifen. Das Glück steht im Volkstück *Im schwarzen Rössl* von Scheuer zwar »nicht vor der Tür«, aber es hat Bestand:

> Im schwarzen Rößl am Sammerberg,
> da hat das Glück stets Bestand.
> Das schwarze Rößl am Sammerberg
> is überall bekannt.[41]

Wie bereits erwähnt, war die Einbeziehung von Liedern oder Musik bei derartigen Stücken genretypisch. Offenbar gehörte dies auch zwingend zum Stoff ›Im schwarzen Rössl‹ bzw. zu Stücken, die in Gasthäusern spielten, dass Musik und Lieder zu erklingen hatten. Noch Franz Antels Film von 1961 mit dem Titel *Im schwarzen Rössl* ist als Musikfilm angelegt. Allerdings dominieren hier Schlager

---

38 Freundliche Mitteilung von Hannes Ostler vom Theaterverlag Mittenwald, 31. März 2015.

39 Scheuer, Michael: *Im schwarzen Rößl. Oberbayerisches Volksstück mit vielen Liedern in einem Vorspiel und drei Akten. Musik von Josef Küffner.* Mittenwald o.J., S. 3. Freundliche Zusendung des Bühnenmanuskripts durch den Theater Verband Tirol in Innsbruck.

40 Ebd., S. 4. – Die entsprechende Strophe aus dem *Weißen Rössl* lautet: »Und mußt du dann einmal fort von hier, / So tut der Abschied dir weh; / Denn dein Herz, das hast du verloren / Im weißen Rössl am See!« (Müller, Hans und Charell, Erick: *Im weißen Rössl. Singspiel in drei Akten. Bühnenpraktische Rekonstruktion der Originalfassung von 1930. Textbuch.* Berlin o.J., S. 23. Der Autor dankt dem Verlag Felix Block Erben für die freundliche Zusendung).

41 Ebd., S. 73. – Die entsprechende Strophe lautet: »Im Weissen Rössl am Wolfgangsee, / Da steht das Glück vor der Tür / Und ruft dir zu: ›Guten Morgen!‹, / Tritt ein – und vergiß deine Sorgen!« (ebd.). – Die ersten beiden Zeilen der beiden Lieder sind in der metrischen Struktur übereinstimmend.

das musikalische Geschehen, die Modernität und Weltläufigkeit ausstrahlen – und gerade nicht traditionale »Volkskultur« abbilden wollen.

Eine parodistische Revue: Die Antwort von Karl Farkas auf das Weiße Rößl (1931)

Entstehung und Aufführung der Parodie von Karl Farkas

Die Revue von Karl Farkas steht in direkter Abhängigkeit vom Singspiel *Im weißen Rößl*, das am 8. November 1930 seine Uraufführung in Berlin erlebte. Dessen Erfolg strahlte auch nach Wien aus. Seit September 1931 wurde es am Wiener Stadttheater unter der Leitung von Hubert Marischka aufgeführt. Regie führte Karl Farkas, der zugleich die Rolle des Sigismund spielte.[42] Verstand er es bereits in dieser Operette, einen kabarettistischen Zug einzubringen und das *Weiße Rößl* auch in Wien zu einem Erfolg zu führen, lieferte er zugleich eine Parodie, die seit Oktober 1931 unter dem Namen *Im schwarzen Rössel*[43] (auch: *Im schwarzen Rössl*) die Wiener erfreute. Aufgeführt wurde das Stück im Kabarett »Simplicissimus«, besser bekannt unter seinem Kurznamen »Simpl«. Dieses »Bierkabarett«, eine Gründung aus dem Jahr 1912, stellte ein Gastronomiebetrieb mit Musik und Unterhaltung auf kleiner Bühne dar.[44] Im Herbst 1931 kehrte Karl Farkas, der bereits zuvor beim »Simpl« tätig gewesen war, an diesen Ort populärer Unterhaltung zurück und brachte Revuen auf die Bühne. Diese lösen die vorher üblichen Nummernprogramme ohne Handlungszusammenhang ab.[45] Beim Publikum fanden solche thematisch gebundenen Revuen besonderen Anklang, »die etwas Vorhandenes parodieren«, wie Julia Sobieszek festhält.[46] Hierzu zählt auch die Revue-Parodie *Im schwarzen Rössl*, die vom Oktober 1931 bis zum Januar 1932 – parallel zur Inszenierung des *Weißen Rößl* am Stadttheater – lief. Das »Wiener Volksblatt« schrieb in einer »Simpl«-Kritik:

> Karl Farkas' Kabarett-Revue ›Im schwarzen Rössel‹, Musik von Edmund Eysler, Trojan Wellisch und aus dem Wiener Bohême-Verlag, ist ein unaufhörlicher Quell der Zwerchfellerschütterung. Kein Wunder, Farkas, der Meister der Persiflage, der Regie und der

---

42 Markus, Georg: *Karl Farkas. »Schau'n Sie sich das an«.* 3. Aufl. Wien 1983, S. 112f.

43 Maschinenschriftliches Libretto: *Im schwarzen Rössel. Parodistische Revue von Karl Farkas. Musik von Edmund Eysler [1931]*, Landesbibliothek Niederösterreich: IDN: 374428. – Der Verfasser dankt Frau Mag. Katharina Strasser für die freundliche Zusendung von Kopien.

44 Vgl. Sobieszek, Julia: *Zum Lachen in den Keller. Der Simpl von 1912 bis heute.* 3. Aufl. Wien 2012, S. 21.

45 Ebd., S. 87.

46 Ebd., S. 87f.

Darstellung, reiht in 19 fesselnden Bildern witzreiche Pointen aneinander, die von harmoniererfüllter Rhythmik der Musik umrahmt sind.[47]

In der österreichischen Hauptstadt wurde das Stück 125 Mal aufgeführt,[48] aber auch außerhalb Wiens fand das Stück Gefallen, wie im Libretto-Typoskript werbewirksam vermerkt ist: Es sei in Berlin angenommen worden (Theater im Palmenhaus), in München, Brünn, Graz, Italien (Tournee), Prag und Budapest.[49] Die Musik der Farkas-Revue stammte laut Programmheft von Edmund Eysler, einem 1874 in Wien geborenen Operettenkomponisten,[50] von Trojan Wellisch und vom Wiener Bohême-Verlag.[51] Soweit ersichtlich, existieren keine Tonaufnahmen von dem Stück. Erhalten hat sich jedoch ein Notendruck des Eingangsliedes *Im Hotel zum schwarzen Rössel* sowie des Duetts *Wir kommen her aus deutschen Landen*. Die beiden Stücke wurden 1931 beim Sirius Verlag F. Sobotka (Wien und Berlin) verlegt.[52] Ein Zeitungsartikel aus Eger informiert uns, wie die Musik wahrgenommen wurde: Eysler habe »in seinen früheren Operetten so viel hübsche Melodien erfunden, daß er sich ruhig eine Portion Eklektizismus leisten« könne, ohne dass man ihm deshalb mangelnde Originalität vorwerfen müsse.[53] Die Einbeziehung von »Tonfilmschlagern« wird als »Konjunktursache« bezeichnet, aber nicht bemängelt. Entscheidend sei die Gesamtwirkung gewesen, »und die war durchschlagend«, wie der Rezensent anerkennt.[54]

Inhaltliche Aspekte der Farkas-Parodie

Das Stück parodiert das Singspiel *Im weißen Rößl* im Gesamten wie in Details, etwa in der Besetzung: Aus der Weißen-Rößl-Wirtin Josepha Vogelhuber wird die Schwarze-Rössl-Wirtin Louisl Steingruber, aus dem Zahlkellner Leopold Brandmeyer wird Oberkellner Leopold Branntweiner, aus Wilhelm Giesecke der Gast Wilhelm von Miesecke und so weiter. Und an Stelle des Kaisers – mit der Kürzel »S.M.K.« im Hotel angekündigt – erscheint Sigismund Moritz Kaiser.

---

47 Wiener Volksblatt, Wien, 26.10.1931. – Der Verfasser dankt Frau Mag. Katharina Strasser für die freundliche Zusendung von Kopien.

48 Masch. Libretto 1931, S. 1. – Laut Umschlag wurde es vom 17. Oktober 1931 bis zum 22. Januar 1932 gegeben.

49 Ebd.

50 Vgl. Nick, Edmund: Art. *Eysler, Edmund*. In: *Die Musik in Geschichte und Gegenwart. Allgemeine Enzyklopädie der Musik*. Hg. von Friedrich Blume. Bd. 3. Kassel 1954, Sp. 1679f.

51 Angabe laut Programmheft des Simplicissimus, 20. Spieljahr. – Der Verfasser dankt Frau Mag. Katharina Strasser für die freundliche Zusendung von Kopien.

52 Sie entstammen der »Sirius-Mappe. Monatshefte für Musik, Theater und Literatur. Jg. 5, H. 11«; freundliche Zusendung von Carolin Stahrenberg, Salzburg.

53 Rezension einer ungenannten Zeitung aus Eger, 5. April [1932]. – Der Verfasser dankt Frau Mag. Katharina Strasser für die freundliche Zusendung von Kopien.

54 Ebd.

Selbstverständlich traten auch eine Reihe junger Frauen als »Kellnerinnen« auf, wie es in der Revue und in der Operette üblich war.[55] Schon im Hinblick auf die Wiener Aufführung des *Weißen Rößl* schrieb Farkas in einem Brief an Marischka, dass »*hübsche* Girls und Boys« die Hauptsache seien, die Menschen wollten im Theater sich an dem Anblick schöner Menschen erfreuen.[56] Diese Tradition wird im 1961 gedrehten Film *Im schwarzen Rössl* in gewisser Weise fortgesetzt, wenn dort junge Frauen in Bikinis gezeigt werden.

Parodiert wird auch die Nummer »Im weißen Rößl am Wolfgangsee / da steht das Glück vor der Tür« von Ralph Benatzky. Im *Schwarzen Rössl* singen die Kellnerinnen eine Lobeshymne auf das Hotel und die Wirtin:

> Im Hotel zum schwarzen Rössl
> Bist du sicher gern zu Gast,
> Denn das ist das Zauberschlössel,
> Wo du keine Sorgen hast.
> Im Hotel zum schwarzen Rössl,
> Kehrt ein jeder freudig ein,
> Denn die mudelsaub're[57] Wirtin,
> Placiert ihn
> Und wird ihn
> Wie alle ihre Gäste
> Auf's beste
> Betreu'n …[58]

Die leichte Anzüglichkeit setzt sich später im Franz-Antel-Film (1961) fort, auch dort versprechen junge Damen ihren männlichen Gästen eine sehr individuelle Betreuung.

Der Inhalt ist erzählerisch anspruchslos; entsprechend der Gattungskonvention geht es um Wortwitz und Komik, das Publikum soll durch Texte, Musik, Schauspiel und Inszenierung zum Lachen gebracht werden. Ein Teil des Witzes entsteht durch die Kenntnis der Vorlage: Während im Stadttheater das *Weiße Rößl* als große Ausstattungsnummer lief, wurde diese im »Simpl« satirisch dekonstruiert.

---

55 Sobieszek: *Zum Lachen in den Keller*, S. 87.
56 Zit. n. Markus: *Karl Farkas*, S. 113.
57 Bayerisch, österreichisch für hübsch, sehr schön.
58 Masch. Libretto 1981, S. 3. – Auf den oben wiedergegebenen Refrain folgen die Verse: »A jede Speise, die man will, / Wird hier serviert mit Sex appeal« (ebd.).

Zwischen Schlager- und Touristenfilm: *Im schwarzen Rössl* von Franz Antel (1961)

Heimat, Touristik, Film

Antels Film *Im schwarzen Rössl*[59] aus dem Jahr 1961 lässt sich wie sein unmittelbares Vorbild, der Film *Im weißen Rössl* mit Peter Alexander (1960), in die Tradition der Touristenfilme einreihen. Diese gelten als »eine moderne Variante des Heimatfilms« und werden »hauptsächlich durch den Ort des Geschehens bestimmt«,[60] nämlich idyllische Orte und Feriendörfer, in der Mehrzahl in den Alpen oder auch im Süden (Italien mit Orten wie Capri, Portofino und Venedig). Handlungsträger oder wichtige Personen sind in diesen Filmen die Urlauber. Gezeigt werden »Landschaft und Milieu als Requisiten für eine lustspielhafte Handlung«.[61] Dabei hatten solche Filme – wie schon die Theaterstücke von Blumenthal (1898), Flüggen (1901) und Scheurer (1949) – eine werbende Wirkung für den Tourismus. Gleichzeitig dienten solche Streifen für die Rezipienten auch als »Ersatz-Urlaubsreise«,[62] insbesondere für Menschen, die sich eine »echte« Reise in die Ferne nicht leisten konnten. Nicht umsonst sprach man damals von einer »Urlausreise im Kinosessel«,[63] in der Presse wurde der Film von Franz Antel sogar als »Salzkammergutschein für zwei frohe Stunden, erfüllt von filmischer Fröhlichkeit« beworben.[64] Das Hauptabspielgebiet österreichischer Produktionen von Touristenfilmen stellte übrigens die Bundesrepublik Deutschland dar.[65]

Das Salzkammergut bzw. das Salzburger Land erfreute sich dabei einer besonderen Beliebtheit – bei den Filmemachern genauso wie bei den Kinobesuchern. Nach einem Zeitungsbericht hatte Antel in zwölf Jahren »nicht weniger als zehn Filme« im Salzkammergut gedreht.[66] Bei all diesen Produktionen wurde das Salzburger Land »als Projektionsfläche von Politik und Gesellschaft« genutzt, wie Christian Strasser feststellt.[67] Derartige Filme trieben dabei – gewollt oder ungewollt – die Modernisierung der gezeigten Regionen voran: Der zunehmende

---

59 Vgl. Antel, Franz und Buttinger, Bernd: *Franz Antel. Ein Leben für den Film.* Graz 2006, S. 82f.

60 Steiner, Gertraud: *Die Heimat-Macher. Kino in Österreich 1946–1966.* Wien 1987, S. 68.

61 Ebd.

62 Ebd.

63 Strasser, Christian: *Das Salzburger Land als Projektionsfläche von Politik und Gesellschaft im Heimatfilm.* In: *Heimatsuche. Regionale Identität im österreichisch-italienischen Alpenraum.* Hg. von Antonio Pasinato. Würzburg 2004, S. 71.

64 *Bergische Wochenpost*, Wuppertal, 2.12.1961 (Deutsches Filminstitut Frankfurt).

65 Steiner: *Die Heimat-Macher*, S. 68 und S. 85f.

66 *Remscheider Generalzeiger* (22a), 20.10.1961 (Deutsches Filminstitut Frankfurt). – Bereits 1956 wurde der Regisseur für seine »Verdienste um die Popularisierung des Salzkammergutes« durch seine Spielfilme ausgezeichnet (Der Spiegel 37/1956, S. 48).

67 Strassser: *Das Salzburger Land als Projektionsfläche*, S. 67.

Fremdenverkehr setzte eine entsprechende Infrastruktur (Straßen- und Wegebau, Seilbahnen, aber auch Elektrizität, Wasserversorgung und Telefon) voraus und beschleunigte den Wandel von der Agrar- zur Tourismusregion.[68] Die gezeigten Landschaften wurden dadurch faktisch umgestaltet, obgleich sie vielfach unrealistische, kontrafaktische Idealbilder entwarfen. Zugleich veränderte oder verengte sich auch der Heimatbegriff, der sich zunehmend auf schöne Landschaften und einige folkloristische Elemente beschränkte. Der Zusammenhang zwischen Film- und Tourismuswirtschaft wurde 1961 ganz klar gesehen: So schrieb die Bergische Wochenpost zum Film *Im schwarzen Rössl*, dass man einerseits die Erfolge der Salzkammergut-Filme durch die Beliebtheit der Landschaft erklären könne, andererseits hätten aber »diese Filme wiederum zur Popularität des Salzkammerguts erheblich beigetragen«.[69]

Einer der frühen Filme dieser speziellen Gattung mit regionalem Bezug wurde von Franz Antel – dem Regisseur von *Im schwarzen Rössl* – bereits im Jahr 1949 gedreht. Unter dem Titel *Kleiner Schwindel am Wolfgangsee* produzierte er einen Sommerschwank, der für Antels Karriere wegweisend war: Die Kombination von Lustspiel, Musik und schönen Schauplätzen wurde sein Spezialgebiet.[70] Ein weiterer Schwarz-Weiß-Film mit lokalem Bezug stellte *Eva erbt das Paradies* aus dem Jahr 1951 dar.[71] Die Handlung nimmt den Plot des späteren *Schwarzen Rössl* vorweg: Eva erbt überraschend ein heruntergekommenes Hotel im Salzkammergut, das sie mit Hilfe einer Freundin, »fünf hübscher Bikinimädchen sowie des Hausdieners Zacherl«, wieder instandsetzen kann.[72] Außerdem steht ihr eine Jazzkapelle bei; zuletzt heiratet Eva den Sohn der konkurrierenden Gastwirtin.[73]

Ab 1960 gestaltete sich die Marktsituation für Heimatfilme österreichischer Provenienz schwierig, insbesondere durch die allmähliche Ausbreitung des Fernsehens. Die Zahl der Filmproduktionen sowie die Zahl der Kinobesucher sanken kontinuierlich. Schwer wog zudem, dass die Umstellung von Heimatfilmen auf andere Themen nicht glückte.[74] Gleichzeitig konnte die amerikanische Filmindustrie in Europa ihren Einfluss vergrößern, ökonomisch und kulturell.[75] Insofern stehen die drei Lustspiele *Im weißen Rössl* (1960, Werner Jacobs), *Im schwarzen Rössl* (1961, Franz Antel) sowie eine weitere Nachfolgeproduktion *Im singenden Rössl am Königsee* (1963, Franz Antel) am Ende der Genre-Entwicklung.[76]

---

68 Ebd., S. 70.
69 *Bergische Wochenpost*, Wuppertal, 2.12.1961 (Deutsches Filminstitut Frankfurt).
70 Steiner: *Die Heimat-Macher*, S. 76f.
71 Vgl. Antel und Buttinger: *Franz Antel*, S. 26f.
72 Steiner: *Die Heimat-Macher*, S. 122.
73 Ebd.
74 Ebd., S. 218.
75 Ebd., S. 221.
76 Zu diesen drei Filmen vgl. ebd., S. 240–244.

Inhaltliche Aspekte

Gertraud Steiner beschreibt in ihrem Buch über das österreichische Kino 1964–1966 das Abhängigkeitsverhältnis der beiden »Im-Schwarzen-Rössl«-Filme (1961 und 1963) vom zuerst gedrehten *Im weißen Rössl* (1960): »Es sind weder Wiederverfilmungen noch Fortsetzungen des ersten ›Rössl‹-Films, sondern Variationen eines kommerziellen Erfolgs.«[77] In der zeitgenössischen Kritik wurde dies ebenfalls so gesehen und entsprechend beanstandet, wobei weniger die intertextuellen und intermedialen Bezüge das Problem waren, sondern die wenig originelle Umsetzung; dieser Aspekt soll weiter unten noch gestreift werden. Im Zusammenhang mit ökonomischen Erwägungen führte dies sogar zu einem Gerichtsprozess: Wie die Zeitschrift »Bunte Illustrierte« berichtete, hatte nämlich Erik Charell (*Im weißen Rössl*, 1930) den Regisseur Franz Antel wegen einer Verletzung des Urheberrechts verklagt.[78] »Charell sah die Urheberrechtsveletzung dadurch gegeben, daß in beiden Antel-Filmen [1961 und 1963] ein ›Rössl‹ vorkommt und ein ›Oberkellner‹«. Antel soll auf diesen Vorwurf lakonisch erwidert haben: »Lauter Dinge, die man nicht schützen kann«. Vor Gericht kam es trotzdem zu einem Vergleich, bei dem Charell eine Abfindung bekam und Antel zusicherte, keinen weiteren Rössl-Film mehr zu drehen.[79]

Inhaltlich wurde allerdings beim »Schwarzen-Rössl«-Film des Jahres 1961 kaum auf den ein Jahr früher herausgekommenen Streifen zurückgegriffen, auch wenn mit dem Titel, dem Spielort (St. Wolfgang am Wolfgangsee) und der dargestellten Konkurrenzsituation zwischen den beiden Hotels »Weißes Rössl« und »Schwarzes Rössl« eine deutliche Referenz hergestellt wurde. Ebenfalls als bewusster Rückgriff ist zu Beginn des Antel-Films das (originale) Hotel »Weißes Rößl« kurz von außen zu sehen, als Zitat erklingt dazu ein instrumentales Bruchstück aus dem Schlager *Im weißen Rößl am Wolfgangsee* von Ralph Benatzky, der im Film aus dem Jahr 1960 von Peter Alexander gesungen wurde.

Die intertextuelle und transmediale Abhängigkeit von den beiden Filmen zu ihren theatralen Vorlagen stellt sich unterschiedlich dar: Beim Film *Im weißen Rössl* (1960) ist dabei die Abhängigkeit vom gleichnamigen Singspiel (1930) offenkundig, weil sowohl die Handlung als auch die Musik weitgehend (freilich in modernisierter Form) übernommen wurden. Der Film *Im schwarzen Rössl* (1961) bezieht sich jedoch nur lose auf die Revue von 1931: Eigentlich wird nur der Titel

---

77 Ebd., S. 240. – Auch der Film *Im weißen Rössl* von 1960 stellt eine Wiederverfilmung des Stoffes dar, der bereits 1926, 1935, 1945 und 1952 eine filmische Umsetzung erfahren hatte.

78 Kritiken-Sammlung im Ralph-Benatzky-Archiv, Akademie der Künste, Berlin. – Der Artikel muss im Jahr 1965 entstanden sein, da darauf hingewiesen wird, dass das *Weiße Rössl* zum letzten Mal vor fünf Jahren mit Peter Alexander verfilmt worden sei.

79 Ebd.

des Stücks weitertradiert, obgleich Karl Farkas als Koautor für das Drehbuch zur Verfügung stand,[80] so dass eine personelle Kontinuität gegeben war.[81]

Um die ohnehin vielschichtigen und komplexen intertextuellen und transmedialen Bezüge noch zu verkomplizieren, gibt es im Film von 1961 einen direkten Rückgriff auf das Singspiel *Im weißen Rößl* von 1930: Im *Schwarzen Rössl* von Antel konnte nämlich der Robert-Stolz-Schlager *Die ganze Welt ist himmelblau*[82] integriert und zugleich prominent platziert werden, während dies 1960 nicht möglich war. Hintergrund war eine Auseinandersetzung um die Tantiemen: Robert Stolz war 1930 für seine Mitwirkung beim Singspiel nur pauschal entlohnt worden. Die Filmrechte verblieben jedoch bei Stolz, und aus Verärgerung über den entgangenen Verdienst hatte er sie bis 1961 verweigert, wie die in Karlsruhe erscheinende »Filmwoche« zu berichten wusste.[83] »Da nun beim *Schwarzen Rössl* ›nix von Benatzky‹ mitspielt, lieferte er die Aufhängermelodie.«[84] Bereits der Vorspann lässt diesen Hauptschlager des Films, der mehrfach wiederkehrt, vokal und instrumental anklingen.[85] Zugleich wird das Lied mit einem eigenen Insert werbewirksam angekündigt: Der Film erscheine »mit dem Welterfolg / Die ganze Welt ist himmelbau / von Robert Stolz / Text: Robert Gilbert«.[86] Vermutlich wurde dies damals als bewusster Rückgriff auf die Tradition des *Weißen Rößls* wahrgenommen, zumal dieser Schlager nicht nur auf der Bühne, sondern auch medial eindeutig verortet war, wie entsprechende Schallplattenaufnahmen (insbesondere Operettenquerschnitte) zeigen.[87]

Als weitere Bezugnahme auf die Operette lässt sich die Genrezuordnung des Filmes von 1961 deuten, die wiederum im Vorspann gegeben wird. Dort ist nämlich als Film-Untertitel zu lesen »Ein farbiges Musical«.[88] Diese Bezeichnung verbin-

---

80 Laut einem schriftlichen Angebot vom 2. August 1961 war Farkas bereit, der Produktionsfirma »Neue Delta Film« die »Weltverfilmungsrechte« abzutreten, ausdrücklich auch mit der Prämisse, dass nur Teile der Revue oder eben nur der Titel verwendet werden könnten. – Freundliche Zusendung von Michael Kraiger, Lisa Film GmbH, 9220 Velden.

81 Im Vorspann des Filmes wird allerdings nur »Dr. Kurt Nachmann« als Drehbuchautor genannt.

82 Duett Siedler – Ottilie (Müller und Charell: *Im weißen Rössl*, S. 31).

83 Filmwoche (17a), Karlsruhe, 21. Oktober 1961. Dokumentation des Deutschen Filminstituts, Frankfurt.

84 Ebd.

85 Formal wird in eine Orchesterouvertüre ein Liedpotpourri mit den Hauptschlagern des Films eingebettet. Insbesondere der Instrumentalteil wird von der Stolz-Melodie dominiert. Optisch und musikalisch wird beim Vorspann deutlich gemacht, dass eine Filmkomödie dargeboten werden soll.

86 Film *Im schwarzen Rössl* (1961), Vorspann.

87 Vgl. etwa den Querschnitt *Im weißen Rössl*, der 1961 bei Polydor (20 095 EPH) herauskam (www.discogs.com/Benatzky–Gilbert–Stolz-Im-Weissen-Rössl-Querschnitt/release/2114714).

88 Film *Im schwarzen Rössl* (1961), Vorspann.

det den Schlagerfilm mit der Tradition des populären Musiktheaters,[89] allerdings wird damit auch an das Filmgenre »Musicalfilm« bzw. »Filmmusical« (bzw. allgemeiner »Musikfilm«) verwiesen.[90] Zugleich präsentiert sich das *Schwarze Rössl* damit als moderne Variante des »Singspiels« von 1930 und seiner Verfilmung von 1960. Die Frankfurter Allgemeine Zeitung lästerte jedoch, diese Genrezuschreibung sei »hochstaplerisch«, weil eben nur Schlager aneinandergereiht wären und die Musik kaum dramaturgische Funktionen wahrnehme.[91] Die Frankfurter Abendpost stieß ins gleiche Horn, wenn sie diese Bezeichnung für einen »Irrtum« hielt und darüber hinausgehend meinte: »Wanns scho so a moderns Musikahl machen wolln, bittschön, dann machens dös net grad im Salzkammergut ...«.[92]

Bemerkenswert dürfte sein, dass im Unterschied zu den Volksstücken – aber in Übereinstimmung mit dem Singspiel *Im weißen Rößl* – die verwendete Musik Modernität suggerieren sollte und wohl auf Jugendliche als Rezipienten abzielte. Die Schlager des Films wollten keine »Volkskultur« abbilden, wie dies bei der Bauernposse von Flüggen (1901) oder beim Volksstück von Scheuer (1949) mit ihren Musik- und Gesangseinlagen der Fall war. Stattdessen wird Internationalität herausgestellt, wie die Stars des Film zeigen: Peter Kraus stammt aus Deutschland – repräsentierte aber zugleich den aus den USA stammenden Rock'n'Roll –, Lolita aus Österreich, Gus Backus aus den USA, Lil Babs aus Schweden und der Kinderstar Robertino aus Italien. Damit wird im Gegensatz zur Verfilmung des *Weißen Rößls* von 1960 eine musikalische Vielseitigkeit exponiert und zugleich die Konzentration auf einen Gesangsstar – Peter Alexander – aufgebrochen. Die im Film gezeigte und erklingende Blasmusik sowie die Schuhplattler sind hingegen eher humoristisch zu verstehen, möglicherweise dienten sie ebenso als Rezeptionsangebot für traditionellere, ältere Zielgruppen. Unter dem Aspekt der Transmedialität ist auch zu fassen, dass fünf Schlagertitel des Filmes auf Polydor-Platten herausgekommen sind.[93]

---

89 Im Film *Im weißen Rössl* (1961) verweist der Vorspann dezidiert auf die Vorlage, nämlich das Singspiel von Hans Müller, Ralph Benatzky, Robert Gilbert und Erik Charell.

90 Hier nicht nur als Verfilmung oder filmische Bearbeitung von präexistenten Musicals verstanden.

91 *Frankfurter Allgemeine Zeitung*, 15.1.1962, Dokumentation des Deutschen Filminstituts, Frankfurt am Main.

92 *Abendpost*, Frankfurt, 20./21.1.1962, Dokumentation des Deutschen Filminstituts, Frankfurt am Main.

93 Vgl. Neues Film-Programm Nr. 2557 »Im schwarzen Rössl«. Wien 1961, S. 4. – Der von Lolita gesungene Schlager *Ein Strauß Vergißmeinnicht* wurde auch als Notendruck veröffentlicht (der Verfasser dankt der Pfälzischen Landesbibliothek Speyer für die Zusendung der Piano-Direktionsstimme).

Ein intertextueller Bezug zwischen allen *Rößl*-Bearbeitungen – egal, ob »weiß« oder »schwarz« – ist durch die Figur bzw. Rolle der »Wirtin« gegeben. Traditionell war die Wirtin eine beliebte Frauenfigur, die man sexuell anziehend,[94] aber auch wohlhabend und selbständig zeichnen konnte. Gertraud Steiner hebt für das österreichische Kino hervor, dass das Motiv der »Wirtin« deshalb attraktiv war, »weil Wirtin einer der wenigen Berufe war, in denen eine Frau in den herkömmlichen Filmen akzeptiert wurde«.[95] Freilich muss sie am Ende den »richtigen« Mann heiraten, der dann die Führung übernimmt: Im *Weißen Rößl* – das war bereits im Lustspiel von 1898 so[96] – nimmt sie den Oberkellner Leopold zum Mann, im *Schwarzen Rössl* den Arzt Martin Behrend, der praktischerweise zugleich der Neffe der Wirtin vom »Weißen Rößl« ist.[97] Insofern kann der Heimatfilm durchaus als »stark sozialnormierend« bezeichnet werden,[98] die restaurativen Tendenzen im Hinblick auf das Frauen- und Familienbild sind offenkundig. Die von Christian Strasser genannten Elemente – patriarchalische Ausrichtung der Familie, sozialer Aufstieg durch Heirat, Idealisierung privaten Glücks sowie die Zurücknahme weiblicher Emanzipation –[99] sind auch *Im schwarzen Rössl* greifbar. Freilich können auch Prozesse der Modernisierung in den Filmen ausgemacht werden, gerade im Vergleich zur Bauernposse von Flüggen (1901): Die in den 1950er- und 1960er-Jahren gezeigten Frauencharaktere sind deutlich eigenständiger und selbstbewusster, haben Berufe, fahren Auto und sind auch in ihren amourösen Abenteuern frei gestaltend und keinesfalls nur passiv. Die für damalige Verhältnisse recht freizügig gekleideten Bikini-Schönheiten – in der Presse als »ein Halbdutzend appetitlicher Nixen« bezeichnet[100] – unterstreichen diesen modernen Aspekt im Film von 1961.

Der Film in der Kritik

Der 1961 gedrehte und veröffentlichte Film von Antel fand in der Kritik nur wenig Zustimmung. Die Frankfurter Allgemeine Zeitung schrieb am 15. Januar 1962 süffisant:

---

94 Franz Antel hat später verschiedene Wirtinnen-Filme gedreht, die so sinnreiche Titel trugen wie *Frau Wirtin bläst auch gern Trompete* (1970); vgl. Antel und Buttinger: *Franz Antel*, S. 132f. – In dieser Filmografie sind auch die anderen Wirtinnen-Filme verzeichnet.

95 Steiner: *Die Heimat-Macher*, S. 240.

96 Blumenthal: *Im weißen Rößl*, S. 59.

97 In der Bauernposse von Flüggen (1901) wurde das Problem noch ganz anders gelöst: Die als hochmütig dargestellte Wirtin erklärt sich am Schluss bereit, mit ihrem Mann als Bäuerin tätig zu werden.

98 Strasser: *Das Salzburger Land als Projektionsfläche*, S. 76.

99 Ebd., S. 77.

100 *Film Echo* Nr. 3/4, 13.1.1962, Dokumentation des Deutschen Filminstituts, Frankfurt am Main.

Nachdem anscheinend selbst den Produzenten Skrupel gekommen sind, einen weiteren filmischen Aufguß des ›Weißen-Rößl‹-Originals zuzubereiten, nehmen sie Zuflucht zu einer schwarz gefärbten Art von Konkurrenzherberge. Im fotogenen St. Wolfgang nebst Umgebung versuchen sich die betriebstreuen Hausdiener vom ›Weißen‹ und vom neuerfundenen ›Schwarzen Rößl‹ allerlei Schnippchen pro domo zu schlagen, das gibt dann sogenannte Pointen, die zwar nicht das Zwerchfell, wohl aber den Glauben an das Filmlustspiel aus Wiener Ateliers erschüttern.[101]

Insbesondere wurde die »fade und einfallslose, alberne Aneinanderreihung des neuesten Ausstoßes der deutschsprachigen Schlagerindustrie« kritisiert, der offenbar »anderswo nicht abzusetzen« sei.[102] Auch andere Printmedien sparten nicht mit Kritik, so meinte der in Düsseldorf erscheinende *Film-Dienst*, dass »nach dem wiederholten Produzentenritt auf dem ›Weißen Rößl‹« mit »viel gekünstelter Fröhlichkeit eine Idee aufgezäumt« werde, die einen »geistigen Magerboden« offenbare.[103] Der Kritiker urteilte streng:

Nichts gegen die holden Unwahrscheinlichkeiten traumfarbener Unterhaltung, wo das Glück immer direkt vor der Tür steht. Aber mehr als nur die Landschaft um den Wolfgangsee dürfte schon strapaziert werden. Ohne Spritz und Strudel, ohne Phantasie und komödiantische Laune gibt es wieder nur die hölzerne Bündelung von alten Gags, schematischen Rollen, platt formulierten Albernheiten und Einfältigkeiten. Dazu der übliche Schlagerlärm im Modewind.[104]

Und die *Nachtausgabe* aus einer nicht genannten Zeitung bedauerte:

Im schwarzen Rössl. Das ist leider keine Parodie auf das operettenselige *Weiße Rössl*, sondern lediglich ein neues oberösterreichisches Schnulzen-Musical mit dem ewig gleichen und anscheinend unvermeidlichen Aufgebot an Starlets und internationalen Schlagersternchen (Peter Kraus, Lolita, Gus Backus, Lil Babs). Geblieben sind der Wolfgangsee und der unverwüstliche Robert-Stolz-Erfolg *Die ganze Welt ist himmelblau*.[105]

Fasst man diese Aussagen zusammen, kritisieren die zitierten Blätter vor allem die fehlende Originalität des Films von 1961. Zu offensichtlich war, dass dieser auf die Verfilmung des *Weißen Rössl* von 1960 reagierte und an dessen ökonomischem Erfolg partizipieren wollte. Antel allerdings war auf derartige Lustspiele spezialisiert und störte sich kaum an der Kritik: Ihm ging es darum, Unterhaltungsfilme zu produzieren, die schöne Landschaften mit schönen Liebesgeschich-

---

101 *Frankfurter Allgemeine Zeitung*, 15.1.1962, Dokumentation des Deutschen Filminstituts, Frankfurt am Main.
102 Ebd.
103 *Film-Dienst*, Düsseldorf, 3.1.1962, Dokumentation des Deutschen Filminstituts, Frankfurt am Main.
104 Ebd.
105 Nachtausgabe [einer ungenannten Zeitung, o.D.], Dokumentation des Deutschen Filminstituts, Frankfurt am Main.

ten und schöner Musik kombinierten und präsentierten. Der Rückgriff auf vorhandene Stoffe und Motive, die Variation und Repetition von bereits Bestehendem, war dabei eher rezeptionsfördernd; »Originalität« wurde bei diesen Filmen genauso wenig gefordert wie zwei Generationen vorher beim Volks- oder Bauerntheater oder bei den Revuen der 1930er-Jahre. Anders gesagt: Es ging um die Kunst der Unterhaltung oder, wie es Franz Antel in Bezug auf das *Schwarze Rössl* ausdrückte:

> Wir wollen einen Film machen, dessen beschwingte Handlung, herzliche Komik und zündende Musik das Publikum auf liebenswürdige Weise unterhält. Und bisweilen ist gerade das am schwersten.[106]

Schluss

Der Ausgangspunkt meiner Überlegungen bezog sich auf die literaturwissenschaftliche Theorie der Intertextualität bzw. auf das medienwissenschaftliche Modell von Intra- bzw. Transmedialität. Es sollte gezeigt werden, welch kompliziertes Netzwerk von Bezügen beim Stoff ›Im schwarzen Rössl‹ existiert, zumal das ›Schwarze Rössl‹ dem ›Weißen Rössl‹ gleichsam hinterhergaloppiert, also immer von diesem abhängig ist.

Folgende Elemente möchte ich nochmals hervorheben:

1. Titelgebung der Stücke: Chronologisch geht das Lustspiel *Im weißen Rößl* von Blumenthal und Kadelburg (1898) der Bauernposse von Flüggen mit dem Titel *Im schwarzen Rössl* (1901) voraus. Ob Flüggens Stück bereits als eine absichtliche intertextuelle Referenz zu sehen ist, muss dabei offen bleiben. Im Folgenden reagiert Farkas 1931 mit seiner Parodie *Im schwarzen Rössl* auf das Singspiel *Im weißen Rößl* von 1930. Es folgt ein Medienwechsel; auf den *Weißen-Rössl*-Film von 1960 antwortet Antel ein Jahr später mit seinem Schlagerfilm *Im schwarzen Rössl*. Die Nachfolgeprodukte knüpfen dabei nicht zwingend an die jeweiligen Handlungsverläufe an, sondern vor allem an den Erfolg der vorgängigen Stücke. Der Titelwechsel – vom »weißen« zum »schwarzen Rössl« – stellt dabei eine beabsichtigte Verknüpfung her. Die Schwarz-Weiß-Zeichnung ist dabei sowohl konträr als auch komplementär angelegt: Der Titel »Im schwarzen Rössl« macht nämlich die Zuschauer auf ein theatrales bzw. mediales Konkurrenzprodukt aufmerksam, das aber nur durch die Bekanntheit der Vorlage Erfolg haben kann.

2. Gattung: Der *Rößl*-Stoff ist an die künstlerischen Gattungen Schauspiel, populäres Musiktheater und Film gebunden, d.h. an theatrale bzw. performative Formen. Alle Stücke sind humoristisch gemeint, die entsprechenden Zuweisungen

---

106 *Remscheider Generalanzeiger*, 20.10.1961, Dokumentation des Deutschen Filminstituts, Frankfurt am Main.

sprechen für sich, etwa ›Lustspiel‹ (1898), ›Bauernposse‹ (1901) oder ›Parodistische Revue‹ (1931). Auch der transmediale Überschlag auf den Film ändert daran nichts: Beide Streifen von 1960 und 1961 sind komödiantisch angelegt, auch wenn dies in den jeweiligen Filmtiteln nicht explizit aufscheint.

3. Musik: Unabhängig von den künstlerischen Gattungen bzw. den verwendeten Medien spielt die Musik (speziell der Gesang) im *Rößl*-Stoff eine große Rolle. Schon vor Etablierung des »Singspiels« (1930) beginnt das Stück von Blumenthal und Kadelburg (1898) mit einem Lied, Flüggen (1901) verspricht seinen Zuschauern »Gesang und Tanz«, Scheuer (1949) »viele Lieder«. Das *Weiße Rößl* von 1960 stellt ohnehin eine Verfilmung des Singspiels von Benatzky (1930) dar, Antel antwortet intramedial mit seinem Schlagerfilm *Im schwarzen Rössl* (1961), der allerdings lediglich mit einem sehr kurzen Zitat musikalisch auf den Vorgängerfilm zurückgreift. Freilich wird mit dem Robert-Stolz-Schlager *Die ganze Welt ist himmelblau* direkt und vernehmbar auf die *Weiße-Rößl*-Tradition zurückgegriffen. Interessant ist der Funktionswechsel der Musik: Diente er um 1900 und 1949 zur Markierung einer angeblich authentischen alpinen Volkskultur, wird bereits 1930 auf moderne Formen der Unterhaltungsmusik zurückgegriffen. Blasmusik und Schuhplattler werden zu akustischen Requisiten der Vergangenheit, die aus der Distanz dargestellt werden, wie das *Schwarze Rössl* von 1961 belegt. In diese Richtung weist auch die gewählte Bezeichnung ›Musical‹ (1961), die suggeriert, es handle sich bei dem Film um ein modernes ›Singspiel‹, eine intertextuelle Referenz, die sich zugleich intramedial gegen den Peter-Alexander-Film wendet.

4. Gasthaus-Motiv: Alle Stücke sind durch das Motiv bzw. den Schauplatz Gasthaus bzw. Hotel verbunden, die dem jeweiligen Stück den Namen gegeben haben. Mit diesem Spielort wird in allen genannten Stücken die Figur der Wirtin etabliert, die als starke Frauengestalt das Geschehen mitgestaltet. Die Liebeleien enden im Singspiel (1930), in der Parodie (1931) und in den Filmen von 1960 und 1961 mit der Heirat zwischen Kellner und Wirtin. Der Erstgenannte erlebt dabei einen sozialen Aufstieg, während sich die Frau als Gattin unterordnet. Zum Gasthaus gehören neben der Wirtin die Kellnerinnen; die seit 1930 aufscheinende Anzüglichkeit ist Bestandteil solcher Lustspiele.

5. Tourismus und Urlauber: Mit dem Gasthaus-Motiv sind die Themen Tourismus und Feriengäste verbunden. Die genannten Stücke reagieren damit auf faktische Veränderungen in der alpinen Landschaft und bewerben sie zugleich. Die *Weiße-Rößl*-Tradition geht mit diesem Motiv voran, die Farkas-Parodie (1931) und der Antel-Film (1961) folgen. Dabei werden die Urlauber stets humoristisch überzeichnet, aber im Grunde als liebenswert dargestellt. Die Zuschauer sollten sich mit diesen Feriengästen identifizieren können.

Wenn zu Beginn gesagt wurde, dass »Variation und Repetition als Grundmuster des Populären, als Ingredienzen der Unterhaltungskultur namhaft gemacht werden« können und »Serialität« – hier in einem sehr weiten Sinn verstanden – mit der Populärkultur verbunden ist, dürfte der Stoff ›Im schwarzen Rössl‹ paradigmatisch sein. Ein Netzwerk von Abhängigkeiten, Bezügen und Referenzen machen die jeweiligen Produkte unterhaltsam und zugleich forscherisch attraktiv.

Annette Keck und Ralph Poole

Sexy Tourism
Die Attraktion des Uneigentlichen im *Weißen Rößl*

Tourismus und Realismus

Die jüngste filmische Fassung des *Weißen Rößls* mit dem Untertitel *Wehe, du singst!* führt einen dramaturgischen Kniff ein, welcher der Frage nach der ›Echtheit‹ touristischer Attraktionen in die Hände spielt: Hat doch die Berlinerin Ottilie Giesecke, die zuvor von ihrem Freund auf übelste Art und Weise verlassen wurde (»Wach auf, wir leben im 21. Jahrhundert. Hast du wirklich gedacht, ich mache dir einen Heiratsantrag, heutzutage heiraten doch nur Schwule«[1]), keine Illusionen (mehr), was die Liebe und das Leben anbelangt. Und so warnt sie ihren Vater, als sie ihn mit der Asche seiner Frau, ihrer Mutter, an den Wolfgangsee begleitet, vor einer Enttäuschung, die ihm aller Wahrscheinlichkeit nach im Salzkammergut widerfahren wird: Dem Vernehmen nach, so Ottilie, genannt Lilchen, »soll ganz Österreich eine Touri-Falle für Flatrate-saufende Snowboardfreaks (geworden) sein« (0:07:38). Damit bestätigt sie Jonathan Cullers Ausgangsbeobachtung in *The Semiotics of Tourism*, dass der Tourismus die Unterscheidung von Ich und Anderem, von wahr und falsch, von echt und unecht prozessiert. Einfacher formuliert: Touristen sind immer die Anderen. Insofern ist es kaum verwunderlich, dass der Tourist ›an sich‹ (und damit der Andere) extrem schlecht beleumundet ist:

> The tourist, it seems, is the lowest of the low. No other group has such a uniformly bad press. Tourists are continually subject to sneers and have no anti-defamation league. Animal imagery seems their inevitable lot: they are said to move in droves, herds, swarms, or flocks; they are as mindless and docile as sheep but as annoying as a plague of insects when they descend upon a spot they have ›discovered‹.[2]

Touristische Entdeckungen sind – wie die einfachen Anführungszeichen zeigen – uneigentlich; Touristen fallen in Scharen ein und auf Inszenierungen des ›Echten‹

---

1   *Im weißen Rössl. Wehe, du singst!* Regie: Christian Theede, Graf Film und Senator Film Produktion, BRD 2013. DVD: Senator Home Entertainment GmbH 2014. Alle Timecodes im laufenden Text beziehen sich auf diese Ausgabe.

2   Culler, Jonathan: *The Semiotics of Tourism.* In: Ders.: *Framing the Sign. Criticism and Its Institutions.* Oxford 1988, S. 153–167, hier: S. 153.

hinein. Auch Hans Magnus Enzensberger folgt dieser Logik, wenn er in seiner frühen Schrift über den Tourismus dessen »Freiheit als Massenbetrug« entlarvt.[3] Indem aber das Erscheinen der Touristen mit dem Auftreten einer (massenhaften) Plage vergleichbar ist, markiert es darüber hinaus eine zeitliche Differenz: Culler weist zu Recht darauf hin, dass der Rede über den Tourismus eine Verfallsgeschichte inhärent ist[4] – früher war's schöner.

Dieses schöne ›Früher‹ wird in der *Rössl*-Fassung von 2013 über eine artifizielle Ästhetik inszeniert, die sich an den 1950er-Jahren orientiert (kein Rollkoffer, nirgends), und sich am Kostüm (Anzug und Kleid resp. Tracht), in Bonbon-Farben als Agfacolor[5]-Zitat, Retro-Ausstattung (wie bspw. der Ponton-Mercedes [1953] oder die BMW R 68 [1954]) sowie an ausgestellter filmischer Selbstreferentialität bzw. Intertextualität realisiert. Der schwarmartige Einfall der Gäste fehlt auch hier nicht. Er ist jedoch schon in der Filmfassung von 1935 wie auch in Oscar Blumenthals und Gustav Kadelburgs Lustspiel von 1896 zu finden[6] – ein deutlicher Beweis dafür, dass dieses Früher als Effekt der Tourismus-Logik und nicht als eine rein historische Differenz zu verstehen ist. Um es angelehnt an Karl Valentin zu sagen: Das Früher war früher auch besser.

In *Wehe, du singst!* realisiert sich dieses schönere Früher im Salzkammergut, Vater Giesecke wird nicht enttäuscht. Lilchen aus dem durchweg regengrau inszenierten Berlin wird »auf unbekanntem Gebiet«, wie das Navi ratlos kommentiert, »von diesem besonderen Ort« buchstäblich überrascht: von einem dauerhaft strahlend sonnigen Österreich, in dem doppelte Regenbögen zur Generalausstattung gehören und Kinderlein in Tracht wonnige Weisen singen,[7] wie überhaupt in diesem Land alle zu singen scheinen. Der erste (Kultur-)Kontakt zwischen Dr. Siedler und Ottilie Giesecke wird, wie in früheren Fassungen auch, als Unfall[8] inszeniert: Lilchen, plötzlich geblendet durch die österreichische Dauersonne,

---

3   Enzensberger, Hans Magnus: *Eine Theorie des Tourismus.* In: Ders.: *Einzelheiten I: Bewusstseinsindustrie.* Frankfurt a.M. 1962, S. 179–205, hier: S. 205.

4   Culler: *Semiotics of Tourism*, S. 156.

5   Agfacolor wurde im Nationalsozialismus als Antwort auf das amerikanische Technicolor entwickelt. Bis in die 1960er-Jahre hinein wurde es neben anderen Verfahren für den Farbfilm genutzt. Vgl. Koshofer, Gert: *Agfacolor. Geschichte eines Farbverfahrens.* URL: http://www.filmportal.de/thema/agfacolor-geschichte-eines-farbverfahrens (zuletzt abgerufen am 25.8.2015).

6   Vgl. *Im weißen Rößl.* Regie: Carl Lamac, Hade-Film und Ondra-Lamac-Film, Österreich und Deutschland 1935. DVD: Filmjuwelen 2014; vgl. Blumenthal, Oskar und Kadelburg, Gustav: *Im weißen Rößl. Lustspiel in drei Aufzügen* [1896]. Berlin ²2013.

7   Diese Szene zitiert die Eröffnungssequenz der Verfilmung aus den 1930er-Jahren. Vgl. *Im weißen Rößl* (Österreich und Deutschland 1935).

8   Das seit den 1950er-Jahren als Unfall inszenierte Zusammentreffen des ›hohen Paars‹ Ottilie Giesecke und Dr. Otto Siedler erscheint hier – zumindest was das Subjekt des Unfalls betrifft – verkehrt: Nicht Otto fährt, sondern Ottilie.

fährt den (in diesem Fall ebenfalls österreichischen) Dr. Siedler an, der sein Motorrad, eben jene bereits erwähnte R 68, am Straßenrand repariert. Dieser Landsmann überrascht nicht nur mit seiner gewählten Diktion, sondern auch durch seine ausgewählte Höflichkeit: »Sie sehen mich zutiefst beeindruckt«. Lilchens Antwort bringt die Zweifelhaftigkeit dieses ersten Eindrucks auf den Punkt: »Du bist doch nicht ganz echt!« (0:08:23–0:10:10).

Ottilie fungiert – entgegen des üblichen diskursiven Kurzschlusses von Weiblichkeit und dem Willen zur Romantik – als ›Realismusprinzip‹. Der Film spielt somit die Klischees aus, mit denen Besucher*innen von Liebesfilmen und/oder Operetten und Revuen zu kämpfen haben. Ihnen wird unterstellt, nicht das wahre Leben sehen zu wollen, sondern eine geschönte Version desselben, wo sich Herz zum Herzen find' und das Ende immer gut ist. Kunst – so eine weit verbreitete Einschätzung – sei hier weit und breit nicht zu finden, vielmehr eine abschätzig als weiblich kodierte Unterhaltungskultur. Dementsprechend schlecht ist auch der Ruf des deutschen Unterhaltungsfilms der 1950er, der sich vornehmlich an (komödiantischen bzw. melodramatischen) Genres orientierte und sich an ein weibliches Publikum zu richten schien.[9] Selbstbewusst antwortet *Wehe, du singst!* auf dieses diskursive Stereotyp.

Dass dieser Dr. Siedler »nicht ganz echt« sein soll, Ottilie hingegen schon, ist vor dem Hintergrund der Schauspieler-Persona von Diana Amft zumindest verdächtig: War sie doch von 2008–2010 als groteskes Working Girl, sprich als Dr. Gretchen Haase mit *Doctor's Diary*[10] im deutschsprachigen Fernsehen präsent (und ist es, aufgrund zahlreicher Wiederholungen, immer noch). Als Kreuzung zwischen *sex bunny* und Göttin in Weiß ist sie in dieser Fernsehserie viel zu grotesk überzeichnet, um (lebens-)echt zu sein. In Ottilies Frage aber nach der Echtheit Ottos nimmt *Wehe, du singst!* die Infragestellung der Echtheit auf, welche nach Culler für den Tourismusdiskurs konstitutiv ist. Lilchen glaubt die Inszenierungen des Tourismus dergestalt zu durchschauen, dass sie die Gäste auf der Terrasse für bezahlte Staffage hält, die für die (dummen, anderen) Touristen bereitgestellt wurden: »Man kommt sich vor wie im Musikantenstadl« (00:13:00–00:13:10).

---

9 Siehe die häufige Heile- respektive Falsche-Welt-Schelte aus der Perspektive des Autorenfilms bzw. der Rezensenten mit Kunstanspruch aus den 1960er-Jahren, die als Zeichen einer Remaskulinisierung begriffen werden kann. Uka, Walter: *Modernisierung im Wiederaufbau oder Restauration? Der bundesdeutsche Film der fünfziger Jahre.* In: *Die Kultur der 50er Jahre.* Hg. von Werner Faulstich. München 2002, S. 71–91, hier: S. 71.

10 *Doctor's Diary: Männer sind die beste Medizin.* Produktion und Drehbuch: Bora Dagtekin und Steffi Ackermann, Polyphon Film- und Fernsehgesellschaft, BRD 2008–2011. Die Serie basiert auf dem Drehbuch von Bora Dagtekin, der mit *Türkisch für Anfänger* (Fernsehserie, Bayerischer Rundfunk u.a., BRD 2006–2008 und Film, Rat Pack Filmproduktion u.a., BRD 2012) und insbesondere mit dem Film *Fack ju Göhte* (Drehbuch und Regie, Rat Pack Filmproduktion u.a., BRD 2013) allgemein bekannt geworden ist.

Touristen werden somit von Lilchen auf der Seite des Fake verortet, ihnen wird unterstellt, dass sie letztlich unkritisch alle Klischees als bare Münze nehmen. Culler zitiert dieser Einschätzung entsprechend eine kulturkritische amerikanische Studie über ›den amerikanischen Touristen‹: Dort ist zu lesen, dass der Tourist ›an sich‹ der echten Fremderfahrung »his own provincial expectations« vorzieht: »The French chanteuse singing English with a French accent seems more charmingly French than one who simply sings in French«. Nicht das ›wahre Japan‹ respektive ›Österreich‹ würde gesucht, sondern »Japanesy« oder in unserem Zusammenhang ›Austriazistisches‹, sprich klischierter Fake.[11]

Den Widerpart zum touristischen Herdentier bildet in den verschiedenen *Rößl*-Fassungen natürlich das gewiefte Hotelpersonal, das aus den »provincial expectations«[12] Profit zu schlagen weiß: Der pittoreske Bettler, der eigentlich ein gutsituierter Bürger ist und jeden Reisenden mit der jeweiligen Nationalhymne begrüßt,[13] der Piccolo, der das Paprikahendl von vorgestern und das Beuschel von gestern zuerst anpreist,[14] die bei Schnürlregen singende Rößlwirtin (»Mir beziehen direkt vom Himmel unsere Attraktion!«)[15] und der singende Oberkellner alias Peter Alexander (»Der Gesang ist im Pauschalpreis inbegriffen!«)[16] sowie das weibliche Hotelpersonal: »Wenn die Stubenmadln und die Kellnerinnen nicht zum Anbeißen sind«, sagt Christl Mardayn alias Josepha Voglhuber in Hans Müllers Textbuch zur Theaterfassung von 1930 wie in der Lamac-Fassung von 1935, »dann taugt das ganze Hotel nichts.«[17] Schon der junge Sülzheimer aus der 1896-Theaterfassung von Oscar Blumenthal und Gustav Kadelburg weiß um diese berechnete Erotik: »Das kenne ich schon – so eine Hotelwirtin lächelt einen immer freundlich an, und nachher bei der Abreise findet man das Lächeln auf der Rechnung.«[18] Dieses erotische Kalkül könnte im Gegensatz zum Versprechen einer romantischen Liebeshandlung stehen, in der wahre Liebe trotz aller Hindernisse zum guten Ende findet. Doch geht es, so Norbert Abels, in der ausgestellten

---

11 Culler: *Semiotics of Tourism*, S. 158.
12 Ebd.
13 *Im weißen Rößl*. Regie: Willi Forst, Carlton Film, BRD 1952. DVD: Kinowelt Home Entertainment 2004, 00:11:42–00:12:43.
14 *Im weißen Rößl* (Österreich und Deutschland 1935), 00:13:39–00:14:01.
15 *Im weißen Rößl* (Österreich und Deutschland 1935), 00:27:02–00:29:16.
16 *Im weißen Rößl*, Regie: Werner Jacobs, Carlton Film und Sascha-Verleih, BRD 1960. DVD: Kinowelt Home Entertainment 2005, 00:03:57–00:05:32.
17 *Im weißen Rößl* (Österreich und Deutschland 1935), 00:13:33–00:13:39.
18 Blumenthal und Kadelburg: *Im weißen Rössl*, S. 52. In späteren Fassungen wird diese Zeile Giesecke zugeschrieben, siehe z.B. auch die Inszenierung mit den Geschwistern Pfister in der ›Bar jeder Vernunft‹: *Im weißen Rößl*. Regie: Christoph Marti und Walter Schmidinger. Inszenierung in der ›Bar jeder Vernunft‹, Berlin 1994.

Scheinwelt der Operette allgemein und speziell im *Rößl* immer schon eher um vordergründige und frivole Erotik als um tiefe und echte Romantik.[19]

Spielräume des Hotels

Bevor hier jedoch die Verbindung von Tourismus und Komödiengenre vertieft wird, muss zuerst der zentrale Ort des komödiantischen wie touristischen Geschehens in den Blick genommen werden, nämlich das »legendäre Romantik Hotel *Im Weissen Rössl*«, das, wie seine Homepage anpreist, seit »mehr als 500 Jahren [...] herausragende österreichische Gastlichkeit zelebriert«[20]. Tatsächlich gibt es den Familiengasthof seit 1878, davor wurden die Gäste »nahe der Wallfahrtskirche St. Wolfgang« bewirtet. Aus dem »Ausflugsgasthof« wurde erst Ende der 1970er nach langer Umbauphase ein »ernstzunehmende[s] 4-Sterne-Superiorhotel«, das Komfort und Service »völlig abseits vom Bild [leistet], das die Operette vermittelt«[21]. Was heute also in neu-touristischem Jargon als Superiorhotel vermarktet wird, hätte früher das Etikett eines Grand- oder Luxushotels beansprucht bzw. eines, wie Hans Magnus Enzensberger es pointiert fasst, »Schloss[es] des Grossbürgertums«[22]. In der Tat vermitteln die Bühnen- und Filmversionen des *Weißen Rößl*, angefangen von Oscar Blumenthals und Gustav Kadelburgs Lustspiel über Ralph Benatzkys Singspiel bzw. Erik Charells Revueoperette bis zu den Verfilmungen von Carl Lamac, Willy Forst und Werner Jacobs in jedem Fall den zwar romantischen, aber doch eher kleinkalibrigen Gasthofcharme. Nur so kann dramaturgisch wichtig über das einzige Balkonzimmer gefeilscht werden. Anders jedoch verhält sich auch hier die jüngste Verfilmung, in der sich die Ausmaße des Gasthofs deutlich zum Hotel geweitet haben, was nicht zuletzt durch die Multiplikation (und Multinationalität) des Personals, aber auch der Kuckucksuhren und nicht zuletzt der Balkonzimmer deutlich wird. Das jede Saison für den Dr. Siedler reservierte Balkonzimmer ist hier zwar das prächtigste, aber eben doch eines von vielen seinesgleichen. Gleichzeitig greift die Inszenierung insgesamt zum ›Großen‹, stellt diese doch in der Übertreibung die Künstlichkeit, das Fiktionale des ganzen Settings aus. Die bonbonfarbene Alpenromantik freilich, die sich von Anfang an und sehr zur Irritation von Ottilie über Land (vom doppelten

---

19 »Die Erotik selbst, unabdingbarer Motor und heimlicher Endzweck allen Geschehens in der Operettenwelt, wird der aktuellen Bedürfnislage eines immer ärmer werdenden kleinbürgerlichen Publikums angepasst.« Abels, Norbert: *Operettenfinale und Weltverspottung: Das Weiße Rössl, Robert Gilbert und das Ende einer Kunstform.* In: *Im weißen Rössl: Zwischen Kunst und Kommerz.* Hg. von Ulrich Tadday. München 2006, S. 5–24, hier: S. 19.

20 *Romantik Hotel Im Weissen Rössl am Wolfgangsee – ein gutes Stück Österreich,* www.weissesroessl.at/romantik-hotel-wolfgangsee.html (letzter Abruf am 24.8.2015).

21 *Geschichte Weisses Rössl: eine Hotel-Legende,* www.weissesroessl.at/hotel/geschichte-weisses-roessl.html (letzter Abruf am 24.8.2015).

22 Enzensberger: *Eine Theorie des Tourismus,* S. 202.

Regenbogen bis zum abstürzenden Mond) und Leute (pralle Dirndl und ebenso pralle Lederhosen) ausbreitet, findet in der Darbietung des Hotels und der Robert-Stolz-Schnulze »Die ganze Welt ist himmelblau« samt der Überbietung des Blaus durch das ubiquitäre Lila ihren frühen kitsch-ästhetischen Höhepunkt.

Diese *Rößl*-Fassung von 2013 verschiebt im Unterschied zu früheren Versionen die Perspektive vom Liebeswerben des unerhörten Kellners Leopold zum Liebeskummer der verschmähten und überdies unfreiwilligen Gästin Ottilie. Der durch einseitiges, aber stets hoffungsvolles Liebeswerben charakterisierte Leopold mutiert hier zum mitfühlenden Ratgeber in Sachen Liebe. Er übernimmt damit die klassische Rolle des Concierges bzw. Portiers[23] in Hotelfiktionen: »Part welcoming committee, part watchdog, part source of services and information, the concierge may be the most often portrayed, most stereotyped employee in the whole hotel. [...] He is the poster-boy for the spirit, style, and prestige that the hotel wants to possess and convey.«[24] Als Dienerfigur eines Cinderella-Szenarios verhilft Leopold, wie bspw. auch Bernard Thomson (alias Hector Elizondo) in *Pretty Woman* (1990),[25] dem eigentlich un-möglichen Paar zum finalen Glück. Hier wie dort verstößt ein solches Cinderella-Szenario gegen die dominantere Tradition von Hotelerzählungen, wonach das Hotel gerade kein utopischer Ort ist, wie Bettina Matthias schreibt: »Even in the most positive cases, they remain artificial sets where dreams can be acted out but not taken outside the hotel's walls into ›real life‹. [...] Hotels are there to please not to change.«[26] Die Rahmung dieses Films markiert aber, dass es genau darum geht: Ottilie – das enttäuschte Mädel aus dem regengrauen Berlin – *muss* die Welt des ›Weißen Rößls‹ erfahren, um verändert in die Großstadt zurückkehren zu können und um dann in einer allerletzten Volta dem urbanen Management wohl für immer den Rücken zu kehren, wie das Happy End im Dirndl samt trachtenstrahlendem Bräutigam Otto und der im Bollywoodrausch tanzenden ›Rößl‹-Belegschaft suggeriert.

Wie alle früheren Versionen, so verfolgt auch die jüngste die seit der Aufklärung erfolgte Trendwende in der Wahrnehmung der Alpen: Von einer furchteinflö-

---

23 »Portier, Kellner, Pagen bilden die Bindeglieder zwischen den Welten. ›Schutzengel des Reisenden‹ hat Mark Twain die Portiers genannt ›Weltbürger! Menschenkenner! Sprachkenner! Seelenkenner.‹ ›Sie sind die wahrhaft Internationalen! ... ‹ so bezeichnet der ›Hotelbürger‹ Joseph Roth die Portiers, die taxierend die Halle überblicken [...].« Rösch, Paul: *Das Traumschloss des Bürgers: Zur Kulturgeschichte des Grand Hotels.* In: *Grand Hotel: Bühne der Literatur.* Hg. von Cordula Seger und Reinhard G. Wittmann. München 2007, S. 25–40, hier: S. 37.

24 Matthias, Bettina: *The Hotel as Setting in Early Twentieth-Century German and Austrian Literature: Checking in to Tell a Story.* Rochester 2006, S. 58.

25 Vgl. *Pretty Woman.* Regie: Garry Marshall, Touchstone Pictures und Silver Screen Partners IV, USA 1990.

26 Matthias: *The Hotel as Setting,* S. 7.

ßenden Schreckenslandschaft hin zur touristischen Sensation – paradigmatisch eingeläutet durch Albrecht von Hallers Lehrgedicht aus dem 18. Jahrhundert, *Die Alpen*, das den Gegensatz einer maroden Un-Kultur der Städte und einer unverdorbenen Alpenidylle ausspielt.[27] Die Hallersche Natur »erhält eine neue Bedeutung, sie konnotiert erstmals eine idealisierte, unwiederbringliche Vergangenheit.«[28] Die anfänglich skizzierte touristische Vorher/Nachher-Differenz findet sich auch hier. Zugleich verbindet sich mit dieser nostalgischen Wende der Naturwahrnehmung die Bereitstellung simulierter Eigentlichkeit, so Isabelle Rucki in ihrer Studie zur Hotelarchitektur in den Alpen: »Die Mehrheit der Reisenden braucht in den Bergen eine touristisch hergerichtete und technisch erschlossene Landschaft, in der sie sich behaglich einrichten und wiedererkennen kann.«[29] Natur kann somit von der Aussichtsterrasse des Hotels erlebt und die Wildnis der Alpen in Tagesausflügen auf gestalteten Wanderwegen mit Picknick an besonders hübsch gelegenen Panoramapunkten ›erobert‹ werden, um in der Diktion der touristischen Uneigentlichkeit zu bleiben.

Wenn es stimmt, dass das Hotel »dem Schein nach ein romantisches Schloss sein [soll], betriebsmässig [sic] jedoch […] den modernsten Ansprüchen seiner Besucher zu genügen [hat]«[30], dann ist das fiktive ›Weiße Rößl‹ von diesen Ansprüchen weit entfernt (worauf die heutige Homepage des ›Superiorhotels‹ auch dezidiert berichtigend hinweist). Die Touristenströme können nicht schnell genug ›abgefertigt‹ werden, dem einzigen Balkonzimmer stehen unbequeme Dach- und Hinterzimmer gegenüber. Der Geruch des Kuhstalls mag zwar erotisierend wirken, ist aber sicherlich nicht Merkmal modernster Ausstattung.

Das *Weiße Rößl* inszeniert demnach nicht nur die für Hotelfiktionen typische Trennung von Vorder- und Hinterbühne, sondern hat immer schon Teil am Aufzeigen des touristischen Uneigentlichen und dies gilt sowohl hinsichtlich einer wie auch immer idealisierten Vergangenheit als auch hinsichtlich der Natürlichkeit des Settings. Dieses Aufzeigen aber ist jedoch nicht gegenläufig zur Attraktivität des *Rößl* zu verstehen, sondern vielmehr als dessen Bestandteil. Die

---

27 [Haller, Albrecht von]: Die Alpen. In: Ders.: *Versuch Schweizerischer Gedichte*. Hg. von Niclaus Emanuel Haller. Bern 1732, S. 1–25.

28 Rucki, Isabelle: *Das Hotel in den Alpen: Die Geschichte der Oberengadiner Hotelarchitektur ab 1860*. Baden 2012, S. 40. Siehe auch Rösch: *Das Traumschloss des Bürgers*, S. 29–31: »Die bisher schrecklichen Alpen entpuppten sich als schönen Landschaften, zu paradiesischen Räumen, in die man sich umso mehr sehnte, je bedrückender die moderne industrialisierte Arbeitswelt wurde. […] Das Konzept, die wilde Natur in geschütztem Ambiente der ›beau monde‹ zu präsentieren, ohne auf irgendwelchen Komfort verzichten zu müssen, hatte Erfolg.«

29 »Die meisten Feriengäste fürchten sich vor einer direkten Begegnung mit den Naturgewalten, ihnen ist das Geschehen im Vordergrund wichtig, das Gesellschaftsleben im Hotel […]«, Rucki: *Das Hotel in den Alpen*, S. 40.

30 Ebd., S. 41.

Diskrepanz zwischen Ideal und Ausführung, die ausgestellten Momente der Inszenierung eröffnen genau jene Orte, an die sich (erotische) Doppeldeutigkeiten bzw. Subtexte anlagern können, da die (heterosexuell konstruierte) Natürlichkeit der Natur von der Kunst/Künstlichkeit der Inszenierung affiziert erscheint.[31] Aus dieser Perspektive bietet gerade das Changierende des Touristischen zwischen Echtheit und Fake die Voraussetzung für queere Lesarten[32] – man denke nur an die schon bei Charell eingesetzten Schuhplattlerbuam, die in den 30er-Jahren sicherlich nicht nur die *BZ am Mittag* zum Schwärmen brachte: »Saftige Kerle in Lederhosen, die sich im Takt Dinger runterhauen. – Mein Gott, sie haben die kernigen Backen dazu.«[33] Kevin Clarke weist in diesem Zusammenhang darauf hin, dass noch in der Verfilmung von 1952, an der Charell mitarbeitete, die Schuhplattlerszene erhalten blieb, wobei »die Kamera permanent auf Schritt und Waden der Tänzer gerichtet« ist.[34] In diesem Film ist auch noch die Kuhstallszene vorhanden, eine doppelt-erotisch kodierte Szene. Denn in dem derben erotischen Ambiente kommen sich nicht nur Ottilie und Siedler näher, sondern es bietet auch die (gesuchte?) Gelegenheit für Piccolo und Leopold, unter dem ›uneigentlichen‹ Vorwand der Kuppelei eine gemeinsame Nacht zu verbringen. Auch und nicht zuletzt ist hier der komische ›schöne Sigismund‹ zu nennen, der über seine Schönheit per se zur Queerness tendiert.[35]

Im filmischen Kontext der 1950er-Jahre wiederum wäre ein schöner Mann wie der Sigismund nicht unter den Touristen, sondern unter den Einheimischen zu finden.[36] Mindestens wäre er aber, wie bspw. im 1958 erschienenen Film *Italienreise, Liebe inbegriffen*,[37] eine Grenzfigur, der letztlich kein Liebesglück gegönnt

31 Vgl. auch die Ausführungen zu »Begegnungen der dritten Art« von Marjorie Garber in: Dies.: *Verhüllte Interessen. Transvestismus und kulturelle Angst.* Übers. von H. Jochen Bußmann. Frankfurt a.M. 1993, S. 32–32.

32 Vgl. auch die Inszenierung von Andreas Gergen: *Im weißen Rössl.* Regie: Andreas Gergen, Inszenierung am Salzburger Landestheater, Salzburg 2014.

33 Charell hat originale Tiroler Schuhplattler bereits in seiner Revue *Für Dich!* von 1925 und dann wieder im *Rößl* eingesetzt, kommentiert von Urban, Erich: *Für Dich!* In: *BZ am Mittag*, 19.9.1925, zit. nach Clarke, Kevin: *Zurück in die Zukunft: Aspekte der Aufführungspraxis des Weißen Rössl.* In: *Im weißen Rössl: Zwischen Kunst und Kommerz.* Hg. von Ulrich Tadday. München 2006, S. 101–126, hier S. 111. Quelle auch bei Berg, Marita: *»Det Jeschäft ist richtig!« Die Revueoperetten des Erik Charell.* In: *Im weißen Rössl: Zwischen Kunst und Kommerz.* Hg. von Ulrich Tadday. München 2006, S. 59–80, hier: S. 69.

34 Clarke: *Zurück in die Zukunft*, S. 120.

35 Vgl. auch Trapp, Wilhelm: *Der schöne Mann. Zur Ästhetik eines unmöglichen Körpers.* Berlin 2003.

36 Möhring, Maren: *Working Girl Not Working.* In: *Working Girls. Zur Ökonomie von Liebe und Arbeit.* Hg. von Sabine Biebl, Verena Mund und Heide Volkening. Berlin 2007, S. 249–274, hier: S. 267–269.

37 Vgl. *Italienreise, Liebe inbegriffen.* Regie: Wolfgang Becker, Buch: Barbara Noack, Central Cinema Company Film, BRD 1958.

wird. So darf Paul Hubschmid als gut aussehender Reiseleiter (und Kunsthistori-ker) Robert Florian, der sich im Verlauf des Narrativs der *Italienreise* allenthalben italienisiert, zwar Ilse Knopf den Kopf verdrehen, am Ende nimmt sie aber den deutschen[38] und »ordentlichen« Hans Fichte aus Berlin (Walter Giller). In allen *Rößl*-Fassungen gibt es ähnlich die Andeutung eines ›transnationalen‹ Crossovers, insbesondere wenn die Österreicherin Josepha Voglhuber den Berliner Anwalt Dr. Siedler begehrt, und auch hier wird diesem Begehren eine – manches Mal so-gar kaiserliche – Absage erteilt »'s ist einmal im Leben so / allen geht es ebenso: / Was man möcht' so gern, / liegt so fern / […] / Schweige und begnüge dich, / lächle und füge dich. / 's ist einmal im Leben so, / allen geht es ebenso: / G'rad der allerschönste Traum / bleibt nur Schaum!« (01:23:47–01:24:48).

Dieses ›So-Sein‹ des Lebens weist aber nicht nur Josepha Voglhuber in ihre Schranken, sondern zeigt auch die Konkurrenz auf zwischen dem latent gutaus-sehenden Dr. Siedler, der mit dem symbolischen Kapital eines Titels ausgestattet ist, und dem komischen explizit schönen Mann, Sigismund, der eben nicht wie von seinem Vater geplant Ottilie, sondern Klärchen begehrt. Er ist weniger Hirn als Körper[39] und als solcher, wie das ›Weiße Rössl‹ eben auch, nicht ganz perfekt, was seine Attraktivität trotz aller Komik nicht mindert. Der Kontrast zwischen Selbstbewusstsein (»was kann der Sigismund dafür«) und körperlich defekter Männlichkeit (mangelnder Haarwuchs oder – wie in der jüngsten Version – Angst vor Sex) wiederholt die für das *Rößl* herausgearbeitete Hybridisierung von Echtheit. Diese eröffnet komische Spielräume und prädestiniert ihn für eine queere Ikone des Begehrens: Diejenigen, die den schönen Mann begehren, müs-sen nicht notwendig weiblich sein. Nirgendwo ist dies deutlicher als bei der In-szenierung in der ›Bar jeder Vernunft‹, welche kundig mit der für die 1920er-Jahre »typischen Verwirrung der Geschlechterrollen«[40] kokettiert und mit Ursli Pfister den »schönste[n] schöne[n] Sigismund« präsentiert, wie die *Berliner Zei-tung* schwärmte,[41] und, so muss man ergänzen, auch den queersten.

---

38 Zum Deutschsein im deutschen Film der 1950er-Jahre siehe auch Figge, Maja: *Deutschsein (wieder-)herstellen: Weißsein und Männlichkeit im bundesdeutschen Kino der fünfziger Jah-re*. Bielefeld 2015.

39 Symbolisches und materielles Kapital werden in den verschiedenen Fassungen des *Rößl* auf zwei Figuren verteilt, damit es nicht zur Kontamination beider kommt. Leopold und Dr. Siedler können sich daher auch küssen (*Im weißen Rößl*, BRD 1952, 00:54:18–00:54–23), gerade weil alles Körperliche an Sigismund delegiert erscheint.

40 Berg: *Det Jeschäft ist richtig*, S. 71.

41 Zit. nach Clarke: *Zurück in die Zukunft*, S. 105.

Berliner Realismus und austriazistische Romantik

Wie anfänglich ausgeführt, besteht der dramaturgische Kniff der letzten filmischen *Rößl*-Fassung darin, mit Ottilie Giesecke ein ›Realitätsprinzip‹ einzuführen, das der romantisch-komödiantischen Welt am Wolfgangsee gründlich misstraut. Dies gilt jedoch nur, so lange Lilchen nicht dem austriazistischen Charme im Allgemeinen und dem des Dr. Siedler im Speziellen verfällt. Den Wendepunkt bildet – und das unterscheidet den jüngsten Film von allen anderen – ausgerechnet die Sigismund-Handlung. Sigismund tritt hier nicht wie in den anderen Fassungen als Sohn von Vater Gieseckes Konkurrenten Sülzheimer auf, sondern als ehemaliger Kellner des ›Weißen Rössl‹. Als Lilchen ansatzweise unglücklich verliebt nach ihrem volltrunkenen Heiratsantrag und nach dem Verkauf des ›Rössl‹ mit ihrem Vater wieder abreisen will, erkennt dieser im schönen Sigi den ehemaligen Kellner: Sigismund wurde entlassen, weil er »im Kaiserzimmer beim heimlichen Duettsingen« mit einem Zimmermädchen erwischt wurde: »Ich seh's noch vor mir, wie sie Sigi durch den Speisesaal nach draußen geschleift haben. Ich hör noch Schreie: ›Rache! Rache!‹ Und in der Nacht hat er versucht, das Rössl niederzubrennen.« (00:59:30–00:59:39) Lilchen weiß inzwischen, dass es Sigi Sülzheimer in den USA zum Abrissunternehmer gebracht hat, weshalb sie sich von ihrem Vater zum Bleiben bewegen lässt, um den »letzten und einzigen Ort auf Erden« zu retten, »wo Musik, Romantik und Liebe keine leeren Worte sind.« (01:00:09–01:00:13) Ottilie stellt sich in den Dienst der Romantik, um das ›Weiße Rössl‹ vor Sigismunds Rachegelüsten zu retten. Das aber hat Folgen für ihre Figurenkonzeption: Sie wechselt auf die austriazistische Seite, die Kleidung wird bunt und folkloristisch. Den Höhepunkt bildet ihre Motorradfahrt in Dirndl und Sichtbrille, um Sigismunds Klärchen zur Rettung des ›Weißen Rössl‹ herbeizuholen (01:14:34–42; 01:14:48–52). Die diskursive Verknüpfung von Weiblichkeit und Begehren nach Romantik, welche den Ruf des deutschen Unterhaltungsfilms der 1950er-Jahre so nachhaltig schädigte und die zu Beginn des Films ausgesetzt wurde, erscheint hier wieder restituiert, die Differenz von Romantik und Realismus geschleift.

Diese Konstellation ist für *Wehe, du singst!* richtungsweisend – mit entscheidenden Abwandlungen. Das Changieren der Begehrensordnungen der früheren *Rößl*-Fassungen wird zurückgenommen, paradigmatisch ausgerechnet in der eigentlich ambivalenten Figur des Sigismund. Sie wird zwar in ihrem heterosexuellen Liebesleiden großspurig amerikanisiert und zugleich in ihrer Impotenz bloßgestellt, um sie dann jedoch durch eine große – und neu hinzugefügte – Szene durch die ›alte Liebe‹, Klärchen, aus der Sexstarre zu ›erlösen‹. Die schlaff abgeknickten Handgelenke und der exaltierte Hüftschwung von Boom-Boom-Sigi (alias Gregor Bloéb) reichen hier kaum aus für spielerisch-frivole Queerness. Sigi kann ohne Probleme über sein transatlantisches Crossing (Österreich/USA) und seine transvestitische Männlichkeit (Phantasieorden etc.) in jenes transvestitische

Kontinuum eingestellt werden, das Marjorie Garber mit *Liberace – Valentino – Elvis* ausgelegt hat,[42] dient doch dessen »Transvestifizierung«[43] deutlich als Rückversicherung: »Der Transvestit auf dem Theater«, schreibt Garber und hier ist es wichtig darauf zu verweisen, dass dieser Sigismund uns in der 2013er-Verfilmung zuallererst auch auf einer Bühne präsentiert wird,

> nimmt die Angst vor dem Phallusverlust beim Wort. Die Überdeterminiertheit phallischer Witze, seien sie verbale oder visuelle, die zum Transvestismus auf der Bühne so oft dazugehören, ist eine Manifestation genau dieser Strategie der Rückversicherung gegenüber Angst mittels artefaktischer Überkompensation.[44]

Marjorie Garber bringt diese apotropäische Funktion des Transvestismus genuin mit dem Starkult in Verbindung, was für diese Sigismund-Inszenierung zentral ist. Zwar wird der Auftritt der Schuhplattler der früheren Fassungen zur Schuhplatter-Weltmeisterschaft aufgebläht, doch verkommt er zum reinen Testosteron strotzenden Männertheater im Boxring – und auch hier erscheint Sigi als Bühnenfigur, eingehegt durch den Box-Ring (01:11:48). Gegengeschnitten wird Ottilies Rettungsaktion (01:14:34–42; 01:14:48–52), die auch als vermeintliche ›Rettung‹ des weibliches Blickes und als Referenz auf die eben erwähnte weibliche Kodierung des Unterhaltungsfilms der 50er-Jahre gelesen werden kann. Am Ende wird Sigi der Starkult (und damit auch der Transvestismus) durch die Ohrfeige von Klärchen gründlich ausgetrieben (01:18:35–01:19:09).

Während diese neueste Rösslfassung also wenig überraschende Paarungen produziert,[45] so gibt es wohl aber Überraschungseffekte auf der Ebene der Inszenierung, denn hier werden in der den Film prägenden Rhetorik der Übertreibung ästhetische Marker des Uneigentlichen in den Exzess getrieben. Sei es mit den Dornröschen-Träumen Ottilies, sei es mit Slapstick-Szenen wie beispielsweise mit jenen, an denen ihr mickriges Selbstbewusstsein als Miniaturkonterfei beteiligt ist, sei es in Dialogen, die deutlich an die Screwball-Tradition anknüpfen:

> Dr. Siedler: Seit wann steht denn das Fräulein dem Herrn Sülzheimer so ablehnend gegenüber? Neulich lag er noch auf ihr wie eine Scheibe Leberkäs' auf einer Buttersemmel.
>
> Ottilie: Ich bin Vegetarier.
>
> Dr. Siedler: Aber Ihre Libido ist ein Säbelzahntiger.

---

42 Garber: *Verhüllte Interessen*, S. 495–524.

43 Ebd., S. 509.

44 Ebd., S. 499.

45 Es finden zwar die beiden Bodyguards von Sigismund zusammen, als Lilchen und Otto ihr erstes Duett singen, doch erscheint diese Paarung an den (transvestitischen) Rand von Sigismund wie der Handlung gebannt (01:06:11–01:06:14, 01:07:16–01:06:18), zumal auf der Handlungsebene auf den frühreifen, altklugen und damit sexuell uneindeutigen Piccolo verzichtet wird.

Ottilie: Ja, in deiner schmutzigen Fantasie vielleicht.

Dr. Siedler: Meine Fantasie ist schmutzig, seit ich Sie kenne. Sie sind mit dreckigen Wanderstiefeln über den Flokati meiner Seele gestampft.

Ottilie: Dann bring den Flokati in die Reinigung und schick mir die Rechnung, Chorknabe! (1:00:10–1:00:29)

Das gilt ebenfalls für die farbexplosiven Ensemblenummern, die sowohl an die ornamentalen Tanzchoreographien Busby Berkeleys der Hollywood-20er und -30er wie auch an die jüngsten globalisierten Bollywood-Revueorgien erinnern: Hier zeigt sich der »mad-cap charm«[46] eines *Weißen Rößl*, das sich noch einmal zur Devise der Version von 1930 bekennt, dass Kitsch durchaus zur Rebellion taugt und man die Operette nie beim Wort nehmen darf.[47] Wenn Ottilie und Otto im managerialen Berlin ihren großen Schlussauftritt in Dirndl und Lederhose haben, finden sich zwar die ›Richtigen‹, aber der Effekt dieses Auftritts bietet auch eine weitere Lesart an: Es ist mehr als nur ein ironisches Zitat des Alpenländischen im urbanen Ambiente, denn es siegt der austriazistische Charme und damit das Unechte der touristischen Bühne über die ›reale‹ Geschäftswelt Berlins, die angesichts der Liebe von Otto und Ottilie selbst Fake-Charakter bekommt. Alpenkitsch affiziert trist-graue Stadtrealität, der Regenbogen über Berlin (01:28:59) erscheint im Bereich des Möglichen. Somit vollführt die jüngste Version einen Salto und landet in der Übertreibung des touristischen Fakes exakt in der kontrapunktischen Conclusio: Je größer die Show, desto realer die Effekte.

---

46 Egteren, Bert-Jan van: *›Im weißen Rössl‹ Revisited,* http://operetta-research-center.org/im-weisen-rossl-revisited/ (letzter Abruf am 2.4.2015).

47 So Clarke: *Zurück in die Zukunft,* S. 103, S. 115.

Jonas Menze

»Schluss jetzt mit dem Geknödel«
Das Leinwand-*Rössl* zwischen Utopie und Parodie, Kitsch und Camp

Seit seiner Uraufführung unter der Regie Erik Charells im Großen Schauspielhaus in Berlin 1930 hat das *Weiße Rößl* eine höchst heterogene Produktions- und Rezeptionsgeschichte vorzuweisen – sowohl auf der Bühne als auch im Medium Film. Auch an den verschiedenen Kinofassungen der Jahre 1935, 1952, 1960 und zuletzt 2013 lässt sich ablesen, wie sehr sich Operettentraditionen und die damit verbundenen dramaturgischen und ästhetischen Gestaltungsprinzipien mit der Zeit wandelten. Die sogenannte »Veredelung« durch die Nationalsozialisten trug maßgeblich dazu bei, dass es zu einer Verschiebung in den ästhetischen Traditionen der Operette kam[1], welche sich insbesondere in der von Erik Charell mitverantworteten und im Fahrwasser des blühenden Heimatfilms entstandenen Verfilmung mit Johannes Heesters von 1952 sowie der noch immer häufig gezeigten Fassung von 1960 mit Peter Alexander widerspiegeln. Diese Verfilmungen prägen die Rezeption des *Weißen Rößl* bis heute.

Im weißen Rössl: Wehe, du singst!

Christian Theedes Verfilmung von 2013 – *Im weißen Rössl: Wehe, du singst!* – basiert auf einem Drehbuch von Jan Berger und ist die jüngste und freieste Leinwandadaption. Wie schon ihre Vorgänger aktualisieren Theede und Berger den Stoff und bringen ihn auf die Höhe der Zeit. Sie erzählen die *Rößl*-Geschichte jedoch aus der Perspektive der modernen Großstädterin Ottilie (gespielt von Diana Amft). Gestresst von ihrem Job und per SMS von ihrem Freund verlassen, wird sie von ihrem Vater (Armin Rohde) ins Salzkammergut eingeladen, an das dieser nostalgische Erinnerungen pflegt und wo er nun die Urne mit der Asche der Mutter begraben möchte. Im Gegensatz zur Vorlage entfällt in der Verfilmung also der Hemdhosen-Konflikt. Mit dem Überqueren der Grenze zum Salzkam-

---

1 Vgl. Clarke, Kevin: *Zurück in die Zukunft. Aspekte der Aufführungspraxis des Weißen Rössl.* In: *Im weißen Rössl. Zwischen Kunst und Kommerz.* Hg. von Ulrich Tadday. München 2006, S. 101–126, hier: S. 108.

mergut begibt sich die desillusionierte Ottilie in eine Operettenwelt, deren Traumhaftigkeit sie nur mit Sarkasmus begegnen kann. Ständiges Singen, plötzliche Heiratsanträge durch den Rechtsanwalt Otto Siedler (Tobias Licht) und surrealer Alpenkitsch überfordern sie. Erst nach einer durchzechten Nacht mit Zahlkellner Leopold – eine Umdeutung der Almszene – beginnt sie, sich in die Operettenwelt einzuleben.

Schließlich verlässt *Wehe, du singst!* die Vorlage vollends und entwickelt ein trashiges dramaturgisches Szenario, das auf die Zerstörung des Hotels durch Bauunternehmer Sigismund Sülzheimer zusteuert, dessen zumindest phonetisch doppeldeutiger Spitzname »Boom-Boom-Sigi« sich offensichtlich eher aus einer Vorliebe für den Einsatz von Sprengstoff denn aus körperlichen Aktivitäten ableitet, wie sein Auftritt mit *Was kann der Sigismund dafür, dass er so schön ist* zunächst suggeriert hatte. Er hat Josepha das *Rössl* unter falschen Versprechungen abgekauft, um es nun abzureißen.

Natürlich kann dies am Ende durch einen gemeinsamen Kraftakt verhindert werden. Die Ursache für Sigismunds Raserei findet sich im Verlust seiner großen Liebe Klärchen, die einen anderen Mann heiratete. Doch zwischenzeitlich verwitwet kehrt Klärchen zu Sigismund zurück und der Kaufvertrag für das *Rössl* wird zerrissen. Auch Josepha und Leopold haben vorlagengetreu zueinander gefunden. Zu Hause in Berlin trägt Ottilie die Lebensfreude des Salzkammerguts in ihren Job hinein und nimmt schließlich auch den erneuten Heiratsantrag des ihr nachgereisten Otto an.

Musikalisch konzentriert sich die Verfilmung auf die wichtigsten Nummern der Partitur, welche zumeist in neuen dramaturgischen Zusammenhängen aufgegriffen und zum Teil in moderne, stilistisch vielseitige Arrangements gekleidet werden, von denen ein Großteil von den Wienern Martin Gellner und Werner Stranka (auch bekannt als *Beat4Feet*) sowie den Berlinern Marco und Robert Meister (*Edition Meister*) produziert wurde. So verwandelt sich das zunächst relativ klassische Arrangement von *Im Weißen Rössl am Wolfgangsee* phasenweise in eine groovige, mit elektronischem Beat unterlegte Pop-Nummer mit Neo-Soul-Anklängen, *Was kann der Sigismund dafür, dass er so schön ist* erklingt im Disco-Gewand, *Es muss was Wunderbares sein* in einem Retro-Surf-Arrangement der Vintage-Rockband *The Dead Lovers* und schließlich endet der Film mit einer Bollywood-Version von *Im Weißen Rössl am Wolfgangsee*.[2] Wie der Stoff wird somit auch die Musik in die heutige Zeit und eine moderne Dramaturgie transferiert – das *Weiße Rößl* wird dabei aus heutiger Perspektive rezipiert. Offensichtlich erschienen dem Team für eine Neuverfilmung weder die originale, eher jazzige Orchestrierung noch die opulenten Streicher-Arrangements der Nachkriegsverfilmungen als zeitgemäß.

---

2   Ebenfalls auf dem Soundtrack vertreten sind die Musiker Bela B und Till Brönner.

Kitsch und Utopie

Ottilie dürfte einem Großteil des Kinopublikums als moderner Workaholic und in ihrer anfänglichen Skepsis gegenüber der artifiziellen Operettenwelt zunächst als Identifikationsfigur dienen. Durch ihre Augen wird die Wahrnehmung der Operette im 21. Jahrhundert als Kitsch, Pathos und »Geknödel«[3] reflektiert, das Salzkammergut als übertriebene »Kitschpostkartenhölle«[4]. In der Tat überzeichnet *Wehe, du singst!* das künstliche Bild des Salzkammerguts noch stärker als seine Leinwandvorgänger: Der ohnehin pittoreske Drehort St. Gilgen wird mit Farbfiltern und doppeltem Regenbogen ins rechte Licht gerückt und das *Weiße Rössl* erhält eine »bis ins Detail übertriebene Pop-Kitsch-Ästhetik […] mit voluminös geranienüberladenem Kaiserbalkon in Lila-Weiß«[5], wie Sabine Vogel in der *Frankfurter Rundschau* schreibt.

Folgt man Wolfgang Braungart, so wird »Kitsch« im ästhetischen Diskurs normativ über eine dichotome Abgrenzung von »Kunst« bestimmt. In Bezugnahme auf das vermeintlich Banale und Triviale wird »Kitsch« zu einem »Kampfbegriff in den ästhetischen Debatten«[6]. Braungart gibt jedoch zu bedenken, dass »nicht eines der ästhetischen Mittel und Verfahren, die gemeinhin dem Kitsch zugesprochen werden, […] nicht auch von großen Kunstwerken genutzt würde (schematisch und formelhaft, konsolatorisch, illusionierend, Realität ersetzend, synästhetisch, repetitiv, klar strukturiert, semantisch überdeterminiert usw.).«[7] Als zentral hebt er zudem die Gefühlsorientierung von Kitsch hervor.[8] Dabei gilt es jedoch zu bedenken, dass das Verständnis von Kitsch aufgrund seiner diskursiven Verortung im gesellschaftlichen Abseits stets kontextgebunden sei, sodass »eine sinnvolle Definition von Kitsch sich von festen Kriterien verabschieden muß.«[9] Dennoch finden sich generalisierte Zuschreibungen, die im Zusammenhang mit Kitsch immer wieder auftauchen: Hans-Dieter Gelfert nennt die Attribute seicht, kommerzialisiert, nicht materialgerecht und unecht.[10] In diesem Sinne sind erste Insignien des Kitsches im *Weißen Rößl* schnell ausgemacht: Al-

---

3   *Im weißen Rössl: Wehe, du singst!* DVD. Senator 2013, 0:19:09.

4   Senator Film Verleih: *Im weißen Rössl. Wehe du singst!* Presseheft. www.graffilm.com/uploads /media/IM_WEISSEN_ROESSL_PH_130930.pdf (letzter Abruf am 23.3.2015), S. 7.

5   Vogel, Sabine: *Was kann der Sigismund dafür …* In: *Frankfurter Rundschau*, 07.11.2013.

6   Braungart, Wolfgang: *Kitsch. Faszination und Herausforderung des Banalen und Trivialen. Einige verstreute Anmerkungen zur Einführung.* In: *Kitsch. Faszination und Herausforderung des Banalen und Trivialen.* Hg. von Wolfgang Braungart. Tübingen 2002, S. 1–24, hier: S. 1.

7   Ebd., S. 2.

8   Vgl. ebd., S. 22.

9   Roller, Franziska: *Trash Couture. Die Faszination des Trivialen als Modetrend.* In: *Kitsch. Faszination und Herausforderung des Banalen und Trivialen.* Hg. von Wolfgang Braungart. Tübingen 2002, S. 221–238, hier: S. 236.

10 Vgl. Gelfert, Hans-Dieter: *Was ist Kitsch?* Göttingen 2000, S. 7–9.

penidylle, Bilderbuchpanorama, Opulenz, Formelhaftigkeit und Stereotypie der Charaktere und ihrer Beziehungen, überholte Geschlechterrollen und überschwängliche Emotionalität bzw. Sentimentalität.[11] Als eigentlichen Ausgangspunkt des Kitsches identifiziert Gelfert jedoch die Intention des Künstlers: »Wo diese einen höheren Anspruch stellt, als er durch das Werk eingelöst wird, wirkt sie auf den Rezipienten unaufrichtig und kitschig.«[12] Dies gilt auch für die Beschreibung von Realität. Wenn Ottilies Vater in *Wehe, du singst!* das Weiße Rössl als »den letzten und einzigen Ort auf Erden […], wo Musik, Romantik und Liebe noch keinen leeren Worte sind«[13] beschreibt, stellt dies in seinem Vorspielen von perfekter Idylle ein Paradebeispiel für Kitsch dar. Wo jedoch dieser Realitätsanspruch nicht mehr vorgegeben wird, ist die Grenze vom Kitsch zum Utopischen überschritten.[14]

An die ästhetischen Mittel und Verfahren, die wie Braungart meint, »gemeinhin dem Kitsch zugesprochen werden«, schließen sich nahtlos die 1977 von Richard Dyer postulierten Kategorien utopischer Sensibilität der Unterhaltung an: Energie, Überfluss, Intensität (z.B. im Erleben von Emotionen), Transparenz (als Qualität von Beziehungen) und Gemeinschaft (Zugehörigkeitsgefühl).[15] Als Konzepte liegen Utopie und Kitsch somit eng beieinander. Rick Altman rückt am Beispiel des Hollywoodmusicals insbesondere den Wechsel zwischen Handlung und Gesangnummer in den Fokus, wobei er Letztere als Kulminationspunkt des Utopischen betrachtet.[16] Denn mit dem Einbruch von nichtdiegetischer Musik, Gesang und Tanz in die Handlung wird der Realitätsanspruch vielfach aufgehoben.

Ironie und Parodie

Stärker noch als in den früheren Verfilmungen wird das Salzkammergut in *Wehe, du singst!* zu einem *Brigadoon* des 21. Jahrhunderts stilisiert: eine traumhafte, utopische Märchenwelt, jedoch verbunden mit einem Konformitätszwang zur Aufrechterhaltung der surrealen Idylle – »Jeder singt hier«[17]. Gerade darin liegt jedoch auch eine selbstironische Brechung. Das Singen als Ausdruck intimster Gefühle und innigster Leidenschaft wird in *Wehe, du singst!* permanent thematisiert und dadurch zu einem Bestandteil der Diegese. Selbstreflexiv werden Gat-

---

11 Siehe hierzu auch Keck, Annette und Poole, Ralph: *Sexy Tourism: Die Attraktion des Uneigentlichen im Weißen Rößl*, in diesem Band.

12 Ebd., S. 15.

13 *Im weißen Rössl: Wehe, du singst!*, 0:59:12.

14 Vgl. Gelfert: *Was ist Kitsch?*, S. 82.

15 Vgl. Dyer, Richard: *Entertainment und Utopie*. In: *Singen und Tanzen im Film*. Hg. von Andrea Pollach, Isabella Reicher und Tanja Widmann. Wien 2003, S. 40–60, hier: S. 46f.

16 Vgl. Altman, Rick: *The American Film Musical*. Bloomington 1989, S. 69.

17 *Im Weißen Rössl: Wehe, du singst!*, 0:14:23.

tungstraditionen außer Kraft gesetzt, nur um sie gegen Ende des Films, wenn Ottilie sich zu ihrer Begeisterung für die *Rössl*-Romantik bekennt, in einer Art doppelter Ironie wieder aufleben zu lassen. Die von Altman postulierte Trennung von Nummer und Rahmenhandlung und ihre parallele Steigerung des utopischen Gehalts werden damit aufgehoben. Der Operettenfilm wird selbstreflexiv in Bezug auf seinen Repräsentationsmodus[18] und dieser damit ironisch gebrochen, was gleichermaßen für den Einsatz von Kitsch und Utopie gilt.

Der Umgang mit dem Kitschigen war von Erik Charell von jeher als ein ironischer angelegt, was Kevin Clarke insbesondere an der Besetzung der Operette festmacht: »Ironiesignale ergaben sich 1930 automatisch, da Regisseur Erik Charell mit seiner Besetzung von ausgewiesenen Parodiekünstlern wie Siegfried Arno und Max Hansen jede auch nur *irgendwie* ernst zu nennende Sentimentalität von vornherein unterlief.«[19] Eines selbstreferenziellen Verweises auf die zugrundeliegende Operettenform bedurfte es dabei nicht. Doch die dem Stück ursprünglich eingeschriebene Ironie-Ebene ging mit der sogenannten »Veredelung« durch die Nationalsozialisten[20] verloren. Auch in den Nachkriegsverfilmungen sind Ironiesignale rar. So passt es ins Bild, wenn Clarke der Verfilmung mit Peter Alexander von 1960 zwar bescheinigt, mit dem Stoff zu blödeln, ihr jedoch einen ironischen Anspruch meistenteils abspricht.[21] Es fehlt an einem offenen, selbstreflexiven Umgang mit Kitsch und Komik.

Erst 1994 konnten die Geschwister Pfister mit ihrer zumindest textlich originalgetreuen Inszenierung des *Rößl* in der Berliner ›Bar jeder Vernunft‹ durch die Ernsthaftigkeit überzeugen, in der sie sich der Vorlage annahmen und damit deren ironischen Kern wieder freilegten, da »niemand versucht, die ›Rössl‹-Welt für wahr zu verkaufen.«[22] Dabei existiert eine deutliche personelle Verbindung zwischen dieser Inszenierung und der aktuellen Verfilmung *Wehe, du singst!*: Stefan Wieduwilt – 1994 bereits in die Produktion der ›Bar jeder Vernunft‹ involviert – zeichnet 2013 als Produzent für die Neuverfilmung des Stoffes verantwortlich. In seinen Augen handelt es sich bei *Wehe, du singst!* keinesfalls um eine Parodie des Stoffes, der von sich aus bereits komisch genug sei.[23] Regisseur Theede beschreibt

---

18 Vgl. Dyer: *Entertainment und Utopie*, S. 44.

19 Clarke: *Zurück in die Zukunft*, S. 104; Hervorhebung im Original.

20 Vgl. Clarke, Kevin: *Operette in der NS-Zeit*. In: *Literatur, Film, Theater und Kunst*. Hg. von Wolfgang Benz. Berlin, München und Boston 2015, S. 368–373, hier: S. 370.

21 Vgl. Clarke: *Zurück in die Zukunft*, S. 120.

22 Kronsbein, Joachim: *Trampolin zum Glück. Die wundersame Wiedergeburt eines Operettenklassikers: In Berlin feiert Ralph Benatzkys »Weißes Rößl« Triumphe*. In: *Spiegel*, 10.10.1994, http://magazin.spiegel.de/EpubDelivery/spiegel/pdf/13683698 (letzter Abruf am 27.07.2015), S. 246.

23 Vgl. Vogel, Sabine: *Was kann der Sigismund dafür*.

sein Konzept als »Ironie [...] bei gleichzeitiger Ernsthaftigkeit der Figuren«[24]. Dennoch setzt der Film im Unterschied zur Inszenierung der Geschwister Pfister noch stärker auf einen parodistischen Umgang insbesondere mit seinen Leinwandvorgängern. So berichtet Theede, man habe sich »mit der Geschichte und Tradition des *Rößls* beschäftigt und versucht, überall im Film kleine Querverweise und Anspielungen zu verstecken.«[25] Zudem wohnt dem Gesang in *Wehe, du singst!* nicht nur die Bedeutung eines reflektierten Wechsels des Darstellungsmodus zwischen Handlung und Utopie inne. Auf der Handlungsebene wird dem Singen, insbesondere dem gesungenen Duett, noch eine wesentlich handfestere Bedeutung zugeschrieben: Es wird zu einer Metapher für den Geschlechtsakt. So klärt Leopold Ottilie auf: »Man singt nicht einfach so im Duett. Im Duett, da verschmelzen Leib und Seele, da werden getrennte Herzen eins.«[26] Otto nutzt das Singen als Ausrede für seine und Ottilies Anwesenheit im Wohnwagen Sigismunds – »Wir haben nur einen stillen Ort zum Singen gesucht«[27] – und untermauert diese Aussage mit einem intimen Kuss. Sigismund selbst wurde schließlich vor Jahren als Kellner im Rössl entlassen, weil man ihn beim heimlichen Duett-Singen mit dem Zimmermädchen Klärchen im Kaiserzimmer erwischte.

Camp

Diese zuweilen zweideutige Überzeichnung des Kitschigen sowie die Momente des Einbruchs von Gesang und Tanz in die Handlung bieten optimale Voraussetzungen für eine Rezeptionshaltung, die von Susan Sontag bereits 1964 in ihrem vielbeachteten Essay »Notes on Camp« als *Camp* beschrieben wurde. Camp ist demnach die Liebe für das Unnatürliche oder Marginale, für Künstlichkeit und Übertreibung.[28] Kennzeichnend für Camp ist nach Sontag weiterhin eine »consistently aesthetic experience of the world. It incarnates a victory of ›style‹ over ›content‹, ›aesthetics‹ over ›morality‹, of irony over tragedy.«[29] Dabei werden vorherrschende Wertmaßstäbe bewusst verdreht. Gerade das vermeintlich Schlechte, Geschmacklose bzw. Kitschige wird zur ästhetischen Maxime erklärt.

Die Ursprünge von Camp liegen relativ unbestritten in der US-amerikanischen homosexuellen Subkultur der Prä-Stonewall-Ära, also vor dem durch die Unruhen in der New Yorker Christopher Street 1969 mitangestoßenen Kampf gegen

---

24 *Making Of*. In: *Im Weißen Rössl: Wehe, du singst!* DVD. Senator 2013, 0:01:48.
25 Theede, Christian. E-Mail an den Verfasser vom 24.3.2015.
26 *Im Weißen Rössl: Wehe, du singst!*, 0:56:03.
27 Ebd., 1:03:10.
28 Vgl. Sontag, Susan: *Notes on ›Camp‹*. In: *Camp. Queer Aesthetics and the Performing Subject: A Reader*. Hg. von Fabio Cleto. Edinburgh 1999, S. 53–65, hier: S. 53–55.
29 Ebd., S. 62.

die Diskriminierung Homosexueller.[30] Wie weit die Wurzeln zurückreichen, ist hingegen umstritten. Fabio Cleto verortet die Ursprünge ohne nähere Begründung bereits um das Jahr 1860 herum.[31] Der Bezug auf als »campy« empfundene kulturelle Artefakte diente in dieser Zeit insbesondere homosexuellen Männern als Chiffre für ihre sexuelle Orientierung. Somit kann Camp weder allein auf der Produktions- noch auf der Rezeptionsebene verortet werden: »Camp is not a thing. Most broadly it signifies a *relationship between* things, people, and activities or qualities, and homosexuality.«[32] Richard Dyer betont: »camp is far more a question of how you respond to things rather than qualities actually inherent in those things.«[33] Dabei korrespondiert jedoch eine entsprechende Konfiguration des Repräsentationsmodus mit dem jeweiligen Perzeptionsmodus.[34]

Es sind insbesondere das Bewusstsein für das Kitschige bzw. eine gewisse Ironie, die den Unterschied zwischen Kitsch und Camp ausmachen: »both are ›off‹, ›wrong‹, or ›awful‹, but Camp enjoys and glorifies its own awfulness where kitsch doesn't realise it.«[35] Zentral ist dabei auch der Einsatz von Ironie bzw. Parodie: »Camp always uses parody but, more importantly, it embodies parody as a general mode of discourse. As a mode of discourse, parody typically operates within the dominant ideology, but with an internal tension.«[36] Camp erschöpft sich dabei nicht in Parodie. Bei aller ironischen Lust am Schlechten ist ein ernster Kern erforderlich, wie Christopher Isherwood 1954 in seinem Roman *The World in the Evening* beschreibt, der immer wieder als frühe Quelle für das Phänomen Camp herangezogen wird: »You can't camp about something you don't take seriously. You're not making fun of it; you're making fun out of it. You're expressing what's basically serious to you in terms of fun and artifice and elegance.«[37] Ganz in diesem Sinne handelt es sich bei Theedes Verfilmung nicht um eine Parodie des *Rössl*, sondern um eine Neuverfilmung, die jedoch mithilfe parodistischer Mittel

---

30 Vgl. Wolf, John M.: *Resurrecting Camp: Rethinking the Queer Sensibility*. In: *Communication, Culture & Critique* 6/2 (2013), S. 284–297, hier: S. 284f.

31 Vgl. Cleto, Fabio: *Introduction*. In: *Camp. Queer Aesthetics and the Performing Subject: A Reader*. Hg. von Fabio Cleto. Edinburgh 1999, S. 44–48, hier: S. 44.

32 Newton, Esther: *Mother Camp. Female Impersonators in America*. Chicago 1979, S. 105.

33 Dyer, Richard: *It's Being So Camp as Keep Us Going*. In: *Camp. Queer Aesthetics and the Performing Subject: A Reader*. Hg. von Fabio Cleto. Edinburgh 1999, S. 110–116, hier: S. 113.

34 Vgl. Dyer: *Entertainment und Utopie*, S. 44.

35 Jarman-Ivens, Freya: *Notes on Musical Camp*. https://www.academia.edu/216198/ Notes_on_musical_camp (letzter Abruf am 5.12.2014), S. 9.

36 Kleinhans, Chuck: *Taking out the trash. Camp and the politics of parody*. In: *The Politics and Poetics of Camp*. Hg. von Moe Meyer. London und New York 1994, S. 182–201, hier: S. 188.

37 Isherwood, Christopher: *From The World in the Evening*. In: *Camp. Queer Aesthetics and the Performing Subject: A Reader*. Hg. von Fabio Cleto. Edinburgh 1999, S. 49–52, hier: S. 51.

– insbesondere Selbstreflexivität – sowohl Distanz zu früheren Verfilmungen als auch zur Vorlage selbst erzeugt und damit potenziell einer Camp-Rezeption zugänglich ist.[38]

Doch Camp ist darüber hinaus fest in der sogenannten *Queer Culture* verortet.[39] Moe Meyer hebt diesen Ursprung 1994 in Abgrenzung von Sontag ganz besonders hervor und geht dabei sogar so weit, queere Anspielungen oder Lesarten, die in vielen Fällen als oppositionelle Lesarten im Sinne Stuart Halls verstanden werden können[40], zur notwendigen Voraussetzung für Camp zu machen. Diese notwendige Verortung im queeren Diskurs ist jedoch nicht unumstritten:

> Eine weiter gefaßte Definition, die Camp als ein bewußtes Bekenntnis zum Marginalen faßt, erscheint hier sinnvoller. Die Erfahrung, sich im gesellschaftlichen Abseits zu befinden, wird positiv umgedeutet, indem randständige kulturelle Phänomene parodistisch überhöht und ironisch verehrt werden. Wenn Camp also eine Antwort auf soziale Marginalisierung darstellt, ist die Diskriminierung aufgrund von Homosexualität nur eine – wenn auch möglicherweise die wichtigste – von zahlreichen Ausgrenzungsformen, die zu einem tiefen Verständnis von Camp führen können.[41]

Dabei bot das *Rössl* homoerotischen Deutungen bzw. einer queeren Rezeption schon immer Ansatzpunkte. Clarke beobachtet diese schon in Charells Produktionen im Großen Schauspielhaus. Er hebt dabei insbesondere die Anreicherung der Girlreihen mit attraktiven jungen Herren und die Besetzung der Stücke mit homosexuellen Starkomikern, Kabarettsängern und Diven hervor.[42]

---

38 Selbstreflexivität ist interessanterweise auch ein zentrales Gestaltungsmerkmal des Hollywood-Musicals *Singin' in the Rain*, das gemeinhin als erster Camp-Film gehandelt wird (vgl. Cohan, Steven: *Camp, Cultural Value and the MGM Musical.* Durham 2005, S. 203–205; Grosch, Nils und Menze, Jonas: *Anmerkungen zur musikalischen Dramaturgie und Struktur von »Singin' in the Rain«.* In: *Singin' in the Rain. Kulturgeschichte eines Hollywood-Musical-Klassikers.* Hg. von Joachim Brügge und Nils Grosch. Münster 2014, S. 11–25, hier: S. 14–16).

39 »Queer« wird hier mit Alexander Doty als offener Terminus verstanden, der neben Homosexualität bspw. auch Bisexualität, Pansexualität, Asexualität und Transgender umfasst – »a quality related to any expression that can be marked as contra-, non-, or anti-straight« (Doty, Alexander: *Making Things Perfectly Queer. Interpreting Mass Culture.* Minneapolis 1993, S. xv).

40 Vgl. Hall, Stuart: *Kodieren/Dekodieren.* In: *Cultural Studies. Grundlagentexte zur Einführung.* Hg. von Roger Bromley, Udo Göttlich und Carsten Winter. Lüneburg 1999, S. 92–110.

41 Roller: *Trash Couture,* S. 225.

42 Vgl. Clarke, Kevin: *Im Rausch der Genüsse. Erik Charell und die entfesselte Revueoperette im Berlin der 1920er Jahre.* In: *Glitter And Be Gay. Die authentische Operette und ihre schwulen Verehrer.* Hg. von Kevin Clarke. Hamburg 2007, S. 108–139, hier: S. 110.

Was man dort sah, war eine Art *Ziegfeld Follies* auf Speed, durchtränkt mit schwülem Sex und Homoerotik. Denn Herr übers Große Schauspielhaus war Erik Charell, ein Homosexueller, der […] die Revueoperette ›erfand‹ und schließlich mit […] dem abschließenden *Weißen Rössl* zum Höhepunkt führte […] mit einer von Charell handverlesenen Gruppe von Tiroler Schuhplattlern und Watschentänzern als besonderer (Homo-)Attraktion.[43]

Eine weitere homoerotische Anspielung im *Weißen Rössl* sieht er in der »mehr als eindeutigen Kuhstall-Szene zwischen Oberkellner Leopold und seinem Piccolo Gustl«[44] und auch der Schlager *Was kann der Sigismund dafür, dass er so schön ist* erscheint plötzlich in einem anderen Licht.[45]

Dieser im Stoff enthaltene Subtext hielt sich auch in den ansonsten harmlosen Verfilmungen der Nachkriegszeit. An der Filmfassung mit Johannes Heesters von 1952 arbeitete Charell mit und bestand auf die Kuhstallszene sowie seine Tiroler Jungs in Lederhosen.[46] Aus der Perspektive eines in den 1970er-Jahren Heranwachsenden urteilt Christoph Dompke über die Verfilmung von 1960 mit Peter Alexander: »Aus Ralph Benatzkys *Im weißen Rössl* wurde eine niedliche, sentimentale Angelegenheit, der man Frechheit und Frivolität gründlich ausgetrieben hatte.«[47] Sexuelle Deutungsangebote fielen in dieser Fassung somit nicht allzu offensichtlich aus. Doch welches subversive Potenzial auch dieser Verfilmung noch innewohnt, zeigte sich bei den erstmals 1999 im Rahmen des Festivals »Wien ist andersrum« durchgeführten »Sing Alongs«. Bei diesen Filmvorführungen und später auch Live-Aufführungen wurde das überwiegend homosexuelle Publikum dazu aufgerufen, bei der Vorführung des *Rössl* mitzusingen, zu jodeln, Luftballons steigen zu lassen und Regenbogenfahnen zu schwenken, sobald sich eine als homoerotisch empfundene Szene ereignete – und der Saal tobte.[48] Ihre Auswahl gerade des *Weißen Rössl* begründet Organisatorin Brigitte Tautscher damit, dass »das Stück die ultimative schwule Trash-Operette ist – witzig, bunt, mit vielen Jungs in knackigen Lederhosen und Girls in prallen Dirndln. Und mit Melodien, die jeder mitsingen kann.«[49] Damit zeigt sich eine Rezeptionshaltung, die stark

---

43 Ebd., S. 109.

44 Clarke, Kevin: *Einleitung: Homosexualität und Operette?*, S. 13.

45 Vgl. Clarke, Kevin: *Im Rausch der Genüsse,* S. 126f.

46 Vgl. ebd., S. 133.

47 Dompke, Christoph: *Fernsehoperette als Coming-Out-Hilfe?* In: *Glitter And Be Gay. Die authentische Operette und ihre schwulen Verehrer.* Hg. von Kevin Clarke. Hamburg 2007, S. 204–211, hier: S. 207.

48 Vgl. Tautscher, Brigitte: »*Jeder Homo hat eine Waltraut Haas in sich«. Schwule Operette aus lesbischer Perspektive.* In: *Glitter And Be Gay. Die authentische Operette und ihre schwulen Verehrer.* Hg. von Kevin Clarke. Hamburg 2007, S. 89–96, hier: S. 89–91.

49 Ebd., S. 91.

durch die Inszenierung der ›Bar jeder Vernunft‹ und die nachfolgende Neuinterpretation des *Weißen Rößl* geprägt sein dürfte.

Theedes Verfilmung bietet immerhin durch die phasenweise von heterosexuellen Konventionen abweichende Rollenzeichnung Sigismunds einen Ansatzpunkt für eine queere Rezeption.[50] Von Ottilies Selbstbewusstsein als »singender Dildo«[51] betitelt, angelt sich Sigismund – eigenen Angaben zufolge Playboy/Millionär und auf der Suche nach einer »Frau von Welt, die sich mit ihm kopfüber ins Abenteuer stürzt«[52] – Ottilie, um ihr schließlich mit den Worten »It's show time«[53] im romantischen Setting am See lediglich einen Wangenkuss zu geben. Mit 3.476 geküssten Mädchen wähnt er sich nur noch 200 Küsse von seinem Vorbild Dean Martin entfernt, der es auf 3.676 Mädchen gebracht habe. Ottilies Einwand, dass Dean Martin mit seinen Groupies sicherlich auch geschlafen habe, verstört Sigismund. Allein die Erwähnung des Wortes Sex – hier eindeutig in einem *heterosexuellen* Zusammenhang zu verstehen – löst einen Schreikrampf aus. Er wirft Ottilie vor, ihm seine Unschuld rauben zu wollen. Mit den Worten »Weiche von mir, Satan«[54] verlässt er die Szene.

Sigismunds Selbstinszenierung als Playboy und Frauenheld entpuppt sich somit zumindest vorläufig als reine Fassade. Seine entsetzte Reaktion auf den Versuch einer *heterosexuellen* Annäherung lässt Spielraum für unterschiedliche Deutungen, was queere Lesarten mit einschließt. Unterstützt wird dieser Eindruck durch die permanente Anwesenheit seiner beiden muskulösen und glatzköpfigen Leibwächter. Zunächst als willfährige Bewacher inszeniert, geraten diese später überraschend durch Ottilies und Ottos *Es muss was Wunderbares sein* in Verzückung und tanzen miteinander. Die visuelle Mehrdeutigkeit des Schuhplattlers wird auch in Theedes Verfilmung aufgegriffen, in der Sigismund bei der Schuhplattler-Weltmeisterschaft einen Gegner durch anzüglichen Hüftschwung aus dem Konzept bringt, bevor er ihm den K.O.-Schlag versetzt. Die gesamte Meisterschaft findet in einer durch kurze Dirndl und fliegende Beine aufgeheizten Stimmung statt, die schließlich in einem testosterongeladenen Zweikampf zwischen Otto und Sigismund gipfelt.

Auch in Theedes Verfilmung sind am Ende alle Pärchen (Ottilie und Otto, Josepha und Leopold, Sigismund und Klärchen) in heterosexuellen Konstellationen glücklich vereinigt. Obwohl Annette Keck und Ralph Poole hierin eine Rücknahme des »Changieren[s] der Begehrensordnungen der früheren Rössl-Fassun-

---

50 Siehe hierzu auch Keck und Poole: *Sexy Tourism*.
51 *Im Weißen Rössl: Wehe, du singst!*, 0:45:22.
52 Ebd., 0:45:28.
53 Ebd., 0:46:56.
54 Ebd., 0:48:23.

gen«[55] sehen, werden queere Lesarten durch diese dreifache heteronormative Paarfindung nur bedingt beeinträchtigt. Schließlich ist gerade das Verstecken bzw. Hineindeuten von Homosexualität in heterosexuelle Zusammenhänge ein zentraler Bestandteil von Camp[56] und der Reiz bei der oppositionellen Camp-Lesart liegt häufig im Aufspüren und Nachzeichnen von entsprechenden Deutungsmöglichkeiten. Das überschwängliche Liebesglück wirkt in diesem Zusammenhang eher als Parodie denn als ernstzunehmende Lösung – womit sich der Kreis zur an homoerotischen Doppeldeutigkeiten Gefallen findenden Operetten-Rezeption der 1920er-Jahre, wie Clarke sie beschreibt, schließt.[57]

In der Diskussion des Phänomens Camp werden vielfach Hierarchien gebildet, die unterschiedliche Qualitäten von Camp widerspiegeln. So differenziert bereits Sontag zwischen purem bzw. naivem und reflektiertem bzw. bewusstem Camp, wobei die Rezeption von Letzterem für gewöhnlich weniger befriedigend sei.[58] Meyer unterscheidet zwischen dem originären, homosexuellen »Camp« und seinem Nachläufer »camp«, der nicht im homosexuellen Diskurs verortet ist.[59] Barbara Klinger unterscheidet zwischen homosexuellem »camp« und massenmedial verbreitetem »mass camp«.[60] Mark Booth unterscheidet zwischen »Camp« und »Camp fads and fancies«, wobei er beispielsweise die *Rocky Horror Show* zur ersten und *42nd Street* zur zweiten Kategorie zählt und damit offensichtlich auch auf das Bewusstsein im Umgang mit der ästhetischen Maxime des vermeintlich Schlechten rekurriert.[61] Er dreht damit jedoch Sontags Wertung um, indem er bewussten Camp für ein Camp-Publikum solchen kulturellen Artefakten überordnet, die lediglich potentiell ein Camp-Publikum ansprechen. Somit stehen in der Regel zwei Wertungskriterien im Mittelpunkt: zum einen die Entstehung und Rezeption eines kulturellen Produkts in einem queeren Umfeld bzw. seine Sensibilität für einen queeren Diskurs, zum anderen sein (Selbst-)Bewusstsein als Camp im Sinne einer Übersteigerung ästhetischer Gestaltungsprinzipien gegenüber dem künstlerischen Scheitern eines ursprünglich ambitionierten, ernstgemeinten Kunstwerks. Letzteres weist ganz offensichtlich eine gewisse Nähe zum bereits vorgestellten Kitsch-Begriff Gelferts auf, wenngleich die normative Komponente im Falle von Camp zumindest deutlich abgeschwächt erscheint.

55 Keck und Poole: *Sexy Tourism*, S. 298.

56 Vgl. Cohan, Steven: *Camp, Cultural Value and the MGM Musical*. Durham 2005, S. 1.

57 Vgl. Clarke: *Im Rausch der Genüsse*, S. 108–139.

58 Vgl. Sontag: *Notes on ›Camp‹*, S. 58.

59 Vgl. Meyer, Moe: *Introduction. Reclaiming the discourse of Camp*. In: *The Politics and Poetics of Camp*. Hg. von Moe Meyer. London und New York 1994, S. 1–22, hier: S. 1.

60 Vgl. Klinger, Barbara: *Melodrama and Meaning. History, Culture, and the Films of Douglas Sirk*. Bloomington und Indianapolis 1994, S. 133.

61 Vgl. Booth, Mark: *Campe-toi! On the Origins and Definitions of Camp*. In: *Camp. Queer Aesthetics and the Performing Subject: A Reader*. Hg. von Fabio Cleto. Edinburgh 1999, S. 66–79, hier: S. 68.

Folgt man Clarke, entstand das *Rößl* in der 1930 von Charell produzierten Fassung in einem homosexuellen Umfeld.[62] Zudem ließe die im Stück angelegte Ironie aus heutiger Perspektive zurückblickend eine Klassifizierung im Bereich des bewussten bzw. reflektierten Camp zu – wobei das Phänomen Camp als solches 1930 in Berlin noch nicht verbreitet gewesen sein dürfte. Die Verfilmungen der Nachkriegszeit weisen nur wesentlich dezentere homoerotische Untertöne auf, lassen sich jedoch in diesem Zusammenhang rezipieren, wie die Wiener »Sing Alongs« zeigen. Aufgrund der deutlich weniger zur Schau gestellten Selbstreflexivität lassen sie sich im Sinne Sontags eher im Bereich des naiven Camp verorten. Die jüngste Verfilmung *Wehe, du singst!* reizt hingegen die im Werk angelegten homoerotischen Untertöne ganz bewusst aus und stellt diese reflektiert heraus: »Wir wussten um die homosexuelle Tradition dieses Werkes und haben es nicht gescheut, mit diesen Elementen zu spielen.«[63] Dabei ist jedoch produktionsseitig keine wirkliche Verortung im queeren Diskurs gegeben. Vielmehr stellen Homosexualität und Camp Ressourcen für vielseitige Rezeptionsperspektiven bereit.

Obwohl Camp bereits seit Sontag ein in den Kultur- und Medienwissenschaften bekanntes Phänomen darstellt und Sontag in ihrem Text auch kursorische musikalische Beispiele für Camp anführt – »the operas of Richard Strauss, but not those of Wagner«[64] – besteht noch ein bemerkenswertes wissenschaftliches Defizit in Bezug auf musikalische Dimensionen von Camp.[65] Im Falle von *Wehe, du singst!* lässt sich beobachten, dass gerade durch die Modernisierung der Arrangements nur wenige musikalische Momente bleiben, die sich aus heutiger Sicht als Camp beschreiben ließen. Vor dem Hintergrund gängiger popularmusikalischer Retro-Trends wirken sie vergleichsweise unprätentiös und weniger aus der Zeit gefallen, wodurch die Distanz eines Großteils des Kinopublikums zum Material – und damit nach Sontag ein weiteres Merkmal für Camp[66] – deutlich reduziert werden dürfte. Mit der Bollywood-Version von *Im Weißen Rössl am Wolfgangsee* wird zwar ein lustvoller Verweis auf ein ausgesprochen ausstattungsintensives und farbenfrohes Genre geliefert und der Disco-Fassung von *Was kann der Sigismund dafür, dass er so schön ist* wohnt ebenfalls durch eine Überzeichnung der Performer-Rolle eine gewisse Camp-Qualität inne, doch gegenüber Optik und Handlungsebene gerät die musikalische Dimension ein wenig in den Hintergrund. Lediglich die im musikalischen Zusammenhang nun etwas antiquiert wirkenden Texte stechen hervor. In ihnen gipfelt die utopische Überzeichnung des Salzkammerguts, während die Musik ohne sie überraschend konventionell wirkt.

---

62 Vgl. Clarke: *Im Rausch der Genüsse*, S. 108–139.
63 Theede, Christian. E-Mail an den Verfasser vom 24.3.2015.
64 Sontag: *Notes on ›Camp‹*, S. 55.
65 Vgl. Jarman-Ivens: *Notes on Musical Camp*, S. 2.
66 Vgl. Sontag: *Notes on ›Camp‹*, S. 60.

Fazit

Es kann also gezeigt werden, dass *Wehe, du singst!* als moderne Version der Revue-Operette durchaus Ansatzpunkte für eine queere Rezeption der Geschlechterrollen bereithält. Obwohl Camp im Zusammenhang mit dem *Weißen Rößl* immer wieder als Deutungshorizont herangezogen wird[67], ist eine Verortung des *Rößl* in diesem Zusammenhang nicht uneingeschränkt möglich, und auch in seinen verschiedenen Verfilmungen kann das Stück keinesfalls auf diese Ebene reduziert werden. Insbesondere *Wehe, du singst!* hält Deutungsangebote bereit, die Camp als eine Lesart unter mehreren erlauben. Das Parodistische und Stereotype in der Inszenierung von homoerotischen Anspielungen bietet auch Ansatzpunkte für eine Rezeption im Rahmen heteronormativer Geschlechterrollen, in der diese Anspielungen gerade durch die Überzeichnung eines vermeintlich Andersartigen oder Abweichenden einen komischen Effekt erzeugen, der keinesfalls den oppositionellen Charakterzug einer Camp-Lesart tragen muss.

Somit ermöglicht *Wehe, du singst!* seinen Rezipienten weitere Lesarten. Zum einen besteht die Möglichkeit einer rein parodistischen Lesart, die weniger auf queere Rezeption und das Zelebrieren des Kitschigen, also eine Camp-Ästhetik, zielt, sondern vielmehr auf Gattungskonventionen von Operetten- oder Musicalverfilmungen rekurriert, die sie bewusst überzeichnet bzw. bricht. In diesem Fall wird seitens des Publikums eine gewisse Kenntnis der Vorlagen und ihres Operationsmodus vorausgesetzt.

Zum anderen lässt die Verfilmung durchaus Raum für ein sentimental-romantisches Verständnis, eine womöglich auch nostalgische Rezeption. Die Erzählung ist in sich stimmig. Sowohl Ottilie als auch Sigismund erkennen im Laufe der Handlung, dass sie sich öffnen, sich ihren Gefühlen stellen müssen, um zu ihrem persönlichen heterosexuellen (Liebes-)Glück zu finden, auch wenn damit als Preis das Risiko der eigenen Verwundbarkeit einhergeht. Im Sinne einer Wiederherstellung des heterosexuellen Rollenmodells ist es nur konsequent, dass die große Liebesgeschichte damit ein »gutes« Ende findet. Die Aufforderung, zu den eigenen, womöglich kitschigen Gefühlen zu stehen und sich nach großen Enttäuschungen nicht der Liebe zu verschließen, kann durchaus als ernstgemeinte rezipiert werden. Schließlich hält der Kinofilm auch ausreichend Komik bereit, die sich nicht erst bei Kenntnis der Vorlage oder früherer Verfilmungen erschließt.

So liegt die Vermutung nahe, dass die Selbstreflexivität in der kitschigen Überzeichnung und im Singen als Operationsmodus des Operettenfilms sowie ein parodistischer Umgang mit den Leinwandvorgängern der ansonsten relativ konventionellen Kinokomödie hinzugefügt wurden, um die Palette der möglichen Lesarten zu erweitern und damit ein größeres Kinopublikum zu erreichen. Allein der

---

67　Vgl. exemplarisch Clarke: *Zurück in die Zukunft*, S. 103f.

Bezug auf Bühneninszenierungen hätte den jüngsten Kinofilm aufgrund ihrer mangelnden Bekanntheit beim breiten Kinopublikum sicherlich nicht getragen. Diesem wird das *Rössl* in modernisierter, gebrochener Form präsentiert und durch die zunächst sarkastische Perspektive Ottilies vermittelt.

Florian Seubert
Hotel Aesthetics
The *White Horse Inn* Sound Films and 20ᵗʰ Century Hotel Discourse

Academic writing on the four *White Horse Inn* sound films mainly classifies the *Rößl*-movies as *Heimatfilme* or *operetta films* and accordingly approaches them via categories often used to recuperate the genre such as *subversiveness, kitsch* or *camp*.[1] This article now proposes to open a new perspective on the question of genre to yield some fresh insights on the films and their cultural background. Embedding the four *Rößl*-talkies from 1935 to 2013 in a different genre tradition provides a different lens through which to analyse the films and lets the *White Horse Inn* films emerge in their polyvalent aesthetic and rich cultural textures. The films invite us to apply the perspective of the hotel film, not only because they are set in a location that can be described as a superior hotel[2], but also, as will be seen, because they deploy the aesthetic of a grand hotel style and filmic tradition. The hotel genre was not only very popular around the time when the first *White Horse Inn* film was produced in the 1930s, but has also maintained cinematic appeal to the present day. The hotel is often described as a paradigmatic space of an evolving 20ᵗʰ century society where typical experiences of the modern

---

1   For commentary on, e.g., the 1950s film's subversiveness see Clarke, Kevin and Peter, Helmut: *Im Weißen Rössl. Auf den Spuren eines Welterfolgs*. St. Wolfgang 2007, pp. 148, 160ff. and 168 ff. For analysis of *kitsch* up to the Peter Alexander movie see Doppler, Bernhard: *Das Glück steht vor der Tür. Österreich im Berliner Schwank und der Berliner Operette (Im weißen Rößl)*. In: *Modern Austrian Literature*, Volume 31, Number 1, 1998, pp. 20–38. For Theede's 2013 film and *kitsch* see Grosch, Nils and Stahrenberg, Carolin: *Nationaler ›Kitsch‹ als ästhetisches Problem im populären Musiktheater*. In: *Kitsch und Nation. Zur kulturellen Modellierung eines polemischen Begriffs*. Ed. by Kathrin Ackermann-Pojtinger and Christopher Laferl (Edition Kulturwissenschaft). Bielefeld 2016, p. 163–183; and Jonas Menze's chapter ›*Schluss jetzt mit dem Geknödel‹: Das Leinwand-Rössl zwischen Utopie und Parodie, Kitsch und Camp* in the present volume.
2   See Annette Keck's and Ralph Poole's chapter *Sexy Tourism: Die Attraktion des Uneigentlichen im Weißen Rössl* in the present volume for the first class hotel status of the *Weißes Rößl*.

world like that of a transitory lifestyle accumulate. It forms a potent image in 20th century cultural discourse.[3]

This essay therefore chronicles the four *Rößl*-movies as part of an evolving hotel film aesthetic and aligns them with it. The survey ranges from a 1930s style reminiscent of tourist films and popular commercial (Hollywood) cinema to a 1950s and 1960s style, where theatricality and the slick look of studio productions was key to films of the musical genre, to a contemporary style that shows awareness of cinematic history, processes of fictionalization and the act of storytelling (for specific examples see below). The aim of this contribution to the *White Horse Inn* discourse, therefore, is not to deny the *Rößl's* participation in a *Heimatfilm* tradition, its aesthetics and narrative motifs[4], but to enrich the discourse with a new perspective. The hotel approach to the *Rößl* material can also be useful for the practice and analysis of stage productions that use hotel design as a backdrop.[5] In *Heimat*-operettas, the inn (*Wirtshaus*)[6] location is chosen as a rural pendant to city hotels. In an emerging tourist industry, however, hotels can be found in urban centers as well as in rural spaces, and – as will be shown – the transitory space of the guest house and the space of the urban hotel share many features not limited to a strictly anti-modern or modern surrounding. Also in the films themselves, the *Rößl* is often called a hotel. Bearing this in mind, *inn* and *hotel* are used interchangeably in this essay.

In the following, I link the *White Horse Inn* sound films to a 20th century hotel discourse. The four films are: *Im weissen Rössl* (1935) directed by Carl Lamac,

---

3   The hotel is also often seen as a social melting pot, a kind of microcosm where various representatives of an early 20th century society mingle and interact. Compare: *Grand Hotel. Bühne der Literatur.* Ed. by Cordula Seger and Reinhard Wittmann. Munich and Hamburg 2007; Kracauer, Siegfried: *Die Hotelhalle.* In: *Das Ornament der Masse.* Essays. Mit einem Nachwort von Karsten Witte. Frankfurt 2000, pp. 157–167; Garcia, Olga: *Das Hotel im Spiegel der deutschsprachigen Literatur – Motiv, Kulisse, Bühne und Schauplatz.* In: *Anuario de Estudios Filológicos*, vol. XXXIV, 2011, pp. 23–37.

4   The 1950s film, e.g., uses *low angle glorification* to portray folk dancers. This stylistic device is not only typical of *Heimatfilms* such as *Schwarzwaldmädel* but also an inheritance from a glamorising Nazi aesthetic. The Johannes Heesters film is also an example of the clever subversion of an established cinematic language, as the heroic language is broken by the incorporation of a children's choir and possible queer readings of the dance shots as Kevin Clarke (*Im Weißen Rössl. Auf den Spuren eines Welterererfolgs*, pp. 160ff.) suggests. The subversive strategy is brought to an extreme in the 1960s film, where the folk dance is turned into deconstructive slapstick. This brief footnote will suffice to identify the *Heimat* aesthetic and its subversions.

5   Compare, e.g., the 2014/15 Salzburg production, for production stills: Salzburger Landestheater: *Im weißen Rößl. Ralph Benatzky* (booklet). Hallwang 2014, e.g. pp. 10f.

6   For example: *Das Wirtshaus im Spessart* (1958), directed by Kurt Hoffmann. (Thanks to Carolin Stahrenberg for this hint.)

with Theo Lingen; *Im weissen Rössl* (1952) directed by Willi Forst, with Johannes Heesters; *Im weissen Rössl* (1960) directed by Werner Jacobs, with Peter Alexander and *Im weißen Rössl – Wehe, du singst* (2013) directed by Christian Theede, with Diana Amft.[7] The analysis is structured around three central tropes (panorama, stage, legend) from hotel discourse and shows how the films translate these discursive ideas into their visual aesthetics. We will look at other hotel films, historic photographs and postcards of grand hotels and hotel spaces in general to illustrate this. I will show that it is not necessary to deconstruct the anti-modern *Heimat* space of the *White Horse Inn* movies to link them to a signature discourse in modern cultural theory, like that of the hotel. I argue that the *White Horse Inn* films reflect a 20th century hotel culture, particularly a grand hotel culture, and participate in it as much as they document it.

Panorama

Being produced during a time when grand hotels were still the decadent apex of tourist culture, the first *Rößl* sound film from 1935 is most interesting as historical document in the context of such a travel craze. In the shadow of improving railway connections and growing individual mobility, hotels of all kinds started to mushroom everywhere in the late 19th and early 20th century. The so-called grand hotels formed extravagant palaces for the travelling man and woman: located in picturesque regions, they satisfied the guests' hunger for panoramic views and exotic vistas and constructed a wonderful world of luxury tourism, where guests could enjoy the comforts of a temporary home as well as the thrill of being in a different world. Hotel researcher Jean D'Ormesson comments on the grand hotel culture:

> The grand hotel is unique first of all because of its location – always on the seashore, over-looking a lake, on top of a mountain, or in the heart of an historic city.[8]

This description shows that elements of a hotel discourse and those of a *Heimat* discourse are not mutually exclusive. They can co-exist and even enhance the hotel's attraction: features from anti-modern *topoi* like that of the *locus amoenous* (e.g. the rural, idyllic location) are major selling points in grand hotel business, emerging from a modern, transitory context.

The *White Horse Inn* films with their *Heimat* imagery and panoramic shots of the Wolfgangsee location therefore do not stand apart from 20th century visual hotel

---

7   For more information on the production history and reception of the first three films see Clarke and Peter: *Im Weißen Rößl*, pp. 148, 160ff. and 168ff.
8   D'Ormesson, Jean: Introduction. In: Watkin, David et al.: *Grand Hotel. The Golden Age of Palace Hotels. An Architectural and Social History*. New York 1984, p. 8.

culture but take part in it. Numerous *location shots* from the movie resemble architectural design and 1930s publicity stills taken from hotel brochures. For example, a historic photograph of the Royal Hôtel Evian shows the modern multi-story building in an idyllic setting with cows grazing in front of it and knotted trees framing the image.[9] Replete with vocabulary to evoke visual spectacle and panorama, the description that accompanies the brochure image of Evian underscores this impression:

> The Royal commands an incomparable view over the blue waters of the Lake Leman. From its flower festooned *terrasse* each view ushers in new enchantment. Now the morning sun casts a mantle of light mist on the quilted backdrop of the lake, now its sparkling waters blaze under the midday star, now the silvery waves are bathed in the gold of sundown. (caption 259)[10]

All of the *Rößl* sound films continue this tradition. They merge such an idyllic aesthetic with the signs of a modern travel culture and show the *White Horse Inn* surrounded by mountain scenery. The 19th and 20th century lust to *see* the world and the necessity to provide ample space for an organized travel industry that sells the (anti-modern) panorama to serve the visual infatuation of this modern culture converge in the space of the grand hotel.

It is these two aspects surfacing so prominently from a 1930s cultural tourism context that will guide the first part of this analysis of the *White Horse* films as hotel films. A cinematic hotel space in the tradition of a grand hotel culture is (a) created to host travellers passing through and (b) is constructed in a way that fulfils their need to quench their thirst for visual extravaganza. The *White Horse Inn* representation of 1935 fits both. It takes part in a 20th century grand hotel discourse and employs its aesthetics. The *1935 White Horse Inn* doesn't minimise its attachment to a visual travel culture of the 1930s that was obsessed with providing the safe thrills of panoramic views and other kinds of optical delights from within the confines of the hotel. This first sound film adaptation locates its plot exactly in this culture, modernizing the story for a 1930s audience, that must have recognized its touristic flair as the following quote from a *Berliner Zeitung* review from 7th December 1935 proves: »Karl Lamac zeigt den See und die Menschen so herzhaft, so unbekümmert in fröhlicher Ferienstimmung.«[11] Consequently, in the following I focus on the 1935 film's conscious and unconscious traces of this visually-obsessed travel culture and its grand hotel aesthetics.

For a start, it is remarkable how souvenirs of the visual tourist culture are incorporated in the *mise-en-scène* of the *Rössl*. When we enter the hotel space, we see a

---

9   Compare Watkin et al.: *Grand Hotel*, p. 213: photograph 259.
10 The numbers indicate the number of the photograph and their caption in Watkin's publication. This photograph can be found on p. 213, its caption on p. 215.
11 Cited in Clarke and Peter: *Im Weißen Rößl*, p. 148.

stand of picture postcards on the bar of the concierge behind arriving guests. This is already an initial sign of the *Rössl* participating in a tourist culture that is infatuated with pictures and images from foreign places, yet distances itself from a direct immersion in an actual foreign surrounding through »panorama-devices« like cards or windows. In this context, researchers on hotel culture, such as Olga García or Cordula Seger, like to cite Erich Kästner's »Vornehme Leute, 1200 Meter hoch«, a satiric poem from 1929 about the upper crust's confined enjoyment of the natural sublime through the optics of a visual hotel culture:

> Sie schwärmen sehr für die Natur/
> und kennen die Umgebung nur
> von Ansichtskarten her. //
> Sie sitzen in den Grandhotels
> […]
> Und einmal treten sie, im Pelz,
> sogar vors Tor der Grandhotels—
> und fahren wieder fort.[12]

The feature of the postcard stand in the hotel lobby exactly signifies the intersection of visual hotel paraphernalia and travel culture that forms the background for Kästner's amusing contraction. In his volume on *Grand Hotels*, D'Ormesson provides a selection of collectibles from this era, ranging from luggage labels in a 1920s popular poster style (compare, for example, the luggage label from Hôtel du Golf, Deauville, built in 1925) to hotel postcards of all kinds.[13] By featuring picture postcards prominently in its set design, the *Rößl 1935* can be seen as aptly portraying this culture of panoramic memorabilia.

Arguably, one card stand doesn't make a whole culture. In combination with another prop, however, this stand highlights the 1935 film's historically accurate depiction of a 1930s hotel tourism. During a town conference in the *Rößl's* competing establishment *Der wilde Mann*, we see a poster in the background, advertising Austria as tourist destination. In the foreground, it shows a cheerful woman and in the background some folk dancers swivelling. The poster is in a 1930s style. This prop actually existed as part of a *Visit Austria* travel campaign at the time when the movie was shot. It was issued by the *Österreichische Verkehrswerbung* and created by Joseph Binder, a famous Austrian graphics designer and commercial artist. This suggests, at least in the cosmos of the movie, that the White Horse Inn and its adjacent hotels are very well aware of what they are selling to visitors and audiences alike: Austria and its stylish panorama as the backdrop for folklore attractions. The poster is not only a historical document of such a culture, but its prominent positioning in the film also underlines that the

---

12 Kästner, Erich: *Gesammelte Schriften 1: Gedichte*. München, Zürich, 1959, p. 150
13 Watkin et al.: *Grand Hotel*, p. 212: photograph 256.

owners (and in our case the film-makers) don't even try to conceal a modern business attitude beneath the homely façade of Austrian *Gemütlichkeit.* [14]

The film's awareness of the modern travel industry with its selling point of an anti-modern aesthetic becomes especially obvious with regard to the exposition of the Salzkammergut and Lamac's use of visual language. Initially, we are tricked into indulging in the breath-taking vistas of the Wolfgangsee area with a picture-postcard-like succession of long shots of the lake and its surrounding natural attractions. All of a sudden, our perspective is linked to that of a tourist. We are positioned in the back of a tourist bus and screamed at by a guide who is only the leader of a whole caravan of motorized vehicles. Its inmates seem to outperform each other in their hilarious commitment to a mobile travel ethos: whether a whole family in a questionably fast car has even equipped their dog with goggles or an enamoured young couple is speeding by in a lovely motorcycle. Lamac's comic editing shows how consciously he ironizes the panorama and travel craze of his period by his way of portraying it. [15]

The *Rößl* and its landscape appear as backdrop for a culture of mobility and tourism, in which the hotel functions as provisional location for a temporary stay. In this sense, the *Rößl* is not that much different from urban grand hotels and their functional set-up for their guests' main activities: moving and viewing. Some of the architectural shots shown at the beginning of Lamac's *White Horse* adaptation provide an aesthetic that communicates this: we see a conservatory-style terrace restaurant that provides its guests with stunning vistas and generous space to wander around in. Comparing, for example, historic photographs of the terrace of the Palace Hôtel, St. Moritz (from around 1911) and shots from the interior of the 1935 *Rößl* conservatory, reveals remarkable similarities in architectural design. [16] The grided window architecture of the restaurant, that presents a view of the mountains, and its light interior furnishings resemble in style and function those of the panorama rooms in grand hotels of the era, from Belle Époque tea rooms to mid-century hotel lobbies.

The set-up of the hotel as a transitory space is also visually reflected in other elements of the interior design. Typically of hotels, the space of the *Rößl* is marked as a space of constant passage, in the sense that every coming already implies

---

14 For further analysis on how the *White Horse* films reflect the genre of the tourist film and tourist industry compare Annette Keck's and Ralph Poole's chapter in the present volume.

15 ›Lamac‹ is used to denote the whole collective involved in producing the film. In the liner notes, cutting is attributed to Elsa Baum. Compare Filmverlag *filmjuwelen: Das Booklet zum Film.* Alive 2014, p. 1. This stylistic practice also applies to the following directors respectively film crews.

16 Compare Watkin et al.: *Grand Hotel*, p. 135, photograph 185.

a going.[17] The guests and the viewers alike are reminded by a prominent exit-sign in the *Gaststube* that staying in the *Rößl* is on temporary basis only. Behind the singing Josepha, the sign is shown in deep focus for the audience to see. In ironic contrast, the local prison invites people to stay. A »Herzlich Willkommen« banner is put above its barred window. The very careful construction of cinematic space in Lamac's *Rößl* and the conscious emphasis on the importance of façades for a hotel business are echoed by the advice Josepha Vogelhuber gives to her servants before the guests arrive: »Also, is alles in Ordnung? Wann die Stubenmaderln und Kellnerinnen nicht zum Anbeißen sind, taugt das ganz Hotel nichts« (also repeated by the 1952 Josepha). Josepha's quote appears in various versions of the *Rößl* tale. Embedding her statement in the context of a hotel discourse from a film perspective therefore may also be used to unravel the cultural significance behind such a quote for theatrical *White Horse Inn* productions. For Josepha's utterance creates a link between the afore-mentioned aspects of a hotel discourse and a visual culture that caters for spectatorship. And this cultural environment comes especially to the fore in the films' use of a grand hotel aesthetic.

Grand hotel buildings comprise a great deal of glass and light architecture in their interior design to facilitate the casual gaze of a hotel guest, whether he or she wants to look around to observe guests or look out to enjoy the view (an aesthetic idea that also influences the construction of Christian Theede's 2013 *Rössl*). For a cinematographer, this allows the enhancement of his or her hotel shots with visual interest by, for example, shooting through window panes branded with the hotel's name or logo. *White Horse Inn* (1935) uses this device quite frequently to follow intimate actions in the interior of the hotel. In doing so, it can be seen as continuing a general hotel film style of the period that shall be illustrated by Edmund Goulding's classic of the hotel genre *Grand Hotel* (1932).[18] Goulding's hotel iconography is rich in window perspectives and panning shots that mimic the ambulatory gaze of a hotel guest or servant. Through medium shots from a slight distance or from behind objects or people's backs, the viewer is put in the

---

17 On this note, and for the hotel's haphazard transience also compare Werner Fuld's article on the revolving door as wheel of fortune in *Menschen im Hotel* (*Grand Hotel*). Fuld, Werner: *Die Drehtür als Schicksalsrad. Werner Fuld über Vicki Baum: Menschen im Hotel (1929).* In: *Romane von gestern – heute gelesen. Band 2: 1918–1933.* Ed. by Marcel Reich-Ranicki. Frankfurt 1989, pp. 153–158.

18 Goulding's filmic adaptation of Vicki Baum's *Menschen im Hotel* won the Oscar in 1932. The film was well-known in the business when Lamacs' *Rößl*-film was produced. Therefore, it can be used as suitable example of a cinematic hotel style of the times. Other hotel productions of the era are, e.g., *Der Page vom Dalmasse-Hotel* (1933, directed by Victor Janson) or *Savoy-Hotel 217* (1936, directed by Gustav Ucicky, starring Hans Albers).

position of a concierge or lounge lizard and experiences the unfolding stories from the perspective of an attentive observer.[19]

Carl Lamac's hotel film deploys a similar visual language to Goulding's. Comparable to *Grand Hotel*, in Lamac's hotel film the narration takes on the perspective of a resident or servant, lurking from behind corners or objects (like flowers), sitting on neighbouring tables to the protagonists' or observing the action from a slight distance with panning movements. This position of the narration as silent observer is typical of the genre of hotel literature and film in general. In hotel texts, whether prose sketches or fictional accounts, characters comment on the microcosmic hotel from the sidelines. This perspective is often linked to members of staff or temporary bystanders.[20] As examples, one might mention Thomas Mann's picaresque story *Felix Krull* or Mascha Kaléko's lift boy poem, both present the hotel *from below*. In recent hotel film culture, the core narrative level in Wes Andersons's *Grand Budapest Hotel* is focalized by bell hop Zero. With its observing and gazing shots, Lamac's *White Horse Inn* engenders a similar impression and involves the viewer in the activity of the ambulatory gaze: a convention of the hotel discourse.

According to Jean Ormesson, »the grand hotel's days of glory ran from the time of, say, Louis-Philippe or Napoleon III through the age of Hitler or Stalin, or, if you insist, right up to May 1968«.[21] Updated within the context of the economic miracle and set in the last epoch of the grand hotel era, the *Rössl* of the 1960s remake with Peter Alexander continues to exploit aspects of a grand hotel aesthetics: the restaurant room, that now sets the space for international mass tourism, has kept its architectural priority to provide the guests with panorama. Large panorama windows, framed by 1950s style canopies, present a painted Wolfgangsee scene. This common practice of mid-century studio productions creates an interesting, though perhaps unconscious comment on the artificiality with which hotel spaces are constructed in order to provide optical stimulation.

The obsession with the visual, yet mostly artificial panorama so intricately linked to a hotel discourse is carried further into the 1960s movie. Now, stands of picture postcards have even reached the trails of mountaineers. A refreshment stall on Giesecke's way to the Alm offers souvenirs of this kind. Also, posters that advertise Austria and the Salzkammergut as holiday regions furnish the interior of the hotel. Like its predecessor, the hotel space in Werner Jacob's 1960 film is

---

19 For further elaborations on the ›staging of the gaze‹ in Grand Hotel see: Raff, Gudrun: *Blick-Inszenierungen. Vicki Baums Roman Menschen im Hotel, der klassische Hollywoodfilm und ein fiktives Experiment*. In: *Literatur und Film. Lesen für Augenmenschen. Publikation zur Austellung in der »Galerie im Stifter-Haus«. 22. März bis 18. April 1996. Linz 1996, pp. 55–61.

20 Compare Seger: *Grand Hotel Bühne der Literatur*, pp. 10ff.

21 D'Ormesson: *Introduction*, p. 11.

embedded into a tourist culture that sells the panoramic view and the visual spectacle as two of its main attractions. The spatial set-up of the hotel serves this priority. Visual interest within the hotel space can also be created by other elements than natural panorama and personal observation. The look of the wine cellar sequence from the 1952 film with its impressive barrels, for example, compares with photographs of the wine cellar and bottling plant in the general store of the cigar company (which can be found in D'Ormesson's collection of photographs). The restaurant shots from the 1960s remake, often featuring a rich buffet in the foreground, follow the culinary aesthetic of grand hotels, like that of the Splendid Royal Hotel in Lugano (in a photo from around 1924), with its artistic presentation of food.[22] The grand hotels' food and drinking culture is as much a culinary feast, as a visual one, which the films translate in a cinematic hotel vernacular.

Werner Jacobs also brings another aspect of hotel discourse to his 1960s film. He introduces the concierge as minor character. The concierge is an iconic character of the hotel film genre, often attributed with a distinct dramaturgical function, like Hector Elizondo as concierge in *Pretty Woman*.[23] Because of his power over the admission to the hotel, in hotel theory, he has been described as quasi-mythic guard: the hotel's gate keeper.[24] By handing out keys to rooms, the concierge decides who gets in and who does not. The concierge takes this generic role in Jacobs' *Rössl* adaptation. His denial of keys to Giesecke and his passing of keys to Leopold as hotel guest are used for moments of comedy. Yet what is even more important for a stylistic evaluation is that the introduction of the concierge comes with some shots typical of the genre: In concierge scenes, the narration often takes the perspective from behind the porter. This perspective puts the viewer behind the reception desk, left to observe the action between characters. In this sense, the 1960s film quotes a genre convention that is already amply used in Goulding's *Grand Hotel*. These two instances show that even in the 1960s remake of *White Horse Inn* traces can be detected that link the film's look to a tradition of hotel aesthetics, its obsession with the gaze and the panorama.

---

22 For the historic photographs see Watkin et al.: *Grand Hotel*, p. 115, photograph 155 (wine cellar) and p. 116, photograph 158 (food). In this sense, also compare the portrayal of water sports in the 1960s film and photographs of grand hotels located at a beach or lake shore, e.g. a photo of the *Hôtel du Beach*, Monte Carlo, showing a guest using a water bicycle, p. 218, photograph p. 268.

23 For more on this compare Annette Keck's and Ralph Poole's chapter in the present volume.

24 See D'Ormesson: *Introduction*, p. 10.

Stage

In 20th century hotel discourse, the hotel is also very often described as a stage, a space where its inhabitants and guests are not only well aware of seeing but also of being seen. Peter Altenberg therefore famously claims a »Hotelregisseur« (a hotel theatre or film director) for every hotel to organize the masquerade of changed identities and social role play in the lobby.[25] To use theatrical metaphors in order to describe the life in a hotel is a well-established rhetorical means within the discourse. Kevin Clarke and Helmut Peter's publication on the success of the *White Horse Inn* makes use of this trope in the section on the role of the waiter:

> [Der Oberkellner] betritt sein Restaurant wie eine Bühne. Erst als Regisseur, indem er den kommenden Tag inszeniert […]. Seine zweite Rolle ist die des Inspizienten. […] Wenn der erste Gast das Restaurant betritt, tritt der Oberkellner als erster Hauptdarsteller auf.[26]

The 1952 adaptation of *Im weißen Rößl* most obviously translates this verbal practice of 20th century hotel discourse into a self-aware visual aesthetic that fits within the period's general cinematic style of glossy musical productions in Agfacolor (or Technicolor) and their conscious take on theatrical conventions.

The *White Horse Inn* adaptation with Johannes Heesters plays with the topos of presenting a staged hotel reality from the start. To bridge the historical gap between an early-20th century-plot and a mid-20th century audience, the film starts with an introduction to holiday hot spots of the 1900s. Similar to a balladmonger showing various colour plates to an audience, a neatly dressed presenter fills us in on the tourist crazes of a former age that also coincides with the grand hotel culture. The short preface cites the panorama posters of the visual tourist culture of those times and functions as a brief frame narrative. The plot is framed in this theatrical fashion of carnival minstrelsy, before, at the end of a succession of plates, St. Wolfgang dissolves into reality with the painted image fading into a real life shot of the scenic Austrian village. In this way, the clever opening of the 1950s *Rößl* adaptation, co-written by *Rößl*-«father« Erik Charell, combines the hotel discourses of panorama and stage.

The *real life shot* that follows takes up the motif of presenting the Rößl Inn as artificial façade, setting the stage for its arriving tourists. We see painters at work, brushing up the hotel space for high season. Pots of colour are clearly visible in front of the workers, used to tint the *Rößl* world in primary hues of yellow, red and blue. To highlight the duality of onstage-façade and backstage-business is a leitmotif structure in hotel literature that has already influenced the first sound

---

25 Compare Seger: *Grand Hotel Bühne der Literatur*, pp. 12ff.
26 Clarke and Peter: *Im Weißen Rößl*, p. 126.

film adaptation of the *White Horse Inn*.[27] In the succession of *White Horse Inn* sound films, the 1935 film establishes the iconic shot of a janitor painting the *Rößl* sign, hinting at the two sides of the hotel business. In the Alexander film from 1960, the painting activity has interestingly changed to just cleaning, being a less conspicuous sign of the place's artificiality. In general, though the 1960s film is highly artificial in its 1960s colour and set design and aware of the *Rößl* as tourist attraction that even gains a theatrical edge – Alexander is announced as the renowned singing waiter – the 1960s movie contains less overt instances of the discursive stage awareness in comparison to the 1935 and 1952 film.

The 1952 version, in contrast, includes overt signs of cinematic self-reflection and stage consciousness that dismantle hotel life as a meticulously-calculated show. After the minstrelsy prologue, a red velvet curtain closes on the *Rößl* sign, providing the backdrop for the opening titles. This might be a deliberate reference by Charell to the *Rößl*'s origin in stage entertainment and its illustrious tradition of theatrical productions from Berlin stages to Broadway theatres, however, it also connects implicitly to the hotel life portrayed in the film. The moment the curtain opens on to the hotel show, a zither player positioned at the entrance of the *Rößl*, begging for tips with his music, starts to play an entirely rehearsed set of international standards, geared to tourists from all over the world. When we see the old beggar-like character again, he is all trim, wearing a regional outfit and taking part in a meeting of town officials. When, briefly before the Kaiser arrives, Leopold asks the man why he isn't wearing his beggar outfit, Loidl answers: »Den [the beggar's suit] trag ich nur zu Geschäftszeiten.« Loidl exploits the theatrical duality of the hotel space for his own good. He is very well aware of the role he plays in the hotel business and the money he can make from cleverly exploiting it, and the audience is made aware of it with him.

In general, remarks are frequent in the 1952 adaptation that relate the *Rößl* to some kind of *show* business. Ottilie and Siedler more than once use »circus« (e.g. minute 27) to describe their experience in the *Rößl*. When, in one instance, Giesecke is looking out of a window at the top of the hotel, he appears like a character out of a puppet show. Ottilie comments on the perfect façade image he creates with his theatrical appearance: »Papa, du siehst aus wie ein Gemälde im Rahmen.« Gieseke's daugther draws the same connection between her father's framing in the hotel window and visual arts in the 1930 *White Horse Inn* stage production. This is further proof that the filmic contextualizatons of the *Rößl* within 20th century discourses of hotel aesthetic and visuality made in this essay can easily be transfered to its theatrical counterparts and used to elucidate their cultural context as well. Some elegant examples that highlight and play with the

---

27 For elaborations on the hotel as stage compare Seger: *Grand Hotel Bühne der Literatur*, p. 12.

Rößl as artificial world, or stage, can also be found in the 1935 *Rößl* film, beyond obvious plot elements like singing waiters and annual festivals that are shared by all the films. The interior »climate« of the 1935 *Rößl*, for example, is shown as being continuously manipulated by Leopold and Josepha to remain a good weather zone. Before the guests arrive, Leopold changes the meteograph to sunshine. Later on, Josepha points to the meteograph and comments on the difference between inside and outside weather. She deems the outside one to be a mistake. Thus, when Josepha sings her »Schnürlregen« song, the hotel restaurant is set up as an alternative, clearly-marked artificial stage for rainy day entertainment. In the 1935 version the curtain motif is used in the dining room in order to divide the hotel locale into a backstage and onstage area and to direct the character's and viewer's axis of vision.

In *White Horse Inn* 1935, the idea of the hotel as stage is extended to the outside world in form of the carnivalistic topos of an *ordo inverso*. During the annual wedding festival held in St. Wolfgang, the whole village becomes a grand stage. Giesecke's opponent Fürst (»duke«) is mistaken to be the Austrian *Landeshauptmann* by the same name and has to perform the quasi-royal role his name promises in the day-long folk play. Played by the paradigmatic ordinary man Theo Lingen, Fürst is added as a character to Lamac's *Rößl* film and functions as a modernized humorous surrogate for the *Kaiser*, who has been cut from this screen adaptation. Instead of a royal celebration, the 1935 stages a hilarious farce of mistaken identities that dismantles the performative aspect involved in the role play of society in general. The inverted theatrical performance reveals that every man can play a *Fürst*. As finale, the film presents us with perhaps one of the most theatrical exits in cinematic history, that of Theo Lingen as misunderstood duke, leaving on a decorated ship, waving good-bye to a shimmering sea of lanterns. The wonderful farce is never really resolved for the Wolfgang people or, in that sense, brought to a close for the audience. Boundaries between reality and fiction appear to be highly permeable at the Wolfgang lake.

Legend

A third and final theme from the discourse of the hotel that influences the look of the filmic *Rößl* depictions is that of the legend. As Jean D'Ormesson writes in his introduction on *Grand Hotels*:

> Every grand hotel has its legend, and that is what makes its heart beat and gives the place its identity. [...] The legends on which grand hotels thrive belong to the arena of history and literature, to be sure, but also to the world of theatre and films, of music, opera [...].

But whether glamorous or inconspicuous, the most enthralling grand hotels on earth are those that boast a history, a legend, a hinterland of memories and myths which have dimly survived the harsh realities of today's world.[28]

Wes Anderson's *The Grand Budapest Hotel* from 2014 is a contemporary example of a hotel film that illustrates this legendary approach to the hotel and envisions its hotel space henceforth as a stylized nostalgic story hall. The hotel is enlivened by characters from its past who appear through various layers of narrative and inhabit the now run-down Grand Budapest, a former alpine-region, prestigious grand hotel.

The story-conscious cinematic style of the contemporary hotel film fits within a 21st century climate that exploits a general interest in the construction of narratives and the recycling of past story material. With regard to the hotel discourse, this constitutes a development from depicting actual places in the real world to working with fictions. In today's culture, the institution of the grand hotel has become itself a legend of a past century. As D'Ormesson notes, famous hotels of the 20th century resemble story containers. The grand hotel is turned into a fictionalized space, accessible through the legends that are told about it and through the memories of former guests and members of staff. Cordula Seger also highlights the connection between the hotel as an actual place and its fictions:

> Und obwohl die Spuren der Nacht sorgfältig getilgt werden, damit jeden neuen Gast die Unschuld des morgendlichen Zimmers empfängt, hält sich der Glaube, dass in diesen Mauern Schicksale gespeichert sind und als Geschichten wieder abgegeben werden.[29]

The trope of the hotel as legendary place bears influence on the aesthetics of the contemporary *White Horse Inn* adaptation from 2013. Similar to the *Grand Budapest*, the hotel is presented as a nostalgic fiction, or at least as a container of memories and stories related to the hotel's famous past.[30]

Just as the exposition of the 1935 film ties in with a contemporary visual tourist culture and that of the 1952 lays the ground for a theatrical reading, *White Horse Inn* 2013 introduces the *Rößl* with cues of nostalgia and legend. The idea of the *Rößl* as a legendary anachronism also affects the presentation of the hotel space itself. The colour scheme is highly anti-naturalistic and its interior space is presented in a quaint Austro-Bavarian chic. Even more important for the hotel discourse as legend, the place bears traces of a storied past that, in popular culture and real life, has built the reputation of the *White Horse Inn*. Peter Alexander's

---

28 D'Ormesson: *Introduction*, pp. 8 and 10.
29 Seger: *Grand Hotel. Bühne der Literatur*, p. 20.
30 For Theede's remarks on designing a *Rößl* of the 21st century see also the chapter on the film as kitsch or camp.

Rößl film from 1960 is not only cited in the new *Rößl's* nostalgic candy color scheme but is also literally written all over the walls: A portrait of Peter Alexander as Leopold is put up in the restaurant room, clearly visible for the audience, yet barely noted by the fictional personnel, who do not really question their tongue-in-cheek re-enactment of the 1960s film. In visiting the *Weißes Rößl*, the characters travel into an artwork of the past. The 21st century adaptation of the *White Horse Inn* presents the *Rößl* hotel as a fictionalized parallel world that follows different codes than those of a disenchanted contemporary society. In the realm of the White Horse Inn, true love does still exist and two lovers sing a duet to express their affection instead of having sex.

In this sense, the presentation of the *Rößl* space as outré counter-reality fulfils another aspect associated with a 20th century hotel discourse on the hotel's surreal set-up. For Ottilie Giesecke, the paradigmatic disheartened urban singleton who has lost her believe in romantic love and happy endings, the White Horse Inn is a space of identity crisis and personal transition. Olga García describes this function of the hotel in her literary survey as follows:

> Das Hotel wird von Michel Foucault zu den Heteropien gezählt, weil Hotels gewissermaßen Orte außerhalb aller Orte sind, d.h. ›andere Orte‹, die entweder einen Raum des Übergangs, der Krise oder der Abweichung markieren, an denen man ein anderer ist, an denen alternative Lebensentwürfe ausprobiert werden können.[31]

Ottilie experiences the White Horse Inn as exactly such a space. She is confronted with performances of true love and heart-felt emotions, like romantic proposals or love songs, that in their over-the top stylisations pose a stark contrast to the grey and rainy glass-and-concrete austerity of her urban reality. During her time at the Rößl, Ottilie undergoes a personal change and in the end takes some of the things she has learned in the hotel Weißes Rößl to her Berlin office. For comic and romantic effect, White Horse Inn 2013 also distinguishes starkly between a dystopic urban and an idyllic rural locale, where, for example, a happy children's choir wanders nonchalantly through the mountain scenery. Though the film parodies a traditional romantic comedy trajectory with its over-the-top musical numbers as well as a *Heimat* ideal with its exhibition of bucolic clichés, it nevertheless locates Ottilie's character development in the space of the hotel. The White Horse Inn in Christian Theede's adaptation is aestheticized as a past fiction and thus also provides a visually-contrasting reality, a »different place«, for such a characterization.

---

31 García: *Das Hotel im Spiegel der deutschsprachigen Literatur*, p. 32.

Conclusion

This essay has shown that the four sound film adaptations of the *White Horse Inn* participate in various ways in 20th century hotel discourse and especially its grand hotel aesthetics. Reading the individual representations of the *Weißes Rößl* alongside cultural or aesthetic cinema history, we notice a progressive fictionalization of the *Rößl* space, from the panoramic reality of a tourist film culture via its theatrical presentation as double-edged stage to the utter transformation of the hotel into a nostalgic artwork, a legend of the past. The hotel in literature and cultural theory is often linked to a 20th century visual culture that is obsessed with seeing and being seen. In varying degrees, the filmic *Rößls* have been shown as providing the perfect backdrop for this duality, whether for a passive spectator or for an active performer. The *topos* of the hotel as artificially-constructed parallel stage to an outside reality has extended in heightened form to the 21st century adaptation of the *White Horse Inn* narrative. The *Weißes Rößl* as performative or fictionalized space provides an ideal surrounding for probing concepts of identity and interrogating a given social order, whether through applying carnivalistic ideas of an *ordo inverso* or spatial concepts of the hotel as *heterotopia*. The portrayal of the White Horse Inn in its four sound film adaptations has been shown as reflecting a 20th century hotel discourse visually with its varying degrees of applied artificiality and as documenting its aesthetics through spatial set-up and architectural design. Now, it is left for researchers of the future to work out, how the *Rößl* fictions feed back into their own reality: the actual hotel located at the Wolfgangsee.

Kurzbiografien der AutorInnen

Matthias Davids ist Regisseur und Leiter der Sparte Musical am Landestheater Linz. Er studierte Germanistik, Musikwissenschaft und Sprecherziehung, bald zog es ihn jedoch zur Bühne. Er spielte zahlreiche Hauptrollen – u. a. in *West Side Story* und in *Die Räuber* –, ehe er sich dem Regiefach zuwandte. Mittlerweile hat er u.a. in Düsseldorf, Hamburg, Berlin, München, Wien, Hannover, Graz, Klagenfurt, Zürich, St. Gallen, Athen, Oslo, Tromsö und Linz über 75 Opern, Operetten, Musicals, Revuen und Schauspiele inszeniert.

Frédéric Döhl ist Musikwissenschaftler und Jurist. Derzeit forscht er als wissenschaftlicher Mitarbeiter am Institut für Musik und Musikwissenschaft der Technischen Universität Dortmund. Zu seinen Publikationen gehören die Monographien *...that old barbershop sound. Die Entstehung einer Tradition amerikanischer A-cappella-Musik* (2009), *André Previn. Musikalische Vielseitigkeit und ästhetische Erfahrung* (2012), *Mashup. Fremdreferenzielles Komponieren, Sound Sampling und Urheberrecht* (2016) sowie die mitherausgegebenen Sammelbände *Musik bei Ken Russell* (2011), *Konturen des Kunstwerks. Zur Frage von Relevanz und Kontingenz* (2013), *Zitieren, Appropriieren, Samplen. Referenzielle Verfahren in den Gegenwartskünsten* (2014), *Prekäre Genres. Zur Ästhetik peripherer, apokrypher und liminaler Gattungen* (2015) und *Musik und Narration* (2015).

Wolfgang Drechsler ist Ordinarius für Staatswissenschaften am Ragnar-Nurkse–Institut und Prodekan für Internationale Beziehungen an der Sozialwissenschaftlichen Fakultät der Technischen Universität Tallinn, Estland. Gastprofessor u.a. in Bangkok, Yogyakarta, Louvain-la-neuve, Kuala Lumpur, Peking und Lund; Erasmus-Lehrtätigkeit u.a. in Salzburg und Leiden. Umfangreiche Veröffentlichungen auch zu geistes- und kulturwissenschaftlichen Themen, u.a *Gadamer in Marburg* (²2013).

Ingbert Edenhofer ist nach seiner Magisterarbeit »›But the Music's so Happy‹: Parody and the Return of the Musical Comedy« Doktorand der Amerikanistik an der Ruhr-Universität Bochum. Er veröffentlichte u.a. im Jahrbuch »Lied und populäre Kultur/Song and Popular Culture«. Als Texter verfasste er die Musicals *O, Fotowand, o!* und *Viel Lärm und ich* und arbeitet an einer Adaption von H.G. Wells' *Die Zeitmaschine*.

Michael Fischer ist Geschäftsführender Direktor des Zentrums für Populäre Kultur und Musik der Albert-Ludwigs-Universität Freiburg. 2003 Promotion im Fach Kirchengeschichte (Freiburg), 2013 Promotion im Fach Literaturwissenschaft

(Bielefeld). Seine Forschungsschwerpunkte sind: Geschichte der populären Kultur und Musik, Mediengeschichte der populären Musik, Geschichte christlicher Kultur und Musik. Fischer unterrichtet an der Universität Freiburg im Fach Medienkulturwissenschaft.

Stefan Frey, Theaterwissenschaftler, Autor und Regisseur. Er studierte Theaterwissenschaft in München, promovierte in Heidelberg über *Franz Lehár oder das schlechte Gewissen der leichten Musik*, arbeitete an verschiedenen Theatern und leitete die Studiobühne des Instituts für Theaterwissenschaft an der LMU München (Inszenierungen u.a. Lehárs *Paganini*, Benatzkys *Im weißen Rößl* / Lehrtätigkeit außerdem an der Bayerischen Theaterakademie sowie der Theater-, Film- und Medienwissenschaft der Universität Wien). Als Autor ist er für diverse deutsche Rundfunksender tätig und Moderator des Operettenboulevards auf BRKlassik. Zu seinem Forschungsschwerpunkt Operetten veröffentlichte er u.a. Biographien über Franz Lehár, Emmerich Kálmán und Leo Fall.

Andreas Gergen ist Operndirektor des Salzburger Landestheaters. Er inszenierte mittlerweile über 70 Opern, Operetten und Musicals, u.a. in Berlin, Hamburg, Wien (Ronacher, Vereinigte Bühnen Wien), München (Deutsches Theater), Zürich, Nizza (L'Opéra de Nice), St. Gallen, Saarbrücken und Salzburg (Landestheater, Haus für Mozart, Felsenreitschule). Er war Geschäftsführer und künstlerischer Direktor des Berliner Schlossparktheaters und Artistic Project Manager der Stage Entertainment Hamburg. Von 2011 bis 2014 war er Vorstandsvorsitzender des Bundeswettbewerbs Gesang Berlin. Im Sommer 2016 inszeniert er die Revue-Operette *Viktoria und ihr Husar* von Paul Abraham für die Seefestspiele Mörbisch.

Robert Gordon ist Professor of Drama und Leiter des »Pinter Centre for Research in Writing and Performance« am Goldsmiths College, University of London. Seine jüngsten Forschungsschwerpunkte betreffen das Wechselverhältnis zwischen theatraler Praxis und Reflexion, aufbauend auf seinen Erfahrungen als Schauspieler, Dramatiker und Regisseur. Zu seinen Publikationen zählen *Stoppard: Text and Performance* (1991), *The Purpose of Playing: Modern Acting Theories in Perspective* (2006), *Harold Pinter: The Theatre of Power (2012)* sowie als Herausgeber *The Oxford Handbook of Sondheim Studies* (2014) und *The Oxford Handbook of the British Musical* (mit Olaf Jubin, in Vorbereitung). Als Mitbegründer des »British Musical Theatre Research Institute« ist er zudem Koautor des im September 2016 erscheinenden Werkes *British Musical Theatre since 1950*.

Matthias Grimminger promoviert an der Musikhochschule Detmold/Paderborn bei Rebecca Grotjahn über die Uraufführungsgestalt der Operette *Im weißen Rössl*. Er studierte in Detmold Klarinette und Komposition und ist seit 1991 Bassklarinettist der Dortmunder Philharmoniker. Außerdem ist er als Saxophonist, Jazzmusiker, Komponist, Arrangeur und Verleger tätig. Mit Henning Hagedorn u.a. Herausgeber der Neuedition der Operette *Im weißen Rössl* sowie der Operetten Paul Abrahams.

Nils Grosch ist Universitätsprofessor für Musikwissenschaft an der Universität Salzburg, wo er zugleich die Abteilung Musik- und Tanzwissenschaft und die Gluck-Forschungsstelle leitet. Er studierte Musikwissenschaft, Geschichte und Germanistik in Bochum und Freiburg i.Br. Promotion an der Universität Freiburg mit einer Arbeit über *Die Musik der Neuen Sachlichkeit,* Habilitation an der Universität Basel mit einer Arbeit über *Lied, Medienwechsel und populäre Kultur im 16. Jahrhundert.* Seine Arbeitsschwerpunkte sind Populäres Musiktheater, Musik und Migration, Musik und Medien.

Nicole Haitzinger, Assoz. Professorin für Tanzwissenschaft an der Universität Salzburg. Sie absolvierte ihr Dissertationsstudium an der Theater-, Film- und Medienwissenschaft der Universität Wien. Als Dramaturgin und Kuratorin nimmt sie an internationalen Projekten und Theorie-Praxis-Modulen teil. Aktuelle Forschungsschwerpunkte: Das Phantasma der Moderne: Transhistorizität, Transkulturalität und Transmedialität; Harlekinaden. Aktuelle Publikationen: *Resonanzen des Tragischen. Zwischen Ereignis und Affekt* (Wien: Turia + Kant, 2015), *Chorfiguren. Transdisziplinäre Beiträge.* Hg. gemeinsam mit Julia Bodenburg und Katharina Grabbe (Freiburg: Rombach, 2016). Redaktionsmitglied bei CORPUS: www.corpusweb.net.

Wolfgang Jansen studierte Theaterwissenschaft und Germanistik an der Freien Universität Berlin und promovierte in Theaterwissenschaft mit einer Arbeit zur Geschichte des Varietétheaters. Danach: Wissenschaftlicher Mitarbeiter im Bildarchiv der Stiftung Preußischer Kulturbesitz Berlin. Zahlreiche Publikationen zum populären Musiktheater (Revue, Varieté, Operette, Musical). Lehrtätigkeit in Berlin, Düsseldorf, Essen, Hamburg und Hildesheim. Theaterwissenschaftliche Vorträge im In- und Ausland. Gründer des Deutschen Musicalarchivs im ZPKM der Universität Freiburg i.Br. Seit 2008 Dozent an der Universität der Künste Berlin für Theater- und Musicalgeschichte.

Olaf Jubin unterrichtet Medienwissenschaften und Musicalgeschichte an der Regent's University London und ist Gastdozent an der University of London im Magisterstudiengang Musical Theatre. Er studierte Publizistik- und Kommunikationswissenschaft, Allgemeine und Vergleichende Literaturwissenschaft sowie Theater-, Film- und Fernsehwissenschaft an der Ruhr-Universität Bochum, wo er 2003 mit einer komparativen Analyse von Rezensionen zu den Musicals von Stephen Sondheim und Andrew Lloyd Webber promovierte. Zu seinen weiteren Veröffentlichungen zählen u.a. eine Studie zur Synchronisation bzw. Untertitelung von Hollywoodmusicals für den deutschsprachigen Raum. Er ist Mitbegründer des »British Musical Theatre Research Institute«, Koautor des in Kürze erscheinenden *British Musical Theatre since 1950* und bereitet zurzeit zusammen mit Robert Gordon die Herausgabe des *Oxford Handbook of the British Musical* vor.

Annette Keck ist Professorin für Gender Studies, Kulturtheorie und neuere deutsche Literatur an der Ludwig-Maximilians-Universität München. Sie hat u.a. gearbeitet zu Unterhaltung und Geschlecht in den 1850er-, 1950er- und 1990er-Jahren, zu Konstruktionen von Autorschaft, zu Komik und Groteske sowie zur Historisierung von gendertheoretischen Körperfassungen. Eines ihrer aktuellen Forschungsprojekte lautet: *Gender Trouble und Konsum im westdeutschen Film der 1950er Jahre.* Publikationen u.a.: *Die Komödiantin und der Herrenwitz. Liselotte Pulver im Film der 1950er Jahre.* Treibhaus 6 (2010), S. 310–322 (erw. Fssg. 2013); *Working Girls Go Grotesque. Zur Reflexion von Selbstregierungstechniken in der westlichen Populärkultur seit den 1990er Jahren.* In: *Banale Kämpfe? Perspektiven auf Populärkultur und Geschlecht.* Hg. von Paula-Irene Villa u.a. Wiesbaden: Springer 2012, S. 75–88.

Leopold Kern leitet mit Herbert Wolfgang das Ensemble »Die Schönen/Musiktheater im E-Werk«. Neben seiner Tätigkeit als Sänger ist er auch als Regisseur, Workshopleiter, Gesangslehrer und musikkinesiologischer Berater tätig. Er studierte Opern- und Liedgesang in Wien und Freiburg. Er ist Meisterschüler von Cathy Berberian, mit der er ein Repertoire zeitgenössischer Musik erarbeitete. Ausbildung in den verschiedensten darstellerischen und tänzerischen Ausdrucksmitteln. Dementsprechend vielseitig ist auch sein künstlerischer Lebensweg. Als Sänger für Konzert und Musiktheater tätig in Deutschland sowie in der Schweiz, Österreich (u.a. Welturaufführung des Musicals *Freudiana*, Theater an der Wien), Italien (Teatro Regio di Parma), Ukraine und Israel (*Sieben Todsünden* von Kurt Weill, Israel Festival).

Susanne Korbel studierte Germanistik und Geschichte mit Schwerpunkt Jüdische Studien an der Karl-Franzens-Universität Graz. Derzeit promoviert sie am Centrum für Jüdische Studien der Karl-Franzens-Universität Graz zum Thema *Zwischen Budapest, Wien und dem Central Park. JüdInnen und (›populär‹-)kulturelle Translationen.* Sie ist Lektorin an der Karl-Franzens-Universität Graz und Stipendiatin des Österreichischen Austauschdienstes (OeAD) in Budapest.

Jonas Menze studierte »Populäre Musik und Medien« an der Universität Paderborn und »Medien und Musik« an der Hochschule für Musik, Theater und Medien Hannover. Seit 2008 hat er als freier Mitarbeiter an diversen Musicalproduktionen mitgewirkt. Er ist Stipendiat der Österreichischen Akademie der Wissenschaften (DOC) im Fachbereich Kunst-, Musik- und Tanzwissenschaft der Universität Salzburg und promoviert zu den konstituierenden Rahmenbedingungen des Musicals im deutschsprachigen Raum.

Julia Menzel ist wissenschaftliche Mitarbeiterin in der Neueren deutschen Literaturwissenschaft, Universität Bayreuth, und arbeitet derzeit an einer Dissertation zum Illustrierten Familienblatt »Die Gartenlaube«. Sie studierte Germanistik und Rechtswissenschaften sowie den Master-Studiengang Literatur im kulturellen Kontext. Ihre Forschungsinteressen: Zeitschriftenkultur des 19. und 20. Jahrhunderts, Populärkultur im 19. Jahrhundert, Kriminalliteratur.

Ralph J. Poole, Professor für Amerikanistische Literatur- und Kulturwissenschaft an der Universität Salzburg. Seine Forschungsschwerpunkte liegen im Bereich der transkulturellen und transatlantischen Amerikanistik, des Films, Fernsehens und Theaters, der Gender/Queer Studies und der Populärkultur. Veröffentlichungen u.a.: *Gefährliche Maskulinitäten: Ein subversiver Blick auf Männlichkeit am Rande der Kulturen* (2012); *Performing Bodies: Überschreitungen der Geschlechtergrenzen im Theater der Avantgarde* (1996).

Joachim Schlör ist Professor im History Department der University of Southampton und Direktor des Parkes Institute for the Study of Jewish/non-Jewish Relations. Veröffentlichungen im Bereich der Stadt- und Migrationsgeschichte. Er hat in Tübingen Empirische Kulturwissenschaft und Politikwissenschaft studiert. Promotion 1990 (*Nachts in der großen Stadt. Paris, Berlin, London 1840–1930*), Habilitation 2003 (*Das Ich der Stadt. Debatten über Judentum und Urbanität 1822–1938*) an der Universität Potsdam. Neueste Veröffentlichung: *›Liesel, it's time for you to leave‹. Von Heilbronn nach England. Die Flucht der Familie Rosenthal vor nationalsozialistischer Verfolgung.* Heilbronn: Stadtarchiv 2016.

Florian Seubert hat Germanistik (mit Schwerpunkt Literaturvermittlung) und Anglistik/Amerikanistik an der Otto-Friedrich-Universität Bamberg studiert. Während seines Bachelorstudiums verbrachte er ein Jahr an der University of the South, Sewanee, Tennessee. Im Jahr 2013/14 hat er einen Master of Studies in Modern and Medieval Languages von der University of Oxford erworben. Seine Forschungsschwerpunkte sind u.a. deutsche und amerikanische Populärkultur, Songtext- und Filmstudien. Zurzeit unterrichtet er am Goldsmiths College der University of London am Department für Theatre and Performance und für English and Comparative Literature.

Carolin Stahrenberg studierte Schulmusik, Musikwissenschaft und Germanistik in Hannover und Amsterdam und schloss diese Studien 2010 mit einer Promotion zur populären Musik im Berlin der Weimarer Republik ab. Tätigkeiten als wissenschaftliche Mitarbeiterin am Forschungszentrum Musik und Gender in Hannover, am Zentrum für Populäre Kultur und Musik (damals: Deutsches Volksliedarchiv) in Freiburg i.Br., an der Alpen-Adria-Universität Klagenfurt und derzeit an der Leopold-Franzens-Universität Innsbruck (Projektleitung). Ihre Forschungsschwerpunkte sind die Musikkultur der Weimarer Republik, populäre Musik, Musik und Raum, musikbezogene Genderforschung, Geschichte des Musiktheaters sowie Musik und Migration.

Christiane Tewinkel ist Privatdozentin an der Universität der Künste Berlin. Nach dem Studium der Germanistik, Anglistik, Schulmusik und Musikwissenschaft an der Musikhochschule und Universität Freiburg und an der Harvard University wurde sie 2002 mit einer Arbeit über Schumanns Liederkreis op. 39 an der Universität Würzburg promoviert. Sie habilitierte sich nach weiteren Stationen in Stuttgart, Leipzig, Berlin und Berkeley im Sommer 2014 an der UdK Berlin mit einer Schrift zur musikalischen Wissensgeschichte im 20. Jahrhundert.

Stefan Wieduwilt hat seine Ausbildung und das Studium der Wirtschaftswissenschaften und Philosophie in Berlin absolviert, begleitet von journalistischer und publizistischer Tätigkeit. Nach seiner Beschäftigung als Marketing- und Pressechef für die Live-Unterhaltung der ›Bar jeder Vernunft‹ wechselte er 1996 als Leiter des internationalen Lizenzeinkaufs zur ZDF Enterprises nach Mainz. Zwei Jahre später übernahm er eine Redaktionsleitung in der ZDF Kultur und Wissenschaft, verantwortete dort den Aufbau und die Vermarktung neuer Sendereihen und die Programmplanung der Abteilung. Es folgte 2000 ein Engagement als leitender Programmentwickler bei Endemol, Köln, sowie 2001 der Wechsel in vergleichbarer Position zur MME in Hamburg, dort zuständig für die Bereiche Entertainment und Fiction. 2003 gründete er seine eigene Firma, Wieduwilt Film und TV Production, in Berlin. 2004 kam die »Casino Royale« hinzu, eine Agentur für Branded Entertainment (auch: Content Driven Marketing) mit den Schwerpunkten Crossmedia Marketing, Neue Medien und Märkte, Lizenzhandel und Produktion im TV und Online-Bewegtbildbereich.

Herbert Wolfgang ist Sänger mit Schwerpunkt Musical, Revue und Chanson, außerdem Bühnen- und Kostümbildner, Regisseur, Workshopleiter, musikkinesiologischer Berater und Gründungsmitglied des Musiktheaters »Die Schönen/Musiktheater im E-Werk«. Liebt expressive Lieder und den Grenzbereich zwischen Musik und Literatur. Gastverträge u.a. mit den Städtischen Bühnen Freiburg. Mit der Opera Factory Zürich Tourneen in der Schweiz (deutsche EA *Johnny Johnson*, Kurt Weill) und in Großbritannien (*Julia* von Ludwig Kelterborn, UA).

Abbildungsverzeichnis

Schwarz-weiß-Abbildungen im Textteil:

Abbildung 1: Privatarchiv Nils Grosch.

Abbildung 2 und 3: Abdruck mit freundlicher Genehmigung von: Odsjek za po-vijest hrvatskog kazališta (Institut für Geschichte der kroatischen Theater).

Abbildung 4: Stadtarchiv Zürich VII.12/23.1.1.26. Fotograf: Ernst Bosshard. Ab-druck mit freundlicher Genehmigung.

Abbildung 5: Privatarchiv Carolin Stahrenberg.

Abbildung 6: Stadtarchiv Zürich VII.12/23.1.1.26. Abdruck mit freundlicher Ge-nehmigung.

Abbildung 7 und 8: Vossische Zeitung, Berlin, online zugänglich: http://zefys. staatsbibliothek-berlin.de.

Abbildung 9, 10 und 11: Abdruck mit freundlicher Genehmigung des Verlags Fe-lix Bloch Erben, Berlin.

Abbildung 12: Veröffentlicht in *Tempo*, 19.12.1930. Foto: Walter Hoffmann. © Ullstein Bild (»Aufführung der Operette ›Im weißen Rößl‹ in Berlin«).

Abbildung 13: © Jörg Landsberg. Abdruck mit freundlicher Genehmigung der Staatsoper Hannover.

Abbildung 14, 15 und 16: Österreichisches Theatermuseum Wien [ÖTM], Nach-lass Hans Müller-Einigen, Box 1, Mappe Zeitungsberichte E 220 1–33. KHM-Museumsverband. Mit freundlicher Genehmigung.

Abbildung 17: Staatsbibliothek Berlin 1954.1866.

Abbildung 18: Frankfurter Zeitung, 4.10.1895.

Abbildung 19: Der Floh. ÖNB, online zugänglich: http://anno.onb.ac.at/cgi-con-tent/anno?aid=flo (1.1.2016).

Abbildung 20: Berliner Tageblatt, online zugänglich: http://zefys.staatsbibliothek-berlin.de.

Abbildung 21: Universitätsbibliothek Heidelberg (http://digi.ub.uni-heidelberg.de/ diglit/jugend). Hier: http://digi.ub.uni-heidelberg.de/diglit/jugend1901_1/0147/ image?sid=269bade31b4f13b5f36f3db14f3ed467 (letzter Zugriff: 7.4.2016).

Abbildung 22: Online zugänglich: www.simplicissimus.info/index.php?id=5. Hier: http://web2.6893-2.whserv.de/simpl_typo3/uploads/tx_lombkswjournaldb/1/ 37/37_03_033.jpg (letzter Zugriff: 24.8.2015).

Abbildung 23: Universitätsbibliothek Heidelberg (http://digi.ub.uni-heidelberg. de/ diglit/jugend). Hier: digi.ub.uni-heidelberg.de/diglit/ jugend1932/ 0253/ image?sid=e9e6925369572cc9efafb923d6efb43d (letzter Zugriff: 7.4.2016).

Abbildung 24: Online zugänglich: www.simplicissimus.info/index.php?id=5. Hier: http://web2.6893-2.whserv.de/simpl_typo3/uploads/tx_lombkswjournaldb/1/37/ 37_01_008.jpg (letzter Zugriff: 24.8.2015). Online zugänglich: http://www. simplicissimus.info/index.php?id=5 (letzter Zugriff: 24.8.2015).

Abbildung 25: © Barbara Schwanhäuser. Abdruck mit freundlicher Genehmigung vom Musiktheater ›Die Schönen‹, Freiburg.

Abbildung 26: ÖTM, Fotosammlung, E1057/70.687Th. KHM-Museumsverband.

Abbildung 27: ÖTM, Fotosammlung, E105X/70.693Th. KHM-Museumsverband.

Abbildung 28: ÖTM, Fotosammlung, E1669/109.244Th. KHM-Museumsverband.

Abbildung 29: Privatbesitz Olaf Jubin.

Abbildung 30: Scene from The Princess Theatre's The White Horse Inn production, 1982. www.topsmusicalproductions.com/apps/photos/photo?photoid=32825730 (letzter Zugriff: 1.1.2016).

Abbildung 31: © Christina Canaval. Abdruck mit freundlicher Genehmigung des Landestheaters Salzburg.

Abbildung 32: Aufbau 5.12.1941. Online zugänglich: http://archive.org/stream/ aufbau71941germ#page/n676/mode/1up.

Abbildung 33: © Toni Muhr. Abdruck mit freundlicher Genehmigung der Wieduwilt Film & TV Production.

Abbildungen im Bildteil:

Abbildung I–VI: ÖTM, Sammlung Handzeichnungen, Nachlass Alfred Kunz. KHM-Museumsverband.

Abbildung VII: Privatbesitz Boris Priebe.

Abbildung VIII: Privatbesitz Olaf Jubin.

Abbildung IX: ÖTM, Sammlung Handzeichnungen, Alphons Klaß, HZ_HG 56676_80. KHM-Museumsverband.

Abbildung X und XI: © Jörg Landsberg. Abdruck mit freundlicher Genehmigung der Staatsoper Hannover.

Abbildung XII und XIII: © Barbara Schwanhäuser. Abdruck mit freundlicher Genehmigung vom Musiktheater ›Die Schönen‹, Freiburg.

Abbildung XIV und XV: © Christina Canaval. Abdruck mit freundlicher Genehmigung des Landestheaters Salzburg.

Abbildung XVI und XVII: © Toni Muhr. Abdruck mit freundlicher Genehmigung der Wieduwilt Film & TV Production.

Trotz aller Bemühungen konnten nicht in allen Fällen mögliche RechteinhaberInnen ermittelt werden. Der Verlag bittet, sich bei berechtigtem Anspruch an ihn zu wenden.